KB148063

활쏘기의
나침반

활쏘기의 나침반

1판 1쇄 발행 │ 2010년 5월 3일
1판 2쇄 발행 │ 2018년 3월 15일

지은이 │ 정진명
고 문 │ 김학민
펴낸이 │ 양기원
펴낸곳 │ 학민사

등록번호 │ 제10-142호
등록일자 │ 1978년 3월 22일

주소 │ 서울시 마포구 토정로 222 한국출판콘텐츠센터 314호(☎ 04091)
전화 │ 02-3143-3326~7
팩스 │ 02-3143-3328

홈페이지 │ http://www.hakminsa.co.kr
이메일 │ hakminsa@hakminsa.co.kr

ISBN 978-89-7193-198-1(03690), Printed in Korea
ⓒ 정진명, 2010

• 잘못 만들어진 책은 구입하신 서점에서 바꿔드립니다.
• 저자와 출판사의 허락없이 내용의 일부를 인용하거나 발췌하는 것을 금합니다.
• 책값은 표지 뒷면에 있습니다.

활쏘기의
나침반

정진명
지음

학민사

성 낙 인 (서울 황학정)

국어국문학과 교육학을 전공한 정
진명 氏가 교육자로서 사회에 공헌하며 一方 수많은 시집을 내
놓고 있다는 점에 대하여는 수긍이 간다. 그러나 언제부터인가
우리나라 국궁에 심취하여 바쁜 시간을 할애하여 활쏘기를 일
상 생활화하고 있다는 것도 이제는 알 만한 사람은 다 알고 있
는데 무엇이든 그 방면에 손을 대면 철저한 연구와 그 결과를
가지고 저서를 발간하여 이를 후학들에게 또한 역사적 고증을
후세에 남기고 있으니 이는 실로 찬사를 받을 만한 일이라고
보겠다.

내가 알기로 氏는 국궁(國弓)에 관하여 그 역사적인 고찰
과 기구의 제조법, 예부터 내려오는 풍습, 여러 가지 일화 등을
경향 각지를 돌아다니면서 발굴해내고 이를 추측으로 저술한
것이 아니라 고증을 토대로 저술한 것을 이번에 또 다시 펼쳐
낸다고 하니 집궁(執弓) 선배인 나로서는 한 마디 축하의 말을
보내지 않을 수 없다.

무엇이든 집대성(集大成)하였을 때 그 가치는 무한한 것으로 이번에 펴내는 氏의 책은 먼저 낸 한국의 궁술의 종합적인 개설이라면 이번에 쓴 책은 더 나아가서 심층적인 고찰이라고 보겠으니 사계(斯界)에 유관(有關)한 사람은 물론 우리나라 고유의 것에 대한 관심을 가지고 있는 분이라면 필독할 만한 것이 아닌가 사료되어 감히 추천하는 바이다.

2009년 여름

장 영 학 (청주 우암정)

정선생과 활로 인연을 맺은 지 벌써
15년이 넘는다. 그 간 정선생이나 나나 뜻밖의 일들로 인하여
활터로부터 적잖이 멀어졌는데, 그런 와중에도 이런 좋은 책을
준비했으니, 정선생의 활사랑은 눈물겹다.

5천년 우리 활의 정수를 정리한 『조선의 궁술』이 1929년
에 나왔고, 그 후 70년간의 변화까지 총정리한 정 선생의 『한국
의 활쏘기』가 1999년에 나와 국궁 입문 필독서로 자리 잡았는.
데, 10년 만에 또 다시 『활쏘기의 나침반』 원고를 받고 보니 가
슴이 뭉클하다. 이번 책의 핵심은 『조선의 궁술』로 돌아가자는
것이어서, 1970년대 이후 많이 변형된 우리 활을 바로잡기 위
해 지난 10년간 애쓴 정 선생의 노력이 잘 드러났다. 우리 활의
미래를 생각할 때 돌아보아야 할 기준이 있다면, 그것은 오직
『조선의 궁술』뿐이다. 그 기준으로 왜 돌아가야 하는가 하는
질문에 대한 분명한 답이 이 책에 들어있다.

　　정선생은 본디 좋은 시집을 몇 권 낸 시인인데, 어쩌다 활에 입문한 뒤로는 남들이 평생을 해도 될까 말까 한 일들을 10년 사이에 해놓았다. 그러더니 요즘은 침뜸에 입문하여 『우리 침뜸 이야기』라는 안내서까지 냈다. 활을 통해 전통으로 깊어졌다면, 이제는 고통에 시달리는 많은 사람들에게 인술을 베풀어 희망을 주니, 생각하면 한 사람이 할 수 있는 일이 이렇게 넓고 깊은가 하고 감탄하게 된다.

　　출판시장이 점점 어려워지는 가운데 이윤을 내기 어려운 책을 내준 학민사의 용기에 특별히 고맙다는 말을 전한다.

2009년 가을

활 쏘 기 의   나 침 반

제 **2** 부

제 1 부

우리의 활쏘기는 5천년이 넘는 유구한 역사를 지녔다. 그런 만큼 우리의 삶과 풍속 곳곳에 엄청난 영향을 끼쳤으며, 그 영향을 우리 겨레의 삶과 유산 곳곳에서 찾아볼 수 있다. 이에 따라 활쏘기를 바라보는 시각도 결코 어느 한 가지 방향으로 고정될 수 없다.

활을 보는 몇 가지 관점

우리의 활쏘기는 5천년이 넘는 유구한 역사를 지녔다. 그런 만큼 우리의 삶과 풍속 곳곳에 엄청난 영향을 끼쳤으며, 그 영향을 우리 겨레의 삶과 유산 곳곳에서 찾아볼 수 있다. 이에 따라 활쏘기를 바라보는 시각도 결코 어느 한 가지 방향으로 고정될 수 없다.

세상은 무섭게 변하는 중이다. 따라서 우리의 삶도 변하며, 우리의 생활양식이 변함에 따라 활쏘기를 바라보는 시각 또한 변해간다. 그런데 국궁계 내부에서는 이러한 변화에 걸맞은 논의는 전무한 형편이다. 이러한 빠른 변화에 대응하기 위해서는 우리의 전통 활이 어떤 성격을 지니고 있는가 하는 것을 먼저 검토해야 한다.

그러나 이런 논의과정에서 한 가지 빼놓으면 안 될 것은, 우리 활은 워낙 역사가 깊기 때문에 어느 한 쪽의 시각을 견지할 경우, 그 시각 밖의 활쏘기 양상은 자칫 위축되거나 사라질 위험에 처하기 쉽다는 것이다. 따라서 이러한 우려를 예방하기 위해서도 활쏘기를 보는 시각에 대해 정리할 필요가 있다.

1 _ 스포츠

활쏘기는 분명히 스포츠이다. 원래는 지난 시대에 사냥이나 전쟁의 목적으로 개발된 것이지만, 화포가 전쟁의 탁월한 수단으로 분명히 자리 잡는 17세기에 이르면 전 세계의 모든 활은 멸종이라도 해도 과언이 아닐 만큼 빠르고 광범위한 속도로 쇠퇴의 길을 걷는다. 다만 우리나라 활의 경우, 그 성능이 워낙 우수해서 갑오경장(1894) 때까지도 군대의 무기체계에서 중요한 위치를 차지하고 있었지만, 그것 역시 방포 술의 보조무기였으며, 세계사의 전개과정에서 보면 그것은 한 특이한 현상에 불과하다. 세계는 이미 화약이 발명되어 보편화되는 17세기에 이르면 활쏘기는 다른 운명으로 바뀐다. 이때의 다른 운명이란 스포츠화를 말한다.

활의 스포츠화란 그 쏘임의 목적이 살상이 아닌 건강 유지에 있음을 말하는 것이다. 따라서 이때를 계기로 해서 사법 또한 맞추기 중심에서 벗어나 건강을 유지하기에 가장 좋은 방향으로 전환된다. 그런 전환이 가장 완벽하고 조화롭게 완성되는 것이 바로 우리의 전통 사법인 발여호미형 온각지 궁체이다. 이 부분 역시 어떠한 경로를 거쳐서 그렇게 완성되며 다른 나라의 사법과 어떠한 차별이나 특징이 있는가 하는 점에 대한 연구가 보기 어려운 형편이어서 앞으로 이 분야의 연구를 하는 것은 국궁계의 큰 숙제로 남아있다.

국궁계는 현재 아주 빠르게 스포츠화의 길을 걷고 있다. 이에 따라 활터의 분위기도 많이 변하고 있다. 특히 1980년대 들어 우리 문화에 대한 반성의 분위기가 사회에 팽배해지면서 국궁의 인구도 크게 늘었고, 또 그 과정에서 젊은 층이 대거 유입됨으로써 이런 변화는 점점 가속화하고 있다. 그리고 이들은 기성세대의 규범과 사법을 무조건 따르는 것이 아니라 그에 대한 명쾌한 분석과 설명을 기대하기 때문에 활쏘기의 논리화 과정은 불가피하다. 이 과정에서 마찰은 어쩔 수 없이 발생하며, 대부분 그러한 마찰은 기성세대의 부담으로 남게 된다.

그러나 여기서 간과하면 안 될 것은, 논리화 작업이 무조건 바람직한 것만은 아니라는 점이다. 활이 스포츠화하면서 그 원리와 이론에 관한 것은 끊임없이 연구해야 마땅할 것이지만, 논리화하기 어려운 부분에 대해서 부정을 하거나 미리 외면하면 돌이킬 수 없는 유산 손실로 이어지기 쉽다는 점이다. 오래도록 전래된 풍속은 한 시대의 논리로는 감당하기 어려운 구석이 있는 법이기 때문이다.

그러한 손실의 예를 하나만 들면, 서울 지역의 편사가 아예 끊겨 버린 사태가 바로 그런 것이다. 서울 지역의 편사는, 약식이기는 하지만, 1970년대 초까지 이어져왔다. 그런데 그때 새로운 젊은이들이 활을 배우면서 기생 불러다 놓고 장구 두드려가며 '노는 꼴'을 매섭게 비판하고 나선 것이다.[1] 활쏘기를 스포츠로 규정하고 나면 이런 결론은 아주 지극히 당연한 것이다. 그리고 활쏘기가 진정으로 현대화되기 위해서는 꼭 필요한 변화이기도 하다.

---

1   고익환 대담(1999.1.9)

그러나 바로 그런 논리화와 합리화의 결과로 인하여 우리는 4, 5백년의 유구한 전통을 지닌 편사라는 전통이 단절되는 뼈아픈 결과를 초래한 것이다. 지금 서울 지역의 편사는 완전히 단절되었으며, 복원할 방법이 없다. 불과 30년 사이에 한 유구한 전통이 사라져 버린 것이다. 이것이 논리화의 한 함정이다.

그러나 활은 분명히 스포츠로 살아남을 수밖에 없는 운명을 지니고 있다. 따라서 올바른 스포츠로 자리매김을 위한 작업은 계속 추진되어야 한다. 새로운 이론을 개발해야 하고 제도를 정비해야 한다. 그리하여 온 국민, 나아가 전 세계인이 즐길 수 있는 스포츠로 거듭나야 한다. 이것은 대부분 활쏘기 협회를 비롯한 상위단체의 몫이 되겠지만, 이 부분에 대한 투자와 연구를 끊임없이 지속시켜서 분명한 스포츠 이론 체계 속에서 발전을 모색해야 한다.

마음까지 고요해지는 활터의 모습

2 _ 민속놀이

활쏘기는 훌륭한 스포츠이기도 하지만, 동시에 놀이의 성격
이 아주 강하다. 놀이의 목적은 '재미'이다. 활은 그 속에 재미라
는 속성이 강하게 자리 잡고 있으며, 바로 그에 깊이 빠질 때 활에
미쳤다는 소리를 듣는 사람이 생기는 것이다. 그런데 이 놀이는
혼자가 아닌 집단화의 단계로 접어들 때 그 재미가 배가된다. 바
로 이 점을 우리의 활쏘기 풍속은 아주 잘 살린 전통을 지니고 있
다. 편사나 활 백일장이 그런 경우이다.

편사는 지배층인 양반들이 즐긴 것이기 때문에 놀이의 성격
보다는 다음에 논할 예법수양의 성격이 강하기는 하지만, 차원이
높아도 놀이라는 점에서는 역시 같은 성격을 지닌다.

활 백일장은 완전한 민속놀이의 성격을 지녔다. 활 백일장은
단옷날이나 한가위 때 의례껏 행해지던 널뛰기, 윷놀이, 씨름과
똑같이 즐긴 놀이였다. 그래서 해방 전의 신문자료를 보면 단옷
날 때 행해지는 이와 같은 놀이의 한 가지로 소개되고 있다. 물론
어느 지방에 한정된 현상이 아니고 전국에 걸쳐서 나타나는 현상
이다.

활 백일장은 활 본래의 놀이 속성을 가장 잘 살린 풍속이다.
대회 운영방식이 활량이면 누구나 언제든지 손쉽게 참여할 수 있
도록 열린 구도를 띠고 있다. 엄격히 제한된 시합이 아니고 한 사
람이라도 몇 번이고 반복해서 참여할 수 있도록 '동다는' 방식을
적용하는 것이 바로 그런 것이다. 따라서 좀 무질서한 듯한 인상
을 주지만 바로 그런 점이 활쏘기를 민속놀이로 규정할 수 있는

가장 중요한 징표이다. 대중들에게 무한히 열려있는 체계이며, 그런 만큼 대중들에게 가장 쉽게 확산될 수 있는 구조이다.

이런 부분 역시 아직 연구가 잘 안 되어있는 실정이다. 황학정의 『국궁1번지』에서 처음으로 크게 다루었을 뿐,[2] 나머지는 해방 전에 활 백일장에 참가한 사람들의 짤막한 회고담만 전한다.[3]

활은 스포츠이지만, 이와 같이 놀이의 성격을 강하게 띠고 있다. 이 점을 놓쳐서는 안 되는 부분이다. 그리고 얼마든지 재활용할 수 있는 여지가 있는 부분이어서 많은 연구와 관심이 필요한 영역이다.

3 _ 전통 풍속

풍속은 참 복잡한 구조를 띠고 있다. 어느 면으로 보면 그것은 인간의 행동을 무의식에서 규정해주는 틀의 모습을 보일 때도 있고, 또 어느 면으로 보면 사물현상이기도 하며, 또 어느 면으로 보면 정신과 삶이 분화해가는 원리이기도 하며, 또 어느 면으로는 사회구조의 찌꺼기일 때도 있다. 그만큼 어느 한 가지로 규정하기 어려운 속성을 다양하게 품고 있는 것이 풍속이다.

그러나 그것이 좋은 면이든 나쁜 면이든, 분명한 것은 한 시대 한 사회에 소속된 다양한 사람들의 모든 슬기가 집약되어 공동의 합의를 이룬 정신문화의 위대한 유산이라는 점이다. 바로 이

2　『국궁1번지』 제4호(황학정, 1997)
3　장단지역의 김병세(1997. 11. 19), 인천지역의 안석홍(1997. 11. 17), 경상 강원지역의 이용달(1998. 4. 5) 대담

점 때문에 풍속은 함부로 규정하거나 배제하거나 재단하기가 어렵다. 섣부른 간섭은 엄청난 손실로 곧장 이어지기 때문이다. 앞서 예를 든 서울 지역의 편사가 그런 경우라 하겠다.

옛날의 팔찌

활쏘기를 풍속의 관점으로 보면 보존과 계승의 원칙을 지켜야 한다. 아무리 사소한 도구나 질서체계, 하다못해 말씨 하나까지도 그것을 충실히 보존해야 하는 것이다. 설령 그것이 아무리 나쁜 폐습이라고 해도 비판하고 고칠지언정, 아예 없애 버리면 안 된다. 좋다 나쁘다는 기준은 한 시대의 몫이지만, 풍속이나 문화는 몇 세대를 거쳐서 형성되는 것이기 때문이다. 풍속에서 집단무의식의 규정성을 간과하면 안 된다. 바로 이 점이 구성원들 간의 갈등을 야기하고, 또 오랜 전통이 살아있는 활터의 생활규범을 한 마디로 규정하기 어렵게 하는 부분이다. 따라서 구성원들은 인내를 가지고 이 부분을 논의하면서 양보하고 건의하고 개선해야 한다. 고칠 건 고치되, 원래의 모습만큼은 어느 한 구석에 원형대로 보존하는 것이 중요하다.

활쏘기를 풍속으로 규정하고 나면 다소 귀찮고 성가신 부분이 있더라도 그것을 지키려는 노력이 필요하다. 그것은 눈에 보이는 물건이든 아니면 정신이나 예법이든 마찬가지이다. 예를 들면 팔찌나 복장의 경우가 그러하다.

팔찌는 옛날에 한복을 입고 활쏘기를 하던 시대의 유물이다. 한복은 소매가 길게 늘어지기 때문에 시위가 친다. 그래서 그것을 예방하려고 줌팔에 둘둘 감아서 고정시키는 것이다. 이것은 우리 조상들이 한복을 입기 때문에 만들어낸 훌륭한 도구이다.

그런데 활쏘기를 스포츠로 규정하고 나면 복장도 운동복으로 입기 마련이고, 운동복이란 편리함만 추구하는 방향으로 개발되기 때문에 소매가 착 달라붙는 형태로 가기 마련이다. 현재의 활터 풍속이 바로 그 단계에 와있다. 그 때문에 전국의 모든 활터에서 조상들이 수백 년 동안 써온 팔찌가 흔적도 없이 사라진 것이다.

사정이 이렇고 보니 참으로 웃지 못 할 해괴망측한 일이 일어난다. 신사들이 처음 배울 때 팔뚝을 현에 많이 맞기 때문에 그것을 피하려고 팔에 묶을 것을 구하다 보니 양궁에서 쓰는 암가드를 갖다가 쓰는 것이다. 수 백 수 천 년의 전통을 지닌 팔찌가 있는 줄도 모르고 남의 나라에서 생긴 것을 사다가 쓰는 것이다. 바로 이런 부분은 활쏘기를 풍속으로 보지 못하고 그 동안 오로지 스포츠를 향해서 돌진해온 어이없는 결과인 것이다.

이런 오류를 범하지 않으려면 활터의 풍속이 다소 불편하다고 해서 무조건 편리함 위주로 나아가는 천박함을 극복하고 왜 우리 조상들이 그렇게 해올 수밖에 없었는가 하는 것을 한 번 더 깊이 생각하면서 활터의 풍속에 애정을 갖고 지키려는 다소 불편한(?) 노력이 필요하다.

또 복장의 경우도 그러하다. 사시사철 긴 바지와 긴 팔 옷을 입고 운동화를 신지 않으면 사대에 설 수 없는 것이 오늘날 활터의 현실이다. 젊은이들이 가장 불편해하면서 이해할 수 없다고 여기는 부분이 바로 이런 점이다. 왜? 왜, 꼭 그래야 하나? 이런 질문을 누구나 한 번쯤 하면서 활터의 분위기에 길들어간다.

반바지를 입고 활쏘기를 한다고 해서 무슨 문제가 생기는 것은 아닐 것이다. 아마도 젊은 사람들의 생각은 바로 이런 실용성을 추구하는 경향 때문이다. 그러나 반바지를 입으면 안 된다는 기성세대의 생각 또한 쓸데없는 고집으로 비칠 수 있어도 그것은 단순히 늙은이들의 고집만이 아니라 한 세대의 정서와 분위기가 얹혀 있는 것이기 때문에 복잡하다. 기성세대가 반바지를 입으면 사대에 설 수 없다고 여기는 것은, 활쏘기를 결코 스포츠만으로 여길 수는 없다는 그 이전 세대의 세계관에 젖줄을 대고 있기 때문이다. 바로 이런 시각 차이가 일을 어렵게 만든다.

활쏘기를 스포츠로 규정하면 반바지가 아니라 알몸이 드러나는 복장으로 서서 쏜들 무슨 차이가 있겠는가? 오직 잘 맞추면 그것으로 끝인 것이다. 그러나 우리 조상들은 불과 한 세대 전 사람들까지만 해도 활쏘기를 이렇게 스포츠라는 한 가지 성격으로 규정하기 어려운 시대를 살았다. 즉 그들한테는, 앞서 살펴보았듯이, 그리고 곧 뒤이어 살펴보겠지만, 활쏘기가 인격수양이나 예법 완성의

활쏘기하는 여 무사

한 수단으로 보았던 것이다. 이것은 동양의 음악관과도 비슷한 점이 있다. 동양에서는 음악을 인격 수양과 예법 완성의 한 방편으로 보았다. 왕실에서 의식을 집전할 때 그에 걸맞은 음악이 동원된 것도 그런 이유 때문이다.

따라서 이러한 관점으로 보면 옷을 어떤 것으로 입느냐, 또 어떤 자세로 활쏘기를 하느냐 하는 것은 어쩌면 활쏘기 행위의 모든 것일 수도 있다. 그렇기 때문에 반바지가 갖는 효율성보다는 그것이 함의하는 마음의 경박성을 더 경계하는 특이한 편향을 보이는 것이다. 이것은 구사들 몇몇 개인의 고집이나 선택이 아니라 한 시대의 세계관에 깊이 드리워져 있는 문제이기 때문에 쉽게 판단할 성질이라고 보기 어렵다. 정말 어려운 문제인 것이다.

따라서 복장 또한 활쏘기를 스포츠로 규정할 것이냐 아니면 다른 그 어떤 속성을 존중할 것이냐 하는 문제가 선결되어야 할 문제이다. 그러므로 각종 대회에서 굳이 스포츠만의 성격에 집착하여 엄격한 복장을 요구할 필요는 없으며, 대회마다 구성원들이 다양한 선택을 할 수 있는 기회를 제공하는 것이 앞으로 남은 숙제일 것이다.

어쨌거나 활터에는 몇 세대에 걸친 풍속의 관성이 강하게 남아있기 때문에 이들에 대한 간편한 취사선택보다는 불편하더라도 그것을 잘 보존하려는 노력이 필요하다.

4 _ 예법 완성의 방편

이 부분은 앞 시대의 가장 중요한 과제였는데도, 요즈음은 그

잔존형태마저 찾아보기 어려운 분야이다.

조선시대에는 활쏘기가 단순한 오락이나 무기만이 아니었다. 물론 이것은 조선에서 자생한 사상은 아니고 중국의 유교 사상에서 영향을 받은 부분이기는 하지만, 활쏘기를 대하는 지배층의 사상을 가장 강하게 규정하는 부분이었다. 즉 활쏘기를 동양의 왕도정치를 실현하는 예법완성의 한 수단으로 본 것이다. 활쏘기를 통해서 임금이 먼저 복잡한 절차를 따라 시범을 보이고, 뒤이어 신분과 위계질서를 지상에 실현하는 한 양식으로 활쏘기를 인식한 것이다.

이러한 생각은 궁중의 대사례와 연사를 통해서 구체화하고, 다시 향사례를 통해서 상층 지배계층인 양반들의 의식 절차로 확대되었다. 활쏘기를 통해서 이상정치의 실현을 구가한 것이다.

이와 같은 절차와 사상이 국방이라는 실용성과 결부되어 나타난 것이 바로 편사이다. 편사는 편을 갈라서 활쏘기 시합을 하는 것인데, 그 기구 절차가 모의전쟁을 방불케 하면서도 그 주체인 양반들의 위의와 질서, 나아가 사상을 아주 잘 구현한 경기방식이다. 그래서 설자리에 나아가는 순서부터 물러날 때까지 행동거지와 진퇴 주선하는 법식 하나하나가 엄격하게 통제되고, 그러한 통제와 절제를 통해서 군자가 추구해야 할 성품을 기르는 훈련을 한 것이다. 바로 이와 같은 전통이 활터에는 아직도 강하게 남아서 활쏘기를 오로지 스포츠로만 규정하는 행위를 용납하지 못하는 것이다.

이 항목은 앞 시대의 가장 규모 있고 운치 있는 활쏘기의 성격이었는데도 지금은 그 전통이 거의 다 사라지고 편사에 그 흐릿

한 흔적이 남아있을 뿐이다. 그나마 이것도 점점 놀이의 성격으로 변하여 가고 있다. 즉 서울 지역의 편사에서는 모의전쟁의 성격이 강하게 남아있었지만, 인천지역에 전하는 편사는 양편이 서로 즐겁게 노는 성격으로 변했고, 나아가 안양·시흥 쪽의 편사는 편장의 회갑 잔치 형식으로 바뀌어가는 추세이다.

그러나 이 항목의 활쏘기는 아직도 유효하다. 인간 사회가 존재하는 한 그 사회가 추구하는 완벽한 인격자가 존재할 것이고, 그러한 것은 사회 규범을 지키는 것으로 나타나며 바로 그러한 심성을 개인이 배우는 것은 단체를 통한 훈련이며, 활터야말로 그러한 과정에서 필요한 인내심과 인간 존중의 예법이 가장 강하게 남은 분야이기 때문이다. 따라서 이 부분은 변화하는 사회 속에서 활 쏘는 사람들이 새롭게 세워가야 할 몫이다. 그런 만큼 어렵고 힘든 과정이 될 것이다. 그러나 포기할 수 없는 부분이다.

5 _ 득도의 수단

이것은 활쏘기를 '도'(道)로 보는 관점이다. 그런데 이 부분은 현재 활터에서 가장 많이 쓰이는 부분이면서도 가장 왜곡되고 잘못 알려진 부분이다. 그 원인은 일본의 활쏘기인 궁도(弓道) 때문이다. 글자가 같은 데다가 이 말이 일본말에서 똑같이 일본 활의 개념을 가리키는 말로 쓰이기 때문이다.

궁도라는 말은 일본에서조차도 그리 오래 된 말이 아니다. 이역시 총포가 나온 뒤로 일본에 유행하던 칼이 그 본래 기능을 잃고 스포츠로 전환하면서 생겨난 말이다. 총포 때문에 일본의 검술은 새로운 탈출구를 찾아 나섰는데, 그것이 스포츠화였으며, 죽도가 생겨난 것도 바로 그런 연유였다. 이때에 이르면 칼은 이미 상대를 베는 기능으로서는 이미 생명을 다한 상황이었다. 따라서 칼은 전쟁할 때와 똑같은 동작으로 움직이지만 그 목적은 이미 달라진 것이었으니, 그것은 건강을 유지한다는 스포츠의 개념일 뿐이었다.

스포츠란 육체의 단련을 통한 자기완성이다. 바로 이러한 성격을 일본인들은 '도'로 인식한 것이다. 그래서 '검도'란 말이 생겨난 것이고, 이 도란 말은 모든 스포츠에 적용되어 '궁도, 유도, 역도, 아이키도' 같은 식으로 정착하기에 이른 것이다.

여기서 간과하면 안 될 것은 이때의 '도'라는 말에는 일본의 군국주의가 깊게 개입하고 있다는 점이다. 사계의 연구가들이 밝혀야 할 부분이겠지만, '도'라고 하는 것은 낱낱의 사소한 동작을 규정하는 이론이 아니라 그러한 것을 가능케 해주는 그 뒤의 배경, 그러니까 어떤 패러다임의 성격을 지향하는 경향을 보인다. 칼 쓰는 사람들의 동작이 이와 같은 배경에 부합하려면 적어도 그들이 추구하는 동작을 통하여 어떤 큰 이념을 구현할 수 있는 정당성을 현실세계로부터 부여받아야 한다.

'술'에 머물던 갖가지 잡기가 '도'라는 고상한 이념으로 포장되어 제도권으로 수렴되던 근대 일본의 풍토에서 그러한 정당성의 배경이란 바로 전 세계를 향하여 무섭게 뻗어가던 일본의 국가주의이며, 그것이 천황중심의 일본제국주의로 발전하는 것은, 어지러운 근대 동양사가 잘 보여주는 현상이다. 알다시피 이 천황제 일본 군국주의는 2차 세계대전의 패전이라는 마지막 몰락에 이를 때까지 스스로 감당할 수 없는 관성으로 마치 브레이크 없는 자동차처럼 질주하다가 폭발해버리고 만다. 항용 우리가 스포츠에서 즐겨 쓰는 '도'라는 말에는 이런 어처구니없는 역사와 우울한 정서가 스며있다는 사실을 간과하면 안 되는 것이다.

궁도란 말이 우리나라에 유입된 과정도 이러한 사정과 분위기에서 벗어나지 않는다. 궁도란 세계사의 편입과정에서 강요된 개념인 것이다. 이런 유입과정은 우리가 주체가 되어 선택한 것이 아니고 일제강점기라는 세계사의 강제 속에서 이루어졌다는 점에서 용어 선택의 심각한 반성을 요하는 부분이다. 일본은 조선을 강점하면서 그들의 지배체제를 공고히 했고, 모든 행정과 제도는 그러한 방향으로 제정하고 결정되었다.

스포츠 분야도 마찬가지이다. 일본의 통치구조 하에서 스포츠라는 개념이 성립한 것이며, 모든 스포츠 행위는 그러한 제도 안에서 조선 총독부의 관리 하에 이루어진 것이다. 일제 강점기 총독부 관리 밖의 스포츠란 상상도 할 수 없는 일이다. 태견이 영원히 사라질 뻔한 것도 바로 이러한 연유이다. 태견이란 총독부 관리 체계 하의 스포츠 개념으로 포착되지 않는, 그저 무뢰배들의 발길질일 뿐이었던 것이다.

따라서 활쏘기 또한 총독부 관리 하의 스포츠로 인정을 받으려면 그들의 사고체계 안에서 그 존립의 정당성을 찾아야 하며, 그 경우 일본에도 활쏘기가 있기 때문에 태견과는 달리 그리 어려운 문제는 아니었다.

그러나 바로 그 점 때문에 오늘날 우리가 보는 큰 혼동의 원인 한 가지가 생기니 '궁도'라는 말썽 많은 용어가 바로 그것이다. 총독부 관할 스포츠 체계 안으로 들어가기 위해서는 일본인들의 활쏘기 개념인 '궁도'를 쓸 수밖에 없었던 것이고, 이 생소한 말을 쓴 것은 당시 활량들이 선택하고 말고 할 수 있는 문제가 아니라 쓰지 않으면 전통 활쏘기의 존립 자체가 불가능했기 때문에 생긴 문제였다. 바로 이 점 때문에 '궁도'는 우리가 용납해서는 결코 안 되는 말인 것이다. 1928년에 전국조직인 '조선궁술연구회'가 결성되었는데, 이태 뒤에 곧바로 '조선궁도회'로 이름을 바꾼 것은 이런 사정을 말해주는 것이다. 이것은 자유로운 선택이 아니라 불가피한 궁여지책이었다.

궁도란 말이 당시 사람들한테 얼마나 어색한 말이었는가 하는 것은, 해방 전의 신문기사를 보면 쉽게 알 수 있다. 1928년에 조선의 활쏘기에 대하여 조선일보에 '정언산인'이라는 사람이 연재를 했는데[4], 거기에서는 '궁도'를 '弓士道'의 약자로 풀고 있다. 당시 조선 사람들한테는 궁도란 말의 조립이 불가능한 개념이었기 때문이다. 그래서 그런 사람들을 상대로 궁도라는 말을 설명해주기 위하여 궁여지책으로 '활 쏘는 이들의 도'라는 뜻으로 풀어본 것이다. 새로운 말이 들어오면 그것은 반드시 재해석된다. 그 말에 해당하는 개념이 없기 때문이다. 그러나 이와 같은 풀이는 억지일 뿐이며, 일본의 '궁도'가 지닌 본래의 뜻과는 아무

---

4   정언산인이란 신정언이라는 활량을 뜻하는 말이다. 1933년 10월 12일자 조선일보에 방송취미강좌를 소개하는 난에 「궁도에 대하야」라는 글이 나온다. 그곳에는 강사의 이름이 신정언(申鼎言)으로 나온다. '산인'이란 〈散人〉이라고 쓰는데 한산인(閑散人)의 준말이다. 한산인이란 한량(閑良)과 같은 말이다. 따라서 산인이란 활을 쏘는 사람이라는 뜻이다. 정언산인이란 '활을 쏘는 사람 신정언'의 뜻이 된다.

런 상관이 없는 조선 사람들의 격의(格義)일 뿐이다. 외래어는 격의의 과정을 통하여 토착화된다.

당시, 궁도란 말이 이토록 어색한 것이었기 때문에 해방 후에는 왜색문화에 대한 반동으로 '활쏘기대회'라는 말을 쓴다. '궁도'가 조선에 들어와서 쓰인 지 15년이나 지난 시점(1945년)에서도 그 말은 뿌리를 내리지 못하고 '활쏘기'라는 말로 대체되기에 이르렀으니, 생각하면 한 개념이 정착하기까지 얼마나 어려운 시간이 소요되는가 하는 것을 알 수 있다.[5]

1960년대 말까지 활쏘기라는 말이 쓰이다가 1970년대 들면서 서서히 '궁도'라는 말로 대체되다가 이제는 활쏘기 대회라는 말도 아예 사라져 버렸다. 1970년대 들어와서야 일본의 '궁도'가 지향하는 스포츠 개념으로 한국의 활쏘기도 바뀌기 시작한 것이다. 물론 이때는 일본의 국가주의와 비슷한 한국의 민족주의가 작동했다고 보아야 할 것이다.

'궁도'라는 말은 용납키 어려운 물건이지만, 우리가 활쏘기를 도를 이루는 한 방편으로 여기는 것은 아주 흔한 일이다. 활쏘기는 마음의 작용이 즉각 시수에 반영되기 때문에 다른 그 어느 운동보다도 더 이른바 '도'의 개념에 가깝다. 그리고 활을 통해서 도를 이루려는 노력들이 많은 활량들에 의해 이루어지고 있다. 그리고 이것은 스포츠 개념을 넘어서서 활쏘기가 새로운 단계로 적용될 수 있는 분야이기 때문에 적극 나서야 할 분야이기

---

5   궁도라는 용어의 성격에 관한 논의는 다음을 참고할 것. 정진명, 『우리 활 이야기』, 학민사, 1996 ; 정진명 편저, 『충북국궁사』, 충북궁도협회, 1997.

도 하다.

　따라서 이쪽으로 나아가기 위해서 '도'의 개념이 정립되어야 하고, 그것이 오늘날 우리의 삶과 사회와 어떤 연관을 맺는가 하는 점까지 연구하여 밝혀야 할 부분이다. 앞으로 많은 연구와 논술이 뒤따라야 할 분야이다.

6 _ 양생의 술법

　이것은 활쏘기를 양생의 '도'(道)로 보는 관점이다. 바로 앞 항목과 닮았지마는, 사실 전혀 다른 영역이다.

　앞의 도는 다분히 개인의 인격 완성, 나아가 사회의 도덕 관계 문제를 내포하는 부분이지만, 이것은 그러한 것과는 상관이 없는 순전히 개인의 내면 문제이다. 앞의 것이 유교의 성격과 닮았다면, 이것은 도교의 성격과 많이 닮았다.

　양생이란 여러 가지 수양과 단련을 통해서 인간의 경지를 넘어서는 것을 말한다. 즉 신선이나 진인이 되는 것을 말한다. 동양에서는 이와 같은 경지를 추구하기 위해서 여러 가지 방편을 개발했다. 아직까지 확실히 입증된 것은 없지만, 도교 계열에서 끊임없이 추구하였다.

　말하자면 활쏘기를 이러한 양생술의 한 방편으로 보는 것이다. 생각이 여기까지 미쳐서 이를 구체화한 사람은 아직 없는 것으로 보인다.[6] 아직 좀 더 연구가 필요한 부분이지만, 확실히 활

6　내가 아는 사람 가운데 활쏘기를 양생과 관련하여 처음 얘기를 꺼낸 사람은

쏘기에는 그러한 요건이 몇 가지 구비되어있다.

　양생에서 가장 중요한 것은 우주의 기운과 교감하여 그것을 내 안으로 끌어들이는 것이다. 사람은 섭생에 의해서 생명을 연장하지만, 생명을 주관하는 요인은 섭생만이 아니다. 따라서 바로 이와 같은 부분에 생각을 모아서 생명의 노화를 막자는 것이 양생의 주된 목적이다. 그런 점에서 천지의 기가 움직이는 섭리와 그의 운용체계를 면밀하게 연구하게 된다. 인체의 중심을 머리로 하지 않고 단전으로 설정하고 단전을 중요시하는 것도 그러한 발상이다.[7]

　그런데 활쏘기에서는 단전을 '불거름'이라고 해서 역시 가장 중요한 것으로 여긴다. 활은 손으로 쏘는 것이 아니고 허리로 쏘는 것이며, 반드시 불거름의 힘을 양손으로 뿜어 올려서 쏘아야 참맛을 느끼는 것이다. 불거름은 정력을 관장하며, 분문을 꽉 조이는 것은 바로 불거름에 천지의 기를 쌓는 실감나는 행위인 것이다. '활은 똥구멍으로 쏜다.'는 말은 우스갯소리 같지만, 바로 이런 점에서 정곡을 찌른 말이다.[8]

　활쏘기는 바로 불거름을 살리는 운동이다. 비정비팔과 만작, 발시까지 모든 과정이 이 불거름을 살리는 방향으로 전개되고 있다. 그렇기 때문에 양생의 법과 다르지 않다.

제천 의림정의 강명운 명궁이다. 온깍지궁사회 모임 때 함양의 호연정에 가는 도중에 차안에서 처음으로 그 얘기를 꺼냈다.

7　활쏘기를 기의 흐름과 연관하여 논구한 것은 다음을 참조할 것. 정진명, 『한국의 활쏘기』, 학민사, 1999.

8　부산 사직정의 이석희 접장이 어떤 중과 대화하는 과정에서 한 말이다. 이 역시 온깍지궁사회 모임 때 함양 호연정에서 들은 말이다.

이순신 장군의 자취가 서린 한산정

이 부분은 워낙 방대한 지식을 동원해야 하는 부분이어서 논리로 접근하기가 쉽지 않다. 그러나 빼놓을 수 없는 부분인 것은 분명하다. 앞으로 이 분야의 연구가 심도 있게 이루어져야 할 것이다.

7 _ 활쏘기의 전통과 앞날

활의 스포츠화는 돌이킬 수 없는 대세이다. 스포츠화라는 것은 경기화 한다는 뜻이며, 경기화 한다는 것은 풍속보다 기능을 중요시한다는 뜻이다. 따라서 앞으로 우리 활이 나아가야 할 방향 또한 분명하다.

그러나 활은 워낙 오랜 역사를 지닌 풍속이어서 스포츠화가 불가피한 운명이면서도 스포츠만으로 규정할 수 없는 부분이 많이 있다는 점을 간과할 수 없다. 이 점은 스포츠의 본질과 맞서는 부분이지만, 그렇다고 해서 활을 쏘지 않는 사람들한테 맡길 수 있는 부분이 아니라는 데 문제의 핵심이 있다.

따라서 활쏘기가 스포츠를 지향할 때 사라질 운명에 처하는 이러한 부분에 대한 대처 또한 활 쏘는 사람들의 몫이라는 점은 의문의 여지가 없다. 활쏘기가 활량들의 전유물이기는 하지만 수천 년이나 이어온 전통을 끊는 몰지각한 권리까지 그들이 가진 것은 아니기 때문이다. 바로 이 부분에 활쏘기 당사자들의 고민이 있다.

이상의 상황을 고려할 때 활의 스포츠화는 피할 수 없는 대세이지만, 여태까지 우리 겨레의 삶 속에 풍부하게 적용되어 다양한 모습으로 분화한 전통과 풍속에 대해서는 그것이 변질을 일으키지 않도록 보존하고 계승해야 한다. 그렇게 하려면 활쏘기를 스포츠화할 부분과 보존해야 할 부분을 구별하고 모든 행사 또한 이와 같은 인식을 전제로 하여 치러야 할 것이다. 스포츠 화할 부분이면 과감하게 제도 개혁을 통하여 대중화하되, 보존하고 계승해야 할 부분이면 원형 그대로 살리는 행사를 추진해야 한다.

가장 바람직한 것은, 활터의 구성원들 자신이 이 두 가지 화합하기 힘든 방향을 자각하여 스포츠화로 나아가되 일상생활에서는 옛 전통을 지키려고 애쓰는 것이다. 활쏘기가 스포츠이지만, 적어도 활터에서만큼은 스포츠 한 가지 성격으로 규정하여 기존의 모든 전통을 버리는 우를 범하지 않고 옛것을 최대한 살리면서 스포츠 화할 수 있는 부분에서 과감하게 스포츠로 즐기는 자세가 필요하다.

또 이와 같은 상반된 성격에 대한 차별화된 인식이 수반되어

동시에 제도화하는 것이 필요
하다. 즉 활쏘기를 앞서 제시한
여러 가지 관점에서 보는 사람
들이 동호인 모임을 만들어서
각자 독특한 방식으로 활쏘기
의 전통을 잇고 살려나가는 것
이다. 예를 들면, 전통 보존을
목표로 하고 2001년에 출범한
온깍지궁사회 같은 모임이 그

런 예에 해당할 것이다. 나아가 활 백일장을 주최하는 단체가 생
겨야 하고, 대사례나 향사례를 연구하는 단체가 생겨야 하며, 활
쏘기를 도로 규정하여 실천하는 모임이 생겨야 하고, 양생술을 지
향하는 단체가 생겨서 활쏘기의 다양한 모습을 지켜가야 한다.

현재 대한궁도협회는 우리의 활쏘기가 스포츠화한 단체이
다. 대한체육회에 가맹한 단체이기 때문이다. 대한체육회는 체육
인들의 모임이다. 따라서 대한궁도협회는 뒤돌아보는 일 없이 스
포츠를 향해서 나아갈 것은 분명한 사실이다. 대한체육회라는 모
임이 지향하는 바가 분명하기 때문이다. 따라서 이러한 성격을
지닌 단체를 향해 전통을 보존하라는 식의 요구를 하는 것은 사태
의 본질을 잘못 파악한 것이다. 대한궁도협회 또한 마찬가지로
스스로 이 같은 성격을 분명히 인식하고 그 방향을 정립하여 스포
츠화 이외의 부분에 대해서까지 간섭하고 통제하려 하는 우를 범
해서는 안 될 것이다.

우리 활은 오랜 역사를 지닌 만큼 다면경과도 같아서 어느 방

향에서 보느냐에 따라 그 드러나는 양상도 천차만별이다. 따라서 그것을 보는 자의 시각을 먼저 정립할 필요가 있으며, 활쏘기를 어느 한 국면으로 몰아가서 다른 모든 것을 저버리는 어리석음을 범하지 않으려면 다양한 시각을 확보하는 것이 무엇보다도 중요하다. 그리고 그런 인식이 확산되어 그것을 제도화하는 단계까지 나아가야 한다. 그것이 오랜 전통을 저버리지 않고 올바르게 계승하는 한 방법이 될 것이다.

활터와 사풍

사풍(射風)이란, 활터의 풍속이라는 뜻이다. 활량들이 모여서 활을 쏘는 과정에서 활쏘기를 하기에 좋도록 만들어진 분위기와 절차를 말한다. 활터는 혼자서 활을 쏘는 것이 아니고 여럿이 모여서 쏘기 때문에 반드시 그에 걸맞은 갖가지 약속과 규약이 생기기 마련이다. 이렇게 여러 사람들이 활쏘기를 하는 데 서로 원활한 관계를 유지하며 활쏘기의 본래 목적을 이루기 위한 모든 방안과 관습을 가리키는 것이다.

그렇기 때문에 사풍은 고정불변의 것은 아니며 시대에 따라 조금씩 변한다. 말하자면 유행과 비슷한 면이 있다. 유행은 지나고 보면 우스운 것이지만, 막상 그것이 한 번 작용하면 그 안에 있는 사람들은 그것이 반드시 그렇게 되어야만 하는 법에 가까운 규정력을 지닌다. 사풍도 마찬가지여서 시대에 따라서 장소에 따라서 조금씩 달라진다. 그렇기 때문에 어떤 지역의 사풍에 익숙한 사람이 다른 지역의 사풍에 당황하는 수도 생긴다.

그렇다고 해서 사풍이 늘 변하는 것만은 아니다. 사풍은 활쏘기라는 행위에서 유래하여 형성된 것이기 때문에 시대가 변하더라도 활쏘기라는 행위가 지향하는 바가 분명하므로 시대가 변해도 움직일 수 없는 어떤 것들이 있다. 예를 들어 활쏘기를 하는데 옆에서 떠들지 말라든가 하는 것은 시대를 초월해서 활터라면 어느 곳에서나 지켜져야 할 일이다. 따라서 사풍이란 변하지 않는 부분과 변하는 부분이 있는 것이니, 경직된 사고로 사풍을 바라보면 결코 바람직한 활터 풍속을 이룰 수 없다.

사풍이 무너진다는 소리가 곳곳에서 들린다. 사풍이 무너진다는 것은, 그 이전의 사풍과 다른 부분이 생겼다는 것을 의미한다. 따라서 사풍이 무너진다는 개탄은, 그 이전의 사풍을 전제로 한 것이며, 이 경우 그 이전의 사풍이 새로 생긴 사풍보다 더 나은 것이라면 아무런 말썽이 없겠지만, 그렇지 못하다면 그것은 큰 문제를 일으킬 소지가 있다. 따라서 이에 대한 검토가 요구된다.

그런데 여태까지 사풍을 개탄하는 탄식만 있었지, 사풍에 관한 논의가 전혀 이루어지지 않았다는 것이 더 큰 문제이다. 사풍은 어떻게 보면 코에 걸면 코걸이 귀에 걸면 귀걸이 식의 성격이 다분하다. 바로 그렇기 때문에 일정한 논의에 부치기 어려운 구석이 있다. 그러나 현실을 돌아보면 그런 이유보다는 그러한 생각들을 논의할 조그만 공간조차 마련되지 않은 것이기 때문에 생겨난 문제들이다.

시대는 바야흐로 전환기에 와있다. 인터넷의 발달과 정보교환의 전지구화로 급격하게 세계화가 진행되고 있으며, 세계화의 성격상 지구촌의 일부에서 유지되는 전통은 천덕꾸러기로 전락하기 일쑤이다. 설사 천덕꾸러기가 되지 않더라도 소외당하며 입지가 점점 좁아진다. 우리의 활쏘기 또한 그러한 환경에서 결코 예외일 수 없다.

따라서 국궁계 내부에서 이러한 위기의식을 인식하고 세계화에 걸맞은 이론을 내부에서 갖추어서 준비하지 않는다면 머지않아 자멸의 길을 걷게 될 것이다. 세계화가 대세인 이상 세계화에 걸맞은 새로운 논리와 사풍을 확립하여 전 세계인이 즐길 수 있는 스포츠로 거듭나는 것이 이 전환기를 건너는 현 시점에서 우리가 해야 할 가장 시급하고 중요한 일이다.

그렇다고 해서 무조건 세계인의 입맛에만 맞출 수는 없는 노릇이다. 그렇게 하다간 자칫 우리 본래의 모습을 잃고 국적불명의 것으로 바뀔 수도 있다. 그것을 예방하려면 전통을 지키려는 최소한의 방책을 마련해야 하며, 이때 전통이란 활 쏘는 '기능' 이기보다는 활터에 전해오는 풍속, 즉 사풍의 개념에 더 가깝다. 따라서 세계화의 문제는 곧 올바른 사풍의 확립이라는 논제로 귀결된다.

사풍이 무너지고 있다는 개탄은 이미 있던 것은 지켜지지 않는데 새로운 시대에 맞는 새로운 규범이 확립되지 않았다는 뜻이다. 따라서 이 시기에 사풍에 관한 정리를 할 필요가 있으며 여태까지 전해오는 활터의 풍속을 정리하지 않으면 앞으로 어떤 방향으로 사풍이 개선되고 나아가야 할지 알 수 없다.

따라서 이 글에서는 여태까지 전해오는 전국의 사풍을 정리하면서 그를 바탕으로 어떻게 하면 우리 활이 바람직한 방향으로 나아갈 수 있을 것인가를 검토해보기로 한다.

1 _ 사풍의 여러 가지 문제들

우리의 활쏘기는 우리가 감히 상상할 수 없을 정도의 오랜 역사를 지나오면서 형성되었다. 그렇기 때문에 그것을 즐긴 사람도 계층도 다양하다. 그래서 어느 한 가지 시각을 고수하면 나머지 다른 부분을 간과할 수 있다. 바로 이 점이 논의를 어렵게 만든다.

지금 시대는 민주주의를 바탕으로 개인의 자유를 존중하는 사회이지만, 불과 한두 세대 전까지만 해도 계급과 계층이 분명히 갈라진 사회였다. 그렇기 때문에 계급과 계층에 따라서 활쏘기의 양상도 다양했다. 우선 지배층인 양반들이 즐기던 활쏘기 풍속이 있었고, 일반 백성들이 즐기던 활쏘기 풍속이 있었다. 뿐만 아니라 지방마다 달랐고 시대마다 달랐다.

그렇다면 오늘날 우리는 어떤 풍속을 기준으로 우리의 사풍을 바라볼 것인가 하는 것이 문제이다. 사풍이 무너진다는 개탄은 어떤 시각을 전제로 하며 그런 시각에 맞지 않는 다른 행동이 나타날 때 그것을 꾸짖는 것이다. 그렇다면 오늘날 우리의 활터를 지배하는 관점은 전 시대의 계층 중에서 어디에 뿌리를 두고 있는 것인가? 바로 이 점을 풀어야만 그 개탄의 의미가 드러난다.

활쏘기는 단옷날 씨름이나 그네타기와 같이 전국 곳곳에서 시행될 만큼 온 백성이 즐긴 대중화된 운동이었다. 하지만, 그것을 주도하는 계층은 지배층인 양반이었다. 그 이유는 너무나 분명하다. 전쟁용 무기이기 때문이다. 무기는 그 성격상 권력 창출의 핵심이자 근원이기 때문에 국가에서 관리할 수밖에 없다. 국가에서 관리할 수밖에 없다는 것은 그것의 주동자가 지배층이라

는 것이다. 따라서 오늘날 우리가 즐기는 활쏘기가 조선시대의
가장 중요한 무기였다는 것을 전제로 한다면 사풍 역시 전쟁을 수
행하는 것과 무관하지 않다는 것을 알 수 있다. 그리고 그런 흔적
은 지금도 곳곳에 남아있다. 편사라든가, 취격, 영접 같은 풍속이
다 그런 것들이다.

　　그리고 현재 유행하는 활터의 분위기 또한 그런 경향이 아주
짙다. 국궁1번지라고 자부심이 대단한 서울 황학정은 아예 왕실
의 활터에서 출발한 것이며, 사풍이 엄격하기로 유명한 전주 천양
정이나 남원 관덕정의 경우도 모두 조선시대의 관리들과 깊은 연
관을 맺던 곳이다.

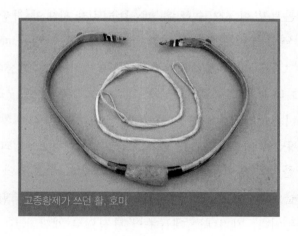
고종황제가 쓰던 활, 호미

　　해방 정국과 한국전쟁을 거치면서 그러한 영향은 많이 사라
졌지만, 문제는 그 후에 활터가 전국에 걸쳐서 늘어나면서 이러한
엄격한 사풍을 유지하던 활터들이 모델이 되어 사풍을 확대재생

산하는 계기가 되었다는 점이다. 정간이 바로 그런 경우이다. 정간은 전라도 지역에서 퇴임구사들을 존경하는 의미로 시작된 것인데, 지금은 마치 신주단지 모시듯이 하는 행위로 바뀌었다. 이역시 엄격한 사풍을 지향하던 전라도 지역에서 기원한 풍속이다.

따라서 지금의 활터 풍속은 조선시대의 지배층인 양반의 관습에 뿌리를 두고 있으며, 당시 지배문화의 한 축을 담당하던 양반들의 수준 높은 관습이 최근 들어 몇 가지 변화를 일으키면서 사풍에 대한 우려의 목소리가 높아진 것이다. 결국 양반 사회의 관습이 변화된 시대에 따라 변질을 일으키면서 사풍 또한 퇴보하게 된 것이라고 결론지을 수 있다.

여기서 한 가지 짚고 넘어갈 것은, 이른바 '양반'에 대한 관념이다. 오늘날의 시각으로 볼 때 양반은 전 시대의 기생충이 분명하다. 노동에 종사하지 않으면서 노동자들을 부렸기 때문이다. 그러나 그것은 계급주의 관점으로 볼 때 드러나는 양상이다. 이것이 문화라는 국면으로 접어들면 전혀 다른 양상으로 드러난다. 예를 들어 조선 후기에 예술 분야에서 진경(眞景)을 지향하며 이룬 놀라운 성과는 양반들을 빼놓고는 아무런 설명이 되지 않는다.[1]

활터는 계급의 문제가 아니라 문화의 문제이다. 삶의 한 방식이기 때문이다. 거기에는 계급주의 관점으로 재단할 수 없는 인간들의 향기가 무수히 배어있다. 바로 그 점이 문제이다. 분명 우리 시대의 경박한 문화가 따를 수 없는 기품 있는 정서와 품격이

---

1   최완수, 『우리 문화의 황금기 진경시대 1』, 돌베개, 1999.

깃들어 있는 것이다. 따라서 활터의 풍속을 논할 때 반드시 전제해야 할 것은 활터가 지닌 지배층의 기생성에 대한 지탄이 아니라 조선후기의 찬란한 예술을 창출했던 주체들의 문화의식이다.

그렇다면 과연 그들 선비들은 활터에서 무엇을 했나? 이에 대한 답은 그리 어렵지 않다. 선비들은 머리를 쓰는 사람들이기 때문에 몸이 허약했고, 그 허약한 몸을 활로 달랬다. 그렇기 때문에 그들의 문화나 문제의식은 고스란히 활터로 옮겨왔다. 활터에는 늘 한 아름이나 되는 한지가 마련되었고, 먹과 붓이 활방 한 구석에 놓여서 사군자를 치고 시를 즉석에서 지어서 기생들에게 불렀다. 1960년대까지도 진주 남강에서는 갓 쓰고 도포 입은 선비들이 모여서 활을 쏘는 중간중간에 먹물을 가득히 갈아놓고 즉흥시를 썼다. 그냥 벼루가 아니라 바윗덩이에 홈을 파서 만든 커다란 벼루에다 말이다. 그러면 같이 활을 쏘던 기생들은 장구와 가야금을 끌어당겨 그 시에 곡을 붙이고 창을 했다.[2] 뽕짝이 정 건물의 처마 밑까지 밀려들던 시절의 일이다.

그런데 요즘의 활터 분위기는 어떠한가? 텔레비전 소리가 정 건물을 찌렁찌렁 울리는가 하면 제법 고상한 풍속이라고 해야 바둑이나 장기이다. 심하면 화투판이 벌어지며 포카판을 벌리고 다방 아가씨를 불러다 놓고 시시덕거린다. 이러니 사풍의 타락을 개탄하는 소리가 곳곳에서 들리지 않는다면 오히려 그것이 이상할 것이다. 우리는 이런 끔찍한 시대를 살고 있는 것이다.

물론 화투를 치고 텔레비전을 본다고 해서 그 행위 자체가 나

---

2   권영구 대담(1998.7.8)

뿐 것일 수는 없다. 시대의 흐름이 그렇고 구성원들 모두가 요구한다면 활터에서 포르노 영화를 상영한들 무슨 상관이랴? 그러나 우리가 항용 '바람직하다'고 하는 것은 일정한 문화의 토대 위에서 평가를 해야 한다는 것을 뜻한다. 그렇다면 우리가 지향해야 할 방향 또한 우리의 가치관을 바람직한 방향으로 유도하여 활터의 풍속을 정립할 수 있는 그런 곳이어야 할 것이다. 그것은 우리 시대의 몫인 것이고, 그것은 바깥에서 들어오는 문화를 주체성에 대한 자각도 없는 상태에서 받아들여서는 안 되는 것이다. 이 경우 주체성이란 앞 세대부터 이어 내려온 훌륭한 관습과 덕목을 말한다. 우리 활터에는 우리가 본받아야 할 훌륭한 덕목이 많다.

　　지배층이 활터의 풍속을 주도했다는 것은, 한국 전쟁이 끝난 후에도 크게 변하지 않는다. 조선시대나 일제 강점기와 분위기는

여무사를 격려하는 이승만

바뀌었을망정 활터를 주도한 계층은 역시 지배층이었다. 양반 사회의 전통과 유산을 이어받은 각 지역의 유지들이 별다른 대체문화를 찾지 못한 상태에서 선대부터 전수된 활쏘기를 즐겼고, 그들과 일정한 교류를 하는 관계의 인사들이 활쏘기를 즐겼다. 특히 법조계와 중앙정보부, 그리고 세무계통에서 활쏘기가 오래도록 유지되었다.[3] 이것은 상류층의 스포츠 관행이 골프로 이동하던 1970년대 후반까지 계속되었다. 그러니까 1970년대 중반까지 활쏘기는 한국 상류사회를 관류하던 고급 스포츠였다. 이러한 관념이 남아서 아직도 활쏘기를 부자들이나 하는 운동으로 여기는 사람들이 많다.

1970년대까지도 활쏘기는 일종의 멋이었다. 그래서 과녁에 맞추는 것보다는 얼마나 멋있는 복장을 하느냐, 두루주머니가 얼마나 멋있느냐, 전통에 어떤 글씨를 새겨서 품위를 높이느냐 하는 것이 더 중요했다. 1970년대를 산 사람들의 증언은 한결같다. 그래서 삭회(월례회)가 되면 두루마기를 갖춰 입든가, 아니면 양복 정장에 넥타이를 매었다.

이러한 분위기에 변화가 온 것은 1970년대 중반이었다. 이때부터 활쏘기는 저 낮은 대중을 향하여 문을 활짝 연다. 그렇게 문

---

3   이선중, 「사정과 나」, 『국궁1번지』 제1호, 황학정, 1995. 53~57쪽 ; 고정식 대담, 「제주의 활쏘기 이야기」, 온깍지궁사회 홈페이지(http://www.onkagzy.com) 설왕설래.
중앙정보부원들이 활쏘기를 한 것은 박정희가 활을 쏘았기 때문이다. 박정희는 현충사대회에 깃발을 만들어주었고, 해마다 현충일 날 온양의 현충사에 와서 시사를 했다. 그리고 진해 벽해정의 현판도 스스로 써주었을 만큼 활에 관한 관심은 남달랐다.

진해 벽해정에서 활쏘기 하는
박정희 대통령

을 열도록 만든 것은 개량궁의 등장이었다. 개량궁이 등장하기 전까지만 해도 활은 일반인들이 접근하기 어려운 대상이었다. 그 값 때문이다. 다루기도 힘들 뿐더러 값이 만만찮기 때문에 호구지책에 바쁜 일반인들은 돈도 되지 않는 취미 생활에 그만한 돈을 부담할 생각을 하지 못했던 것이다.

　　그러나 1970년대 내내 추진된 박정권의 불도저식 근대화 정책과 베트남 전쟁, 그리고 중동 특수에 힘입어 1980년대로 접어들면 생활 형편이 나아지고 삶에 대한 사람들의 인식도 달라져 생활에 여유가 생기기 시작했고, 활터의 문턱 또한 낮아져 일반인들의 참여가 부쩍 늘었다. 1980년대 중반부터 국궁인구가 갑자기 폭발하듯이 늘어난 배경에는 이러한 조건이 작용한 것이다.[4]

　　사풍의 측면에서 보면 이러한 것은 바람직한 것만은 아니었으니, 바로 이 때부터 사풍은 타락하기 시작한 것이다. 여태까지 멋과 여유로 즐기던 활쏘기가 활터의 풍속에 별다른 호기심을 갖

4　　정진명, 「국궁대중화의 현황과 과제」, 『21세기 국궁 발전의 방향과 과제』, 육군참모총장기 전국남녀궁도대회 기념 학술세미나 자료집, 육군박물관·국궁문화연구회, 2001. 40쪽.

지 못한 사람들이 참여하면서 오로지 과녁 맞추는 것이 유일한 능력으로 정착하기 시작한 것이다.

　　이러한 정황을 부추긴 것은 단급 제도이다. 묘하게도 1970년대 초반부터 단급 제도가 시행되었고, 이때부터 활터의 전래된 관습이나 구사들을 존경하기보다는 과녁에 화살을 몇 발이나 맞힐 수 있는가 하는 능력을 과시하는 장으로 변한 것이다. 이제부터 맞추는 능력 이외의 것들은 별로 중요하지 않은 것이 되었다. 인간성이 좀 모자라도 그것은 그리 중요한 것이 못 되었다. 대회 나가서 1등상을 많이 타고 단체전에서 우리 정에게 유리하게 시수를 내면 그것으로 끝인 것이다. 구사에 대한 존경심이 좀 못하더라도 그런 데서 쓸 구석을 찾는 것이다. 구사에 대한 존경심이나 태도가 등급화 되어 나타나는 것도 아닌데다가 겉으로 드러나는 능력은 맞추는 것으로 확연히 입증되기 때문에 눈에 보이지 않는 것을 보는 눈은 점차 중요하지 않은 것으로 치부되는 관행이 시작된 것이다. 바로 이것을 사풍이 타락한다고 개탄하는 것이다.

　　어느 정의 한 교장이 한탄을 하면서 들려준 이야기이다. 집궁 4년 되는 30대 후반의 젊은 사원이 어느 날 승단 대회에 다녀오면서 한다는 얘기가, 이제 5단 명궁이 되었으니, 정에서 잔치 준비를 하고 명궁을 축하하는 현수막을 거리에 내걸라고 주문하더란다. 나이 일흔 넘은 구사들이 주욱 앉아있는 정 안에서 그가 외치고 다닌 말이 이렇다며 혀를 끌끌 찼다. 이제 이런 젊은 사원들에게는 활터의 전통이란 아무런 가치도 의미도 없는 것이다. 명궁인 자기의 사법이 제일이고, 이제 자신에게 더 이상 코치할 사람이 없는 것이다. 이런 경박한 모습은 단급 제도와 과녁 맞추기 맹신이 만든 합작품의 표본이다. 우리는 이런 시대를 살고 있는 것이다.

2 _ 버려야 할 말, 궁도

젊은 세대의 이러한 경박성에 대해 무언가 맞설 방안을 찾던 사람들에게 두 가지 반가운 대안이 나타났다. '궁도' 와 '정간' 이 그것이다.

궁도는 활쏘기의 행위를 도를 추구하는 행위로 규정하는 것이다. 이렇게 되면 맞추기만으로 능력을 판별하는 세태에 대하여 일정한 제동을 걸 수 있다. 왜냐하면 활쏘기를 도로 규정하는 순간, 활터에 들어서는 몸놀림부터 화살을 주우러 가는 동작까지 일체가 법이 될 수 있기 때문이다. 게다가 도는 하루아침에 터득되는 것이 아니고 오랜 세월 정진해야 하는 것이라는 고정관념이 우리 사회에 깊이 침윤되어있기 때문에 젊은 사원이 아무리 높은 단에 이르러도 도를 이루기 위해서는 어느 정도 세월이 필요하다는 인식에 이르게 된다. 늙어가는 마당에 힘까지 딸려 맞출 능력이 신통치 못한 구사들에게도 세월의 몫을 주장할 수 있는 조건이 된다. 궁도라는 말이 순식간에 전국을 점령하게 된 시점도 1970년대이며, 이것은 묘하게도 단급제도가 시행된 시점과 정확히 맞물린다.

1960년대까지는 활쏘기 대회라고 했다. 물론 일본 궁도의 영향으로 드물게 궁도대회라고 한 경우도 없지 않겠지만, 해방 후 일본 문화를 청산하는 작업의 일환으로 일본 것 버리기 운동이 전개되었고, 그 영향은 활쏘기에도 미쳐 1960년대 이르면 활쏘기 대회라는 말을 쓴다. 한국일보사에서 후원하여 1959년부터 실시된 전국대회의 이름도 "제1회 전국남녀활쏘기대회"였다.[5] 그렇지 않은 경우에는 "궁술대회"라는 말을 썼다. 그러다가 궁도대회라는 명칭으로 굳어진 것은 1970년대로 접어드는 시점이다.[6]

그러나 궁도라는 말을 차용한 것은 국궁사의 돌이킬 수 없는 과오이다. 활쏘기라는 아름다운 우리말을 버린 것도 그렇거니와, 궁도라는 말속에 담긴 반역사성과 반민족성 때문이다. 궁도라는 말은 일본군국주의가 자신들의 행동을 정당화하기 위한 수단의 일환으로 모든 스포츠를 제도화하면서 만든 용어이다. 중국인들

---

5   『황학정 100년사』, 132쪽
6   김복만 대담(1998. 4. 15)

을 상대로 대학살을 자행하고 독립군들을 마루타로 사용하여 인간으로서는 상상을 할 수 없는 잔혹한 짓들을 서슴지 않으며 자신들의 입지를 확립한 일본제국주의의 의도가 들어있는 말이다.

궁도라는 말 하나를 쓴다고 해서 그런 역사에 연결시킬 필요까지 있느냐고 반문할지 모르지만, 말은 결코 가치중립성을 갖지 않는다. 반드시 가치관을 내포하는 것이 언어의 속성이다. 궁도라는 말은 아무리 그럴 듯하게 포장을 해고 치장을 해도 이러한 역사의 함의를 결코 벗을 수 없다. 우리는 우리 민족에게 그런 무자비한 탄압을 자행한 자들의 말을 아무런 반성 없이 빌려 쓰고 있는 것이다. 그것도 세계에서 가장 오래고 훌륭한 전통을 지닌 '활쏘기'에서…. 이러고도 우리가 대회 때마다 묵념을 해주는 '먼저 가신 궁도인' 들께 과연 용서를 받을 수 있을까 싶다.

다행히 궁도라는 말의 이러한 성격에 대해서 심도 있는 연구를 한 글들이 최근 들어 발표되었다. 한병철과 한병기가 공동으로 쓴 『독행도』라는 책에서 궁도의 이 같은 성격을 정리했고[7], 김집은 『황학정 100년사』에서 일제시대에 궁도 용어가 쓰이게 되는 과정을 아주 잘 추적하여 정리했다.[8]

일본에서 말하는 도는 우리나라에서 말하는 도하고는 다르다. 일본의 도는 어떤 형식이나 절차를 말한다. 예를 들어 궁도란 활쏘기를 행하는 과정에서 꼭 필요하다고 생각되는 몇 가지 행동양식이나 절차를 정리하고, 그대로 따르는 것을 말한다. 일본궁

---

7   한병철 · 한병기, 『독행도』, 학민사, 1997.
8   김집, 『황학정 100년사』, 황학정, 2001.

도는 '사법팔절' 이라는 요령으로 정리되었다. 따라서 이 중에 한 가지라도 건너뛰면 그것은 도가 아닌 것이다. 따라서 어깨를 드러내서 뒤로 옷을 젖히고 깍지를 끼고서 화살을 당기는 동작 하나까지 모두 그렇게 해야 하는 일본 궁도계 내의 절차와 원칙이 있는 것이다. 그 절차와 양식을 가리키는 말이 '궁도' 인 것이다. 따라서 과녁에 맞는 것은 그리 중요한 것이 아니다. 궁도의 원칙만 잘 지키면 화살은 저절로 가서 맞는 것이다.

이 뿐이 아니다. 일본 내의 어떤 단체든 그들 구성원이 어떤 합의를 거쳐 절차가 확정되고 양식이 결정되면 그것은 곧 도이고, 그것을 따르는 사람은 도인인 것이다. 꽃꽂이도 그 절차를 규정하여 실행하면 도가 되는 것이며, 북 치는 것도 그 절차와 요령을 합의하여 결정하면 곧 도가 되는 것이고 그에 따라서 하면 도를 행하는 것이 되는 것이다. 다분히 그 과정에 초점이 맞추어져 있다. 이것이 일본의 도이다.[9]

그러나 우리나라의 도는 이와 딴판이다. 우리나라에서 우리 조상들이 생각한 도는 이 세상과 우주를 지배하는 보이지 않는 원리였다. 따라서 도사라고 하면 그것을 깨닫고 그 경지에 이른 사람을 말하는 것이다. 따라서 도사는 만나기도 힘들 뿐더러 이루기도 쉽지 않은 경지이다. 도사들이 산 속 깊은 곳에서 이슬을 먹고산다는 식으로 신격화되는 것도 바로 이와 같은 발상에서 나온 것이다.

속세에서는 이와 같은 경지에 이른 사람을 '선생' 이라고 불

---

9   이석희 대담(2001. 10. 14)

렀다. 유학에서도 벼슬을 하지 않고 성리학의 오묘한 원리를 공부하여 일가를 이룬 사람을 선생이라고 한다. 우리가 활터에서 쓰는 선생이란 말은 바로 그것이다. 벼슬길에 나아가지 않은 사람에게 선생이란 가장 자랑스러운 호칭이다.

일본의 도와 한국의 도는 이와 같이 다르다. 이렇게 다른 개념을 가지고 있는 우리나라 사람들한테 일제시대에 궁도라는 말을 뒤집어 씌웠으니, 이 말을 그 당시 사람들이 어떻게 받아들일 것인가? 도저히 받아들일 수가 없는 것이다. 이해할 수가 없으니 이미 있는 개념으로 바꾸어 이해하는 길밖에 없다. 그래서 궁도라는 말을 궁사도(弓士道)라는 말의 준말로 이해하게 된 것이다.

그런데 조선의 궁술은 다만 기술만을 일컫는 것이 아니오 궁술에는 궁도(혹은 궁사도)라는 것이 엄정히 있는 것을 잊어서는 안 된다.

×　　×

최신식 과학적 병기가 발달된 지금(現下) 황금시대를 당하여 궁시를 말하는 것은 너무나 케케묵은 냄새가 나는 느낌을 금할 수 없다 할 것이다. 그러나 이제는 궁시는 무기로서는 아무 가치를 인정할 여지가 없다 할지라도 그 궁사도(弓士道)에 있어서는 오히려 본 받을 것이 상당히 있을 줄로 생각한다. 이 세상에는 파렴치한 사람이 하도 많아서 그들은 조선사람이라고 하면 하잘 것 없는 민족으로써 생각하고 멸시하기를 마지아니하지마는, 우리의 종래 문물만은 우리의 눈을 숨겨가면서 집어다가 이것을 다시 우리에게 자랑하기도 하고 팔아먹기도 한다. 우리는 그것을 최신식 문물이라 하여 부러워하기도 하고 혹은 고가로 사기도 한다. 이러한 실례가 한두 가지가

아닌 것으로 보아 조선의 궁사도 그것도 조선 것이 아니라고 주장할
날도 없지 아니한 줄 생각한다.

×   ×

하여간 조선 궁술에는 궁사도가 있으며 그 궁사도가 어떠하다는
것을 세상 사람들이 자세히 알게 되는 날에는 조선궁술은 동양에서
는 물론이오 저 구미 스포츠계에까지도 새로운 환영(歡迎)이 있을
줄로 생각한다. 조선의 궁사도는 아닌 게 아니라 한 운동으로만 생
각한다 할지라도 확실히 이상적 운동의 가치가 많은 것을 부인할 수
없을 것이다. 다시 말하면 조선 궁술은 서양 사람들이 신사 운동으
로 가장 숭상하는 테니스에 비교하기를 주저할 만한 가치를 가졌
다.[10]

여기서 말하는 궁사도란 궁술의 하위 개념으로, 활쏘기 하는
사람들의 도라는 뜻이니, 형식과 절차를 강조하는 일본의 궁도하
고는 완전히 다른 개념이다. 궁도라는 말은 이렇게 어설프게 우
리나라에 들어왔다. 그 개념은 지금도 아직 소화되지 않은 채 사
용되고 있다. 우리나라의 궁도는 형식을 가리키는 것이 아니다.
활을 통하여 도를 터득한 사람들에게 붙여줄 수 있는 말이다. 그
러나 정작 활 쏘는 사람이 활을 통하여 도를 터득할 수 있다고 생
각하는지는 미지수이다. 10년도 넘게 활을 쏜 내가 그런 사람들
을 만나지 못했기 때문이다. 아직 활쏘기는 과녁 맞추는 스포츠
이자 놀이일 뿐이다.

---

10   정언산인, 「조선궁도와 사풍」, 조선일보, 1934. 6. 3.

활터에 떠돌아다니는 비디오테이프 중에 한 가지 눈에 띄는 것이 있어서 소개한다. 우리의 활쏘기에 대한 정확한 인식이 없을 때 어떤 일이 생기는가 하는 것을 잘 보여주는 예이다. 일본의 어느 시 궁도협회와 우리나라의 어느 도 궁도협회가 활쏘기 교류를 가진 모양인지, 우리나라의 흰 옷 입은 궁사들이 일본에 가서 그들의 궁도를 구경하고, 그들에게 우리나라의 활쏘기를 소개하는 테이프였다. 첫날은 일본의 궁도를 소개하는지 일본 사람들이 활을 들고 나와서 활쏘기 하는 전 과정을 시연했다. 그것을 지켜보는 한국의 활량들은 자못 진지했다. 마치 교무실에 끌려온 학생들처럼 숨소리 하나 내지 않고 구경했다. 일본의 궁도가 분위기가 그렇기 때문이다. 온갖 폼 다 잡고 모든 사람들이 똑같은 동작으로 살얼음 위를 걷듯이 활을 쏜다. 그런 분위기 속에서 감히 기침소리 한 번 내기 쉽지 않은 것이다.

　　그 다음 날은 우리의 활쏘기를 일본 사람들에게 구경시켜주는 모양이었다. 공설운동장에다가 과녁을 놓고서 활을 쏘는데, 시끄럽기가 마치 장터에 온 듯했다. 일본인들은 비디오를 들고 이리저리 돌아다니며 찍고, 그런 분위기 속에서 활 순을 냈다. 그 다음은 더 가관이었다. 일본 사람들이 그 먼 거리를 날아가는 우리 활의 성능에 놀랐는지, 몇 사람이 나와서 활을 만져보고, 시위도 당겨보고 그랬다. 그러자 한국의 활량들은 깍지까지 벗어서 끼워주면서 당기는 요령을 알려주고 실제로 쏘아보게까지 했다. 물론 교류 차원에서 간 것이기 때문에 그러했으리라는 것을 모르는 것은 아니지만, 그것을 비디오로 바라보는 나의 머릿속에는 '치욕'이라는 말밖에 떠오르지 않았다면 그것은 나의 과잉반응이었을까? 일본인들은 실험 삼아 우리 활을 만지작거리며 하고픈 짓을 다 하며 궁금한 모든 것을 한 순간에 다 풀어버린 것이다.

만약 우리가 일본인들의 활을 그렇게 만지작거리며 시위도 당기고 화살을 걸어서 이리저리 겨누었다면 일본인들은 과연 어떻게 했을까? 그래 잘 한다 하면서 장갑도 벗겨주고 당기는 요령도 알려주고 그랬을까? 제 정신이 있는 일본인이라면 그렇게 하지는 않았을 것이라는 것이 나의 생각이다. 왜냐하면 일본인들에게 활은 '도'이기 때문이다. 도! 도이기 때문이다. 같은 활을 쏘면서도 그들은 우리하고는 전혀 다른 세상을 살고 있는 것이다.

3 _ 부풀려진 믿음, 정간

정간도 마찬가지다. 점점 경박해지는 젊은이들에게 구사들의 권위가 어디서 어떻게 오는지 그럴듯한 설명을 해줄 수 없는 상황에서 전라도 지역의 정간이 나타났고, 그것을 유일한 대안으로 생각한 끝에 1980년대 들어 갑자기 불어난 전국의 사정에서 너도나도 배워간 것이다. 이것이 해방 전에는 있지도 않던 정간이 순식간에 전국으로 퍼진 이유이다.[11]

이렇게 퍼지는 과정에서 정간의 성격이 이상하게 변질되어 마치 신앙의 대상처럼 변했고, 그 과정에서 수많은 갈등의 원인이 되었다. 게다가 시간이 조금 흐르면서 정간은 점점 권위주의화로 치달아서 정간이라는 현판을 마치 신주단지처럼 모셔놓고는 허

---

11   정진명, 『한국의 활쏘기』, 학민사, 1999. 40~45쪽

접한 이론과 근거 없는 개똥철학으로 덕지덕지 붙여가며 신사들에게 숭배하기를 강요하는 중이다. 정간에 절하는 행위를 꺼림칙하게 생각하는 사람들에게는 아예 활터에 발을 붙이지 못하도록 하여 멋모르고 활터에 활 배우러 왔다가 발길을 돌리는 일이 비일비재하다. 심지어는 활을 쏘는 활량들에게도 정간에 절을 하겠느냐 하지 않겠느냐고 확인하여 절을 하지 않겠다고 한 사람에게는 이적을 거부하는 경우도 생겼다.[12] 활쏘기라는 활터 최고의 목표 위에 정간이라는 판자때기가 군림하여 사람들로 하여금 활을 쏘게도 못 쏘게도 하는 무지막지한 폭력을 행사하게 된 것이다. 그러나 달나라에는 토끼가 살지 않는다. 달나라에 토끼가 떡방아를 찧는다는 것은 허상이고 설화다. 우주선이 달나라까지 가는 오늘날, 설화가 사실을 바꿀 수는 없다. 어떤 자료를 보아도 정간은 달나라의 토끼에 불과하다.

정간에 대해서 처음으로 언급한 책은 『한국의 궁도』(1986년)이다. 해방 전에는 없던 것이고 최근에 생겨난 것이라며 정간에 대한 해의를 세 가지로 설명하고 있다.[13] 그러나 어느 하나 신통한 것이 없다. 이런 설명은 장님 코끼리 만지는 식의 해석에 지나지 않는다. 정간에 대해 좀 더 자세하게 설명한 책은 『한국의 활쏘기』(1999년)이다. 이 책에서는 정간이 1970년대 말에 전라도 지역에서 발생하여 1980년대에 실시된 전국대회를 매개로 하여

---

12   2005년도에 청주 우암정의 고영무 접장이 충주로 이사 가면서 이적하려고 할 때 이런 일이 실제로 발생했다. 이미 활을 쏘고 있는 사람을, 정간이 활을 쏘지 못하게 만든 것이다.

13   임종남 편, 『한국의 궁도』, 대한궁도협회, 1992. 97~99쪽

전국으로 서서히 퍼져간 풍속이라는 것을 구사들의 증언을 통하여 생생하게 고증하였다.

그리고 그 후 2003년에 김세현이 긴 논문을 통해 정간의 유래와 의미를 정리했고,[14] 김집이 『국궁교본』에서 다시 자세히 다루었는데[15], 둘 다 정간은 근거가 없으니 태극기를 대신 달아야 한다는 결론이다.[16]

원래, 정간은 건축물의 한 가운데를 가리키는 말이다. 국어사전에 그렇게 나와 있다. 그런데 전라도 지역에서는 퇴임원로나 지역의 유지들이 활을 쏘았고, 그들이 나이가 들어 활을 쏘지 못하게 된 뒤에도 활터에 나와서 후학들의 활쏘기 모습을 보며 지냈다. 전라도 지역의 고풍이란 풍속은 바로 이와 같은 분위기를 배경으로 하여 나타난 것이다. 그들은 정 건물의 중앙에 놓인 곳에서 앉아서 소일했고, 자신을 존경하는 후학들에게 시도 써주고 잔치도 베풀어주고 했다. 신사들은 의례히 활터에 올라오면서 그곳에 가서 인사를 했다.

그러다가 해방과 한국전쟁을 거치면서 활쏘기가 소원해지고 원로구사들이 이승을 떠나면서 그 자리가 비었다. 그러자 그때부터 새로 배우게 된 사람들이 의문을 품게 된다. 왜 아무도 없는 곳에 인사를 하느냐는 지극히 당연한 질문을 한 것이다. 이제부터

---

14 김세현, 「정간의 유래에 대한 고찰」, 국궁문화연구회 홈페이지. 2003. http://www.whalsarang.com
15 김집, 「태극기와 정간」, 『국궁교본』, 황학정, 2005
16 이런 결론에 대한 반론으로 정간을 옹호하는 글은 아직 진지하게 검토해볼 만한 것이 없다. 정간을 정당화할 자료가 없기 때문이 아닌가 추측된다.

구사들은 활을 배우러 오는 모든 사람들에게 매번 인사해야 하는 이유를 설명해주어야 하는 아주 귀찮은 상황에 직면한 것이다. 그래서 궁여지책으로 나온 것이 '정간'이라는 현판을 걸고 거기에 예를 올리는 것이었다. 사두가 있든 없든 어른에 대해 예를 올리라고 요구한 것이다. 옆구리 찔러 절 받기 식의 방편으로 등장한 것이 정간이라는 현판이다.

이상에서 보듯이 정간은 그 성격이 신을 모시는 것이 아니다. 그것은 어른들이 앉아있던 위치를 가리키는 말에 지나지 않는다. 자신을 겸손하게 낮추고 활터의 어른들에게 인사하는 것, 그것이 정간의 의미이다.[17] 그런데 이런 풍속은 옛날부터 있었다. 등정례가 그것이다. 활터에 처음 올라오면서 먼저 올라온 어른에게 '왔습니다.' 하고 인사하면 먼저 와있던 사람들은 '오시오.'로 응수한다. 얼마나 간편하고 좋은 인사법인가? 그런데도 따로 무슨 복잡한 예가 필요하단 말인가?

따라서 정간은 표지판이나 팻말과 같은 것이어서, 있으면 있고 없으면 없는 것이지 꼭 있어야 하는 것이 아니다. 정간은 분명 전라도 지역에서 전통이 있는 풍속으로 정착했다. 그것까지 뭐랄 필요는 없다. 그러나 그것을 마치 옛날부터 있어온 진리인 양 전국의 활터에 강요하면 안 된다. 요즘 신생 정에서는 건물이 없이

---

17 하지만 정간 옹호론자들 중에 이렇게 생각하는 사람은 아무도 없다. '正間'을 '어른들이 앉던 자리'라고 써서 바꿔 붙이자고 하면 동의할 사람은 없을 것이라는 것이 그 반증이다. 이것은 정간이 단순히 위치를 나타내는 말을 넘어서 사람들의 정신을 호령하는 귀신으로 등극했음을 의미한다. 활터에서 신종 귀신이 탄생한 것이다.

과녁만 놓고서 활을 쏘는 곳이 많다. 그렇다면 그런 활터는 정간이 어디란 말인가? 정간이 없지 않은가? 현판만 걸어놓는다고 정간이 되는가? 정간은 건물을 한 가운데를 말하는 것이다. 요컨대 정간을 마치 활터마다 갖추어야 할 필수요소로 생각하는 것은 결코 옳은 일이 아니라는 얘기이고, 전라도라는 한 지역의 풍속으로 만족해야 한다는 것이다.

해방 전부터 원로 구사들이 있던 정에서는 정간을 모시는 것도 좋을 것 같은 이유는, 그 지역 나름대로 독특한 풍속이 될 것이기 때문이다. 그렇지 못한 실정이라면 개념도 모호하고 뜻도 분명치 않는 정간을 굳이 모시려고 할 이유가 없다. 어른도 없는데 막연한 대상을 만들어놓고 날마다 판자때기에 예를 올리는 것은 종교행위와 다를 바가 없다. 정간이 신앙의 대상이 되면 현대판 신사참배와 다를 것이 없다. 나아가 자기네 정에 정간이 있다고 해서 정간이 없는 남의 정을 우습게 보는 것은 내 기준으로 남을 보는 것이다. 그것은 우리 집에서 제사를 이렇게 지내니 너희 집도 이렇게 지내라는 식의 간섭에 지나지 않는다.[18]

게다가 정간이 전국의 활터에 다 있는 것도 아니다. 서울 황학정은 지금까지 단 한 번도 정간이 걸린 적이 없으며, 지금도 정간이 없다. 전주 천양정에도 정간이 없다. 사실 이 두 정은 우리나라에서 전통이 오래 유지된 곳이어서 대한궁도협회에서 낸 『한국의 궁도』에서도 정간이 없다고 설명하고 있다. 그렇지만 그 책이

---

18   이런 불합리한 사고방식과 간섭으로, 충북의 한 활터에서는 정간이 도끼로 찍히는 불상사까지 발생했다.

쓰인 1986년 이후에 천양정은 정간을 몇 년 동안 걸었다가 떼어냈다. 내가 방문했던 1998년 무렵에는 천양정에 정간이 걸려있었다. 그러다가 몇 년 후에 가보니 그때는 정간이 없어졌고 대신 그 자리에는 선생안이라는 함이 새로 만들어졌다. 이렇게 정간을 붙였다가 뗀 이유는 알 수 없다. 그러나 그것이 『한국의 궁도』에서 한국을 대표할 만한 활터로 소개한 천양정의 전통을 재확인하려는 의지인 것만은 분명하다. 정간을 한두 사람이 떼고 붙이고 할 수 있는 것이 아니기 때문이다.

이렇게 우리나라에서 가장 오래된 두 활터에도 정간이 없다. 정간이 없는 활터는 이곳만이 아니다. 있다가 떼어낸 정도 있고, 원래부터 없던 곳도 있다.

정간은 구성원들의 합의 사항일 뿐 활터에 꼭 필요한 것이 아니다. 정간이라는 형식에 담고자 하는 뜻은 이미 등정례에 다 들어있다. 등정례가 무엇인지 모르는 사람은 『조선의 궁술』을 보기 바란다.

4 _ 사풍의 기준, 황학정

한국의 사풍은 획일화 되어있지 않고 아주 다양한 것이 특징이다. 활쏘기가 오랜 역사를 거치는 동안 각 지방마다 지역마다 나름대로 다른 곳과는 다른 풍속이 자리 잡았다. 그러한 각 지역의 풍속은 각기 개성을 갖고 발전했다. 따라서 각 지역의 풍속은 그 모습 그대로 존중해 주어야 한다.

그러나 문제는 통신수단이 발달하고 중앙의 통제가 강화되

황학정

면서 각 지역의 특색이 점점 사라지고 있다는 점이다. 그리고 그
것은 세계화 시대를 맞이하여 앞으로도 진행될 불가피한 추세이
기도 하다. 그렇다면 각 지역의 풍속은 그 지역의 풍속으로 존중
하되, 각 지역의 활량들이 한 자리에 모일 때는 어떤 기준이 있어
야 한다. 그렇다면 지방마다 각기 다른 풍속을 지닌 활량들이 한
장소에서 만날 때 어디를 기준으로 행동을 통일할 것인가 하는 것
이 문제다. 서로 자기네 풍속이 옳다고 주장할 수는 없는 노릇이
기 때문이다. 따라서 기준설정은 불가피한 일이다.

그렇다면 어디서 그 기준을 찾을 것인가? 나는 그 기준을 '해
방 전후 시기의 황학정' 으로 본다.

이유는 간단하다. 오늘날 우리의 활쏘기 모습을 처음부터 주
도한 곳이 서울 황학정이고, 서울 황학정은 조선 왕실의 활쏘기를
이어받은 곳이어서 가장 점잖고 기품 있는 풍속을 유지한 곳이기

때문이다.[19] 그것이 『조선의 궁술』이라는 책으로 정리되었다. 이제부터는 이러한 생각을 중심으로 하고 요즘의 사풍을 하나씩 검토해보기로 한다.

5 _ 구경꾼들을 위한 배려

절에 갈 때 우리가 처음 만나는 문은 일주문이다. 일주문은 이곳부터 절간이라는 것을 알려주는 지표이면서 속계와 불계를 나누는 분계점이다. 그렇기 때문에 일주문을 들어서는 사람들은 그곳에서부터 속세와는 전혀 다른 질서와 체계가 작용한다는 것을 다 알기 때문에 새로운 마음으로 일주문을 들어서기 전의 세상 욕심을 정리한다. 이와 같은 것은 다른 곳도 마찬가지이다. 유교에서도 향교의 입구에는 홍살문을 세워 그 밖의 세상과 구별을 하고 서낭당도 당나무에 왼새끼를 두르고 색동헝겊을 매어 그곳이 바깥세상과는 다른 거룩한 곳임을 알린다.

그러나 활터에는 그런 경계점을 알려주는 것이 없다. 활터에 처음 들어서는 사람들은 곧이어 건물 안에 들어서고 활을 들고 사대에 서있는 활량들의 뒤편에 서있게 된다. 바로 이와 같은 상황이 문제가 된다. 활터에 처음 올라온 사람들은 이 상황에 어떻게 대처해야 할지를 몰라 실수를 연발하는 것이다.

사람에게 호기심은 본능이다. 새로운 물건이 눈에 띄면 그 용도가 무엇일까를 궁금해 하며 그 쓰임새를 알고자 탐색을 벌인

---

19   황학정의 현판은 초대 대통령 이승만의 글씨이다.(『황학정백년사』)

다. 그러한 궁금증을 가진 사람들의 눈에 활은 말할 수도 없이 신비한 물건으로 비친다. 방송매체에서 본 커다란 양궁과는 다를 뿐더러 그 짧은 모양이 보여주는 신비한 곡선미는 저절로 감탄을 자아낸다. 바로 이와 같은 활의 모습이 더욱 호기심을 부추겨서, 그 궁금증을 참지 못한 사람들의 손은 저절로 활에 가서 닿는다. 그리곤 곧 이어지는 불호령에 깜짝 놀라 몸을 움츠린다. 잠시 후 노인으로부터 막만타궁이네 뭐네 하면서 알아듣기 어려운 꾸중을 듣는다. 우리가 활터에서 흔히 겪는 상황이다.

그렇다면 그렇게 해서 혼난 구경꾼이 잘못을 반성하느냐 하면 그렇지도 못하다. 불호령에 잠시 움찔하지만, 당황한 마음을 수습하고 난 뒤에는 '말로 하면 되지 뭘 그런 걸 가지고 화를 내느냐?' 는 의문의 눈초리를 보낸다. 그런 사람들이 불쾌한 마음으로 활터를 떠나면 그것이 활과 활터에 대한 그 사람의 첫 생각을 결정짓는다. 그런 사람들에게 활터는 불쾌함의 표상이 되는 것이다. 이것이 과연 누구의 손해인가 하는 것은 셈해볼 필요도 없다.

따라서 활터에 낯선 사람이 나타나면 그들이 미구에 저지를 사태를 막기 위하여 활터에서 나서서 그들을 안내하는 수밖에 없다. 우선 그들에게 왜 활을 함부로 만지지 말아야 하는가 하는 것을 설명해주어야 한다.

활은 무기이다. 그것도 살상무기이다. 물론 지금은 스포츠의 도구로 바뀌었지만, 한 세대 전만 해도 그것은 사람을 죽이는 데 쓰이는 무기였다. 바로 이 점을 강조해야 한다. 아무런 예비지식이 없이 무기를 만진다는 것은 용도를 모르는 아이들이 총을 가지고 노는 것과 마찬가지이다. 거기에다가 총알까지 들려준다면 잠시 후에 총의 용도를 모르는 아이들이 저지를 일이란 환히 예견될 것이다. 무지의 대가로 목숨을 내놓는 것이다.

활 또한 마찬가지이다. 활을 모르는 사람에게 막만타궁이네 어쩌네 떠들어야 그들은 이해하지도 못할뿐더러, 왜 그래야 하는지는 더더욱 모른다. 따라서 활이 무기라는 것과 그렇기 때문에 함부로 만지면 안 된다는 것을 지적해주면 누구나 다 고개를 끄덕인다.

그 다음엔 활터에는 저 아랫세상과는 다른 질서가 있다는 것을 설명해주고 그것을 보여주는 일이다. 예를 들어 동진동퇴라든지 습사무언이라든지 하는 경구를 일러주고 왜 그렇게 해야 하는가 하는 것을 설명해주면 구경꾼들은 곧 활량들이 그러한 원칙에 따라서 사대에 들어서고 활을 쏜다는 사실을 금방 이해하고 확인한다. 아무 것도 없는 건물 안에 엄정한 원칙과 법도가 있어서 많은 사람들이 일사불란하게 그러한 원칙에 따라 움직인다는 사실을 이해하고 나면 그것은 큰 감동으로 이어진다. 교통법규 하나 제대로 지켜지지 않는 저 아랫세상의 무질서에 넌덜머리가 난 사람들에게 아무런 설명도 없이 지시도 없이 많은 사람들이 일사불란한 행동을 취하며 수천 년 역사가 깃든 전통무예를 즐기고 있다는 사실은 실로 경이로운 것이다. 구경꾼들이 무뚝뚝한 활터 사람들 앞에서 실수를 저지르기 전에 이와 같은 안내를 해주는 것이 활터를 친근하면서도 배울 것이 있는 곳으로 인식시켜줄 수 있다.

이런 태도는 아주 사소한 일이지만, 국궁이 대중화되는데 가장 기초가 되는 일들이다. 할 수만 있다면, 방문객들에게 활쏘기 전반에 대해 간단히 브리핑할 수 있는 자료를 준비해두는 것이 좋다. 특히 단체 방문이 자주 이루어지는 전통이 있는 활터에서는 이러한 준비를 해두는 것이 좋다.

그리고 활터 입구에 일주문이나 홍살문에 상응하는 어떤 표지를 세우는 것도 앞으로 고려해 볼 만한 일이다.

6 _ 신사 교육

'세 살 적 버릇 여든까지 간다.' 는 속담이 활터처럼 유효하고 적절하게 대비되는 곳은 없다. 그야말로 집궁 한 달 동안 배운 버릇이 나머지 활 인생을 결정짓고 만다. 그래서 신사들에 대한 올바른 교육은 무엇보다도 더 중요하다.

▲ 무엇을 가르칠 것인가?

보통 활을 배우고 가르친다고 말을 하면 많은 사람들은 그것을 활 쏘는 '기술', 즉 사법을 가리키는 것으로 이해한다. 그리고 실제로 그것을 배우고 가르친다. 그리고 한두 달이 지나서 몰기를 하면 축하한다는 말과 함께 접장 칭호를 주고, 그때부터는 가르칠 것도 배울 것도 없는 동등한 관계로 변한다. 이따금 슬럼프에 빠질 때 자문이나 해주는 정도가 가르치는 사람의 몫이다. 그러나 이러한 신사 교육이야말로 국궁의 앞날을 망치는 근본 원인이다.

활을 배운다는 것은, 아주 좁게 사법을 배운다는 뜻이지만, 그것은 활을 배우는 일의 극히 일부분에 지나지 않는다. 신사들에게는 사법에 대해 강조할 것도 사실 없다. 그것은 활쏘기의 극히 일부분에 지나지 않기 때문이다.

활을 배운다는 것은, 활터라는 새로운 사회에 들어선다는 것을 의미한다. 새로운 사회에 입문한다는 것은 그 이전에 몸담던 세계와는 다른 그 사회의 가치관을 배운다는 뜻이다. 따라서 활을 배운다는 것은, 사법 이전에, 활터에 올라와서 취하는 행동거지와 사고방식을 그 선배들로부터 배워서, 자신 또한 활터라는 세계에서 움직이고 사고할 수 있는 새로운 행동양식을 습득하는 것을 말한다. 바로 이 점을 신사들에게 분명히 각인시켜 주어야 한다.

만약에 활을 배우는 일이 사법을 배우는 일로 한정될 것 같으면 구사라는 존재는 아무런 의미도 없다. 1년 안에 과녁 맞추는 재주는 구사를 능가하기 때문이다. 그렇다면 활을 배우는 일은 1년 안에 끝이 난다. 바로 이와 같은 그릇된 교육관 때문에 시수가 나기 시작하면 더 이상 배울 것이 없다는 얘기를 공공연히 하는 신사가 나타나는 것이며, 그런 싸가지 없는 신사들 때문에 구사들은 속앓이를 하면서도 아무 말 못하는 것이다.

따라서 신사들이 주제넘은 언행을 하는 것은 신사들의 잘못이 아니라, 신사인 그를 잘못 가르쳐서 그런 버릇을 들여놓은 구사들의 탓이다. 활을 쏘아서 과녁을 맞히는 잔재주밖에 가르쳐준 것이 없으니, 그 잔재주가 자신을 능가하는 신사가 있으면 더 이상 가르쳐줄 것이 없고, 한 발 더 나아가 이제는 한 수 배워야 하는 위치로 전락하는 것이다. 가르쳐준 것이라고는 그것뿐이니, 자기보다 시수가 더 나은 신사한테 뭐라 할 말이 없는 것이다.

그러다 보니 나이가 많은 신사는 나이로 선배를 누르려고 하고 시수가 잘 나는 신사는 시수로 선배를 우롱하며, 감투라도 하나 얻어 쓴 신사는 그 감투로 무관(無冠)의 구사를 우습게 바라본다. 이것이 오늘날 활터에서 종종 벌어지는 상황이다.

더 우스운 건 외국인들에 대한 구사의 태도이다. 외국인들은 한국인들보다 체집도 좋고 힘도 좋다. 그렇기 때문에 강궁으로도 쉽게 배우며 구사들의 시수를 아주 짧은 시간에 추월해버린다. 그렇게 되면 이 당돌한 외국인 신사에게 더 이상 가르쳐줄 밑천이 남지를 않는다. 과녁을 꽝꽝 때리는 신사를 바라보며 무엇을 가르쳐줄지를 몰라서 먼산바라기를 하게 된다. 더 이상 가르쳐줄 것이 없는 것이다. 그렇게 쉽게 구사를 능가한 벽안의 신사(新射)는 순식간에 한국 활의 정수를 터득했다고 자부하고서 과녁 맞추는 기량만을 자신의 모국에 자랑한다. 도대체 이들에게 우리가 가르쳐준 것이 과연 무엇인가?

신사들에게는 과녁 맞추는 잔재주를 가르칠 것이 아니라 활터의 가치관을 가르쳐야 한다. 활터의 가치관이란 무엇인가? 이것은 한 마디로 규정하기 쉽지 않다. 그러나 나이 지긋한 구사들이 보여주는 행동양식을 보면 우리가 무엇을 배워야 하는지 분명히 알 수 있다. 그리고 그것은 우리가 즐겨 인용하는 이른바 "궁도 9계훈"에 고스란히 나와 있다.

활쏘기를 통하여 맞추고자 하는 자신의 욕망에 빨려들지 말고 화살이 맞지 않으면 장비를 탓하기 전에 내 자세를 돌이켜볼 줄 아는 '군자의 마음'을 갖추도록 하는 것이다. 시수에 집착하는 미망을 버리고 바로 이 '마음'을 가르쳐야 하는 것이다. 그리고 이 마음은 활터의 전통과 예절을 존중하는 데서부터 비롯된다는 사실을 항상 깨우쳐주어야 한다. 그렇기 때문에 활터에서 시행되는 사소한 예절이며 의례가 그러한 과정으로 가는 중요한 절차임을 깨우쳐주고 그것을 지키고 따르도록 노력하는 자세를 가르치고 그들에게 본을 보여야 하는 것이다. 활터에서 가르치고 배울 것은, 불편한 구식 장비로 과녁이나 두들겨대는 그런 잔재주가 아니다.

▲ 외국인 교육

특히 외국인에 대한 교육은 철저해야 한다. 외국인들은 일상생활에서 우리와 공유하는 습관이 별로 없다. 완전히 백짓장과 같은 상황이다. 그렇기 때문에 보통 사람을 상대하듯이 하면 안 된다. 사소한 것까지 일일이 가르쳐주어야 한다. 이런 사람들에게 활 쏘는 그 잔재주만을 가르치면 안 된다.

외국인들이 활터에 오는 것은 한국의 진면목을 알고자 오는 것이다. 그렇기 때문에 이들에게 가르쳐야 할 것은 사법이 아니

활 비녀

라 활터의 풍속을 비롯한 활쏘기 문화 전체, 나아가 한국의 정신이 되어야 한다. 그리고 활은 우리 민족의 정신을 고스란히 담고 있고, 한국 문화의 원형질이라는 것을 설명해주고 활터에 와서 취하는 행동 하나하나가 모두 그러한 유산이라는 것을 이해시켜야 한다. 그리고 그러한 것을 그대로 실천하도록 가르쳐야 한다. 활터에서 그들이 배우는 것은 과녁 때리

는 잔재주가 아니라 한국이라고 하는 거대한 문화의 핵심이다. 그렇기 때문에 더더욱 외국인들에게는 형식과 절차를 강조할 필요가 있다.

또 한 가지 빼놓아서는 안 될 것은, 활터에서 배우는 것은 사물을 이용하는 조상들의 슬기이다. 활터에는 활과 화살이라는 장비를 다루기 위하여 갖가지 기구를 마련했다. 활창애며 도지개, 살놓이, 활걸이 같은 것들이 다 그런 것이다. 매일 그것을 쓰는 우리는 잘 모르지만, 처음 보는 사람들의 눈에는 그것이 모두 신기한 용도를 가진 것으로 보인다. 그런 물건들을 그러한 쓰임새로 만든 것은 모두 우리 조상들의 슬기인 것이다. 바로 이 점을 소홀히 하면 안 된다.

특히 각궁을 다루게 되면 사물을 이용하는 우리 조상들의 슬기가 어떤 경지에 와있는가 하는 것을 깨달으면서 감탄을 하지 않을 수 없게 된다. 같은 각궁 계열이면서도 중국이나 몽골의 각궁에서는 볼 수 없는, 성능을 가장 좋게 하기 위하여 우리 조상들이 우리의 각궁에 들인 정성과 슬기는 감탄을 넘어 예술의 경지라는 생각을 하게 한다. 특히 버들잎 효과라든가 충격이 전달되지 않도록 연소를 끊어놓은 점 같은 것은 더욱 그렇다.

게다가 각궁은 철저히 우리 풍토의 산물이라는 것이다. 물소뿔을 제외하면 모두 우리 주변에서 구할 수 있는 소재들이다. 각궁을 쓴다는 것은, 그러한 소재들을 슬기롭게 이용할 줄 아는 조상들의 슬기를 배우는 것이며, 그런 슬기를 발휘한 풍토와 사회의 조건을 이해하는 길이다. 그것을 이해하면서 한국의 역사와 풍속을 몸으로 깨우쳐나가는 것이다. 이것이 활터에서 가르치고 배워

야 할 가장 중요한 일이다. 활터에서 배우는 것은 활을 쏘는 재주
가 아니라 활이라고 하는 이 위대한 업적을 낳은 우리 사회의 풍
토와, 주어진 환경에서 활쏘기를 세계 최고의 것으로 승화시킨 조
상들의 슬기와 사고방식인 것이다.

따라서 외국인들이 활을 제대로 알고 그것을 입으로 표현하
게 하려면 바로 이와 같은 점을 깨닫게 해주어야 하고, 따라서 각
궁을 스스로 다룰 수 있는 수준에 이르기 전까지는 절대로 활에
대해서 아는 체를 하지 못하도록 해야 한다. 개량궁으로 배워가
지고는 과녁 맞추는 잔재주 밖에 아는 것이 없고, 할 말이라는 것
들도 활쏘기의 본질과는 한참 거리가 먼 그런 것들일 수밖에 없
다. 외국인들에게 가르쳐야 할 것은 과녁 맞추는 잔재주가 아니
라 활이 담고 있는 한국의 얼과 슬기인 것이다.

▲ 한 사람이 가르친다.

가르칠 때는 반드시 한 사람이 가르쳐야 한다. 다른 사람이
중간에 나서면 그 전에 가르치던 사람과 여러 가지 생각이 다르므
로 그에 따라서 동작 또한 조금씩 달라지기 때문이다.

그리고 이 문제는 종종 사원간의 갈등으로 비화되기도 한다.
신사에게 지나가는 말로 한 마디 거든 것이 사범의 눈에 띄면 사
범의 기분이 좋을 리 없고, 그런 감정은 어느 땐가 느닷없이 나타
나서 큰 싸움을 일으키는 요인이 되기도 한다. 신사에 대한 가르
침은 한 사람이 맡아야 한다. 단 한 마디라도 옆에서 거들서는 아
니 된다. 최소한 1년은 그렇게 해야 한다.

신사의 궁체가 어느 정도 잡히고 나름대로 요령을 터득했을

때, 그때 가서 신사가 물어오면 개인 소견임을 전제로 하고서 조언을 해주어야 한다. 그때는 동반자 자격으로 조언을 하는 것이지 가르침의 자격으로 하는 것이 아니라는 것을 스스로 인식해야 한다. 가르침은 끝까지 사범의 몫이다.

사범을 맡은 사람은 남들이 신사에게 가르쳐주지 않도록 주지시켜야 한다. 그런 일이 있으면 조용히 불러서 오해가 없도록 타일러야 한다. 그렇지 않고 마음에 쌓아두면 세 사람이 다친다. 사범 자신과 신사, 그리고 조언을 해준 사람이 그들이다. 따라서 그런 일이 생기기 전에 미리 말로 해결하는 것이 좋다. 사범쯤 되는 지위에 있으면 그 말을 따르지 않을 사람이 없다는 점에서 사범의 이와 같은 판단과 행동은 꼭 필요하다.

▲ 장비

장비는 반드시 구입시킨다. 활터에는 구사들이 쓰던 활이 여분으로 있기 마련이다. 그것을 처음 오는 신사에게 빌려주어서 연습하도록 하다가 궁체가 잡히면 궁시를 구해주곤 하는데, 이것은 별로 좋은 방법이 아니다. 궁시는 반드시 구입해서 자기 것으로 연습하도록 하는 것이 좋다.

궁시를 구하는 데는 돈이 들기 마련이고, 돈을 투자하면 자신의 결심을 더욱 굳게 만드는 효과가 있다. 일의 시작을 분명하게 해주는 효과가 있는 것이다. 그리고 자신의 것이라는 애착이 생기고 늘 휴대하기 때문에 집에서도 연습할 수 있다. 남의 활을 빌려서 쓸 때와는 그 각오도 다르고 느낌도 다르다. 설령 활만을 사고서 그만둔다고 하더라도 그것은 활터에 인연을 맺은 적이 있는 좋은 증거물이 되기 때문에 역시 좋은 일이다. 물론 학생이라든가, 형편이 어려운 사람에게는 굳이 그럴 필요까지는 없다.

▲ 연궁으로 시작한다

강궁은 백해무익이라는 말이 있는데, 이것은 신사들에게 더욱 해당되는 이야기이다. 그렇잖아도 힘이 달리는 신사들에게 센 활을 사주면 궁체를 익히는 데 더욱 시간이 걸린다. 연궁으로 시작해야 빨리 적응한다. 그리고 강궁으로 시작을 하면 견비통이라든가 하는 부작용이 생겨서 몸에 좋지 않다.

체력에 따라 다르지만 특별히 덩치가 크지 않다면 42호 개량궁부터 시작하는 것이 좋다. 42부터 시작해서 몇 달 건너면서 2~3호씩 올려가는 것이 좋다. 그러면 몸에 무리가 오지를 않는다.

활이 싼 것도 아닌데 그렇게 자주 바꾸면 어떻게 하느냐고 반문할지 모르지만 꼭 그렇지도 않다. 한 사람이 그렇게 배우기 시작하면 그 다음 사람은 앞사람의 활과 바꾸어서 세기를 올리면 된다.

▲ 주살질

보통 열흘 정도 빈 활을 당기게 해서 기본 궁체를 잡게 한 다음, 주살질을 한 열흘 시킨다. 주살질은 발시하는 요령을 터득하게 해준다. 그리고 과녁을 보지 않고 쏘기 때문에 자신의 동작을 정확히 기억할 수 있다. 그래서 신사는 반드시 주살질을 시켜야 한다.

주살질은 살 끝에 줄을 매어서 쏘는 방법으로, 우리나라 활쏘기 교육 방법의 특징이다. 중국에서는 고침(藁砧)이라고 해서 짚을 단단히 묶은 것을 쌓아놓고 거기에 쏘도록 하였다. 그래서 이것을 원용하여 황학정에서는 일본식 다다미를 몇 장 겹치게 해놓고서 신사를 가르치는 한 방법으로 활용하고 있다. 실내에서도 할 수 있는 아주 좋은 방법이지만, 최소한 그것이 중국의 방법이라는 것은 알려주어야 한다. 일본의 활에서도 역시 짚을 한 아름 되게 크게 묶어서 눈높이로 놓고서 연습을 한다.

한 가지 크게 잘못 알려진 사실은, 주살질은 신사나 하는 것이라는 생각이다. 실제로 이렇게 생각해서 궁체에 탈이 왔는데도 주살질을 하지 않는 사람들이 의외로 많다. 그러나 주살질은 신사 전용이 아니다. 주살질은 궁체를 바로잡는 것이기 때문에 아무리 구사라고 하더라도 자신의 궁체에 이상이 생겼다 싶으면 언제든지 당겨야 하는 그런 유용한 기구이다.

▲ 신사의 연습량

주살질을 마치고 사대에 서면, 간혹 가다 과녁 맞추는 맛에 자신의 궁력을 감안하지 않고 많이 쏘다가 큰 탈을 부르는 수가 있다. 이 점 사범이 잘 지도해야 한다. 보통 사대에 선 첫째 주는 남들이 5순 낼 때 한 순을 내게 하고, 그 다음 주에는 남들이 4순 낼 때 한 순 내게 하고, 그 다음 주에는 남들이 3순 낼 때 한 순 내게 하고, 그 다음 주에는 남들이 2순 낼 때 한 순을 내게 한다. 그리고 남들이 2 순을 낼 때 한 순을 내는 것은 1달 이상을 하게 한다. 그래야만 어렵게 배운 궁체가 몸에 익게 된다.

▲ 교 재

될수록 교재를 만들어서 가르치는 것이 좋다. 신사들은 궁금

중이 많은 만큼 알려고 하는 의욕도 강하지만, 그렇다고 해서 사범이 가르쳐주는 모든 말들을 알아듣는 것은 아니다. 똑같은 말이라도 알아듣는 때가 따로 있는 법이다. 그렇기 때문에 말로 가르치는 것은 많이 흘려듣고 만다. 이것을 막는 것이 기록으로 알려주는 일이다. 기록은 언제든지 다시 혼자서 볼 수 있기 때문에 얻는 것도 많다. 요즘은 활에 관한 기록이 적지 않아서 얼마든지 만들 수 있다. 인터넷의 내용을 받기만 해도 얼마든지 훌륭한 교재를 만들 수 있다.

▲ 타정 사원에 대한 태도

타정에서 온 사람에 대한 궁체에 대해 이러쿵저러쿵 말을 해서는 절대로 안 된다. 그가 아무리 눈에 거슬리는 궁체로 활을 쏘더라도 그에 대해 말을 하면 안 된다. 왜냐하면 그 사람은 궁체가 아무리 우스워도 나름대로 자정의 사범한테 지도를 받았을 것이고, 그것은 그 사범을 통해 전수된 그 정의 전통이기 때문이다. 타정 사원의 궁체에 대해서 평가를 하면 그것은 그가 소속된 정에 대한 전통을 평가하는 것이다. 따라서 이것은 활터 간에 미묘한 갈등으로 이어질 수 있다. 그러므로 특히 타정 사원에 대해서는 절대로 말을 하면 안 된다. 타정 사원이 가르침을 청하면 그때 가서 개인 소견임을 전제로 하고 이렇게 해보니 좋더라는 식으로 답을 해주어야 한다.

▲ 평 등

활 앞에 만인은 평등하다는 것을 가르치는 것 역시 중요하다.

활터에 올라오기 전에는 사람마다 자기가 맡은 소임이 있고 그에 걸맞은 지위와 호칭이 있다. 그러나 일단 활터에 들어서면 모두가 동등한 자연인으로 돌아가야 한다. 사회에서 누리던 지위를 활터까지 끌고 오면 활터의 체계는 하루아침에 무너진다. 다만 활터의 지위와 소임에 따라 임원을 맡은 사람은 자기 일을 하면 되고 다른 사람들은 그에 대한 대접을 해주면 된다. 그러면 저절로 권위가 서고 풍속이 바로 선다.

따라서 호칭 또한 활터의 법도에 따르는 것이 좋다. 임원이면 임원에 따른 호칭을 불러주고 임원이 아니면 접장이라는 호칭을 쓰면 된다. 사회의 직위를 고려하여 무슨 과장이니 사장이니 하면서 부르면 결코 달가울 것이 없다.

더욱이 신사를 가르치는 위치에 있는 사람은 이 점 각별히 신경 써야 한다. 사회에서 처한 처지가 불우하거나 높다고 해서 그에 따른 차별을 하면 그것은 큰 문제를 부른다. 특히 공직이나 대기업에서 높은 지위에 있는 사람들이 활을 배우러 오는 수가 있는데 그때는 당연히 그 직위를 무시하고 신사로서 철저하게 대하고 가르쳐야 한다. 활터는 그러한 세계의 밖에 있는 거룩한 공간이기 때문이다. 그러한 개념을 이해하지 못하면 활터에 발을 들여놓을 자격이 없는 사람이다. 그렇게 되어야만 자신이 원하는 대로 가르칠 수 있고, 또 배우는 사람도 그래야만 올바른 사법을 배울 수 있다.

▲ 말을 아낀다

신사들에게 가르칠 내용 중에서 또 한 가지 중요한 것은 말을 아낄 줄 알아야 한다는 것이다. 신사는 이것저것 궁금한 것이 많다. 그러다 보니 이 사람 저 사람한테 묻고 다닌다. 그리고 특별히 말이 많은 사람이 들어오면 이러한 문제는 더욱 심각해진다. 그래서 우선 사범이 가르치는 내용을 한 동안 묵묵히 따라 하기만 하는 것을 가르칠 필요가 있다.

우리 속담에 시집살이를 가리키는 말 중에 '벙어리 3년 귀머거리 3년' 이라는 말이 있다. 말 많은 며느리가 저지를 수도 있는 실수를 경계하기 위해 만들어낸 말이다. 이렇게까지 심하게 할 필요는 없지만, 활터에서는 이러한 태도가 어느 정도 필요하다. 그렇다면 얼마나 이런 생활을 해야 하나? 이것 역시 딱 부러지게 말할 수는 없다. 다만 활터의 풍속과 관습을 이해하는 데 걸리는 시간은 보통 2~3년이다. 그리고 이 시간은 연3~5몰기를 하는 정도의 수련기간과 대개 일치한다.

▲ 입회금과 회비

회비는 당연히 내야 한다. 회비는 자신이 활터에 와서 쓰는 비용이라고 생각하면 된다. 물론 학생 같은 경우에는 회비 문제를 면제해줄 수도 있겠지만, 그런 간편함보다는 다른 일을 시켜서 회비에 준하는 봉사를 할 수 있도록 해주는 것이 회원 대접을 해주는 것이니, 그런 방법을 모색하는 것이 바람직하다.

입회금은 좀 까다롭다. 현재 활터에 들어올 때는 입회금을 받는 곳이 꽤 있다. 입회금은 활터의 재산 관리 문제와 맞물려있다. 활터에 일정한 재산이 있으면 그에 대한 권리를 갖기 마련이고, 신입회원은 그러한 권리를 행사하는 전제조건으로 일정한 액수를 부담하게 된다. 이것이 입회비라는 형식으로 굳은 것이다.

그러나 입회비 문제는 정에 따라 사정이 조금씩 다르겠지만, 득보다는 실이 많다. 지금 활쏘기는 완전히 스포츠로 변하였기 때문에 순수한 스포츠 단체로 생각하는 것이 좋다. 스포츠 단체라는 것은 누구든지 뜻만 있으면 언제든지 들어와서 즐길 수 있는 그런 것이기 때문이다. 다만 통과의례의 수준에서 간단한 인사치레라면 모르지만 불필요한 입회비는 없는 것이 좋다.

7 _ 활터 사람들

활터는 사람들의 모임이다. 그런데 단체에는 각기 맡은 소임이 있다. 그래서 활 쏘는 행위를 원활하게 하기 위해서 여러 가지 일을 맡는 사람들이 생긴다. 그런데 활터는 오랜 옛날부터 전통이 이어오기 때문에 고쳐야 할 것도 많고 계승해야 할 것도 많다. 그렇게 하려면 활터의 직임에 대한 분명한 이해가 필요하다.

▲ 사 두

사두는 정의 상징이다. 상징이라는 말은 그냥 대표하고는 다르다는 말이다. 그래서 보통 여느 모임의 대표를 회장(會長)이라고 하지만, 활터에서는 그렇지 않다. 가장 많이 쓰이는 말은 사두(射頭)이다. 이밖에도 사수(射首), 사장(射長), 사백(射伯)이라는 말도 쓴다. 頭와 首는 유기체의 머리를 뜻하는 말이고, 長과 伯은 어른이라는 뜻이다.

따라서 이러한 표현을 통하여 나타내고자 하는 뜻은 예하 구성원과 대표의 긴밀성이다. 유기체의 머리는 그 몸통과 분리될 수 없다. 결국 머리가 몸통에 딸린 것이 아니라 몸통이 머리에 딸린 것처럼 활터의 대표는 활터의 구성원들에게 절대자의 지위로 존재하게 된다는 뜻이다. 임금과 백성의 관계와 비슷한 것이다. 그리고 활터의 조직은 군대의 조직에 준하기 때문에 이 같은 점은 더더욱 강조되었다. 사두가 정의 상징이라는 것은 이런 의미를 담고 있다. 따라서 사두는 활터의 대표라기보다는 활터 그 자체이고, 움직이는 정이라고 해도 과언이 아니다. 그 만큼 사두는 사원들의 존중을 받고 덕망이 있는 사람으로 뽑는 것이 관행이었다.

이러한 것은 물론 조선시대의 유습이다. 그 안에는 봉건시대의 불편한 유습도 다소 들어있다. 그러나 활터에서 지닌 사두의 의미는 어떤 완벽한 조화를 지향하는 개념이 강하기 때문에 봉건제의 문제점보다는 계층이 각기 다른 사람들이 공존할 수 있는 인간관계를 이루고 살 수 있도록 짜였다는 점에서 본받아야 할 장점이 훨씬 더 많다.

그것은 사두 선출 과정에 그대로 나타난다. 사두가 그런 막강한 존재인 만큼 뽑는 방법 또한 아주 빈틈이 없다. 사두 후보의 이름이 적힌 삼망단자를 만들어서 밑에서부터 올라오면서 사원들이 일일이 무기명으로 자신이 선택한 사람의 이름 밑에 동그라미 표시를 한다. 그렇게 해서 가장 많은 표를 얻은 사람이 사두가 되는 것이다. 요즘 말하는 민주주의의 원칙이 조선시대에 활터에서 그대로 시행되었다면 믿을 사람이 과연 몇이나 될까? 바로 이러한 민주주의 원칙의 토대 위에서 선발되었기 때문에 사두에게는 그러한 막강한 권위가 주어졌던 것이다. 그렇기 때문에 사두는 자기

윤준혁 사수 취임식 장면(살문 입장과 고사)

멋대로 행동할 수 없었을 뿐더러 사원들의 기대를 저버리지 않기 위해서도 조심스런 행동을 할 수밖에 없었던 것이다. 이런 식의 권위와 합의 과정을 봉건제의 못된 풍속이라고 싸잡을 수는 없다.

요즘은 민주주의 방식으로 투표를 하여 사두를 뽑고 임기 역시 2~4년으로 한정하여 선출한다. 그러다 보니 선거 과정에서 마찰이 일고 말썽이 일어나는 일이 잦다. [20]

사두는 사원 관리를 사무 처리를 한다고 생각하면 안 된다. 사두의 선발과 지위가 이러하였기 때문에 사두 된 자는 사원을 한 가족처럼 생각해야 한다. 잘못한 사원이 있으면 꾸짖어서 고치도록

---

[20] 얼마 전까지도 나는 황학정을 비롯하여 오래 된 정의 사두 임기는 종신직인 줄 알았다. 그러나 성낙인 선생과 통화하는 과정에서 황학정의 사두는 종신직이 아니라는 것을 알게 되었다. 성문영 사두가 워낙 오래 했기 때문에 그런 것인데, 성사두가 오래 하기는 했어도 사두직이 종신직은 아니었다고 한다. 일이 있으면 언제든지 다시 뽑는 것이었다고 한다. 실제로 지난 번 국궁논문집 제1집의 성낙인 선생이 선친을 회고한 글에서도 성사두가 사두직을 그만두려고 했는데, 사원들이 몰려와서 반려했다는 이야기가 나온다.

해야지 징계를 한다든지 하는 것은 최악의 상황이 아니면 될수록 피해야 한다. 이런 상황이 오지 않도록 평소에 사두가 덕을 베풀어 사원들의 신망을 얻고 화목한 분위기를 만드는 것이 중요하다.

▲ 교장, 행수

요즘은 정마다 부사두라는 직함을 둔다. 사두를 돕는 지위에 있는 사람들을 가리키는 말인데, 옛날에는 이들을 교장과 행수라고 따로 불렀다. 신분제 사회에서 다스릴 영역을 나누는 기능을 했고, 또 활터에서 맡은 일에 따라서 달랐다.

교장(敎長)은 교사장(敎射長)의 준말로[21] 사법과 사풍을 다스리고 가리키는 사람이다. 선생이라고도 했는데, 교사를 가리키는 말과 혼동되어 선생은 요즘 쓰지 않는 말이 되었다. 고흥의 문무정에서는 교두(敎頭)라고 한다. 이것은 수호지에도 나오는 말이다. 송강이 양산박에 들기 전에 40만 금군의 교두를 지냈다. 그러니까 가르치는 일을 맡은 총책임자인 것이다. 관군에서나 썼을 법한 이러한 말들이 모두 활터로 흡수되었으니, 실로 활터는 우리나라 무예의 총집합장이자 저수지라는 생각이 든다.

사범이라는 말은 교장이나 선생보다 급이 낮은 말로 일제 강점기로 접어들면서 일본 사회에서 쓰던, 특히 스포츠계의 지도자를 가리키는 말인 '코치'를 번역해서 쓴 것이다.

행수는 행중의 우두머리라는 뜻인데, 요즘 행정용어로 하면 행정 부사두쯤이 된다. 활터의 사무를 총괄하는 지위이다. 교장

---

21   최형상, 『탐라순력도』, 영인본, 제주시, 1999. 46쪽.

은 교육 부사두쯤이 된다.

특수하게 강경의 덕유정에서는 부사두를 접장이라고 불렀다. 사두 역시 사백이라고 해서 다른 활터의 관례와는 많이 다른 경우도 있다.

▲ 권무, 장무, 사무, 총무, 재무

행수 밑에서 활터의 일을 실제로 관리하고 정리하는 사람을 권무(勸武) 또는 장무(掌武)라고 했다. 요즘 들어서는 총무나 재무라는 말로 단일화되어 쓰이지만, 강경 덕유정에서는 아직도 권무라는 표현을 쓴다.

▲ 접장, 사말, 한량, 사원

접장은 상대를 높여주는 말이다. 원래는 첫 몰기를 하면 접장이라는 칭호를 붙여주는데, 꼭 그런 뜻만으로 고정되어 쓰이는 것은 아니고, 남을 존중하는 뜻으로 쓰인다. 일반인들이 흔히 남을 높여주기 위해서 부르는 호칭이 사장인데, 회사를 운영하는 대표라는 '사장'(社長)의 본래 뜻하고는 거리가 먼 것과 마찬가지 현상이다. 활터에서 만나는 사람 중에 호칭이 애매하면 무조건 접장이라고 부르면 된다.

사말은 남에게 자신을 낮춰 부르는 말이다.

한량은 과거제도에서 온 말로 무과제도를 통하여 관리로 출신하기 전의 후보자들을 가리키는 말이다. 문과에서는 유학(幼學)이라고 불렀다.

▲ 여무사

여자 활량을 여무사라고 부른다. 성 뒤에 붙여 쓴다. 여무사
는 활터의 꽃이다. 활을 쏘는 여무사의 모습은 그렇게 아름답다.
흔히 여성을 홍일점이라고 표현하는데 이 표현은 활터의 분위기
와 아주 잘 맞는다. 특히 각궁의 곡선미가 여성의 자태와 아주 잘
어울리기 때문에 미술가들의 관심을 끌어서 사진과 작품의 주제
가 되곤 했다.

활터는 아무래도 남자들이 많은 곳이기 때문에 여무사에게
지나친 장난이나 언사는 삼가야 한다. 다수인 남자가 무심코 하
는 언행이 소수인 여자에게는 큰 상처를 줄 수도 있기 때문이다.
여무사 또한 마찬가지이다. 행동거지를 조심하여 불필요한 오해
를 사지 않도록 해야 한다.

▲ 고전꾼

활터에는 활을 쏘는 사람 이외에 무겁에서 화살의 적중 여부
를 알려주고 화살을 주워주는 사람이 있다. 이들을 고전동, 고전
꾼이라고 한다. 고전(告傳)이란 말 그대로 알려준다는 뜻이다. 또
연전동, 연전꾼이라고도 하는데, 연전이란 화살을 줍는다는 뜻이
다. 동(童)이란 말이 붙는 것은 옛날에 어린 아이들을 시켜서 주
워오게 했기 때문이다. 그 대가로 아이들은 학용품 살 푼돈을 얻
어 썼다.

고전은, 정이 좀 부유하고 전통이 오랜 곳에서는 어디나 다
있다. 그런데 처음에 활터에 올라오면서 가장 눈에 거슬리는 것
이 고전이다. 그것은 옛날 계급시대의 주종관계, 즉 양반과 하인

의 관계가 아직도 살아있는 것 같은 느낌 때문이다. 게다가 활쏘기는 운동인데, 활을 쏘는 사람들 자신이 직접 화살을 주우러 가면 운동도 될 텐데, 굳이 사람의 품을 빌려서 주워 보내도록 하는 것이 잘 납득하기 어렵다.

그러나 조금만 더 깊이 생각하면 이러한 것이 옛날 양반제도의 유습이긴 하지만, 전통 문화의 한 분야로 생각해야만 한다. 원래 고전의 발생이 주종관계에서 나온 것이지만, 그렇더라도 고전꾼의 살림을 활터에서 마련해 주었다. 그러니까 고전꾼에게 논 몇 마지기를 마련해주고 고전을 시키는 식이다. 그렇기 때문에 지금도 고전들은 엄연히 월급을 받으며 그 일을 한다. 따라서 주종관계만 빼면 엄연한 한 가지 직업인 것이다. 그 직업에는 귀천이 있을 수 없다.

옛날에 고전을 본 사람들은 그것을 큰 수치로 여겼다. 그래서 전국에서 해방 전에 고전을 한 분들을 찾아도 그 분들이 입을 다물고 있어서 당시의 풍속을 알아낼 수 없는 경우가 종종 있다. 그 당시의 고전은 활량들의 심부름꾼이었던 것이다. 그 분들이 입을 열면 많은 풍속이 기록될 수 있을 것인데, 어렵게 수소문을 해도 아예 만나주려고 하지를 않는다. 안타까운 일이다.

고전에게는 월급이 지급되기 때문에 그것은 활량들의 부담으로 남는다. 그래서 특별한 재정이 마련되지 않은 정에서는 종종 고전의 존폐 여부를 놓고 말썽이 이는 수도 있다. 이미 있던 고전을 유지하자니 회비를 더 내야 하고, 있어온 것도 전통인데, 재정 부담 때문에 오랜 전통을 폐지할 수도 없기 때문이다. 어려운 문제이지만, 이런 경우에는, 고전 문제를 단순히 경제의 문제가 아니라 풍속의 문제로 인식을 해서 활터의 한 풍물이라는 것을 생각하고 될수록 고전을 유지하도록 하는 것이 필요하다. 좋든 나쁘든 고전은 활터만의 고유한 풍속인 것이다. 그것도 아주 오랜 역사를 지닌 풍속이다. 풍속은 오랜 세월의 가치관이 담겨있는 것이기 때문에 어떻게든 지키려는 노력이 필요하다.

8 _ 활터의 예절

사풍이 무너진다는 개탄의 대부분은 예절에 관련된 부분이다. 현재 활쏘기의 풍토가 과녁 맞추기로 달려가다 보니, 과녁 맞추는 일 이외의 것에 대해서는 그만큼 소홀하기 마련이다. 바로 이 점이 문제이다. 따라서 이런 폐단을 고치는 일은 과녁 맞추기를 향해 마치 무언가에 홀린 듯이 우르르 달려가는 현재의 풍토를 바꾸는 일부터 시작해야 한다는 것을 뜻한다. 사풍 타락의 주범은 과녁 맞추기 열풍이다. 그리고 그 열풍의 대부분은 단급 제도가 부추기고 있다는 사실을 분명히 인식해야 한다. 바람직한 사풍을 세우기 위해서라면 단급 제도부터 폐지해야 한다.

우리 사회에서 활터처럼 예절이 엄격하고 잘 정비된 분야도 없다. 이것은 활터가 옛날부터 양반들의 생활공간이었기 때문이다. 그래서 활터에 전해오는 예절은 선비들의 사고와 행동을 기준으로 바라보면 쉽게 이해할 수 있다. 선비들의 평소 생활과 무기를 다루는 전통이 결합되어 만들어진 것이 활터의 예절인 셈이다.

활터는 전국에 아주 많이 흩어져있기 때문에 예절 또한 지방에 따라 조금씩 다르다. 그래서 이 다양한 것을 어느 한 가지로 정한다는 것은 사실상 어렵다. 그러나 전국에 공통으로 통하는 예절이 있는 법이기 때문에 그것을 우선으로 하고 지역에 따른 특성을 가미하면 큰 탈이 없을 것이다.

그리고 활터에서도 꼭 지켜야 하는 예절이 있고, 일반 상식에 준하여 지키면 더욱 좋은 예절이 있다.

① 꼭 지켜야 하는 예절

활터에서 반드시 어느 곳에서나 지켜야 하는 예절은 딱 세 가지이다. 등정례, 팔찌동, 초시례이다.

▲ 등정례

등정례는 정에 올라올 때 자신보다 먼저 와있는 활량들에게 하는 인사이다. 문지방을 넘어오면서 "왔습니다."고 인사하면 먼저 와있던 사람들은 "오시오."라고 응수한다. 이것이 옛날부터 전해오는 풍속이다.

그런데 활터에 들어서는데 사대에서 이미 습사가 진행 중이면 조용히 들어와서 기다렸다가 습사가 끝난 다음에 인사를 한다. 습사하는 사람들에게 인사를 하면 대개 몸을 돌리게 되고 그러다 보면 산만해져서 습사에 방해가 된다. 내려갈 때도 마찬가지이다. 이미 활량들이 사대에 들어섰으면 조용히 내려간다.

사두가 올라올 때는 격식이 좀 다르다. 사두가 나타나면 문 앞까지 가서 맞는 것이 예의이다. 이 역시 선출제로 바뀐 요즘에는 고문도 있고 해서 이렇게까지 하지는 않지만 거기에 준하는 예절을 지키는 것이 좋다.

그런데 이미 습사 중에 사두가 올라오면 그때는 인사를 하는데, 그 자리에 서서 허리춤의 남은 살을 뽑아들고 간단히 인사를한 다음에 다시 차고서 습사를 진행하면 된다.

▲ 팔찌동

장궁방에서 산 성낙인 선생의 팔찌

사대에 서는 순서를 팔찌동이라고 한다. 사대에 서는 순서 역시 정마다 관습이 달라서말도 많고 탈도 많다. 특히 이정에서는 이렇게 서는데 저 정에서는 이렇게 서서 남의 정에갔을 때 말썽이 되는 수도 있다.

그러나 이 순서 역시 제상차리는 것과 비슷한 점이 있다. 남의 집 제사에 감 놔라 배 놔라하기 어려운 것처럼 정마다 각기 다른 풍속인 것이다. 문제는 신생 정에서 과연 어떻게 이것을 해결해 나가야 할 것인가 하는 것이다. 그를 위해서 일단 논의를 정리해 봄직도 하다.

과녁을 바라보고 설 때 왼쪽이 높은 자리이다.(물론, 좌궁은반대이다.) 팔찌동이라고 하는 것은 왼팔에 팔찌를 차기 때문에생긴 말이고, 팔찌 찬 쪽의 위로 어른을 모신다는 뜻이다. 당연히사대의 첫 번째 자리에는 사두가 선다. 그리고 옛날에는 계급 순으로 섰다. 그러나 요즘은 연령순으로 서는 것이 보통이다. 집궁순으로 서는 곳도 있지만, 신사를 면하면 대개는 나이별로 서는 것이 보통이다.

　문제는 고문이다. 사두가 먼저 서느냐 고문이 먼저 서느냐 하는 것이 말썽이 된다. 사두가 임기제이기 때문에 임기가 끝나면 고문이 되는 것이 관례이고, 사두를 지낸 사람과 현 사두가 과연 누가 윗자리에 설 것이냐 하는 것이 문제로 떠오른 것이다. 어쩔 것인가?

　이 역시 정마다 합의해서 시행할 사안이지만, 굳이 성격을 따지자면 사두가 윗자리에 서는 것이 이치에 조금 더 가깝다. 앞서 말했지만, 사두는 정의 상징이다. 상징이라는 것은 정 그 자체라는 것이다. 따라서 아무도 사두를 앞설 수는 없는 것이다. 고문은 사두의 선배이기는 하지만 정을 대표하지는 않는다. 그렇기 때문에 첫 자리는 대표에게 양보하는 것이 미덕이다. 이것은 꼭 활터만이 아니라 일반 단체에서도 마찬가지이다. 대통령도 마찬가지이다. 공식 행사에서 역대 대통령이 현직 대통령 위에 서지 않는다.

　다음으로, 연령순이냐 집궁 순이냐 하는 것도 민감한 사안이다. 정마다 다를 수밖에 없다. 그러나 그 원칙을 거론한다면 요즘 사회의 성격에 맞추어 이야기하는 수밖에 없다. 옛날에는 계급사회였기 때문에 복잡했지만, 지금은 그렇지 않기 때문에 아주 간단하다. 다만 활터이기 때문에 그 선후배 관계가 있어서 그것을 고려하면 된다. 중요한 것은 이러한 형식 이전에 신사는 구사를 존경하고, 젊은이는 나이든 사람을 존경한다는 믿음으로 대하는 것이 중요하다. 그렇다면 나이 우선이냐 집궁 우선이냐 하는 것은 그리 중요한 것이 아니다.

　활터에 처음 입문을 해서 활터의 전통과 관습을 체득하는 데 걸리는 시간은 보통 2~3년이다. 그때까지는 신사라고 보아야 하고, 신사는 당연히 나이 여하를 막론하고 신사로 처신하여야 한다. 나름대로 활터의 관습을 익혀서 완전한 활량이 되었을 때 나잇값을 주장하는 것이 가장 바람직한 일일 것이다. 그때쯤 되면 팔찌동 역시 나이대로 하는 것이 좋을 듯하다. 아무리 나이가 많아도 주살질을 끝내자마자 팔찌동 윗자리에 서는 것은 어쩐지 미안하고 어색한 일이다. 팔찌동이 자리 잡히기까지는 어느 정도 시간이 필요한 것이다.

다음은 여무사의 팔찌동이다. 이것도 곳곳에서 말썽의 소지가 있다. 50년 넘는 궁력을 지닌 여무사 한 분이 서울 지역의 한 활터 사풍이 엉망이라며 개탄을 하시기에 무엇 때문이냐고 여쭈었더니, 그 점은 여자남자가 막 섞어서 서고 여자가 남자보다 윗자리에 막 가서 선다는 것이다. 여자는 남자들이 선 다음에 그 끝에 서는 것이 지켜지지 않는다는 것이다. 이 말을 듣고 속으로 그건 봉건시대의 남녀관이라고 생각했는데, 여무사들과 생활을 하다 보니 그 분의 말이야말로 정답이라는 생각을 하지 않을 수 없게 되었다. 50년 궁력은 결코 허튼 것이 아니었다.

남녀가 섞어서 선다고 무슨 문제가 생기는 것은 아니다. 그리고 양성평등 시대에 그것은 오히려 바람직한 일이라고 할 수도 있다. 그러나 그것은 짧은 생각이라고 아니할 수 없으니, 활쏘기의 성격 때문이다. 사대에 서서 과녁을 바라볼 때의 그 정신은 터럭 하나의 움직임에도 크게 영향을 받는다. 그런데 옆에서 화장품 냄새가 은연중에 풍기고 이성의 체취가 전해온다면 그 또한 정신 집중의 방해요인으로 작용한다. 아무 것도 아니라고 한다면 그만인 것이지만, 그러한 것까지도 배려한 것이 팔찌동의 남녀구별인 것이다. 이미 잘 정착된 전통을 굳이 양성평등을 내세워 허물 필요가 있겠는가 하는 것이다. 그렇다면 여자가 먼저 서고 남자가 그 다음에 서면 안 되냐고 반문할 분들이 있을지도 모르겠다. 여자가 사두라면 그렇게 되는 것이 당연한 순리일 것이다.

▲ 초시례

초시례는 첫발을 낼 때 취하는 예절이다. 활터에 올라와서 맨 첫발을 낼 때 "활 배웁니다."라고 한다. 그러면 다른 활량들은 "많이 맞추세요."라고 응수한다. 그 날 한 번만 하면 되는 예절이다.

② 지키면 좋은 예절

이것은 위의 예절처럼 중요한 것은 아니지만 활터 생활을 원만하게 하기 위하여 오랜 전부터 전해오는 여러 가지 관습이다. 지키면 좋은 예절이라고는 했지만, 꼭 지켜야 하는 것들도 꽤 있다.

▲ 습사무언(習射無言)

습사무언은 활쏘기를 할 때는 조용히 하라는 뜻이다. 활을 쏠 때는 고도의 집중력을 필요로 한다. 따라서 말을 하면 집중력이 떨어진다. 그렇기 때문에 활을 쏘는 사람이나 뒤에서 구경하는 사람이나 조용히 하는 것이 상식이다.

그리고 말을 하면 호흡이 흐트러진다. 활쏘기의 가장 중요한 원리는 단전호흡이다. 그런데 말은 숨이 나올 때 바람의 흐름이 입안의 여러 위치에 따라 부딪혀서 내는 것이다. 결국 말은 호흡과 관련이 있다는 뜻이다. 그러므로 말을 하면 호흡은 흐트러지게 되어있다. 그리고 말은 의미전달의 체계이기 때문에 생각을 유발시킨다. 따라서 정신 또한 따라서 흐트러진다. 뒤에서 구경하는 사람도 조용히 해주어야 한다. 뒤에서 떠들면 활을 쏘는 사람이 정신이 산만해질 것은 당연한 일이다.

꼭 필요한 말은 나직하게 말한다. 바람의 방향이라든가 옆 사람에게 무언가 전달해야 할 말이 있으면 조용하게 말한다.

▲ 동진동퇴(同進同退)

함께 나아가고 함께 물러난다는 뜻이다. 활터에서 활을 쏘기 위해 사대에 나아갈 때는 모든 사람이 함께 행동한다. 각기 행동하면 무겁에서 고전을 보는 사람이 판단을 잘못 하기 때문이다. 사대에 아무런 움직임이 없어야 안심하고 화살을 주울 수 있다.

그리고 이 동진동퇴의 원칙은 연전 상의 편의도 있지만, 아마도 전쟁의 유산으로 보인다. 원래 궁수는 화살을 한 번 쏘고 나면 다음 화살을 메울 때까지 짧은 시간이지만 빈틈이 생긴다. 이때 공격을 받으면 손을 쓸 수가 없다. 그렇기 때문에 띠를 둘로 나누어 한 띠가 쏘고 나면 그 다음 띠가 그 빈 시간에 쏜다. 그렇게 되면 계속해서 활을 발사할 수 있다. 그렇기 때문에 한 띠가 앞서면 한 띠는 뒤에 대기하고 있다가 다시 앞으로 나가서 쏘는 동작이 반복된다. 함께 나아가고 함께 물러나는 것이다. 이와 같은 방법을 평소에 익히기 위하여 동진동퇴의 원칙을 활터에서도 지키는

것이 아닌가 추정된다.[22]

▲ 막만타궁(莫彎他弓)

남의 활을 건드리지 않는다는 뜻이다. 이 말에는 남의 물건을 만질 때는 주인의 허락을 얻어야 한다는 일반 상식 이외에 더 중요한 뜻이 있다. 지금은 개량궁이 나와서 그렇지 않을 경우도 있지만, 옛날 각궁은 값이 비쌌고, 또 잘못 당기면 뒤집어져 부러지는 경우가 많기 때문에 될수록 남의 활은 만지지 않는 것이 예의로 정착했다. 활이 뒤집혀 부러지면 부러뜨린 사람이나 주인이나 서로 난처한 처지에 놓인다.

▲ 좌우달이

한 순이 우궁부터 발시했으면 그 다음 순은 좌궁이 먼저 발시하는 원칙을 말한다. 우궁이 먼저 쏘는 것을 '우달이', 좌궁이 먼저 쏘는 것을 '좌달이'라고 한다. 이번 순에 좌달이로 했으면 다음 번 순에는 우달이로 한다. 이런 식으로 좌궁과 우궁이 교대로 발시하는 것을 말한다.

이것은 팔찌동의 어느 쪽에 서든 공평함을 기하기 위해서 그렇게 된 것이다. 바람이 불면 먼저 쏘는 사람이 불리할 것은 당연하다. 앞사람의 화살이 날아가는 것을 보고서 바람의 세기를 짐작하고 표를 옮겨 쏘기 때문이다. 따라서 맨 먼저 쏘는 사람이 불

---

22 이런 식의 발사 방식은, 임진란 때 왜군이 조총을 쏠 때 적용한 방법인데, 그 효율성 때문에 조선의 궁수들도 이런 편제로 싸웠다. 3교대 발시를 하는 것이 원칙이었다.

리한 것이다. 이런 불리함은 1번 자리에 선다면 면할 길이 없다. 그래서 매 순마다 발시 순서를 서로 바꿈으로서 이런 모순을 해결하려는 것이다.

그런데 한 순이 끝나고 다음 순이 올 때 서로 먼저 내려고 하는 것이 올바른 예의이다. 그래서 먼저 활을 쏘려고 하는 경쟁 분위기를 만드는 것이다. 물론 시늉뿐이기 때문에 말은 그렇게 하면서도 좌우 교대의 원칙은 지켜지지만, 어쨌거나 이번에 나이 많은 사람이 발시 했으면 다음번에는 젊은 사람들이 미리 준비하고 있다가 나이 든 분들이 먼저 쏘게 하는 일이 없도록 해야 한다.

그리고 이 역시 앞의 동진동퇴와 마찬가지로 전쟁의 유산이다. 적과 대치한 전투에서는 협력하여 싸우는 것이 중요하다. 그러려면 평상시에 나이 많은 사람은 모범을 보여야 하고 젊은 사람은 앞서서 싸워야 한다. 그렇기 때문에 서로 먼저 쏘려는 풍토가 형성된 것이다.

그런데 어찌 된 일인지 요즘은 서로 먼저 쏘시라고 양보하곤 한다. 기다리다 지쳐서 이번엔 '좌궁 발십니다.', 라고 하면 '우궁 먼저 쏘시지요.', 라고 응수를 해서 난감하게 만들기까지 한다. 전쟁터에서 먼저 앞장서서 싸우라고 권하는 것이니, 이것을 양보라고 봐야 할지 철딱서니 없다고 봐야 할지 모를 판이다. 이러니 사풍 타락을 개탄하는 소리가 아니 나올 까닭이 없는 것이다.

▲ 살 메우는 시기

살을 언제 메우고 기다려야 하는가 하는 것도 말이 많고 일정하지 않다. 살을 메울 때는 옆 사람이 활을 쏘는 중인가를 살펴야

한다. 옆 사람이 활을 쏘는
중이면 잠시 기다렸다가 다
쏘고 난 뒤에 메운다. 보통
때는 앞에앞엣사람이 거궁
할 때 미리 화살을 꺼내어
준비했다가 차례를 기다리
면 되고, 대회나 편사 같은
정순 경기에서는 앞 사람이

과녁에 박힌 살을 뽑는 노루발

다 쏜 뒤에 화살을 뽑는다. 이것은 자신의 군 동작으로 인해서 활
쏘는 사람의 정신집중을 방해할 수 있기 때문에 될수록 지켜주는
것이 바른 예의이다.

▲ 몰았을 때

몰기를 하면 과녁에 대고 가볍게 목례한다. 원래는 다른 사람
들이 몰기를 축하하면 그에 따라 뒤로 돌아서서 답례로 인사하는
것인데, 그렇게 하면 다음 순번의 사람이 방해받기 때문에 그냥
간단히 과녁 쪽으로 목례하는 것이다. 몰기를 하면 다른 사람은
축하한다는 덕담을 해준다.

▲ 연 전

화살 줍는 것을 연전이라고 한다. 연전은 고전이나 연전동이
해준다. 그러나 고전이나 연전동이 없는 활터에서는 활량 스스로
연전을 해야 한다. 그럴 때는 미루지 말고 신사가 나선다. 신사는
자신의 화살이 어디에 떨어졌는가 하는 것을 확인해야 하기 때문

이다. 그렇다고 신사에게 무조건 떠넘기면 안 된다. 구사 역시 연전을 게을리 하면 안 된다. 연전은 귀찮은 일이기 때문에 귀찮은 일을 하지 않으려고 하다 보면 갈등이 생기기 때문이다.

▲ 살촉의 방향

연전해온 화살은 촉이 무겁 쪽으로 향하도록 놓는다. 살은 살기를 띤 물건이기 때문이다.

▲ 활 당길 때

빈 활을 당길 때 역시 될수록 무겁 쪽으로 향한다. 사람이 있는 쪽으로 향하지 않는다. 앞에 사람이 있으면 설령 빈 활이라고 하더라도 당기면 안 된다. 활은 워낙 탄성이 강한 것이기 때문에 무슨 일이 일어날지는 아무도 모르기 때문이다. 그리고 역시 살기 때문이다.

▲ 장난 엄금

활은 무기이기 때문에 살상력은 우리의 상상을 초월한다. 그래서 절대로 장난을 치면 안 된다. 살을 메워서 사람을 향하여 조준을 한다든지 하면 아주 위험하다. 그런 사람은 활을 배울 자격이 없다. 경망스러움이 목숨을 앗아갈 수 있다는 것은 특히 활터에서 절감하게 된다.

▲ 자 리

대개 활터의 대청마루에는 소파가 있고, 거기에 사두나 어른들이 앉는다. 특히 사두는 가장 가운데 자리에 앉기 마련이다. 따라서 남의 정에 간 사람은 반드시 이 점을 기억하여 사두가 앉는 자리에는 앉지 않도록 한다. 왜냐하면 활터에 올라오는 사람들이 맨 먼저 이곳으로 인사를 하러 오기 때문이다. 이걸 모르고 앉았다가는 망신당하고 활터에서 아예 쫓겨나는 수도 있다.

▲ 복 장

활터에서는 옛날부터 노인들이 활을 쏘았기 때문에 격식이 엄한 구석이 있다. 복장 같은 경우가 그것이다. 여름이라도 반바지나 러닝셔츠를 입지 못하고 신발도 끌신 같은 것을 신지 못한다. 단정한 복장을 갖추어야 한다.

요즘 공식대회에서는 흰 색밖에 걸치지 못하게 되어있다. 이것은 1960년대 정구복에서 유래한 것인데, 1980년대 후반에 들어서 겨우 정착했다. 그런데 이 복장은 우리의 전통 복장하고 아무런 관련이 없다는 것이 문제이다. 요즘은 생활한복이 많이 나와서 좋은 복장도 많은데 하필 정구복에서 유래한 복장을 사수하는 것은 좀 우스운 일이다. 따라서 스포츠 경기가 아닌 민속경기에서는 복장을 다시 제정할 필요가 있다. 활쏘기에는 분명 옷차림의 멋도 있는 것이다. 그리고 그 멋 역시 우리 전통의 훌륭한 유산이다.

▲ 비인부전

비인부전(非人不傳)이라는 말이 있다. 사람 됨됨이가 글러먹은 놈한테는 비법을 전수하지 않는다는 뜻이다. 자칫하면 사람을 차별하는 말로 들릴 수도 있는데, 활을 배워서 신중해지고 차분해지는 사람이 있는가 하면 활을 배워서 오히려 고집만 세어지고 되지도 않을 권위만 배우며 뻣뻣해지는 사람이 있는 것을 보면 비인부전이라는 말을 새삼 생각하게 된다.

9 _ 활터의 하루 생활

이상의 예절을 바탕으로 하여, 활터에 활량이 올라왔을 때부터 내려갈 때까지 이루어지는 생활을 그려보면 다음과 같다.[23]

• 활터에 올라오면서 먼저 와있는 사람들에게 인사를 한다. 이때 사대에서 이미 습사 중이면 조용히 들어와서 기다렸다가 습사가 끝난 뒤에 인사한다. 활쏘기를 방해하지 않으려는 것이다.
• 점화장에서 활을 꺼내어 식힌다. 아울러 기타 장비(죽시, 팔지, 깔지, 깍지…)도 꺼낸다.
• 얹은 활이 식기를 기다리는 동안 다른 사람들과 간단한 안부를 묻고 정담을 나눈다.
• 시지에 자기 이름을 적는다. 앞서 올라온 사람들이 이미 이름을 적고서 활을 쏘기 때문에 맨 끝에 적어 넣으면 된다.
• 화살 한 순(5발)을 골라서 확인하고 허리춤에 찬다.
• 활을 낸다. 사대에 들어설 때는 아랫사람이 서두른다. 윗사람은 아랫사람에게 너무 지지 않도록 여유 있게 서두른다.

---

23   『마르스』, 통권 제7호, 2001년 5/6월호. 87~88쪽.

• 비정비팔로 선다. 그리고 무겁 쪽의 바람을 살피다가 자기 차례가 오면 "활 배웁니다." 하고 초시례를 한다. 그러면 사람들이 "많이 맞추세요." 하고 응수한다.

• 앞사람이 다 낸 뒤에 허리춤의 화살을 하나 뽑아서 한 발을 낸다. 살줄을 살펴보고 살 떨어진 곳이 분명히 보이지 않으면 옆사람한테 조용히 묻는다. 살 날아가는 것을 보려고 몸을 틀거나 목을 길게 빼거나 하는 동작은 경망스러워 보이므로 삼가야 한다.

• 맞추면 겸손하게 다음 순서를 기다리고 못 맞추면 자신의 자세 어디가 잘못 됐는가 살피고 생각한다.

• 한 순을 다 냈으면 맨 끝 사람이 활쏘기를 마칠 때까지 기다렸다가 같이 물러난다. 몰기하는 사람이 있으면 축하해준다.

• 물러나서 시지에 자기 시수를 기록한다. 시지는 네모난 표를 여러 칸 그려놓은 것인데, 한 칸에 한 순의 적중 여부를 표시한다. 대개 한 칸의 네 귀퉁이에 순서대로 숫자 〈1 · 2 · 3 · 4〉가 적혀있고 복판에 〈5〉가 적혀있어서 순서대로 맞은 표시를 하면 된다.

물론 한자로 쓰인 경우도 있는데 그럴 때는 세로쓰기이다.

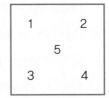

• 화살을 주우러 무겁에 간다. 연전은 주로 신사가 맡는다. 무겁에 떨어진 화살의 상태를 확인해야 자신이 어떻게 쏘았는가 하는 것을 정확히 알 수 있기 때문이다. 고전이 있는 활터에서는 살날이에서 가져오는 일이 전부인데 이 역시 마찬가지이다.

• 주워온 화살을 살놓이에 늘어놓는

다. 이때 촉이 과녁을 향하도록 한다. 살놓이에 놓인 화살 중에서 자기 것을 골라서 한 쪽에 모아놓는다.

• 연전을 하지 않는 사람들은 화살이 오기를 기다리며 정담을 나눈다.

• 쏠 때가 되면 다시 사대로 나간다.

• 다 쏘았으면 그 날의 시지 기록을 확인하고 어른들께 그만 쏘겠다는 뜻을 알린다.

• 활을 부려서 점화장에 넣고 장비를 거둔다.

• 내려가기 전에 남아있는 사람들한테 정중하게 인사한다. 내려가려고 하는데 이미 습사가 시작되었으면 그 순이 끝나기를 기다렸다가 인사하고, 바쁘면 그냥 조용히 내려간다. 역시 습사를 방해하지 않기 위한 것이다.

• 집에 와서는 그 날 활터의 일과 배운 바를 일기에 정리한다.

10 _ 활터의 의례

이번에는 활터에서 시행되는 절차와 의례에 대해서 알아본다. 절차와 의례는 그 집단이 지향하는 목적을 충실하게 이행하는 방향으로 제정되고 시행되기 마련이다. 따라서 너무 복잡해도 안 되고 너무 단출해도 안 된다. 복잡하면 불필요한 권위가 생겨서 본래의 목적을 상실할 염려가 있고, 너무 단출하면 굳이 그렇게 할 필요를 못 느낄 수도 있기 때문이다. 그래서 너무 복잡하지도 않고 너무 단출하지도 않은 어떤 중용의 선이 꼭 필요한데, 문제는 그것이 어느 선이냐 하는 것을 판단하는 것이 쉽지 않기 때문이다.

실제로 이러한 문제는 심각할 수 있다. 똑같은 절차라도 각 정마다 시행하는 방법이 다르기 때문이다. 예를 들어 득중례의 경우, 어떤 정에서는 사원들 간에 간단히 술이나 한 잔 하는 것으로 그치는가 하면 어떤 정에서는 전 사원이 모여서 성대하게 사모관대까지 차려입고 시행한다. 과연 어디에 기준을 두고서 정해야 하는가 하는 것이 실로 문제가 아닐 수 없다.

그리고 이러한 문제는 그 단체만이 아니라 그 사회 전반의 제도와도 관련을 맺고 있기 때문에 더더욱 어렵다. 그리고 본래의 목적과 취지를 상실하게 되면 그 형식만 남아서 구성원들을 옥죄는 나쁜 제로도 전락하기 쉽다. 이러한 점을 경계하는 것이 제도와 절차를 시행하는 사람들이 늘 고민하여야 할 일이다.

여러 가지 정황을 참작하면 활터의 의례 또한 점차 복잡하고 엄격해지는 경향이 있다. 이에 대한 평가를 과연 어떻게 해야 하는가 하는 것이 문제일 수 있는데, 그것은 사회의 전체 변화를 염두에 두고 고찰하여야 한다.

오늘날 우리 사회가 옛날 전통의 바람직한 모습을 잘 계승하고 있다면 애초에 이런 문제는 생기지도 않을 것이다. 그러나 우리 사회는 근대화 과정에서 자본주의로 급격하게 전환하면서 그 이전의 잔잔한 세계에서는 볼 수 없었던 큰 변혁을 곳곳에서 맞았고, 현재도 맞고 있다. 이전의 세계관과 문화는 하루가 다르게 쇄락해가는 형편이다. 그런데 활터의 풍속은 이제 한물 간 그 이전의 세계관에 많이 기대어 있다. 그러한 상황에서 옛날 제도 그대로 시행되고 있는 것이다.

활터의 풍속은 양반의 문화에 많이 의존했다. 그렇기 때문에 구태의연한 것도 없지 않지만, 이제 이 경박스런 자본주의 사회에서 찾아보기 힘든 많은 아름다운 풍속이 아직까지 잘 살아있는 곳이다. 그러므로 현재 양반의 문화와 전통이 살아있다면 활터의 제도 역시 양반 문화의 전체 구도 안에서 시행되기 때문에 굳이 복잡하게 만들 필요가 없을 것이다.

그러나 지금은 활터의 풍속을 지배하고 조율하던 양반 문화가 깡그리 사라진 상황이기 때문에 현재 남아있는 아름다운 제도와 의례를 활터 안에서 스스로 그 논리를 찾을 수밖에 없는 형편이다. 그러므로 양반 문화의 바탕에서 저절로 우러나던 시절보다는 다소 복잡해지는 것은 불가피한 현상으로 보인다.

예를 들어 옛날에는 관례(冠禮)라는 것이 있어서 양반들은 그것을 성대한 잔치로 기념했다. 그래서 몰기례 같은 경우는 바

『탐라순력도』 대정강사

로 그 관례에 해당하는 절차로 치루면 되는 것이다. 그런데 지금은 관례를 치루는 젊은이가 아예 없다. 그러니 몰기례를 행할 때 취할 모범이 되는 제도가 사라진 것이다. 그렇기 때문에 활터 안에서 스스로 제도를 정비할 수밖에 없는 형국인 것이다. 활터

의 풍속을 떠받치던 사회의 질서가 무너졌기 때문이다. 그러다 보니 활터의 제도와 의례가 사회 전체의 구도 안에서 저절로 시행되는 옛날보다는 좀 더 복잡한 경향으로 정착할 수밖에 없을 것으로 보인다.

▲ 집궁례 : 신입사

집궁례는 활을 처음 배울 때 갖추는 예절로, 신입사(新入射)라고 한다. 내가 활을 쏘기 전부터 이미 다른 사람이 활을 쏘고 있으니 그에 대한 예절을 지켜야 한다. 옛날에는 선비들이 대부분 활을 쏘았기 때문에 자식이 나이가 차면 자연스럽게 활쏘기를 가르쳤다. 대개 활을 당길 만한 나이인 10대 중반이 되면 아버지가 활터에서 여러 사원을 불러 주안상을 마련하고 그 자리에서 자식의 활쏘기 입문을 부탁한다. 그러면 사두는 그 청을 받아들여서 입사를 허락한다.

그러나 집안에서 활 쏘는 사람이 없는 경우에는 본인이 활터의 행수에게 찾아가 입사할 뜻을 밝힌다. 그러면 행수는 사두에게 이 말을 전하고 사두는 입사할 사람의 인품을 평가하여 괜찮다고 판단할 때 입사를 허락한다. 그러면 허락 받은 사람은 입사하도록 허락해준 데 대하여 고맙다는 표시로 주안상을 마련하여 사두와 행수, 선생에게 절을 올린다. 그러면 사두는 잘 배우라는 덕담으로 입문을 축하한다. 이것은 옛날의 법식이다.

그러나 활쏘기가 스포츠로 정착한 요즘은 이런 엄격한 규율이 시행되는 곳은 거의 없고 한두 명의 추천을 받아서 별다른 결격 사유가 없는 한 사원으로 받아들인다.

▲ 득중례: 1중례, 3중례, 5중례

득중례는 처음 활을 배우면서 과녁을 맞혔을 때 그것을 기념하여 조촐한 잔치를 벌이고 활쏘기를 가르쳐준 사람들에 대해 고맙다는 성의를 표하는 것이다. 사법을 배우고 사대에 서서 처음으로 첫 자 대를 맞추면 그것을 기념하는 행사를 1중례라고 한다. 자신이 쏜 화살이 처음 과녁에 가서 맞을 때 나는 소리는 다른 사람이 맞추는 것을 들을 때의 느낌과는 완전히 다르다. 그리고 일생에 단 한 번 오는 것이라는 점에서 생각하기에 따라서는 아주 특별한 의미가 있다. 바로 그러한 의미를 기념하려고 생긴 것이 1중례다.

1중을 한 활량은 자신을 가르쳐준 선생(요즘말로 사범)에게 말을 하여 사두의 허락을 받고 술과 안주를 조금 마련하여 그 동안 활을 배우도록 도와준 여러분들께 고마움을 표한다. 사두는 이때 2중례는 제례하여 주라고 지시한다. 2중례도 원래는 해야 하나 그렇게 하면 너무 번거롭기 때문에 생략하는 것이다. 그리고 나서 3중을 하면 3중례를 하는데, 요령은 1중례와 똑같다. 역시 4중례는 제례한다.

첫 몰기를 하면 5중례를 한다. 5중의 뜻은 아주 크다. 3중이나 4중과는 달리 다섯 발을 처음 다 맞추려면 기본 궁체가 잡혀있어야 한다. 기본궁체가 잡혔다는 것은 이렇게 쏘면 되겠다는 요령을 스스로 터득했음을 뜻한다. 따라서 5중례를 통과하면 활을 중도에 포기하는 일이 없다. 진짜 활량이 되는 첫걸음인 것이다. 그래서 특별히 접장이라는 칭호를 주어서 격려한다.

그런 만큼 앞의 1중례나 3중례보다 잔치의 규모도 더 클 것은 당연한 일이다. 사두는 앞으로 선생과 구사를 잘 섬기고 활터 생활을 잘 하라는 덕담을 해준다. 이때 5중례를 하는 사람은 자신을 가르쳐준 사범에게 큰절을 하고 특별히 선물을 하는 것이 보통이다. 선물을 받는 사람도 몰기를 기념하여 작은 선물을 해준다. 요즘은 몰기한 사람이 사무실에 간단한 집기를 마련해주고 활터에서는 몰기한 사람에게 기념패 같은 것을 해주는 방식으로 바뀌기도 하였다.

이때 반드시 고려해야 할 것은, 득중례를 행하는 당사자의 살림형편이다. 1만원이 어떤 사람한테는 우스운 돈이지만, 또 어떤 사람한테는 아주 큰 값어치를 지니는 것일 수 있다. 따라서 이러한 관행 역시 너무 고정화시켜서 모든 사람에게 똑같이 강요하면 문제가 될 수 있다. 형편이 나은 사람은 좀 크게 할 수도 있고, 그렇지 못한 사람은 시늉만으로 끝낼 수 있도록 집행부에서는 당사자의 형편에 맞게 선처해주는 것이 좋다. 특히 부모님한테 용돈을 받아쓰는 젊은 사람들에게는 이 점을 잘 생각해서 적용하여야 한다. 상대에 대한 그러한 배려의 마음 또한 활터의 중요한 전통이자 풍속이다.

▲ 집궁회갑

집궁회갑은 활을 쏘기 시작한 지 갑년(60년)이 되는 해에 이를 기념하는 것을 말한다. 이는 웬만큼 연륜이 깊지 않으면 안 되는 일이기 때문에

성낙인 선생의 집궁회갑 기념패

활터 이외의 곳에는 좀처럼 찾아보기 어려운 풍속이다. 또 옛날에는 회갑을 살기도 어려웠기 때문에 집궁회갑은 여간 드문 일이 아니었다. 이것은 지금도 마찬가지이다. 그러므로 집궁회갑은 당사자만의 경사가 아니고 그 활터의 경사이다. 그렇기 때문에 활터 주관으로 그 자손들과 협의하여 잔치를 마련한다.

잔치는 보통 회갑잔치와 비슷하다. 다만 활터의 일이기 때문에 활쏘기를 곁들이면 된다. 그 형식도 일정한 것이 없다. 다만 주인공의 시사가 있어야 하고, 풍악을 잡히면 그에 따라 활쏘기를 하며 흥겹게 즐기면 된다. 때에 따라서는 활쏘기 대회를 열어서 모든 활량들을 초대하기도 하고, 편사가 열리는 지역에서는 편사 형식으로 치루기도 한다.

▲ 납궁례

활을 평생토록 쏘다가 나이가 들고 더 이상 쏘지 못할 상황이 오면 납궁례를 한다. 납궁은 말 그대로 활을 반납한다는 뜻이다. 자신이 집궁한 활터에 자신이 쓰던 궁시를 반납하고 평생 관여해온 활터의 일을 정리하는 것이니, 쉽게 생각하면 은퇴식이다. 이 납궁례 역시 우리나라를 뺀다면 동아시아는 물론 세계 어느 곳에서도 찾아볼 수 없는 풍속이다. 무술과 관련된 풍속과 절차가 잘 발달한 일본이나 중국에서차도 이 납궁례와 비슷한 은퇴식은 없다. 다만 금분세수라고 해서, 무협소설에나 나올 뿐이다.

납궁을 할 사람은 먼저 사두에게 그 뜻을 전한다. 그러면 그 활터의 사두가 좨주가 되어 행사를 주관한다. 좋은 날을 잡아서 간단한 제수를 마련하고 사람들을 초대한 뒤 납궁의식을 거행한다.

    납궁자의 궁시가 놓인 고사상 앞에서 쾌주인 사두가 천신, 지신, 가신(성주신), 관신(과녁신)께 절을 올리고 축문을 읽어서 아무개가 평생토록 탈 없이 활을 잘 쏘고 이제 납궁을 하려고 하니 장행지도(葬幸之途)까지 잘 보살펴달라는 뜻을 전한다. 쾌주가 물러나면 납궁자가 나아가 납궁을 허락해 달라고 사배를 올린다. 그리고 나서 뜻있는 활량들이 몰기를 기원하는 뜻에서 절을 한다. 뒤이어 소지를 한 다음에, 납궁자는 참석자들이 지켜보는 가운데 마지막으로 한 순(5발)을 낸다. 이때는 살이 실제로 맞든 안 맞든 다 관중한 것으로 간주하고 풍악까지 잡혀서 지화자 겹지화자를 다 부른다. 마지막이기 때문에 허시(虛矢)라는 특례를 주는 것이다. 납궁자가 시사를 할 수 없는 상황이면 생략한다. 그리고 음복을 하는데, 그 자리에 참석한 사람들 모두 음식을 나눠

만년의 김향촌 여무사와 무술잡지 『마르스』에 실린 납궁례

먹으며 즐겁게 그 날을 보낸다. 궁시를 받은 정에서는 그것을 영원히 보관하여 납궁한 사람의 뜻이 후세에 길이 전달되도록 조치한다.

▲ 삭 회

매달 모임을 삭회(朔會)라고 하는데, 이때의 朔은 초하루 삭짜지만, 초하루는 매달 한 번밖에 오지 않기 때문에 이때의 뜻은 달(月)이다. 그래서 월례회라고 하기도 한다.

삭회를 하는 이유는 크게 두 가지이다. 회원들의 기량을 평가하여 상을 주는 것과 정의 대소사를 결정하는 것이 그것이다. 옛날에는 궁중에서 시위하는 군사들에게 매달 시사를 베풀어서 상을 주었다. 그런 전통이 굳어서 삭회라고 하게 된 것이다. 삭회 대회에서 상을 주는 것은 작은 일이지만, 습사의 기풍을 진작시키는데 큰 몫을 한다.

그리고 삭회의 가장 중요한 일은 역시 정의 대소사를 논의하는 것이다. 정에는 많은 사람들이 모인 까닭에 많은 일이 생긴다. 그런 일을 처리하는 집행부의 결과를 회원들에게 알리고 회원들은 그러한 일 처리 과정에 참여하여 정이 원만하게 운영되도록 의견을 개진하는 것이다.

그래서 원래 삭회 때에는 정장을 차리고 오는 것이다. 여기서 정장이란 두루마기까지 갖춘 한복을 말하는 것이고, 그것이 아니면 넥타이까지 맨 양복 정장을 말한다. 물론 이것은 원칙이다. 정에 따라서 형편에 따라서 정하기 나름이다.

▲ 과녁제

과녁에 대고 고사를 지내는 것을 말한다. 활터를 처음 짓고 과녁을 세우면서 과녁제를 지내는데, 이외에도 출전하기 전이라든가 과녁을 개·보수할 때도 역시 과녁제를 지낸다. 구성원들의 단결과 활터의 안녕을 비는 것이다. 형식은 일반 고사와 같다. 시루떡에 북어를 놓고 절하면 된다.

▲ 선생안, 좌목, 방명록

이 세 가지는 활터에 비치해야 할 기본 서류이다.

선생안은 역대의 임원 명단을 말한다. 역대의 임원이란 사두와 부사두를 말한다. 여기서 부사두는 교장과 행수를 가리킨다. 이들의 관향과 생년월일, 간단한 약력을 적어서 정갈한 곳에 보관한다. 궤에 담아서 벽장에 모셔두거나 아예 건물을 지을 때 선생안을 모실 작은 벽장을 따로 꾸미기도 한다. 전통이 있는 오랜 사정에는 이런 벽장이 따로 마련되어 있다.

선생안은 그 정의 역사이기 때문에 만약에 역대 선생 중에 돌아가신 분이 있으면 제사를 지내야 한다. 바로 이것 때문에 선생안이 활터에서 가장 중요한 장부가 되는 것이다. 제사 날짜는 정해져있지 않지만, 강경 덕유정의 경유는 백중날 지낸다. 아마도 그 정의 창립일을 제삿날로 정하면 가장 합당한 것이 되지 않을까 한다. 이것은 정의 사정에 따라 다른 것이니 한 마디로 정할 수는 없다. 그 정에서 알아서 할 일이다.

좌목은 쉽게 말해 사원 명단이다. 요즘은 입회할 때 선수 등록부를 작성하여 키 몸무게까지 자세하게 적지만 옛날에는 역시 한지로 묶은 책에 관향과 생년월일, 입사 연월일 같은 간단한 인적사항을 적었다. 따라서 선수등록부를 만들되 옛날의 전통을 지킬 수 있도록 사계좌목은 따로 만들어두는 것이 좋을 것이다.

방명록은 정을 찾아오는 손님을 위한 것이다. 그런데 많은 정을 돌아다녀도 방명록을 비치해둔 곳은 거의 없어서 이것을 활터 풍속에 포함시킬 수 있을지조차 의문이다. 그러나 사람이 오가는 곳이면 어느 곳이든 그들의 방문을 환영하는 뜻에서 그들이 다녀간 흔적을 받아두는 것이 예의인 것을 감안하면 방명록은 꼭 필요한 것이다. 그것 또한 정의 내력을 밝혀주는 아주 중요한 문서가 될 수 있다.

11 _ 손님 접대

한국 내의 활터는 교류가 아주 많다. 그러다 보니 서로 다른 풍속과 예절 때문에 자칫 갈등이 생길 수도 있다. 그래서 남의 정을 방문하거나 손님을 맞을 때의 상황을 알아야 할 필요가 있다.

활터는 양반의 풍속을 지향했기 때문에 정에 찾아오는 손님 또한 그러한 배경에서 이해해야 한다. 양반들은 집안에 아예 사랑채가 따로 있어서 손님을 맞이했다. 그렇기 때문에 활터를 찾은 손님에 대해서는 숙식을 제공하는 것이 원칙이다. 그러나 요즘은 그렇게까지 하는 곳은 거의 없고, 또 숙박시설의 발달로 굳이 그렇게 할 필요도 없다. 다만 중요한 것은 손님을 접대할 때 그와 같은 마음가짐으로 해야 한다는 것이다. 숙식을 해결할 방법과 위치를 알려주고 최대한 편의를 봐주어야 한다. 그렇기 때문에 손님 또한 활터에 너무 폐가 되지 않도록 처신한다.

타정에 갈 때는 역시 빈손으로 가지 않는 법이다. 간단한 음료수라도 사들고 가서 활을 배우러 왔노라고 정중하게 인사를 한다음, 사두를 비롯한 임원들에게 자신의 소속과 신분을 밝히고 온목적을 밝힌다. 온 목적이란 활쏘기일 것이니, 활을 쏠 수 있게 허락해달라고 하는 것이다. 그러면 대개는 기꺼이 환영한다.

팔찌동은 본정 사원들의 맨 끝에 선다. 나이가 있든지 해서본정 사원이 팔찌동 위에 설 것을 권하면 몇 차례 사양하다가 마지못해서 하는 듯이 지정해준 위치에 선다. 이렇게 하기 불편하면 아예 사대에 나서면서 어디에 서면 좋겠느냐고 물어서 위치를지정을 받는다. 그러면 아무 탈이 없다. 그렇지 않고 아무런 말도없이 활터에서 하듯이 아무 데나 먼저 들어가서면 큰 실수를 하는것이다. 특히 사두의 자리에 서면 틀림없이 쫓겨난다. 소속 정까지 망신당하기 때문에 이 점 특히 조심해야 한다. 만약에 실수를했을 것 같으면 본정 사두에게 사과를 드리고 다시는 실수를 범하지 않도록 처신한다. 실수란 누구나 다 할 수 있는 것이기 때문에사과를 한다면 본정 사두도 너그러이 받아준다.

첫발은 될수록 짧게 낸다. 사대에 서자마자 몰기를 하는 것은본정 사원들에게 실력 자랑을 하는 것으로 오인 받을 수 있기 때문에 예의 상 첫발은 빼는 것이다. 그리고 그런 뜻 외에도 살이 제대로 가는가 하는 것을 확인하기 위해서 일부러 짧게 쏘는 것이다. 그러면 활터의 여건이 자정과 어떻게 다른가 하는 것을 대번에 알 수 있다.

또 한 가지 주의할 것은, 타정에 갈 때는 궁체에 대해서 어떻다 말을 하면 안 된다는 것이다. 특히 자신이 활에 자신 있다고 해서 자신의 이야기를 타정에서 하면 안 된다. 아무리 신생 정이라고 하더라도 그 정의 전통이 나름대로 있기 때문이다. 그리고 본정 사원들도 마찬가지로, 타정에서 오는 사람의 궁체에 대해서는 일체 거론하지 않아야 한다. 궁체에 대해서 거론을 하면 그가 배운 사법의 체계를 흔드는 것이고, 그것은 그 정의 전통을 흔드는 일이기 때문이다. 어느 쪽이든 사원이 공손하게 물어올 때 개인 소견을 전제로 하여 대답해주면 된다.

12 _ 경기 중 예절

다음은 경기를 할 때 가져야 할 마음가짐과 행동 준칙에 대해서 알아본다. 이 역시 대회 규정만으로는 설명할 수 없는 부분이 산적해 있기에 거론하지 않을 수 없다.

▲ 서글픈 자화상

오래 전에 승단대회에 참가하러 영천 영무정에 간 적이 있다. 승단대회에 가면 맨 앞자리와 끝자리를 꺼리는 까닭에 일부러 남들이 다 서고 남은 7번 맨 끝자리에 섰다. 영무정은 동쪽을 바라보고 쏘는 곳이었다. 3순을 낼 때는 11시가 다 되는 시각이었는데 맨 끝에 서 있다 보니 햇빛이 사대까지 들어왔다. 그래서 각궁을 등 뒤로 돌려서 햇살을 가린 채 다음 차례를 기다렸다. 그런데 뒤에서 다음과 같은 방송이 흘러나왔다.

"7번 선수 자세 똑바로 하고 서세요."

나는 혹시 다른 띠의 선수에게 한 말인가 하고서 둘러보는데 특별한 징후가 보이지 않았다. 그래서 등 뒤의 심판에게 눈을 돌렸더니, 심판은 다시 마이크에 대고서 똑바로 서라는 방송을 했다. 그때서야 심판의 이야기가 코앞에 있는 나에게 하는 말이라는 것을 알았다. 그래서 내가 무슨 잘못을 했기에 방송에다가 저러나 하고서 내 자세를 돌아보았는데, 내가 특별히 잘못한 것이 기억나지 않았다.

설령 잘못이 있다고 하더라도 사대에 나가선 선수에게 방송으로 이래라저래라 한다는 것이 이해할 수 없었다. 그리고 이것이 다른 경기도 아니고 승단대회이기 때문에 자신의 기록에만 관련이 있는 것이라서 남에게 피해를 주지 않는다면 굳이 사대에 선 사람의 동작이나 버릇에 대해서 왈가왈부할 필요가 없는 것이라는 생각이 들었다. 이런 저런 생각에 빠져서 헤매는 통에 결국 그 순에는 2중으로 순점을 하였다.

마지막 발을 쏘고서 돌아서면서 심판한테 내가 무슨 잘못을 했느냐고 따져 물었다. 내가 거세게 항의하자 심판은 그제야 사태의 심각성을 파악했는지, 궁색한 변명을 했다. 자신이 심판을 보는데 뒤에서 어떤 정의 8단 되는 사범이 뒷짐 지고 서서 활을 까닥거리는 나의 동작을 가리키면서 저런 짓을 하지 못하게 제재를 가라하고 했고, 그래서 자신도 모르는 사이에 방송을 하게 되었다는 것이다. 그래서 홧김에 그게 도대체 어떤 새끼냐고 욕설로 되물었더니 어느 사이에 그 8단이라는 작자는 꼬리를 감추어 버리고 심판만 허둥거렸다. 내가 거칠게 항의하자 사람들이 모여 들어서 뜯어 말렸고, 다른 사람들의 경기에 방해가 될까 하여 수

그러진 내가 물러나자 조용해졌다.

이 일을 겪고서 많은 생각이 머릿속에 어지러이 떠올랐다. 우선 8단이라는 권위 때문에 똥오줌을 못 가리는 사범이라는 자의 얄팍한 지식이 과연 어떤 결과를 가져올 수 있는가 하는 것이 문제다. 그 자가 얻은 8단이라는 것이 쏘아서 맞추는 것으로 얻은 것일진대, 그 얄팍한 실력으로 활터의 예절까지 간섭하려 든 것이 우선 무모한 짓이다.

설령 사대에 나간 선수가 아무리 경망한 짓을 하고 있다고 하더라도 마이크에 대고서 떠든다는 것은 납득하기 어려운 일이다. 한 순이 끝난 뒤에 조용히 불러서 대회 운영상의 어려움과 요령을 알려주면 그것을 따르지 않을 사람은 없을 것이다. 그리고 도저히 끝날 때까지 기다리기 어려울 것 같으면 조용히 뒤로 다가가서 귀띔해도 될 일이다.

이런 봉변은 나만의 문제가 아니다. 승단대회에 다녀온 사람들의 이야기를 들으면 그 후에도 이와 유사한 일들은 계속 반복해서 일어났다. 2001년 봄에 실시된 양구대회에서는 어떤 정의 사두가 심판의 뺨을 때리는 일까지 일어났다고 전한다. 물론 심판의 전횡 때문이다. 그런 소식을 접할 때마다 단급 제도라는 것에 대해서 생각지 않을 수 없었다.

결국, 이 문제는 과연 단급 제도라는 것이 우리의 활쏘기에서 무엇이냐 하는 것으로 귀결된다. 여러 가지로 헤아려 보아도 현재의 단급 제도는 득보다는 실이 많을 뿐더러, 활쏘기의 전통을 돌이킬 수 없는 구렁텅이로 몰아가고 있는 원흉이라는 판단을 하게 된다. 일본 '궁도'의 제도를 본뜬 것부터가 치욕스러운 일이지만, 그렇게 해서 본뜬 단급 제도가 활터 분위기에 미치는 영향은 정말 어처구니없는 것이다. 앞서 얘기했듯이 신구사의 갈등을 조장하는 가장 중요한 원인이 되고 활 풍속을 과녁 맞추기로 몰고 가는 폐단을 끊임없이 재생산한다. 이 제도는 활쏘기의 전통 계승에 백해무익이라는 것이 오랜 고민 끝에 내린 결론이다. 영무정 사건 이후, 나는 승단이라는 생각을 버렸다.

1970년대 초 처음 승단대회가 실시될 무렵, 사람들이 그 대회를 나간다고 하자, 당시 활 잘 쏘기로 이름난 광주 활량 임종남은 다음과 같이 말했으니, 단 제도를 생각할 때마다 과연 명성은 활 쏘는 재주만으로 이루어지는 것이 아니라는 것을 거듭 생각하게 된다. 단급제도가 시행되기도 전에 그는 그 제도의 모순을 정확히 짚었던 것이다.

"어제 몰고 오늘 불쏘는 것이 활이야! 그걸 어떻게 등급을 매긴다는 얘기야?"

▲ 심 판

심판은 경기를 공정하게 해야 할 뿐더러 자신이 선수들 위에 군림하는 자가 아니라 선수들을 위해 봉사하러 나온 자원봉사자라는 생각을 가져야 한다. 따라서 심판의 가장 중요한 일은 규정을 지키는 것이 아니라 선수들이 마음 편하게 활을 쏠 수 있도록 배려하는 것이다. 규정은 그 다음의 일이다.

어떤 대회에 참가했던 어떤 선수가 들려준 말이다. 자기가 한 발을 쏜 뒤에 심판이 다가와서는 29초 걸렸으니 다음에는 좀 더 빨리 쏘라고 하기에 다음에는 조금 더 서둘렀더니 맞지 않더라는 것이다. 이 심판은 자기 임무를 다 했으며 스스로 똑똑하다고 생각할지 모르지만 애초에 심판이 뭐하는 사람인가 하는 근본 문제를 망각한 사람이다. 규정의 노예가 되어 선수들의 활쏘기를 방해하는 자인 것이다.

대회에 참가하는 선수들은 남달리 예민하다. 성적을 늘 마음에 두고 있기 때문이다. 특히 단체전은 더더욱 그러하다. 그렇기 때문에 신경이 날카롭게 서 있다. 이런 사람들에게 점수와 관련된 이야기를 자꾸 한다거나 경기의 본래 목적을 스포츠 정신에 두지 않고 지엽말단인 그런 방향으로 자꾸 몰고 가면 대회 전체가 엉망이 된다. 따라서 경기를 주관하는 사람들은 선수들이 편한 마음으로 최선을 다할 수 있도록 배려해주어야 한다. 성적은 그러한 임무를 다한 다음에 따지는 것이다. 점수에 혈안이 되어서 동동거리면 그것은 시정잡배의 노름과 다를 바가 하나도 없는 것이다.

이것은 선수도 마찬가지이다. 상대가 나보다 못 쏘기를 바랄 것이 아니라 내가 최선을 다해서 상대보다 잘 쏠 수 있도록 노력하는 것이 바람직한 것이다. 상대를 못 쏘게 하려고 일부러 시간을 끌고 쓸데없는 동작으로 상대의 신경을 거슬리게 해서 우승을 한들 상금에 조금 보탬이 될지 몰라도 그것은 스스로를 활량이 아닌 노름꾼으로 전락시키는 짓이라는 사실을 망각하면 안 된다.

불원승자(不怨勝者)라는 말이 있다. 내가 졌다고 해서 나를 이긴 사람을 탓하지 않는다는 얘기이다. 노름꾼들은 상상조차 할 수도 없는 경지이다. 모름지기 이쯤은 되어야 활 쏘는 사람의 자격이 있다고 하겠다. 활터는 그런 곳이다. 노름꾼들이 설치는 도박판이 아니다.

대회를 주최하는 측에서는, 과연 이 대회를 통하여 추구하는 목적이 무엇인가 하는 것에 대해서 생각해야 한다. 그저 남들이 하는 대회니까 돈 있고 능력 있다는 것을 과시하기 위하여 돈을 내걸고 하는 대회라면 그것은 도박장이지 올바른 대회가 아니다. 대회는 어디까지나 스포츠이기 때문에 스포츠 정신이 살아있는 그런 마당이어야 한다. 바로 그러한 대원칙 밑에서 대회 규정도 살고 의미도 사는 것이다. 그러한 대원칙을 망각했다면 그것은 스포츠도 아니고 죽도 밥도 아니다. 돈 장난하는 도박판에 지나지 않는다.

따라서 대회를 주최하는 측은 대회의 성격부터 분명히 해야 한다. 전통을 올바로 계승하자는 대회인가? 아니면 활쏘기를 대중스포츠로 인식하고 그것을 권장하고자 하는 대회인가? 그러한 성격이 먼저 확립되어야만 대회의 규정도 분명해진다. 전통을 올바로 계승하고자 하는 대회이면 각궁에 죽시, 나아가 한복을 갖춰야 하고 옛날 방식을 최대한 살려서 쏘도록 주최해야 한다. 스포츠를 지향하는 대회일 것 같으면 개량궁을 허용하고, 완전한 대중스포츠로 지향하고자 하면 개량궁에 개량시만 참가하는 방법도 추진해야 한다. 이래야만 우리의 활쏘기는 아주 다양한 모습으로 분화하면서 국궁계 전체의 발전에 각기 중요한 이바지를 할 수 있게 된다.

중요한 건 대회의 겉모습이 아니라, 그 대회가 추구하고자 하는 근본 목적과 취지인 것이다. 그리고 그것은 국궁의 특성상 전통과 미래에 대한 생각이 나름대로 정리되어야만 하는 것이다.

▲ 복 장

복장 역시 문제이다. 지금은 대한궁도협회의 지휘로 머리끝부터 발끝까지 흰색 옷을 입는다. 이 흰색은 우리가 백의민족이라는 것 이외에 활과는 특별한 연관성이 없다. 현재의 그 복장은 1960년대에 정구복을 모델로 제정된 것이다. 1980년대 중반까지 지켜지지 않다가 1980년대 후반 들어 정착한 제도이다. 그러나 이 역시 천편일률로 모든 대회에 적용하는 것이 문제이다.

활쏘기는 스포츠이기도 하지만, 분명 전통풍속의 측면도 있는 것이다. 따라서 전통 풍속을 지향하는 대회에서는 복장 역시 한복을 갖추어야 한다. 한복이 불편하면 생활한복이라도 입게 하든가, 한복의 형식으로 새 복장을 디자인하여 입게 하면 된다. 생활한복을 입으면 가장 큰 문제가 시위가 소매를 치는 것인데, 이것은 그리 걱정할 것이 못된다. 온깍지궁사회에서는 이미 팔찌를 착용하고 대회를 열었다. 그 과정에서 전국에 팔찌가 다 퍼졌다. 한 번만 보면 누구나 쉽게 만들 수 있다.

나아가 요즘은 무예 복을 만드는

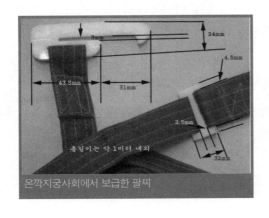

온깍지궁사회에서 보급한 팔찌

생활한복 업체도 있어서 얼마든지 전통의 분위기를 살릴 수 있다. 따라서 대한궁도협회에서 대중스포츠로 규정한 대회가 아니면 이러한 복장의 전통을 살릴 필요가 있다. 특히 지방에서 각 지방 문화제 행사의 일환으로 실시되는 대회는 전통 복식을 살릴 필요가 있다. 이와 같이 복장 한 가지만 보아도 주최 측의 사고와 판단이 얼마나 중요한 것인가를 알 수 있다.

13 _ 남은 문제들 : 우리 활의 미래

활이 우리 겨레의 것이라고 해서 우리만 즐기기에는 너무나 아깝다. 그만큼 성능이 우수하고 사법 또한 건강에 좋도록 다듬어졌다. 그렇기 때문에 이를 전 세계 사람들에게 전하여 세계화 시대에 인류의 유산으로 승화시킨다면 세계인들의 건강을 지키는 훌륭한 스포츠가 되고 나아가 즐거운 놀이가 될 수 있다.

우리 활이 세계화되어야 하는 데는 또 다른 이유도 있다. 현재 활쏘기는 양궁만이 세계의 스포츠로 인정되었다. 동양의 활이 엄연히 있는데도 서구 제국주의를 등에 업은 양궁만이 활쏘기로 대접받고 있는 것이다. 이러한 불균형을 극복하기 위해서도 동양의 활은 반드시 세계무대에서 양궁과 동등한 대우를 받아야 한다. 우리 활은 그러한 논리의 연장선에서 가장 주목받는 대상이 아니 될 수가 없다. 동양의 활 중에서 성능도 문화도 으뜸이기 때문이다.

이와 같이 우리 활의 세계화는 필연이고 이제는 그 절차만이 남았을 뿐이다. 그러나 대책 없는 세계화는 우리 활을 파멸로 이

끝 뿐이다. 우리가 생각하는 올바른 방향으로 세계화가 이루어지기 위해서는 몇 가지 작업이 필요하다.

▲ 활쏘기 학교

한국의 활쏘기는 그 전통의 유구함과 아울러 다양함이 특징이다. 그러나 세계화를 위해서는 국궁계 내부에서 일정한 합의를 통하여 이러한 다양성을 한 가지 모습으로 정비하여야 할 필요가 있다. 그렇다고 획일화를 강요해서는 안 된다. 다양성이 공존하면서도 세계화를 위한 체제정비가 필요한 것이다.

이러한 작업을 실제로 국궁계 내부에서 수행할 수 있는 기관이 필요하다. 그것은 활쏘기 학교이다. 각 지역에 전하는 다양한 전통을 존중하되, 전국의 전통을 정리하여 그 중의 장점을 모아서 그것을 토대로 가르치고 배울 수 있는 학교를 만드는 것이다. 그리고 그 안에 다양한 활쏘기 풍속을 수렴하여 한국의 활쏘기에 대해 궁금증을 갖는 사람들은 누구든지 와서 다양한 풍속을 체험할 수 있도록 하게 해주면 된다.

그 내용으로는, 현재 전하는 활쏘기 풍속과 이미 끊어진 전통을 체험할 수 있도록 교육과정을 짜면 된다. 현재 전하는 활쏘기 풍속으로는 연전띠내기, 끓내기, 전내기, 목궁백일장, 편사 같은 것이 있고, 이미 끊어졌지만, 기록으로 남은 것으로는 무과의 제도인 말타고 활쏘기, 편전쏘기, 육량전, 목전, 우는 살 같은 것들이 있다. 이런 것들을 재현해서 활쏘기 학교에서 직접 쏘아볼 수 있는 계기를 만들어준다.

이러한 기구를 통하여 배출된 인재들이 세계를 향해 뻗어가야만 활쏘기는 올바른 모습으로 세계의 문화유산이 될 것이다.

▲ 명무 사당

모든 전통은 그 기원이 있고, 전통이 있다. 전통에 몸담고 있는 사람들이 그 뿌리를 잊으면 안 된다. 그런데 활쏘기는 그 뿌리를 찾아볼 길이 없다. 각 정의 건립과 관련된 기원만 있을 뿐이다. 그나마 다행이지만, 그것으로 만족하고 말기에는 이미 활쏘기도 중앙집권화 되었다. 그렇기 때문에 현재 중앙집권화한 국궁계의 중심인물을 비롯하여 역사상의 중요한 인물들을 모시는 사당을 건립할 필요가 있다. 그래서 활량이라면 오늘날의 활쏘기 모습을 전해준 활의 조상들을 찾아와서 순례를 할 수 있는 곳이 필요하다.

현재의 활쏘기를 처음으로 수립한 단체는 조선궁술연구회이다. 서울 지역의 활량들이 어려운 일제강점기에 그러한 힘든 작업을 했고 황학정의 성문영 사두는 그 움직임의 중심이었다. 따라서 성문영 회장은 후배들로부터 그에 걸맞은 대접을 받아야 한다. 그러나 국궁계에서 그 분에 대한 대접은 전혀 없다. 아무도 그를 기억하지 않는다. 따라서 국궁이 뿌리 없는 단체들이라는 오해를 받지 않으려면 이러한 분들에 대

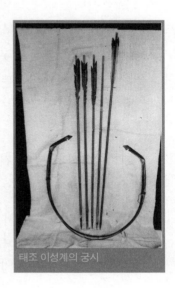

태조 이성계의 궁시

한 예우를 해야 한다. 나는 그것을 사당의 건립이라고 생각한다.

이 문제 때문에 성문영의 외동아들인 성낙인 선생과 통화하여 성문영 공의 묘를 알아보았지만 처음에 묘를 쓴 서울 홍제동이 이미 택지로 개발되었고, 그 와중에 성사두의 묘 역시 화장을 했다는 사실을 알았다. 그래서 결국 이런 분들을 모시는 방법은 사당 건립 밖에 없는 상황이다. 따라서 사당을 세운다면 당연히 그 사당에는 조선궁술연구회 초대회장인 성문영을 모셔야 한다. 그리고 활쏘기의 상징으로 단군과 동명성왕, 그리고 이성계 정도를 함께 모신다면 그 규모에 맞지 않을까 생각한다.

이러한 전통은 낯선 것이 아니다. 향교에는 반드시 대성전이 있고 그 문묘(文廟)에는 역대 선비들과 공자의 위패를 모신다. 그런데 옛날에는 양반이 문반과 무반이었기 때문에 무과 쪽에서도 이와 같은 묘, 즉 무묘(武廟)를 만들어야 한다. 그러나 문을 숭상했던 조선시대는 문반들의 반대로 이루지 못하였다. 세종 때의 일이다. 그러니 우리가 무묘를 만드는 것도 괜찮은 방법이라고 생각한다. 그렇게까지는 못하더라도 국궁의 정신을 담을 사당 하나쯤은 있어야 하지 않겠는가?

▲ 정 건물 보존

1970년대까지 활터 건물은 아담한 목조건물이었다. 대개는 세 칸을 만들어서 한 칸은 궁방으로 쓰고 나머지는 활량들의 쉼 공간으로 썼다. 서너 칸 집이면 아주 아담한 집이다. 아담하되 품위 있고, 정감 있는 그런 집들이다.

그런데 1980년대 들어 지방자치단체의 후원으로 활터가 활성화되면서 이런 아담한 건물들이 날벼락을 맞고 있다. 이제는 불편한 목조건물을 밀어버리고 몇 배나 큰 콘크리트 건물로 짓는 것이다. 그것은 한 유행처럼 지금 전국으로 번지고 있다. 무지한 한량들이 오랜 조상들의 전통을 불도저로 밀어버리는 우를 범하는 것이다.

목조건물로 된 활터 건물에 대해서는 그 보존대책이 절실하다. 좀 편해보겠다고 목조건물을 마구 헐고 시멘트 건물로 바꿔버리는 풍토를 빨리 바꾸지 않으면 오랜 전통을 지닌 유산들이 쓰레기장으로 실려 가고 만다.

아름다운 전통을 세우는 것은 오랜 세월이 걸리지만, 그 오랜 세월을 간단히 밀어버리는 것은 무지한 한량들 서넛의 결단이면 된다. 지금 활터는 그런 위험 앞에 아무런 방책도 없이 노출돼있다. 목조건물은 반드시 그대로 두어야 한다.

▲ 세계 활쏘기 연맹 창설

동양의 활이 세계로 뻗어가기 위해서 가장 필요한 것이 세계 활쏘기 기구이다. 즉 동양 활을 쏘는 사람들이 모여서 세계기구를 만드는 것이다. 그리고 그런 단체의 주관으로 세계대회를 여는 것이다.

여기서 세계란 지역의 개념이기보다는 활의 개념이다. 즉 몽골리안 활인 줌앞걸이식 사법이면 세계 어느 국가든 참여할 수 있는 그런 개념이다. 활은 화살을 줌의 앞으로 거느냐 뒤로 거느냐에 따라서 성격이 아주 판이하게 다르다. 그렇기 때문에 이 두 가지 방식에 따라서 나누어야 한다.

현재 맥이 끊이지 않은 줌앞걸이식 사법을 지닌 활은 우리나라를 비롯하여 일본, 몽골, 인도가 될 것이고, 맥이 끊긴 나라를 포함하면 중국, 터키까지 포함될 것이다. 따라서 이들 나라의 민속궁과 교류를 넓혀서 세계 활쏘기 대회를 여는 단계까지 나아가면 될 것이다.

그러나 이때 문제가 되는 것은 각기 다른 특징을 지닌 나라의 활을 어떻게 한 공간에서 경기를 하게 만들 것이냐 하는 문제가 남아있다. 그러나 그 역시 머리를 조금만 쓰면 크게 어려운 일은 아니다.

현재 동양의 활은 전통이 각기 다르지만, 가장 다른 것은 사법이기보다는 과녁거리이다. 즉 과녁거리가 차이가 나서 한 공간에서 대회를 치루기 어려운 것이다. 예를 들면 일본 활은 사거리가 60미터인데, 우리 활은 145미터이다. 이 두 활을 같은 과녁을 놓고 쏘게 할 수는 없는 일이다. 결과가 너무 뻔하기 때문이다.

따라서 이러한 문제를 극복하려면 장비를 특정한 것으로 하자고 주장하여 국가와 민족 간에 싸움의 빌미를 만들 것이 아니라 과녁거리만을 통일시키면 된다. 즉 양궁에도 사거리가 각기 다른 대회가 있듯이, 동양활 대회에서도 60미터(일본활 사거리), 70미터(몽골활 사거리), 150미터 과녁을 놓고서 경기를 하면 되는 것이다. 이때 장비는 제한을 두지 않는다. 그러면 60미터 표적을 쓰는 대회에서는 일본 활이 강세를 보일 것이고, 70미터 표적을 쓰는 대회에서는 몽골이 강세를 보일 것이며, 150미터를 놓고 쏘는 대회에서는 우리나라가 강세를 보일 것이다. 공평한 것이 군말이 있을 수 없다. 이렇게 해서 대회를 치르다보면 저절로 승패가 나게 되고 그에 따라서 제도 역시 그 중에서 우수한 성능을 지닌 활로 정리되어 갈 것이다.

따라서 국제교류를 통하여 동양의 민속궁끼리 정보를 교환하고 공감대를 형성하여 이를 바탕으로 국제경기를 치르면서 세계로 도약할 수 있는 단체를 만들어 이러한 작업을 추진해야 한다.

14 _ 사풍은 활터의 얼

활쏘기는 세계의 어떤 활과 비교를 해도 가장 우수한 성능을 갖고 있고, 그 풍속 또한 아주 체계가 잘 정비된 분야이다. 그렇기 때문에 얼마든지 세계화해서 전 인류의 자랑스러운 문화로 승화될 수 있다. 그리고 우리 전통의 다른 분야와 달리 활쏘기는 순도 100% 우리 한겨레의 것이라는 점에서도 충분히 조명 받을 만하다. 이제 활쏘기가 갈 길은 세계로 뻗어가는 길뿐이다.

그런데 그렇게 하기 위해서는 우선 우리의 안부터 정리되어야 한다. 그렇지 않은 상태에서 세계로 나아가면 틀림없이 국적 불명의 활쏘기가 되어 이미 전 세계를 장악한 양궁에 잡아먹히고 말 것이다. 따라서 외부로 나아가기 위해서는 반드시 내부가 정비되어야 하며, 그것은 우리들 안에서 다양한 정보가 정리되고 통합되어 이론화의 작업이 어느 정도 이루어져야 한다. 그리고 그를 토대로 활터에서 바람직한 사풍을 세워서 활터 생활의 기초를 튼튼히 해야 한다.

그런데 지금 국궁계를 돌아보면 이와 같은 움직임이 거의 보이지 않는다. 잘못 제정된 제도에 목을 매고 단을 따는 일에 급급하기만 할 뿐, 정말 무엇이 중요한 것인지, 무엇을 해야 하는지조차도 논의되지 않는 형편이다. 그러니 활터의 정신을 잇는 가장 중요한 사풍은 논의의 대상에서 제외된 상태이며, 그런 까닭에 곳곳에서 사풍이 무너진다는 개탄의 소리가 흘러나오는 것이다.

사풍은 시대의 정신이자 조상들이 전해준 얼이다. 이것을 잃는다면 우리의 활은 그 실체가 없는 것이다. 정신이 사라진다면 그것은 시늉일 뿐 우리의 활쏘기라고 볼 수 없다. 그런 상황이면 굳이 우리 활을 고집하지 않아도 된다. 사풍은 보이지 않는 것이기에 신경 쓰지 않으면 순식간에 일그러질 수 있으며 그런 내막을 모르면 남의 것을 우리 것인 양 착각할 수도 있다. 그런 폐단을 단급 제도와 '궁도'라는 말은 여실히 보여주고 있다. 우리의 것이 아니면서 이미 우리의 것처럼 우리를 규제하기 시작한 것이다.

따라서 눈에 보이는 빤한 결과에 집착할 것이 아니라 눈에는 보이지 않지만, 눈에 보이지 않음으로 해서 더욱 우리의 정신을 풍요롭게 하는 사풍에 관심을 기울여 그것을 이론화하고 우리의 활이 세계로 뻗어갈 때 그 뒤를 뒷받침하는 정신이 되어야 한다. 그렇게 되기 위해서는 활터의 질서를 존중해야 하고, 우리를 이끄는 규제와 관습 중에서 구슬과 돌을 골라내야 하며, 그러한 구슬들을 보배로 만들기 위해서 하나씩 꿰어야 한다. 이 글은 그러한 작업의 시론이다.

국궁사 시대구분론

활쏘기 연구의 종착점은 국궁사 기술이다. 국궁사야말로 우리 활의 과거와 오늘, 그 미래까지도 한눈에 보여줄 수 있는 영역이기 때문이다.

그런데 국궁사 역시 엄연한 역사의 한 부분이다. 그렇기 때문에 그것을 기술하기 위해서는 국궁의 지난날을 바라보는 일정한 시각, 즉 사관이 필요하다. '역사란 과거와 오늘의 대화' 라는[1] 한 역사가의 말을 기억하지 않더라도 과거는 현재를 사는 우리에게 늘 제한된 자료를 제공할 뿐이며, 역사를 보는 자는 그 제한된 자료를 이용하여 지난날을 재구성할 수밖에 없는 운명을 지닌다. 따라서 역사는 자료 그 자체의 문제가 아니라 제한된 자료를 해석하는 자의 문제이기 때문에 그가 취하는 시각에 따라 결론이 많이 달라진다. 그래서 역사를 바라보는 시각을 두고 세월이 가도 끊임없이 논쟁이 그치지를 않는다.

---

1   카아(E. H. carr), 『역사란 무엇인가』(조동희 역), 을지출판사, 1975, 40쪽.

그 중에서도 가장 첨예한 대립과 문제를 보여주는 것이 시대 구분론이다. 이는 단순히 지나간 시간을 일정한 길이로 나누는 일 같지만, 제한된 자료를 통해서 시기를 구별하는 것이 역사를 바라보는 자의 관념과 세계관을 드러내주기 때문이다. 따라서 시대구분은 역사 연구자의 성격을 가장 잘 드러내는 민감한 지점이 된다. 국궁의 역사를 쓰고자 하는 사람 역시 이러한 제한으로부터 자유로울 수 없다. 국궁사 역시 엄연한 한 역사이기 때문이다.

그러나 일반 역사와 달리 활은 그 장비가 주는 제한성이 명확하다. 활의 발전양상과 유물자료를 따라가면 되기 때문이다. 따라서 활의 역사는 활을 통하여 인간이 추구한 목표와 그 목표를 이루기 위하여 발휘한 슬기를 통하여 그 시대 사람들의 생각을 추적하면 된다. 활의 역사기술은 활에 들어있는 선대 사람들의 생각을 읽어내고 그것이 오늘날 활쏘기 하는 사람에게 어떤 의미를 갖는가 하는 것을 따지는 것이 된다. 결국 과거를 들여다보는 것은 오늘의 문제를 고찰하기 위한 것이므로 카아가 말한 과거와 현재의 대화라는 어정쩡한 비유는 그 어정쩡함 때문에 오히려 빛나는 결론이라고 할 수 있다.

국궁에 관해서는 글로 정리된 것이 거의 없는 형편이기 때문에 국궁사의 기술 또한 요원한 것이다. 현재의 작업은 먼 훗날의 국궁사 기술을 위해 자료를 정리하는 작업이 더욱 절실한 시기이다. 그러나 그러한 자료 역시 시대 구분에 대한 의식이 있을 경우에 더욱 좋은 성과를 기대할 수 있기에 국궁사 기술의 시기와는 상관없이 시대 구분에 대한 고찰은 꼭 필요하다고 하겠다.

이 글에서는 장비의 변화에 초점을 맞추면서, 그것이 지난날 우리 사회에 어떤 영향을 끼쳤으며 다음 세대에 어떤 변화를 주었는가 하는 것을 중심으로 국궁사의 시대를 구분해보고자 한다. 아직 한 번도 논의된 적이 없기 때문에 시론으로 그칠 것이다.

1_ 시대구분의 실제

활은 말할 것도 없이 살상 장비이다. 살상 장비란 그 목표가 움직이는 대상을 죽이는 것이다. 그런데 시대에 따라 그 대상이 점차로 변했고, 또 그 효율을 높이기 위해서 장비의 성능도 변했다. 그리고 그에 따라서 활을 사용하는 주체의 성격도 변하였다. 따라서 이러한 여러 가지 조건을 함께 고려해야만 올바른 합의에 도달할 수 있다.

활은 처음에 짐승을 사냥할 목적으로 개발되었다. 그러나 철기 시대가 전개되고 고대국가가 성립할 즈음에 이르면 부족 간의 약탈 전쟁이 시작되어 활은 사냥이 아닌 전쟁용 무기로 바뀐다. 살상 대상이 짐승에서 사람으로 바뀐 것이다. 이것이 활에 일어난 최초의 변화라 할 만한 징후이다. 이후 활은 그 성능을 좀 더 강화시키는 방향으로 바뀌었을 뿐, 그 쓰임새에는 크게 변화가 오지 않는다.

그런데 활이 전쟁무기로서 괄목할 만한 변화를 겪는 또 다른 단계가 뒤따른다. 화약 발명이 그것이다. 화약은 중국에서 처음 발명되어 유럽으로 넘어갔지만, 그것이 전쟁무기로 활용되는 것은 대체로 14세기 무렵이다. 아주 간단한 초보 단계의 전쟁무기로 쇠붙이를 분산시키거나 무거운 물체를 집어던지는 동력으로 활용된다. 그 중에서 가장 중요한 것은 화살의 발사체로 사용된다는 점이다. 이 화약 때문에 활쏘기에 일대 큰 변화가 온다. 그렇기 때문에 활의 역사에서 화약의 존재를 중요하게 다루지 않을 수 없다. 우리나라에서는 고려 말 최무선이 중국 상인으로부터 화약 제조법을 알아내는 것에서 비롯되었다.

활의 성격에 큰 변화를 가져온 또 한 가지 계기는 조총이다. 그 전까지는 같은 화약이면서도 무거운 물건을 날리거나 폭발물로 사용하는 방식이었다. 그러나 이때쯤에 이르면 개인화기로 발전한다. 그것이 임진란을 기점으로 하여 우리나라에 소개되는 조총이다. 따라서 개인화기인 총이 활쏘기의 위상을 크게 흔들어놓는다. 따라서 조총 역시 활의 변화에 지대한 영향을 끼친 요인으로 다루지 않을 수 없다.

근대의 발달된 무기에 눌려서 무기로서 효용을 다한 후에 활은 스포츠로 전환된다. 따라서 이 또한 특별한 요인으로 다루지 않을 수 없는데, 우리나라에서는 갑오경장이 그 기준이 된다.

이상의 논의에 따라 국궁사의 시기를 나누어 보면 대체로 다음과 같다.

시대구분	요　　인	비　고
사냥시대	원시시대의 사냥	
전쟁시대	국가의 출현, 말사육, 기사법	
화포시대	고려말 화약 발명	
총포시대	임진왜란, 조총	
스포츠 시대	갑오경장 이후	

2 _ 사냥시대의 활

발굴되는 유물로 보아 사람이 활을 처음 만든 것은 구석기 후기와 중석기를 거치는 시기쯤으로 추정된다. 그리고 이 현상은 어느 한 지역에만 나타나는 것이 아니고 전 세계 인류에게 공통으로 드러나는 양상이다. 그때 활의 사용 목적은 당연히 짐승 사냥이다.

인간이 만든 모든 도구는 두 가지 용도로 쓰인다. 자신을 보호하는 것과 먹이를 구하려는 것이다. 사람은 다른 짐승과 달리 자신을 지킬 그 어떤 도구도 갖추지 못한 약자로 태어났다. 그렇기 때문에 몸 밖의 어떤 장비를 사용하는 슬기를 발휘하게 되었고 이후 지구의 주인이 되었다. 따라서 모든 장비는 자신을 보호할 목적과 먹이를 확보하는 수단으로 만들어진다.

활은 이러한 도구의 가장 막바지에 나온 장비이다. 먼 거리를 날아가게 하기 위하여 다른 장비에서는 볼 수 없는 복잡한 구조를 띠고 있기 때문이다. 또 달아나는 짐승을 잡기 위해서는 짐승과 사람의 간격이 문제인데, 이러한 거리 문제를 가장 크게 해결한 것이기 때문에 활은 가장 막바지에 나온 것이라는 결론을 내릴 수 있는 것이다.

수렵 채집 시대에는 무기의 주 대상이 짐승이다. 이때는 생존 위주의 먹이 사냥이 가장 중요한 목표가 된다. 이 때 활은 가장 탁월한 능률을 발휘하는 장비가 된다. 이때의 활은 초기 단계로 대개 나무 활이었을 것으로 추정된다.

사람이 쓰는 도구는 단순한 것에서 점차 복잡한 것으로 발전

아마존 원주민의 활, 투창처럼 길다

하며, 무기의 경우는 포획 거리가 짧은 것에서 먼 것으로 발전하기 마련이다. 따라서 처음에는 주먹도끼나 돌칼 같은 단순한 것들이 쓰이다가 자루가 달린 돌도끼로 발전하였을 것이며, 자루가 긴 창으로 나아갔을 것이다.

활은 투창에서 발전한 무기이다.[2] 투창은 멀리 던지기 위하여 가늘게 만들며 사람의 힘으로 던진다. 여기서 추진체에 해당하는 사람의 힘 대신에 탄력이 좋은 나무로 대체하면 그대로 활이 되는 것이다. 이러한 모습은 아마존의 원주민들이 쓰는 사람의 키보다도 큰 화살을 보면 충분히 납득할 수 있다. 아마존 원주민들이 쓰는 활 중에는 현대스포츠에 쓰이는 투창과 비슷한 크기의 화살에 기다란 활을 걸어서 쏘는 것들이 있다. 이때의 화살은 말

2   정진명, 『우리 활 이야기』, 학민사, 1996. 15~19쪽.

만 화살이지 크기나 모양을 보면 투창과 크게 다르지 않다. 뒤쪽에 깃이 붙어있다는 것이 유일한 차이이다.

그러다가 살을 좀 더 멀리 날리기 위하여 무게를 줄이고 정확성을 추구하기 위하여 정교하게 만들면서 점차로 고대의 전쟁용 화살처럼 발전해간 것이다.

3 _ 전쟁시대의 활

신석기 때 인류사회는 큰 변화가 온다. 그 변화의 조건은 두 가지이다. 하나는 농사요, 둘은 말 사육이다. 신석기 시대에 농사를 짓기 시작함으로 해서 생산물이 풍족해지고, 그를 바탕으로 인구가 급격히 늘어난다. 여기에다가 청동기로 시작된 철기시대의 개막은 또 다른 변화를 가져왔다. 그 변화란 다름 아닌 부족 간의 전쟁이다. 그리고 이러한 변화에 불을 붙인 것이 말 사육이다. 인류가 말을 사육하기 시작한 것은 대체로 5000년 전후이다.[3] 말을 타고 이동함으로써 인류는 그 활동 영역이 넓어지고, 그러한 기동성을 바탕으로 대규모 약탈 전쟁을 벌인다. 농사를 지음으로써 생긴 잉여생산물이 말 사육을 통하여 대규모로 유통하게 된 것이다.

이러한 조건을 배경으로 하여 부족들은 외부의 침입자에 대해 자신을 지키기 위하여 뭉치지 않을 수 없으며, 이러한 필요에 따라 작은 부족이 큰 부족을 섬기고 그 보호를 받는 방식으로 인류사회는 급격히 재편된다. 이러한 변화가 부족국가로 확대되는

---

3   박시인, 『알타이 신화』, 삼중당, 1980. 16쪽.

고구려의 시작, 오녀산성

데 우리나라의 경우 고조선이 성립하는 시기가 대체로 그에 부합한다. 말 사육 시작이 5천 년 전이고, 고조선 성립이 4300년 전이니, 그 사이 700년이 그러한 재편성의 시간으로 보면 될 듯하다. 그리하여 이러한 약탈전쟁으로 시작된 고대국가체제는 삼국정립에 이르러 그 완성을 본다.

고조선은 설화로 포장되어 있어서 역사학 쪽에서도 논란이 많은 나라이지만, 국궁사에서는 아주 중요한 존재이다. 그것은 단군조선이 오늘날 우리 활의 전통을 시작한 시기이기 때문이다. 중국 쪽의 기록에 단궁이라는 말이 나오는데, 것은 단군의 나라에서 쓰는 활이라는 뜻이고[4], 그 전통은 오늘날까지 이어진다. 따라서 고조선의 성립시기부터 전쟁시대의 활로 잡으면 될 것이다.

이 시기의 활이 그 전과 다른 특징은 활의 대상이 변하였다는 점이다. 그 전까지 활은 짐승을 사냥하기 위한 수단이었는데, 약탈 전쟁이 시작되고 고대국가가 성립하면서 활은 사람을 죽이는

---

4   정진명, 『한국의 활쏘기』, 학민사, 1999.

고구려 고분벽화의 활과 현재의 활

도구로 변한다. 이것이 이 시기의 가장 큰 특징이고, 이러한 특징으로 한 시대를 가르는 중요한 징표가 되었다.

이 시기의 활에 관한 기록은 중국의 사서에 심심치 않게 등장한다. 각궁, 단궁, 맥궁 같은 말들이 그것인데, 이미 이 시기에 오면 오늘날 우리가 쓰는 활의 구조를 거의 다 갖춘다. 아주 심하게 구부러진 짧은 활이 그것이다.

활이 이렇게 짧아진 원인은 말 때문이다. 기사법에 적응하기 위해서는 활이 길어가지고는 불편하다. 그런데 나무로는 활을 짧게 하는데 한계가 있다. 그렇기 때문에 이를 보강하기 위하여 뿔, 나무, 심줄 같은 것을 부레풀로 붙여서 만드는 슬기가 발휘된다. 그래서 오늘날 우리가 쓰는 활의 모습을 거의 갖춘다.

4 _ 화포시대의 활

고려 말에 최무선이 화약을 발명한다. 물론 이미 만들어 쓰던 중국으로부터 정보를 빼내어 만든 것이다. 화약의 발명은 무기사에서 일대 혁신을 일으킨다. 그 파괴력이 여태까지 존재하는 다른 무기와는 비교가 안 되기 때문이다.

활 역시 이러한 영향을 받는다. 활에서 가장 중요한 것은 화살이 얼마나 먼 거리를 날아갈 수 있을 것인가 하는 점이다. 우리 활이 짧으면서도 뿔과 심줄을 쓴 원인도 결국은 활을 멀리 보내려는 발상이다. 활은 발사물을 보내는 추진체이기 때문에 활이 내는 추진력보다 더 강한 것이 존재한다면 그것으로 대체해도 상관없는 것이다. 적을 살상하는 것은 활이 아니라 화살이기 때문이다. 그런데 실제로 그러한 존재가 나타난 것이다. 그것은 화약이다.

발사 방식을 화약으로 적용하는 방법이 개발되기 시작한 것이 이시기의 특징이다. 그런데 화약은 그 양에 따라서 얼마든지 힘을 낼 수 있기 때문에 장비에 일대 변화가 온다. 활 없이 화약만으로 보내는 화살이 생기고, 비행체의 굵기와 크기, 그리고 모양까지 여태까지 존재한 화살의 모양과는 판이하게 다른 것이 생긴 것이다.

따라서 이러한 무기의 발명과 함께 활은 자연히 위축될 수밖에 없다. 화약으로 인하여 활의 역할이 축소되는 것이 이 시기의 큰 특징이다.

화약을 발명한 최무선에 대해 왕조실록에서는 이렇게 적고 있다.

• 태조 4년 4월 19일(임오)

검교 참찬문하부사 최무선(崔茂宣)이 졸하였다. 무선의 본관은 영주(永州)요, 광흥창 사(廣興倉使) 최동순(崔東洵)의 아들이다. 천성이 기술에 밝고 방략이 많으며, 병법을 말하기 좋아하였다. 고려조에 벼슬이 문하 부사에 이르렀다. 일찍이 말하기를,

"왜구를 제어함에는 화약 만한 것이 없다."

하였으나, 국내에 아는 사람이 없었으므로, 무선은 항상 〈중국〉 강남에서 오는 상인이 있으면 곧 만나보고 화약 만드는 법을 물었다. 어떤 상인 한 사람이 대강 안다고 대답하므로, 자기 집에 데려다가 의복과 음식을 주고 수십 일 동안 물어서 대강 요령을 얻은 뒤, 도당에 말하여 시험해 보자고 하였으나, 모두 믿지 않고 무선을 속이는 자라 하고 헐뜯기까지 하였다. 여러 해를 두고 헌의(獻議)하여 마침내 성의가 감동되어, 화약국을 설치하고 무선을 제조로 삼아 마침내 화약을 만들어 내게 되었다. 그 화포는 대장군포·이장군포·삼장군포·육화석포(六花石砲)·화포·신포(信砲)·화통·화전·철령전(鐵翎箭)·피령전(皮翎箭)·질려포(蒺藜砲)·철탄자(鐵彈子)·천산오룡전(穿山五龍箭)·유화(流火)·주화(走火)·촉천화(觸天火) 등의 이름이 있었다. 기계가 이루어지매, 보는 사람들이 놀라고 감탄하지 않는 자가 없었다. 또 전함의 제도를 연구하여 도당에 말해서 모두 만들었다.

경신년 가을에 왜선 3백여 척이 전라도 진포(鎭浦)에 침입했을 때 조정에서 최무선의 화약을 시험해 보고자 하여, 무선을 부원수에 임명하고 도원수 심덕부·상원수 나세와 함께 배를 타고 화구를 싣고 바로 진포에 이르렀다. 왜구가 화약이 있는 줄을 뜻하지 못하고 배를 한 곳에 집결시켜 힘을 다하여 싸우려고 하였으므로, 무선이 화포를 발사하여 그 배를 다 태워버렸다. 배를 잃은 왜구는 육지에 올라와서 전라도와 경상도까지 노략질하고 도로 운봉에 모였는데, 이때

태조가 병마 도원수로서 여러 장수들과 함께 왜구를 한 놈도 빠짐없이 섬멸하였다. 이로부터 왜구가 점점 덜해지고 항복하는 자가 서로 잇달아 나타나서, 바닷가의 백성들이 생업을 회복하게 되었다. 이것은 태조의 덕이 하늘에 응한 까닭이나, 무선의 공이 역시 작지 않았던 것이다. 조선 개국 후에 늙어서 쓰이지는 못했으나, 임금이 그 공을 생각하여 검교 참찬을 제수하였다. 죽음에 미쳐 임금이 슬퍼하여 후하게 부의하였으며, 신사년에 의정부 우정승·영성 부원군으로 추증하였다. 아들이 있으니 최해산(崔海山)이다. 무선이 임종할 때에 책 한 권을 그 부인에게 주고 부탁하기를,

"아이가 장성하거든 이 책을 주라."

하였다. 부인이 잘 감추어 두었다가 해산의 나이 15세에 약간 글자를 알게 되어 내어주니, 곧 화약을 만드는 법이었다. 해산이 그 법을 배워서 조정에 쓰이게 되어, 지금 군기 소감으로 있다.[5]

화약 제조법이 밝혀짐에 따라서 무기체계에 큰 변화가 온다. 사람의 힘으로 당겨서 쏘던 때에는 상상도 할 수 없는 크기와 무게의 장비를 공중으로 날려 보낼 수 있는 여러 가지 무기가 개발되고 화살 역시 그에 걸맞은 모양으로 변화한다. 앞의 인용문에 들어있는 다양한 무기들이 그런 것들이다.

이 시기의 특징 중에서 또 한 가지 빼놓을 수 없는 현상은 애기살의 등장이다. 애기살은 다른 민족에게는 없고 우리 민족만이 만들어 쓴 것이라는 점에서 활이라는 무기의 특징을 가장 잘 활용

5   CD 조선왕조실록

한 경우이다. 애기살은 딱히 어느 때 발명되었다는 기록은 없지만, 대체로 고려 때쯤으로 추정한다. 조선 초기의 왕조실록 기사가 그것을 보여준다. 이성계는 애기살로 왜군을 상대하여 혁혁한 전공을 세웠다. 그래서 조선 왕조의 개창을 찬양한 『용비어천가』에도 그것을 찬양하는 기록이 보인다.[6]

5 _ 총포시대의 활

활쏘기의 몰락을 결정지은 것은 총포의 등장이다. 화약을 손에 넣은 인간은 그것을 무기로 개발하는데, 곧이어 총을 만들어낸다. 17세기에 이르러 총이 나오면서 활은 그야말로 완전히 몰락해 버린다. 서양에서 강력한 힘을 발휘하던 터키의 활이 아예 사라져버린 것이 그런 상황을 극명하게 보여준다.

우리나라 역시 이러한 세계사의 추이에서 벗어나지 못한다. 그런데 우리나라는 이런 상황을 절절하게 겪는 일이 발생한다. 임진왜란이 바로 그것이다. 이때 왜인들이 들고 온 조총은 활을 장기로 여기던 조선의 군사들에게 가장 무서운 무기로 인식된다. 이때까지만 해도 조선의 궁시는 세계 제일의 성능을 자랑했기 때문에 오랜 세월 지속된 평화 속에서 다른 무기는 다 유명무실해지고 궁시일기(弓矢一技)로 축소된 상황이었다. 그렇기 때문에 조선 병사들은 조총 앞에서 놀랄 수밖에 없었다. 이제 활은 원거리 무기로 유일한 대안이던 지위를 총에게 양보하는 수밖에 없었다.

---

6   김성칠 · 김기협, 『역사로 읽는 용비어천가』, 들녘, 1997.

왜군이 들고 온 조총 앞에서 활은 이제 그 막바지 운명을 맞이했다. 활이 무기로 살아남기는 이미 어려운 상황이 되었다. 그렇다면 활은 다른 방향으로 기능을 전환하지 않는 한 멸종의 길을 택하는 수밖에 없게 되었다. 여기서 활은 방향전환을 한다. 살상무기의 기능을 축소하고, 국가의례의 보조수단과 건강의 방편으로 기능을 바꾼 것이다.

살상무기의 기능을 축소했다는 것은, 우리 활의 특징에서 오는 현상이다. 17세기를 넘으면서 세계의 모든 지역에서 활은 사실상 자취를 감춘다. 그러다가 근대에 이르러 올림픽에서 영국의 활쏘기가 채택되면서 기사회생한다.

그러나 조선에서는 상황이 조금 달랐다. 조선의 활 장비는 그 성능이 워낙 우수해서 여타 다른 지역의 활들이 멸종을 걸은 것과는 달리 갑오경장 때까지 무기로서 존재했다. 그것은 우리 겨레만의 특수한 상황, 장비의 우수성 때문이다. 특히 애기살의 경우 살이 짧고 가벼워서 총의 사거리를 넘으면 넘었지 결코 짧지 않았기 때문에 조선에서만큼은 활이 무기로서 충분히 가치가 있었다.

임진왜란 이후에 활이 어떤 기능으로 바뀌었는가 하는 것은 세심하게 고찰해야 할 부분이다. 갑오경장 때까지 엄연한 무기로 존재했지만, 많은 부분을 화약과 조총에 넘겨주고 조총이 감당할 수 없는 그런 부분으로 그 기능을 확대했기 때문이다.

먼저 임진왜란 이후, 활은 국가의례를 보조하고 왕도정치를 실현하는 한 수단으로 이용되었다. 그 적절한 예가 궁중에서 실시된 대사례이다. 물론 이 대사례는 임진왜란 전인 중종 때에도 한 차례 시행된다. 그때의 대사례 역시 조선이 창업기의 정국혼란을 정리하고 한 나라로서 기틀을 잡은 시기의 한 상징으로 실시되었다. 세종 성종을 거치면서 조선은 나라의 기틀을 잡고, 문물제도를 완비한다. 모든 왕의 행차와 왕실 행사에 활쏘기는 왕도정치를 구가하는 아주 중요한 행사로 자리하는데, 그 꽃이 대사례인 것이다.

그런데 임진왜란 이후로 넘어오면 궁중에서 시행하던 대사례뿐만이 아니라 이 대사례의 함의가 엿보이는 여러 가지 활쏘기 행사가 널리 확산된다. 즉 궁중연사와 무과는 물론이고 민간에서도 활쏘기가 행해지면서 지배층의 논리를 강화하는 기능을 맡는다는 점이다. 향사례가 바로 그것이다. 향사례는 주나 부는 물론 현 단위까지 시행되던 관 주도의 활쏘기였다. 이때 행하는 활쏘기의 목적은 과녁을 맞히는 것이 아니다. 즉 무과의 활쏘기와는 차원이 전혀 다른 것이다. 이때의 활쏘기는 지배체제를 고양시켜서 그것을 사회구성원의 내부에 영향력을 행사하여 결국은 사회구성원들을 체제 내로 순치시키는 기능을 한다. 활이 무기의 기능을 버렸을 때 또 다시 찾아 나선 방향은 이와 같은 예법의 차원이었다.

편사를 선조 조까지 올려 잡는 것도[7] 이러한 맥락과 정확히 맞아 떨어진다. 편사는 모의전쟁을 지향한 것이지만, 그 속 내용은 양반사회 내의 결속과 행사 진행에 따른 질서의 구현이었다. 따라서 편사는 전란 후 예비 병력의 확보와 지배질서의 공고화라

---

7   이중화, 『조선의 궁술』, 조선궁술연구회, 1929, 54쪽.

전통과 현대가 잘 어울린 활터 모습

는 두 가지 목적을 동시에 이루어주는 훌륭한 수단이었다.

나아가 활쏘기는 향약과 계, 서원과 더불어 조선후기 향촌 사회를 지배하는 중요한 기능을 한다. 즉 각지에 향사당을 짓고 활터를 지어서 지배층의 결속을 다시는 기능을 분담하며, 나아가 그 고을을 찾는 손님대접까지도 관청을 대신하여 수행하는 기능을 한다. 향사당은 '영가지'나 '교남지' 같은 조선 후기의 지방 지에 두루 나타나며, 손님을 접대하는 기능은 강경 덕유정의 좌 목을 보면 아주 자세하게 나타난다.[8] 결국 활쏘기는 살상기능을 버리고 지배층의 의도에 따라 조선사회를 지배하는 한 중요한 기 제가 된다.

활이 살상무기의 기능을 버렸을 때, 또 한 가지 건강의 문제

---

8   『사계 좌목』, 강경 덕유정.

를 들지 않을 수 없다. 조선은 여러 모로 시책이 문치로 기운 왕조였기 때문에 군사문제에는 소홀하였다. 그 결과가 임진왜란이라는 엄청난 전란을 불러들였지만, 그 후에도 기본 정책은 큰 변화가 없었다. 그러나 동양의 군자란 문무를 겸전하는 것이었기 때문에 군사상의 필요성에 더하여 활쏘기를 하는 것은 선비들의 기본이었다. 활쏘기를 육례(六禮: 禮樂射御書數)에 넣어서 당연히 해야 할 덕목으로 여긴 것이 그렇다. 나아가 활쏘기는 건강에 좋은 수단이었기 때문에 선비들은 활쏘기를 누구나 다 배웠다.

활쏘기가 선비들에게 이렇게 내면화될 수 있는 논리를 제공한 것은 공자이다. 공자는 스스로 말타고 활쏘기를 잘 했을 뿐더러 활쏘기를 다음과 같이 설명했다.

子ㅣ, 曰君子ㅣ 無所爭이나 必也射乎인뎌. 揖讓而升ᄒ야 下而飮ᄒᄂ니 其爭也ㅣ 君子ㅣ니라.[9]

말할 것도 없이 이것은 의례의 활쏘기 관념을 부연 설명한 것으로 군자의 덕을 볼 수 있는 것[可以觀德]이라고 규정을 하였다. 그래서 활터의 이름 중에 관덕정(觀德亭), 필야정(必也亭), 읍양정(揖讓亭) 같은 것들이 자주 보이는 것이다.

공자가 이렇게 하는 바람에 공자를 마음의 스승으로 섬기던 조선시대의 선비들은 활에 특히 애착을 보였다. 따라서 선비들의 활쏘기는 덕을 기른다는 것과 건강을 지킨다는 두 가지 목적이 겹

---

9   『논어집주』, 세창서관, 1985, 팔일 5쪽.

친 것이었다. 이 두 가지는 활이 무기로서 기능을 버릴 때 나아갈 수 있는 가장 훌륭한 생존방법이기도 하였다.

그렇다면 건강을 지키는 수단으로 활이 그 기능을 바꾸었을 때 어떤 변화를 가져왔는가 하는 것이 발달사 상 중요한 문제다. 그것은 활쏘는 동작의 변화로 결정 난다. 활이 살상기능을 중요한 목적으로 정하면 기타 나머지 요인은 별로 중요하지 않다. 잘 맞추면 되는 것이다. 예를 들어 강궁을 쓸 것인가 연궁을 쓸 것인가, 아니면 긴 살을 쓸 것인가 짧은 살을 쓸 것인가 하는 것은 하등에 중요한 것이 아니다. 그 살이 가서 목표물을 맞추면 되는 것이다.

그러나 활이 맞추기를 등한시하고 건강유지의 수단으로 방향을 바꾸면 사법 또한 많은 부분이 변화한다. 모든 동작은 정확성이 아니라 건강에 초점을 맞추게 되고, 그렇게 되면 몸에 좋은 운동이 되는 동작으로 자세가 변하며, 오랜 체험을 통하여 그러한 성격에 알맞은 어떤 이상형의 궁체가 형성된다. 그것이 조선 말기를 거치면서 해방 전에 『조선의 궁술』에 정리된 사법과 궁체인 것이다. 특히 이 점은 전쟁용이 아니라 습사용 활인 유엽전 쏘는 법이라고 분명히 밝힘으로써 이 같은 성격을 쉽게 알아볼 수 있다. 『조선의 궁술』에서 묘사한 궁체의 대략은 이렇다.

①과녁을 거의 정면으로 마주선다.
②각짓손을 높이 끈다.
③뒷손을 발여호미로 쭉 뻗는다.

이상의 동작이 건강에 어떠한 영향을 미치는가 하는 것은 아직 자세히 밝혀진 바가 없다. 국궁계의 연구업적이 거의 전무한 실정이기 때문이다. 따라서 이 분야는 앞으로 연구를 통하여 해결하여야 할 부분이다.

그러나 여기서 그 개략을 정리해보면 이렇게 된다. ①은 결국 허리 운동이 되도록 하려는 배려이다. 활은 줌손을 밀고 깍짓손을 당기는 팔의 움직임이 주를 이루지만, 그것을 받치는 것은 허리이다. 따라서 활을 오래 쏘면 허리가 튼튼해진다. 그런데 활쏘기에서 허리가 움직일 수 있는 방향은 구부림이 아니라 돌림이다. 따라서 만작의 순간에 허리를 지그시 돌림으로써 몸 내부에서 허리의 운동량을 높이는 것이다. 결국 이 허리 운동은 단전으로 이어진다. 따라서 허리의 힘으로 떠받치며 저절로 허리가 힘의 운동에 작용하도록 만드는 자세가 과녁과 거의 정면으로 마주서는 방법이다.

이 점은 같은 동양의 활이면서도 우리와 다른 겨레의 활과 견주어보면 된다. 같은 동양의 활이라고 하더라도 중국이나 인도, 일본, 나아가 몽골의 활은 미리 상체를 많이 돌린다. 즉 과녁과 마주보는 것이 아니라 모로 보는 것이다. 이것은 활채의 길이가 길기 때문에 생긴 현상이기도 하지만, 더 깊이 보면 허리를 덜 움직이려는 생각에서 나온 것이다. 그러나 우리 겨레는 그 반대의 방향을 취함으로써 건강에 가장 알맞은 사법과 궁체로 나아갔다.

②는 어깨 관절의 운동과 관련이 있다. 팔이 낮은 상태에서는 가슴이 다 벌어지면 팔은 더 이상 벌어지지 않는다. 즉 깍지를 낮

게 끌면 긴 살을 쓰기 어렵다는 뜻이다. 따라서 우리 활에 걸맞은 두 자 여섯 치 반 이상의 제 작을 다 끌려면 팔만 당겨 쏘는 방식으로는 어렵다. 따라서 깍지손이 끝까지 다 들어오게 하려면 높이 끄는 수밖에 없다. 팔이 높이 끌면 어깨 관절은 회전을 하기 때문에 얼마든지 길게 당길 수 있다. 낮게 끌면 어깨 관절이 돌지 않기 때문에 많이 당기지 못한다. 많이 당기지 못한 상태에서는 손 운동으로 그치기가 쉽다. 따라서 깍짓손을 높이 끄는 우리나라의 사법은 멀리 보내기 위한 방편 때문이기도 하지만, 어깨를 비롯한 상체 전체의 운동으로 승화시키기 위한 확실한 방법이다.

③은 이른바, '학무(鶴舞)' 또는 '온깍지'라고 일컫는 것이다. 깍짓손을 그 자리에서 짧게 떼지 않고 뒤로 쭉 뻗는 것은 만작의 순간에 전신에 뭉쳐진 힘을 극히 짧은 순간에 풀어주려는 것이다. 이 풀림이야말로 활이 상승무공으로 갈 수 있는 아주 중요한 요인이다. 온몸을 한 덩어리로 감싼 긴장을 자연스럽게 풀어줌으로써 온몸의 경락을 열어주는 것이다. 중국무술에서도 십자경이

진해정

라고 해서 이러한 원리가 잘 살아있다.[10]

　또 한 가지 고려해야 할 이 시기 활의 특징은 그 놀이의 성격이다. 활이 무기임을 포기했을 때 나타나는 양상 중의 하나가 놀이 기능이다. 즉 편사도 그렇거니와 상을 걸어놓고 하는 활 백일장, 활터 안에서 하는 전내기, 연전띠내기, 끓내기, 똑떡이 같은 것이 모두 놀이와 관련된 것들이다. 이런 것들은 평상시 활쏘기의 기능을 증대시키기 위한 흥미를 유발하는 수단으로 만들어낸 재미꺼리이다. 이 역시 활이 무기의 기능을 버렸을 때 생기는 현상이어서 주목해야 한다.

6 _ 스포츠 시대

　갑오경장은 활의 변화에 마침표를 찍는다. 즉 활을 무과의 과목에서 뺌으로써 조선 군대의 무기체계에서 제외시킨 것이다. 이것은 활이 살상기능을 마치고 역사의 뒤안길로 사라졌음을 뜻한다. 이 때의 상황을 『조선의 궁술』은 〈비로 쓸어버린 듯이〉라는 표현을 하고 있다. 즉 고을마다 동네마다 널려있던 활터가 마파람에 게눈 감추듯이 사라져버린 것이다.

　그러나 이미 살상기능을 버리고 자신의 건강 유지 수단으로 활쏘기를 즐기던 고종은 활쏘기의 부차기능을 중요시 여기고 활쏘기를 부활시키도록 지시한다. 이 지시가 먹혔는지 어쩐지는 아직 분명히 밝혀진 바 없지만, 당시 활량의 대부분이 선비들이었기

10　『마르스』 통권 제9호(2001. 5/6), 55쪽.

때문에 이 또한 무시하지 못할 영향이었을 것만은 분명하다.

활은 조선시대의 주무기였다. 그런데 이 시기에 오면 조선이 망한다. 그렇기 때문에 활의 존립은 민족의 장래와도 맞물려 있어서 활쏘기는 곧 우리 겨레의 정신을 지키느냐 잃느냐 하는 문제로 확대되었다. 고종이 활을 조선의 얼이라고 강조하고 쇠퇴한 궁술을 다시 장려하라고 한 것도 그러한 위기의식과 맞물려있다.

또 조선시대에는 가장 중요했던 활쏘기가 일제의 통치로 사실상 관심 밖의 일로 전락해버리는데, 이것은 우리 겨레의 전통을 지키는 문제와도 깊이 연관되어있다. 나라마저 망한 상태에서 이러한 위기의식과 열정은 문화나 풍속 쪽으로 옮겨가는 수가 많은데, 활쏘기는 그러한 열정을 받아줄 수 있는 대표성을 지닌 전통이었다. 그런 까닭에 1920년대에 이르면 중앙의 통제와 관리가 전혀 없었는데도 전국의 각 지방에서는 활쏘기의 중흥기라고 할 만큼 왕성하게 활쏘기 풍속이 살아난다. 지체 높은 사람들은 편사를 했고, 일반백성들은 고을별로 모여서 활 백일장을 열었다. 그리고 이러한 분위기는 일제가 활을 쏘지 못하도록 방해하는 1930년대 말까지 지속된다. 1890년의 갑오경장부터 1930년대 말까지, 이 시기 40년 동안이야말로 국가나 중앙의 지원이 전혀 없었어도 민간부문에서 백성들 스스로 활쏘기를 순수하게 즐긴 특이한 시대였다.

이러한 경로를 거쳐서 활은 다시 명맥을 잇고 살아나다가 일제의 강점기 통치체제가 점차 공고해지는 시기에 조선궁술연구회가 출범하고 현대식 스포츠로 재정비된다. 1928년에 시작된 이

체제가 지금까지 이어져오는 것이다.

7 _ 우리 활의 숙제

활은 오랜 역사를 거치면서 다양한 모습으로 우리 사회를 규정해왔다. 그러한 양상을 살피는 일은 곧 우리 자신의 과거 모습을 들여다보는 것이고, 또한 우리의 미래를 전망할 수 있는 토대를 만드는 것이다. 따라서 활이 어떠한 모습으로 변화했는가 하는 것을 살피는 것은 활의 오늘과 미래를 예측할 수 있는 중요한 일이다.

그러한 일을 하기 위해서는 지나간 활의 과거가 정리되어야 하며 그러한 정리를 토대로 각 시대에 어떤 특성이 두드러지게 나타났는가 하는 것을 종합하여 우리의 삶과 역사를 이해하는 계기로 삼아야 한다.

그러나 국궁계에서는 이러한 작업을 전혀 하지 못하고 있다. 따라서 이 글은 아주 제한된 자료를 가지고 시론으로 시도되는 것이다. 앞으로 이와 비슷한 연구가 나와서 국궁의 이론이 한 단계 나아가는 계기가 되어 마침내 국궁계의 숙원인 국궁사를 완성하는 단계까지 승화되어야 할 것이다.

조선궁술연구회 출범 전후

오늘날 조선궁술연구회는 '현대 활쏘기의 모든 것'을 뜻하는 말이 되었다. 이것은 오늘날에 존재하는 활쏘기의 형태가 이 단체에서 비롯했다는 뜻이다. 이 단체 이전에도 많은 활쏘기 모임이 구락부 형태로 존재했고, 각 지방에서 많은 활쏘기가 행해졌다. 그러나 그러한 모임과 조선궁술연구회가 다른 의미를 갖는 것은 모임의 성격이 지닌 근대성 때문이다.

근대성이란, 자본의 출현에서 비롯되었으며, 자본은 곧 국가라는 개념과 맞물리면서 근대의 역사와 삶을 규정하는 개념이 된다. 이 경우, 국가란 자본의 팽창을 보장하는 제도의 운영자라는 의미를 갖는다. 우리나라의 근대도 역시 이와 다르지 않아서 서구제국주의와 그 아류인 일본제국주의의 침략으로 촉발되어 전근대와 근대가 혼용한 모습으로 오늘날에 이르고 있다. 이 과정에서 스포츠 역시 일그러진 근대화의 과정을 겪게 된다. 그것이 일제 강점기의 체육 활동과 형태로 나타나는데, 국궁의 경우 그 중심점에 조선궁술연구회가 있다. 이 단체 이전에 오랜 세월 동안 이어진 활쏘기가 이 단체를 중심으로 현대스포츠의 성격으로 탈바꿈하여 오늘날의 형태를 완비하여 이후의 활쏘기 모습을 정형화하였다.

조선궁술연구회는 그 참여 범위로 보나 출범과정으로 보나 명실상부한 근대 활쏘기 단체의 성격을 지닌다. 그런데 이런 모임은 하루아침에 이루어지는 것이 아니며, 한두 사람이 마음먹는다고 해서 이루어지는 것도 아니다. 따라서 이러한 모임이 이루어지려면 구성원들의 일정한 합의와 그를 뒷받침하는 움직임이 있어야 한다. 조선궁술연구회가 출범하기까지 그 전에 어떤 움직임이 있었는가 하는 것을 알아보는 것이 조선궁술연구회의 성격을 이해하는 데 중요한 열쇠가 된다.

이 글에서는 조선궁술연구회가 출범하기 이전에 당시의 활량들 사이에 어떤 움직임이 있었으며, 그것이 조선궁술연구회의 출범에 어떤 영향을 미쳤는가 하는 것을 알아보고자 한다.

1_ 사궁회 문제

카아(Carr)가 심각하게 문제를 제기한 이래 역사학에서 이미 과거사실의 본 모습과 상관없이 그것을 바라보는 자의 관념을 투영할 수밖에 없다는 것이 밝혀진 일이지만, 지나간 과거 사실을 돌아보는 행위는 그것을 바라보는 자의 태도와 깊이 연관되지 않을 수 없다. 과거사실을 바라보는 자가 어떤 태도로 보느냐에 따라서 그 과거 사실은 전혀 다른 모습을 드러낸다. 이 점 조선궁술연구회 이전의 단체를 논하는 마당에서도 마찬가지다.

우리가 아는 바로는 조선궁술연구회가 명실상부한 근대 활쏘기 단체이다. 그러나 학계의 인식은 이와 달라서 조선궁술연구회 이전에 '사궁회'라는 모임이 있었고, 그것을 최초의 근대 활쏘기 단체로 기술하고 있다. 이것은 조선궁술연구회의 전통과 권위를 존중하는 국궁계의 인식과 다소 차이가 있다. 즉 대한체육회사에서 근대 활쏘기 단체로 다음과 같이 사궁회를 언급한 것이다.

활쏘기 1909년 7월 15일 李相弼이 주동이 되어 射弓會 발족[1]

대한체육회는 명실상부한 한국의 체육경기단체이고, 현재의 대한궁도협회는 이 경기단체에 가맹된 상태이며, 따라서 이 사궁회의 기록은 대한궁도협회의 출발점을 알려주는 정보로 공식화한 것이다.

그리고 이러한 견해는 그 후에도 아무런 성찰과 확인이 없이 그대로 통용된다. 서울올림픽 기념으로 낸 이야기 한국체육사에서도 다음과 같이 적고 있다.

활쏘기 1909. 7. 15. 李相弼이 주동이 되어 사궁회 발족[2]

글자 한 자 틀리지 않고 그대로 베꼈다. 그러나 이것은 사실

1 『대한체육회사』, 대한체육회, 1965, 36-61쪽. 이학래 외, 『한국체육사』, 지식산업사, 1994에서 재인용.
2 김광희, 「여명 - 조선체육회, 그 세월과의 싸움」, 『이야기 한국체육사 17-체육행정2』, 서울올림픽기념국민체육진흥공단, 2001. 101쪽.

과 다르다. 대한궁도협회의 전신은 1928년에 출범한 조선궁술연구회이다. 그리고 조선궁술연구회와 사궁회는 아무런 관련이 없다. 따라서 학계에서 최초의 근대 활쏘기 단체라고 규정한 사궁회는 어떤 조직이며, 만약 이것이 일정한 체계를 갖춘 스포츠 단체라면 그 조직과 조선궁술연구회 사이의 10년이란 기간 동안 어떤 움직임이 있었는가 하는 것을 밝히는 것이 중요한 문제가 된다. 따라서 이러한 작업이 이루어지기 위해서는 위 기록의 적실성을 밝히는 일이 문제 해결의 열쇠가 된다.

위의 간단한 설명은 근대 스포츠의 체육단체 활동에서 다음과 같이 설명된다.

射弓會

이상필, 이용문 등의 발기로 1909년 7월 15일에 조직된 이 단체는 우리의 전통운동으로서 계층을 초월하여 숭상 실천되어오던 활쏘기에 대한 새로운 인식과 보급을 목적으로 창립되었다. 당시 거센 외세적인 조류 앞에서 민족 고유의 활쏘기 운동을 유지 존속시키고자 노력하였으며, 활쏘기 자체가 현대 스포츠에 못지않은 훌륭한 운동이며, 우리나라 고대 무예나 체육의 자랑스러운 유산이라는 인식을 토대로 하였다.[3]

그런데 이러한 판단의 출처는 나현성의 글에서 확인된다.[4]

---

3   나현성, 『한국체육사』, 교학연구사, 재판, 1995. 207쪽.
4   나현성, 『한국체육사연구』, 교학연구사, 1981.

나현성은 그의 글에서 다음과 같이 사궁회를 정리하였다.

射弓會(1909年 8月 5日)

이것은 7月 15日 東門 밖 紫芝洞에서 李相弼, 李容紋 等이 發起하여 組織한 團體이다. 활쏘기는 마음이 바르지 않으면 맞지를 않고, 안 맞으면 自身을 責하게 되므로, 古來로 君子之道라 하여 心身의 修練에 利用되어 왔는데, 이 활쏘기는 現代 스포츠에 못지않은 훌륭한 運動으로 우리나라 古代 武藝나 體育의 자랑할 만한 遺物인 것이다. 當時의 거센 潮流 앞에서 民族 固有의 활쏘기 運動을 維持하기 爲하여 이러한 團體를 組織한 것은 注目할 만한 일이다. 이로 인하여 오늘날까지도 이 射弓運動이 傳來되었다고 볼 수 있는 것이다.(大韓民國 隆熙3年 8月 20日 第59號)[5]

한자로 뒤범벅이 된 이 문장을 잘 읽어보면 사궁회는 틀림없이 근대 활쏘기 조직이 분명하다. 그리고 이러한 중요한 단체의 동향과 그 설립 취지는 대한민보라는 신문에 실린 것으로 판단된다. 그런데 문제는 융희 3년 8월 20일자 신문기록이 위의 기대와는 달리 다음과 같다는 사실이다.

● 射弓逍遣·李相弼 李容紋 諸氏가 去十五日 前브텨 東門 外 紫芝洞에서 射弓會룰 設ᄒ고 每日 逍遙ᄒᄂ대 豪富子弟가 多數 參會ᄒ다더라(띄어쓰기는 임의로 했음.)[6]

---

5   『한국체육사』, 134쪽.
6   대한민보 1909년 8월 20일자 제59호 기사.

이것이 신문에 나온 기사 전문이다. 이상의 기사를 살펴보면 이상필 이용문 같은 성내의 부잣집 자제들이 동문 밖에서 활쏘기 모임을 가졌다는 사실만을 알 수 있을 뿐, 〈활쏘기는 마음이 바르지 않으면 맞지를 않고, 안 맞으면 自身을 責하게 되므로, 古來로 君子之道라 하여 心身의 修練에 利用되어 왔는데, 이 활쏘기는 現代 스포츠에 못지않은 훌륭한 運動으로 우리나라 古代 武藝나 體育의 자랑할 만한 遺物인 것〉이라는 글을 어디서도 찾아보기 어려우며, 나아가 〈當時의 거센 潮流 앞에서 民族 固有의 활쏘기 運動을 維持하기 爲하여 이러한 團體를 組織한 것은 注目할 만한 일이다. 이로 인하여 오늘날까지도 이 射弓運動이 傳來되었다고 볼 수 있는 것〉이라는 결론은 황당무계하기까지 하다는 것을 알 수 있다.

그렇다면 당시의 이 기사를 어떻게 읽을 것인가? 먼저 〈●射弓逍遣〉는 그 기사의 제목이다. 〈逍遣〉는 〈逍遙〉의 오타이다. 소요란 한가하게 노닌다는 말로 『장자』에서 볼 수 있는 구절이다.[7] 단막기사의 제목을 먼저 단 다음에 가운뎃점으로 내용과 구별을 하고 제목에 대한 내용을 써내려간 것이다. 이러한 한자식 문장을 요즘말로 번역하면 다음과 같이 된다.

---

7   『장자』內篇 逍遙游.

• 활쏘기하며 한가로이 노닐다 · 이상필, 이용문을 비롯한 여러 사람이 지난 15일 전부터 동문 밖 자지동에서 활쏘기 모임일 베풀고 매일 노니는데, 성안의 부잣집 자제들이 그 모임에 참가한다고 한다.

오해는 〈射弓會〉라는 말에서 생긴 것이다. 〈會〉라는 말에서 조직을 연상한 것이다. 그러나 〈會〉는 꼭 조직의 양상을 가리키는 말이 아니다. 여러 사람들이 모인 것을 통틀어 〈會〉라는 말로 표현한다. 그리고 이 경우의 〈會〉 역시 단순히 사람들 여럿이 모였다는 뜻 이상도 이하도 아니다.

〈射弓〉은 우리말 '활을 쏜다'를 한자로 번역한 것에 지나지 않는다. 따라서 이것은 한자 낱말이 아니라 한문의 문장인 것이다. 즉, 한문에서는 우리말과 달리 띄어쓰기가 안 될뿐더러 목적어가 서술어의 뒤에 오기 때문에 활을 쏜다는 뜻을 한문 문장으로 표현하면 〈射弓〉이 되는 것이다. 그렇기에 지금은 쓰이지도 않는 말일뿐더러 당시에도 한자에 익숙한 사람들이 표기하던 관행이었을 뿐, 이것이 특정모임이나 낱말의 뜻을 지니는 것은 아니다. 심지어 우리말 활쏘기를 〈弓射〉라고 적는 경우도 있다.

이런 정도의 모임이라면 이 모임 이전과 이후에도 많이 있었다. 당시의 신문에서도 간간이 나타난다. 그 제목만 보면 다음과 같다.[8]

---

8   이건호, 「근대궁술대회기사」, 『국궁논문집』 제4집, 온깍지궁사회, 2005. 163쪽.

대한매일신보 1908. 5. 27. 편사대탁.

대한매일신보 1908. 8. 20. 취운정 사회.

대한매일신보 1910. 8. 6. 편사.

매일신보 1912. 4. 29. 황학정의 편사. 취운정과 황학정 편사.

　당시에 흔히 볼 수 있는 활쏘기의 모임임을 알 수 있다.

　따라서 〈射弓會〉란, 단순히 '활을 쏘는 모임'을 한문 문장으로 번역한 것일 뿐, 근대 스포츠의 조직과는 아무런 상관도 없는 이름이다. 조직이 아니기에 그 후로도 이들의 스포츠 활동은 어디서도 움직임의 자취를 찾아볼 수 없다.

　〈會〉는 모임이라는 한자말이고, 사람들의 숫자가 좀 더 커지면 〈大會〉가 된다. 많이 벌어지는 편사 '대회'나 활쏘기 '대회'는 큰 조직이나 단체를 말하는 것이 아니라 사람들이 많이 모였다는 뜻이다. 그래서 활쏘기 대회에서도 작은 규모에서는 대회라고 하지 않고 그냥 '회'라고 한다. 호남칠정대회 같은 경우가 그런 경우이다. 강경 덕유정에서 보관하고 있는 호남칠정대회의 깃발에 쓰인 정식명칭은 〈호남칠정궁술경기회〉이다.[9] 이곳의 〈회〉는 조직 이름이 아니라 행사 이름이다. 말썽 많은 '사궁회'의 〈회〉역시 이와 마찬가지 용례이다. 그냥 사람들이 모인 상태를 가리키는 말에 지나지 않는다.

　이것이 진정한 스포츠 조직이었으면 당연히 그 뒤로 일련의

9　이 대회는 지금까지도 이어지고 있고, 옛날에 쓰던 깃발이 덕유정에 있다. 너무 낡아서 지금은 새로 만든 깃발로 쓴다. 호남 칠정은 강경 덕유정, 정읍 필야정, 황등 건덕정, 군산 진남정, 이리 이화정, 부안 심고정, 김제 홍심정이다.

활동이 신문이나 잡지에 나타났을 것이다. 사궁회가 나현성의 설명대로 근대 스포츠의 조직이었다면, 그래서 이들 때문에 활쏘기가 오늘날까지 이어질 수 있는 그런 존재였다면, 불과 몇 년 후 전국에 걸쳐서 활발하게 이루어지는 활쏘기 조직과정에 영향을 끼치지 않을 수 없었을 것이다. 허나 그 후에 아무런 자취도 찾아볼 수 없다.

결론지어 말하면, 사궁회란 어떤 스포츠 단체의 조직을 가리키는 것이 아니라, 당시의 성내 부잣집 자제들이 성밖에 나가서 활량 놀음을 며칠 한 것을 기사화한 것이고, 〈射弓會〉란 그것을 기사화하는 과정에서 만들어낸 말에 불과하다.

오히려 이런 식의 활쏘기 모임이라면 진정한 스포츠 정신에는 위배되는 모임이다. 활량놀음은 놀이일 뿐 우리가 오늘날 활쏘기를 스포츠로 바라보는 시각과는 상반되는 행동이다. 지탄받아 마땅한 모임을 오늘날 활쏘기 조직의 시초로 본다면 스포츠로 활쏘기를 즐기는 진정한 스포츠 인들에게는 모욕이 되는 일이다.

오히려 일제강점기 하의 활쏘기 조직과 관련하여 우리가 눈여겨볼 만한 것은 그 후에 나타나는 같은 신문의 기사 두 건이다.

2 _ 매일신보의 기사와 경성궁술회

1916년 4월 29일자 매일신보에는 다음과 같은 기사가 실려 관심을 끈다.

- **朝鮮弓射聯合大會**

  四月 三十日 午前 十時부터

  櫻花의 名所 加五里애셔

弓術은 朝鮮 固有의 崇武ᄒ던 氣風의 一流라. 由來 民間의 便射 等으로셔 僅히 그 命脉을 保ᄒ얏스나 然이나 所謂便射ᄂ 弓術의 正 道를 失ᄒ얏고 所謂 鄕射禮 等이 有ᄒ얏으나 是亦 形式에 流ᄒ다가 萎靡不振홀뿐만 안이라 于今은 其跡이 殆絶ᄒ야 古代의 盛儀를 不 可復觀로다 盖射術은 第一에 人의 身體를 强壯케ᄒ나니 衛生의 一 端에 可缺치 못홀 者ㅣ오 第二에 國의 武風을 養成케 ᄒ나니 强兵의 一端에 可缺치 못할 者ㅣ라 秋月春花에 攜酒口吟홈은 文墨家의 一 淸閑流이어니와 草堤柳崖에 肩弓馳騁홈은 尙武家의 一快活事가 안 안가 現代의 國民은 文武兼全의 者롤 要ᄒ나니 尙武의 一流되는 弓 術을 엇지 可히 等閑看過ᄒ고 獎勵치 안이홀 者라 爲ᄒ리오 櫻花爛 의 佳辰을 卜ᄒ야 子爵 趙重應 氏를 會長으로 推ᄒ고 加五里에셔 弓 射聯合大會를 開혼다 ᄒ니 櫻花롤 賞ᄒ고 弓術을 試홈은 暮春三月好 時節에 再逢치 못홀 時機로다 四美具ᄒ고 二難倂의 人間樂事를 於 斯復見이니 牛耳洞보다 優勝혼 加五里의 春色은 誰의 占領ᄒᄂ 바ㅣ 되ᄂ고 今其 發起人의 氏名을 擧ᄒ면 權東鎭, 嚴柱益, 金寧培, 芮宗 錫, 鄭行烈, 李健章, 柳聖澤, 白完爀, 車亨順, 嚴俊源, 咸昌植 等 諸氏 오 加五里 集合時間은 三十日 午前 十時부터라더라(發起人 氏名은 가나다順)

조선궁사연합대회 기사는, 당시 사람들이 그때까지 이어져오던 편사에 대해 정도에서 벗어난 것으로 인식을 하고, 활쏘기를 신체를 강장케 하는 것으로 규정했다는 점에서 아주 중요한 인식의 변화를 보여준다. 이것은 그전까지 활쏘기를 놀이로 여겨왔고, 이때부터 비로소 진정한 의미의 근대 스포츠로 인식하기 시작했다는 것을 뜻하기 때문이다. 이 시점은 앞의 사궁회 모임과 7년의 시차를 보인다. 따라서 자지동에서 부잣집 자제들이 활량놀음하던 행위야말로 현재의 이들이 비판해 마지않던 바로 그런 모임이었던 것이다. 그런 모임을 근대 활쏘기 단체의 기원으로 삼는 것은 모순이다.

또 한 가지, 이 모임의 양상이 눈을 끄는 것은 어떤 뚜렷한 목표를 정하고 출발한 단체라는 점이다. 즉 위생과 신체의 강장을 제일 목표로 하는 근대 스포츠의 이념에 부합한 체제로 활쏘기를 전환시키려 했다는 것이고, 이것이 우리가 접할 수 있는 최초의 근대 활쏘기 동향이라는 점에서 소홀히 넘길 수 없는 기사이다. 그리고 거기에 참여하는 인물들이 서울 황학정과 일정한 연관을 맺고 있다는 점 역시 무시할 수 없는 요인이다. 결국 조선궁술연구회의 성격은 이 기사의 내용을 참고로 할 때 더욱 잘 드러날 수 있다는 것이다.

그리고 이 모임은 일회로 그친 것이 아니라 다음의 또 다른 모임을 전제로 한 것이었다는 점에서 또 한 번 주목할 만하다. 위의 기사가 나가고 곧이어 같은 해 7월 15일자 신문에 다음과 같은 기사가 실린다.

- ## 京城弓術發起會

會名은 觀德會라 ᄒ고

總會롤 來二十二日로

豫期와 如히 京城弓術發起會ᄂ 昨十三日 午後 二時부터 興化門 內 黃鶴亭에서 開ᄒ얏ᄂ듸 開會以前부터 李完用 伯 以下 各 貴族 及 朝鮮 縉紳 百餘名이 臨席ᄒ야 盛況으로 主客이 着席ᄒ 後 趙重應 子ᄂ 開會롤 告ᄒ고 黃鶴亭 射稧長 嚴柱益 氏의 同意로 子爵 趙重應 氏를 會長으로 ᄒ야 滿場의 一致로 趙子ᄂ 同會長席에 就ᄒ야 同會 의 趣旨 及 善後方針 等에 對한 一場 祝辭가 有ᄒ 後 李完用 伯及 柴 口中學校長 阿部 本社長 等 諸氏도 各各 所口의 答辭를 述ᄒ얏스며 同會 會則 制定 委員 五名을 互先ᄒ야 嚴柱益, 鄭行烈, 芮宗錫, 劉海 鍾 其他 諸氏를 被選ᄒ얏고 總會ᄂ 來二十二日로 決ᄒ얏ᄂ듸 會名은 李完用 伯으로 觀德會라ᄂ 命名을 定ᄒ 後 茶菓의 饗應이 有ᄒ고 餘 興은 弓術로 閉會ᄒᄋᆷ에 거의 日暮에 近ᄒ얏더라.(이상 띄어쓰기는 임 의로 함.)

이상의 기사 를 잘 읽어보면 당 시에 서울에서 경 성관덕회라는 모 임이 생겼고, 이것 은 앞에서 본 기사 의 연장선에 있으 며, 당시 내로라하

궁궐 내의 황학정

는 상류사회의 대부분이 참여했음을 알 수 있다. 홍화문 안의 활터에 당시의 진신(縉紳) 100여명이 모였다면 서울의 주요인사는 거의 다 참석했다고 보아도 모자람이 없다. 그만큼 활터가 유명 인사들의 로비이자 사교장으로 활용되었음을 짐작할 수 있다.

그리고 이것이 1916년의 기사인데 이 무렵에 황학정은 홍화문 내에 있었음을 알 수 있다. 황학정은 1916년 이후인 1922년에 현재의 등과정 터로 옮겼다.[10] 황학정이 터를 옮기기 전인 이때만 해도 서울 시내 한 복판에 있어서 주요 인사들이 수시로 드나드는 활터였던 것이다.

위의 두 기사와 관련된 인물들을 살펴보면 당시 활터의 성격도 알 수 있다.[11]

조중응(趙重應)

본관 양주(楊州). 초명 중협(重協). 서울 출생. 1880년(고종 17) 전강유생으로서 경서를 진강하고, 1883년 서북변계조사위원으로 중국 동북 외몽골 시베리아 등지를 돌아본 뒤, 1884년 북방남개론을 주장하다가 탄핵을 받고 1885년 보성에 귀양 갔다. 1890년 사면되고, 1894년 일본에 다녀온 뒤 외무아문 참의 · 법부형사국장 겸 특별법원판사 등을 지냈다. 1896년 김홍집(金弘集) 내각이 무너지자 일본에 망명하고, 1905년 통감부촉탁 농사조사원이 되고, 1907년 이완용(李完用) 내각의 법부대신 · 농상공부대신을 지내면서 매국활동을

---

10   『황학정백년사』, 55쪽.
11   이하의 인물 내용은 인터넷 정보검색과 한국역사정보통합시스템(http://koreanhistory.or.kr/)을 통해 찾았다.

하고, 한일합방 때 조약 체결에 찬성, 매국 7역신의 한 사람으로 규탄을 받았다. 그 후 일본정부로부터 자작의 작위를 받고, 조선총독부 중추원 고문이 되었다.

이완용(李完用) : 본관 우봉(牛峰), 자 경덕(敬德), 호 일당(一堂)이다. 1882년(고종 19) 증광문과에 병과로 급제, 주서, 규장각대교, 검교, 수찬, 동학교수, 해방영군사마를 역임하였다. 1881년 육영공원에 들어가 영어를 배운 뒤 응교, 세자시강원 겸 사서를 지냈다. 1887년 주차미국참사관으로 도미, 이듬해 5월 귀국한 뒤 이조참의 겸 전보국회판, 외무참의를 역임하였다. 1888년 12월 미국 주차대리공사가 되어 다시 도미했다가 1890년 귀국하여 대사성, 교환서 총판을 역임하였다. 1895년 학부대신, 중추원의관이 되었다. 1896년(건양 1) 아관파천 때 친러파로서 외부대신 농상공부대신 서리를 겸직, 1901년 궁내부특진관으로 있다가 친일파로 바뀌어 1905년 학부대신이 되고, 같은 해 11월 을사조약의 체결을 지지, 솔선하여 서명함으로써 을사5적의 한 사람으로 지탄을 받았다. 그해 12월에 의정대신 서리 · 외부대신 서리를 겸직, 1907년 의정부 참정이 되었으며 의정부를 내각으로 고친 다음 통감 이토 히로부미의 추천으로 내각총리대신이 되었다. 헤이그밀사사건 후 일본의 지시대로 고종에게 책임을 추궁하고 양위할 것을 강요, 순종을 즉위시키는 등 매국행위를 하다가 1909년 이재명으로부터 자격을 받았으나 상처만 입었다. 1910년 8월 29일 총리대신으로 정부 전권위원이 되어 일본과 한일병합조약을 체결, 그 공으로 일본 정부에 의해 백작이 되었다. 조선총독부 중추원 고문을 거쳐 1911년 조선귀족원 회원을 역임, 1920년 후작에 올라 죽을 때까지 일본에 충성을 다했다. 글씨에 뛰어났다. 편저에

《황후폐하 치사문》이 있다.

엄준원(嚴俊源)

엄순헌귀비와 남매간. 1891년 무과. 1900년 4월 중추원 의관이 되고 같은 해 9월 내장원 종수과장에 보임되었는데 1901년 퇴직했다. 같은 해 한성부 판윤에 임명되고 같은 해 군부협판, 1903년 육군참장, 1903년 원수부 기록총장을 거쳐 1904년 군제의정관에 올랐으며, 같은 달 참모부 제2국장, 1905년 헌병사령관에 취임, 1906년 4월 진명여학교장, 같은 해 전선사장, 1907년 신명학교장 등을 역임하고 1921년 4월 총독부 중추원 참의(칙임 대우)에 임명되어 1935년에 이른다. 從4位 勳4等

엄주익(嚴柱益)

1872-1931. 교육가. 호는 춘정. 1900년 통신원 전화과 주사를 시작으로 1901년부터 내장원종목과장, 군부 포공국장, 한성부판윤, 군부협판, 육군참장, 군부대신서리 등을 지냈다. 1904년 군부협판으로 있을 때 일본을 다녀왔는데, 이때 교육의 시급함을 깨달아서 양정의숙의 설립을 추진하고 1905년 2월에 몽이양정(蒙以養正)을 기치로 양정의숙을 설립하고 숙장에 취임하였다. 1907년에는 고모인 엄황귀비(순헌귀비)로부터 200만평의 토지를 하사 받았다. 그 뒤에도 교육부총감사무서리, 군부대신서리, 평리원재판장, 적십자부사장, 육군법원장, 궁내부특진관 등 관계의 요직을 두루 지냈다. 1907년 11월에는 영친왕 이은이 일제 통감부에 의하여 강제로 일본 유학을 하게 되었을 때 따라가기도 했다. 1910년 국권 상실 이후 일체 관계를

떠나서 교육 사업에만 심혈을 기울였다. 1913년 재단법인 양정의숙 이사장에, 10월에 양정고등보통학교 교장에 선임되었다.

권동진(權東鎭)

호는 애당(愛堂)·우당(憂堂)이고, 천도교에서의 도호는 실암(實菴)이다. 경기도 포천에서 태어났다. 함안군수, 육군참령을 지냈고, 그 후 개화당에 들어가 혁신운동에 참여했으며, 1882년(고종 19) 임오군란이 일어나자 일본에 망명하였다. 그 후 천도교에 입교하여 도사가 되었다. 1919년 민족대표 33인의 한 사람으로, 3·1운동의 핵심적 지도인물이 되었으며, 일본경찰에 체포되어 3년형을 선고받고 서대문형무소(구서울구치소)에서 복역하였다. 출옥 후 신간회를 조직하여 부회장으로 활동하고, 광주학생운동 때 다시 1년 간 복역하였다. 8·15광복 후 정계에 투신하여 신한민족당 총재, 민주의원 의원 등을 역임하였다. 1962년 건국훈장 대통령장이 추서되었다.

정행렬(鄭行烈)

자세한 사항은 알 수 없으나, 승정원일기에 고종 38년 신축(1901, 광무 5, 8월)에 정3품 정행렬(鄭行烈)을 중추원 의관에 임용하였다는 기록이 있어 당시의 고위관료임을 알 수 있다. 『조선의 궁술』의 〈역대의 선사〉에 집궁회갑을 한 인물로 올라있다. 구한말의 유명한 무장이다.

백완혁(白完爀)

1881년 무과에 급제하여, 금위영 초관, 훈련원 주부, 판관, 첨정. 군기시 첨정, 친군장위영 대관, 순무영 군관, 1896년 경성주식회사

중역을 지냈다. 1897년 7월에 陞正三品이 되었고, 1899년 중추원 의관 奏任三等, 경성상업회의소 정의원, 상의원, 대한천일은행 취체역, 한호농공은행장을 지냄. 융흥주식회사장, 상업회의원으로 한성실업계의 중신. 전 정삼품 훈오등태극장 전장위영대관으로 재직.

예종석(芮宗錫)

어려서 부모를 여의고 경성의 종형 집에 의탁하여 전우학교를 졸업하고 전우총국 주사로 진출함. 중추원 외부 경상도 유곡도찰무 중추원 의관, 궁내부 전선사감 역임. 일본의 황태자가 조선에 왔을 때에는 한성부민회를 조직하여 환영함. 관을 사직하고 민간에서 활약하여 많은 공직에 추거됨. 경성부회의원, 경성남부방면상무위원, 경성부 조선인 정·동 총대련합회 회장, 경성부방면련합회 회장, 대정친목회 회장, 경성신사상담역, 김포수리조합 조합장, 조선지주식회사 사장, 중앙물산 상무, 영신사장, 경성노인계 간사, 경성내목회 상무이사, 보인보통학교 고문, 친신사장, 조선육도회 평의회장, 갑자구락부 상무간사, 경성부 다옥정 총대, 경성륭흥주식회사 감사역, 황학정사계 부계장, 경성도시연구회 상무이사 수송고보교 학무위원, 남부위생조합 상무리사 등 역임.

유해종(劉海鍾)

친일단체인 대정친목회의 간사 명단에 올라있다.

김영배(金寧培)

황학정의 사계장을 지냈으며, 동아일보와 조선일보의 궁술대회

관련 기사에 나온다.

차형순(車亨順) 이건장(李健章) 유성택(柳聖澤) 함창식(咸昌植)에
대해서는 잘 알 수 없다.

이상 인물들의 경력을 보면 당시 관덕회의 위력을 알 수 있
다. 한 마디로 정계와 재계의 거물들이 총망라된 모임이었다.
정치인을 비롯하여 당시의 재력가들이 황학정에 관여한 것
은 활쏘기가 차지하는 당시의 위상 때문이다. 무과는 임진왜란
이후 입신출세의 가장 중요한 수단이었고[12], 활쏘기가 무과의 가
장 중요한 과목이었다.[13] 임진란 때의 만과 시행 이후 무과는 출
신자를 대량으로 양산함으로써 양반사회의 확대를 가져왔다.[14]
그렇기 때문에 각 지역에서는 무과를 준비하려는 한량들에게 활
터를 제공했고 그들을 후원하는 단체를 많이 만들었다. 그런 경
향을 대표할 만한 것이 각 지역에 결성된 사계이다. 이 사계는 전
국의 활터에서 수많이 발견된다. 서울 황학정, 강경 덕유정, 영광
육일정, 흥해 권무당, 전주 천양정, 영암 열무정 같은 사정들이 모
두 다 그런 경우이다. 이밖에도 수많은 곳에서 사계의 흔적을 발
견할 수 있다.

---

12 『과거, 출세와 양명』, 청주백제유물전시관, 2005. 59쪽.
13 『무과총요』, 영인본, 아세아문화사, 1974.
14 이성무, 『한국의 과거제도』, 집문당, 1994. 207쪽.
    이외에도 조선의 군사제도를 이해하는 데 참고가 되는 책은 다음과 같다.
    육군사관학교 한국사연구실, 『한국군제사』, 육군본부, 1968.
    차문섭, 『조선시대군제연구』, 단대출판부, 1995.
    최효식, 『조선후기군제사연구』, 신서원, 1995.

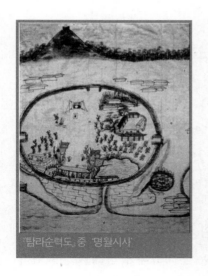
『탐라순력도』중 '명월시사'

『탐라순력도』를 보면 곳곳에서 활터와 관계된 인물과 직책명이 나온다. 예를 들면, 훈도와 함께 각 면 지역의 교사장(教射長)이 몇 명씩이라고 나온다.[15] 교사장은 지금도 활터에 교장(教長)이라는 말로 남아있다. 장흥의 경우에는 교두(教頭)라고 한다. 이런 명칭들도 모두 활터가 무과를 준비하는 예비 학습장인 것과 관련이 있다.

모임의 이름을 〈관덕회〉라고 한 것은 활쏘기를 대한 옛사람들의 태도를 볼 수 있는 부분이다. 관덕이란 유교에서 말하는 유학자다운 소양을 활쏘기 행위를 통해 쌓는 것을 말한다. 그래서 이런 모임에는 의례히 활과 관련이 없는 고위인사도 자연스럽게 참여하였다. 그리고 조선시대에는 활을 쏜다는 것이 고위인사들의 교양이기도 했고, 조선 왕실의 정체성에 동의하는 품격의 한 방법이기도 했다. 조선 왕실은 내내 활쏘기를 중시한 왕조였기 때문이다.[16] 활터가 고위관리들의 로비가 된 것은 이런 까닭이다.

위에서 보듯이 우리가 역사책에서 간간이 보는 유명한 사람들의 이름이 등장하고, 활을 배우면서 궁술사에 관심을 가질 경우

---

15   이형상, 『탐라순력도』, 영인, 제주시, 1999. 46쪽.
16   태조, 정조, 고종 모두 활을 잘 쏘는 왕들이었다.

만나는 인물들의 이름이 등장한다. 당시에 이 모임의 규모가 얼마나 쟁쟁한 것이었는가를 알 수 있는 대목이다.

이 관덕회의 성격은 황학정의 활쏘기를 후원하고 당시의 침체된 궁술계를 일신하여 활쏘기를 중흥시키는 목적으로 결성되었다. 하지만 이들은 친목회 형식의 모임이어서 활쏘기에 큰 영향을 끼치지 못한다. 그것은 이 정도의 규모라면 언제든지 언론의 조명을 받았을 것인데, 이후에 이들의 움직임이 언론에 전혀 나타나지 않는다는 것이다.

1년 뒤인 매일신보 1917년 7월 15일자에 관덕회에서 사회(射會)를 열었는데 황학정과 청룡정을 초대하여 궁술대회를 열었다는 짤막한 기사가 이들에 대한 마지막 소식이다.[17] 따라서 황학정도 후원 모임인 관덕회와 시간이 가면서 점차 분리되다가 후원회인 사계가 황학정으로 통합 흡수되는 상황으로 변한다. 이것은 나중에 살펴볼 것이다.

상황이 이렇게 된 것은 근대 스포츠의 성격 때문이다. 일제하의 스포츠는 단순히 체육활동에 그치는 것이 아니라 총독부의 조선 지배 정책에 저항하는 성격으로 발전한다. 나라 잃은 울분을 스포츠로 이겨서 위안 받으려는 심리가 반영된 까닭이다. 그래서 총독부 통치 하의 조선 스포츠는 민족의 자주의식을 고양시키는 방향으로 작동하였다. 대부분 그런 민족주의 열정이 각종 경기단체를 결성하는 원동력으로 작용한다. 따라서 친일의 성격이 강한 관덕회는 시간이 갈수록, 그리고 스포츠 정신을 강조할수록 지배층에 대한

---

17   매일신보 1917년 7월 15일자 ; 이건호(2005). 164쪽. 弓術復興의 機運.

저항심리가 살아나기 시작하는 활터로부터 멀어진 것이다.

당시의 신문 역시 사람들의 이런 반응을 반영하여 조선의 지배층인 양반을 극복해야 할 구시대의 모순체로 암암리에 상정한다.[18] 관덕회의 인물들은 그런 구시대의 표본이라고 할 만한 구성을 보인다.

그리고 중요한 것은, 관덕회가 1916년 7월에 출범하고, 그해 11월에는 친일부역단체인 대정친목회가 출범한다는 사실이다. 이들은 참여인사를 비롯한 여러 가지 면에서 똑같다.[19] 더 중요한 것은, 대정친목회의 출범 이후 관덕회의 활동이 사실상 종료된다는 사실이다. 관덕회의 체제와 인사가 모두 대정친목회로 이동한 것이다. 결국 관덕회는 말만 활쏘기 단체였지, 활과는 거의 상관 없는 친목단체임을 알 수 있다. 그들이 주관한 활쏘기 행사는 생색내기였던 것이다. 이런 까닭에 황학정의 중요한 사원이었던 성문영은 1916년 5월 2일자 매일신보에 크게 소개된 편사대회에 참가하지 않는다. 이날 기사에서 성문영이 참가하지 않았다는 점을 특별히 기록한 것이 눈에 띈다.[20]

상하편사 사의 출석한 사람을 잠시 둘러보건대 황학정편의 정정한 편수 성문영(成文永)군 이외에는 거의 다 출선된 모양이며 이삼인 이외에는 다른 빛같이 번쩍거리는 반백의 모발과 연치의 많음을

---

18   앙드레 슈미드, 『제국 그 사이의 한국』(정여울 옮김), 휴머니스트, 2007. 293
      쪽 양반의 이미지
19   이건호, 「근대신문에 나타난 활쏘기의 흐름」, 『국궁논문집』 제7집, 온깍지궁
      사회, 2009. 49쪽.
20   '근대신문에 나타난 활쏘기의 흐름' 4쪽.

표시하는 주름살을 얼굴에 가진 도인들이며 그 중에서도 정행렬 씨는 금년 칠십여 세의 노인인데 역시 젊은 사람을 능가할 듯한 기개가 있더라.[21]

따라서 이상에서 드러난 관덕회의 오류가 어느 정도 정리되는 시점이 되어야 비로소 궁술계를 대표할 만한 단체가 출현하게 된다. 활쏘기의 활동이 신분을 초월하여 전국에 걸쳐 활발했으면서도 여타 체육단체보다 조직결성이 늦어진 것은 이런 까닭이다.

여기서 분명히 확인해야 할 것은, 이 단체가 활쏘기를 근대 스포츠로 인식하고 그것을 진흥하고자 했지만, 그에 따른 후속조치가 없음으로 해서 구호로만 그치고 말았다는 점이다. 즉 이런 생각을 구체화할 수 있는 조직이나 활동으로 발전하지 못하고, 고위인사들이 의례히 참여하는 친목모임으로 그치고 말았다. 근대 스포츠 조직으로 발전하려면 실제 스포츠 활동을 하는 사람들의 움직임을 수렴하고 그들의 참여를 확대하는 열린 구조를 지녀야 하는데, 이런 방식의 조직 확대 조짐이 전혀 보이지 않는다는 것이다.

결국 근대 스포츠의 성격을 지향하고 선언하기는 했지만, 결과만을 놓고 보면 이들의 모임은 활쏘기를 내세운 고위인사들의 친목회로 그치고 만 셈이다. 근대 스포츠 조직의 탄생은 아직 시기상조이고 전국의 활량들이 참여하는 진정한 스포츠 조직이 탄

---

21   매일신보 1916.5.2. 기사 弓術復興의 機運
     '편수'란 편사에서 띠의 대표로 나서는 사람으로, 偏首라고도 하고 인천에서는 偏長이라고도 한다. 서울편사에서는 특히 '수띠'라고 한다.

생하기까지는 좀 더 시간이 필요했던 것이다. 그것은 활쏘는 사람들 자신이 움직이지 않으면 안 되는 일이다. 그런 일은 10년을 더 기다려서 이루어진다.

그리고 여기서 한 가지 주목할 것은, 황학정을 대표하는 엄주익이 사두가 아니라 사계장이라는 점이다.

黃鶴亭 射楔長 嚴柱益 氏의 同意로 子爵 趙重應 氏를 會長으로 흐야

라고 하여 사계장의 동의를 구하고 있다. 이것은 황학정이 사계장의 지휘 하에 있음을 암시하는 것이다. 나중에 다시 논하겠지만, 사두와 사계장의 성격과 기능이 이 시기를 전후해서 조금씩 변했기 때문이다.

3 _ 조선궁술연구회 이전의 궁술계 동향

1) 무과 폐지의 영향

1894년의 갑오경장은 조선의 통치기구를 재편한 것인데, 활쏘기에도 큰 영향을 미친다. 그것은 활쏘기가 무과에서 제외되었기 때문이다. 조선시대의 무과에서 활쏘기가 차지하는 영향은 막대한 것이었다. 조선 초기에는 목전 편전 철전 기사가 과목에 들었고[22], 조선 후기로 오면 유엽전까지 추가되어[23] 조선 전 기간에

---

22   『역주 경국대전』, 한국정신문화연구원, 1995. 338-340쪽.
23   『속대전』, 영인본, 아세아문화사, 1983. 315쪽 ; 무과총요 248쪽.

걸쳐 활쏘기는 말 그대로 무과 합격의 보증수표요, 국방의 간성이었다. 임진왜란 때 조총이 들어온 이후에도 한국에는 활쏘기가 살아남아 국방의 일익을 담당했다.[24]

조선은 문무 양반의 체계로 지속된 나라이다. 활쏘기가 오랜 세월 이런 기능을 한 결과 활을 쏘는 능력은 입신출세의 중요한 수단이었다. 특히 임진왜란 때부터 만과가 시행되어[25] 평민도 양반으로 편입되는 방법이 열림으로 해서 조선후기의 지배구조는 큰 변화를 입는다. 무과는 문과로 진출하지 못한 사람들이 관계로 나아갈 수 있는 마지막 출구였다. 그래서 각 지역의 활터는 이러한 입신출세를 위한 예비 수련장이자 사교장으로 기능했다.

그런데 1894년에 무과에서 활쏘기가 제외됨으로써 입신출세의 중요한 수단이던 길이 막혀버린 것이다. 출세를 염원하던 사람들에게 활쏘기가 더 이상 중요하지 않게 된 것이다. 그래서 갑오경장과 동시에 자신의 존재 목표를 잃어버린 전국의 활터는 순식간에 소멸해버린다. 이때의 상황을 『조선의 궁술』에서는 〈비로 쓸어버린 듯이〉라고 표현했다.[26] 순식간에 들이닥친 변화의 양상이 얼마나 심각했는가를 보여주는 대목이다.

하지만, 활쏘기는 무과 진출을 위한 형태로만 존재한 것이 아니다. 활쏘기는 이미 양반들에게는 향사례를 통하여 지배질서를 구현하는 훌륭한 방편이 되었고, 편사를 통하여 놀이의 기능까지

24　대부분의 나라에서 화포가 발생함과 동시에 활쏘기가 사라지는 것과 대조하면 특이한 현상이다. 이것은 한국의 활쏘기가 총포와 맞먹는 성능을 지녔기 때문에 생긴 일이다.

25　조좌호, 『한국과거제도사연구』, 범우사, 1996. 409쪽.

26　『조선의 궁술』, 55쪽.

갖춘 것이었다. 따라서 무과 진출을 위한 실용성은 사라졌지만, 예의와 오락을 위한 또 다른 실용성은 남아있는 셈이었다. 그리고 근대 스포츠 개념이 도입되면서 체육이라는 측면까지 아울러 강조하게 된다. 위에서 논한 관덕회의 기사를 보면 그 변화의 양상을 볼 수 있다. 그리고 매일신문과 황성신문 같은 당시의 신문 기사를 보면 무과에서 활쏘기가 제외된 후에도 편사나 활 놀이가 이루어지고 있음을 알 수 있다. 앞의 사궁회 기사는 스포츠 단체가 아니라 그런 모임의 소식을 전하는 내용이었다.

따라서 무과에서 활쏘기가 폐지됨에 따라서 전국의 활터가 큰 타격을 입었지만, 무과의 실용성과는 상관없는 또 다른 측면의 실용성이 미약하지만 그 자리를 대체함으로써 활쏘기는 다시 살아나기 시작한다. 그것은 활쏘기를 스포츠로 즐기는 것이다. 이런 분위기를 더욱 자극한 것은 덕국 친왕이 방한한 이후 국가의 정체성으로 자극을 받은 고종이 내린 활쏘기 부활 윤음이었다.[27] 이제 활쏘기를 스포츠로 보는 것은 그 시대의 대세가 된 것이다.

2) 활쏘기 단체의 조직과 활동

고종의 윤음이 내린 후 곧바로 서울에는 궁궐 내에 황학정이 들어서고 뒤이어 도성 안팎 곳곳에 활터가 들어선다. 청룡정, 석호정, 남덕정, 서호정, 일가정, 화수정, 무학정이 그런 활터이다.[28] 이런 사정은 지방도 마찬가지여서 무과가 실시 될 때에 형

---

27 조선일보 1938년 1월 1-3일자 성문영 대담 기사.
28 『조선의 궁술』, 56쪽.

1910년대의 황학정

성되었던 활터가 속속 살아나면서 활쏘기가 우후죽순처럼 부활한다. 고양의 숭무정, 개성의 관덕정, 반구정, 호정, 보선정, 채빈정, 구군정,[29] 인천의 무덕정, 양주의 승학정, 수원의 연무대 같은 것이 지방의 활터이다.[30]

그러나 이런 변화를 기록으로 일일이 확인하기는 쉽지 않다. 그것은 이런 변화들을 세세히 기록할 만한 조건이 이루어지지 않았기 때문이다. 그래서 갑오경장 직후에 각 지방의 활터가 어떻게 변했는가 하는 것은 자세히 알 수 없다. 그러나 서울 지역의 경우, 갑오경장 직후의 변화는 그 무렵의 신문에 간간이 기록된다. 독립신문, 대한매일신보, 황성신문, 대한민보, 매일신보 같은 신문에 짤막한 기사로 서울 근처의 활터 소식이 오른다.[31] 이런 변화는 1920년대 동아일보와 조선일보가 간행되면서 사정이 확 달

---

29   개성은 해방 전후에 관덕정, 호정, 반구정 세 곳으로 줄어든다.(「개성지역의 해방전 활쏘기 풍속」, 『국궁논문집』 제4집, 온깍지궁사회, 2005)
30   『조선의 궁술』 56쪽.
31   「근대 궁술대회 기사」. 163~164쪽.

라진다.

1919년 3.1운동이 일어나기 전까지는 일본제국주의의 통치방식이 군대와 경찰에 의한 억압 일변도인 무단통치였다. 온 백성이 저항한 3.1운동으로 그런 통치방식의 한계를 깨달은 일본제국주의는 방법을 바꾼다. 그런 정책의 한 가지가 사람들의 의견을 표출할 수 있는 잡지와 신문의 발행 허가였다. 그래서 검열이 전제된, 극히 제한된 상황이기는 하지만 조선인 스스로 발언을 할 수 있는 신문으로서 조선과 동아 두 신문이 발행되기에 이른 것이다. 그리고 이 신문들은 발행되자마자 각 지역에서 벌어진 활쏘기의 동향을 싣기 시작한다.

이런 기사의 내용을 잘 분석해보면 각 지역에서 궁술대회가 열렸으며, 사회(射會), 사우회(射友會), 궁술회(弓術會)가 조직된다. 이런 조직 결성소식이 간간이 있으며, 그런 조직 소식이 없이 궁술대회를 개최한 곳은, 그런 대회 이전에 벌써 조직이 만들어졌다는 사실을 추론할 수 있다. 동아일보와 조선일보가 1919년 3.1운동 직후인 1920년에 허가되었고, 1920년대 신문에 궁술대회 기사가 무수히 실린 것을 보면 이미 그 전부터 지역마다 활쏘기 대회가 꾸준히 열리고, 그것을 주최하는 모임이 있었음을 짐작하게 된다. 그리고 그런 경향은 1916년 서울지역에서 결성된 경성궁술회의 움직임을 보면 알 수 있다. 관덕회 결성은 서울만의 사정이 아니라 지방에서도 유사하게 일었던 움직임이었음을 짐작할 수 있다. 그런 움직임이 있었기에 신문이 발행된 1920년부터 활쏘기 기사가 무수하게 올라온 것이다.

이들이 신문에 기사로 오르는 이유는, 그것이 신문의 생존방

식과 깊은 연관
을 맺고 있다는
점도 간과할 수
없겠다. 신문은
구독할 독자가
있어야 존재하
는 것이다. 그것
은 신문을 읽을

구한말의 여무사

만한 소양 있는 사람들이 있어야 하며, 많은 사람들의 관심을 끌
수 있는 내용들이 신문에 실려야 한다. 당시에 그런 조건을 갖춘
분야가 바로 활쏘기였던 것이다. 활터는 각 지역의 상류층과 하
류층이 공존하는 곳이면서 대중들로부터 가장 많은 관심을 받는
모임이기도 했다. 자연히 신문을 팔아야 하는 사람들의 관심이
쏠리게 된다. 그래서 각 신문의 지국에서 활쏘기 대회를 지원하
는 상황이 벌어진다. 해방 전의 신문 기사를 잘 살펴보면 각 신문
사의 지국에서 후원하는 대회가 적지 않은 것은 그런 이유이
다.[32]

그런데 이런 궁술대회를 잘 살펴보면 중앙의 통제나 영향을
받지 않고 각 지역별로 궁술대회가 열렸으며, 그 성격도 천차만별
이어서 목궁대회도 있고, 편사도 있으며, 심지어 기생들만의 대회
도 있었다. 그럴 만큼 활쏘기는 당시의 대중에게 흥밋거리를 제
공하는 분야였다. 그런 가운데서도 활쏘기 대회는 계속 이어져

---

32   이건호(2005) 163~186쪽.

이제는 지역의 궁술대회를 넘어서 서서히 전조선 궁술대회로 발전하게 된다.

신문에는 1924년부터 전조선궁술대회가 기사에 나타나기 시작해서 해를 넘기면서 지역의 궁술대회가 전조선궁술대회로 발전하는 경우가 많아진다. 이제 궁술대회는 한 지역의 관심을 넘어서 전국 교류의 양상으로 발전한다. 결국 전국의 활쏘기 대회를 규정하고 주관할 전국조직의 출현은 시대의 대세가 된 것이다. 그리고 그런 움직임은 마침내 1928년의 조선궁술연구회의 출범으로 결실을 본다.

4 _ 조선궁술연구회 출범의 주역, 성문영

이렇게 하여 당시 전국의 관심거리였던 활쏘기 대회를 주관할 전국조직인 조선궁술연구회가 결성된다. 그런데 한 가지 특이한 것은, 전국조직의 모임 이름이 연구회라는 점이다. 그리고 일본연호 소화 7년인 1932년에 조선궁도회로 이름을 바꾼다.[33] 이것은 이 모임의 참여범위 때문에 생긴 것으로 보인다. 조선궁술연구회에서 한 가장 큰 일은 전국 조직의 결성도 결성이지만 문자로 남지 않은 활쏘기를 문자화하는 일이었다. 그리고 예정대로 그 이듬해에 궁술사에 길이 빛날 불후의 명작인 『조선의 궁술』을 출판한다.

따라서 조선궁술연구회라는 이름은 이 책의 출판을 위한 기

---

33   조선일보 1938년 1월 3일자 기사 성문영 발언.

구라는 성격이 강한 말이며, 그 목표가 달성된 1929년 이후에는 전국의 활쏘기를 총괄할 경기단체 조직의 이름으로는 다소 어울리지 않는 상황이 된 것이다. 그리고 이 모임에 참여한 사정은 서울 경기와 개성 지역을 중심으로 하는 중부권의 모임이어서 전국을 포괄하기에는 부족한 점이 있었다. 바로 이런 점을 극복하고 전국조직으로 확대하는 과정에서 이름이 조선궁도회로 바뀌었다고 보아야 한다.

조선궁술연구회가 '조선궁술회'가 아니라 '조선궁도회'로 바뀐 것도 주목할 만한 일이다. 이미 나라가 망한 상태에서 중앙의 경기단체는 총독부의 감시와 통제 하에 놓이게 된다. 따라서 용어 또한 그들의 요구를 받아들이지 않을 수 없어 이런 결과가 초래된 것으로 추측된다. 이것은 조선궁도회의 총재가 경기도 지사였다는 성문영의 발언을 보면 짐작할 수 있다. 조직명에 궁도가 들어오면서 서서히 궁도라는 말이 궁술을 대체하기 시작한다.[34]

황학정 사두 성문영 공

그런데 조선궁술연구회는 황학정과 아주 밀접한 관계를 맺고 있다. 그리고 그 한 복판에 성문영이라는 인물이 놓여있다. 성문영은

---

34   따라서 한국 활의 진정한 자주화와 세계화를 이루려면 궁도라는 말로부터 벗어나야 한다.

노사들의 말을 통해서나, 문헌을 통해서나, 신문기사를 통해서나, 명실 공히 조선궁술연구회의 산파역이었다. 출범 전후의 사정이 조선일보 기사에 나타난다. 그 중에서 주목을 끄는 부분은 다음이다.

하여턴 이 덕국친왕이 한번 다녀간 뒤로부터 리태왕께서 여태 업서 지다시피한 활을 다시금 장려하시게 되엿는데 그때 궁술 장려의 칙령을 내가 바덧섯소 처음에는 지금 덕수궁 모서리에 터를 잡고 활을 쏘앗는데 리태왕을 근시하는 내시와 조관들이 모두 이곳에 모혀서 습사(習射)를 하엿지요.

그후 경희궁(慶熙宮) 북쪽기슬, 지금 경성중학교터에 사정을 새로 지어서 황학정(黃鶴亭)이라고 하엿는데 현 리왕전하(李王殿下)께서 총재가 되시고 내가 우궁수(右弓手)로 임명되엿지요 그 후 지금 전매국(專賣局) 관사를 짓는 통에 현재의 사직공원뒤로 옴겨왔소.[35]

경희궁 북쪽에 활터를 지은 계기는 독일의 황태자 하인리히의 방한이었고 거기서 궁수 여섯 사람이 시범을 보인 뒤, 자극을 받은 고종으로부터 활쏘기를 부활시키라는 윤음을 받은 것이었다. 그 과정에서 성문영은 우궁수로 임명되었다는 것이다. 그렇다면 우궁수란 무엇인가?

---

35   조선일보 1938년 1월 3일자. 성문영 대담 기사.

우궁수가 있으면 좌궁수가 있기 마련이다. 이 기사에는 그런 말이 없지만, 조선시대의 통치기구가 그런 형태로 돼 있어서 그것이 공식기구가 아니라고 하더라도 부지불식간에 그런 용어를 쓰게 된다. 예를 들면 영의정 밑에 좌의정과 우의정이 있고 도승지 밑에 좌승지와 우승지가 있는 것이다. 그래서 활터에서 자연스럽게 좌총무가 있으며 우총무가 있게 된다.[36] 물론 총무라는 말은 조선시대에는 쓰이지 않은, 일제시대에 들어온 말이지만, 거기에 좌와 우가 붙은 것은 조선시대의 발상이다.

실제로 이런 일은 사사로운 생활 영역에서도 일어난다. 예를 들어 친일 반역자로 유명한 조중응은 명성황후 시해사건과 연루되어 일본으로 도망쳤는데, 이때 20살 연하로 당시 20살이던 일본처녀 미즈오카와 동거를 했다. 조중응은 조선에 정실부인이 있는데도 그 사실을 속이고 이 여인과 결혼을 했고, 1906년 조선으로 돌아올 때 따라온 그 여자는 조중응에게 정실부인이 있음을 알고 일본으로 돌아가겠다고 울고불고 난리를 쳐 장안에 화제 거리가 되기도 했다. 이 문제는 광무황제한테까지 알려져서 결국은 두 부인을 좌부인과 우부인으로 삼으라고 고종이 중재함으로써 조중응은 정실부인을 둘이나 거느리는 희한한 사례가 되었다. 원래 조선의 신분체계로 정실부인은 한 명만 허용되고 나머지는 첩이다. 조중응만이 황제로부터 예외를 인정받은 것이다.

---

36   성낙인 대담. 온각지궁사회에서도 이런 전통을 살려 2001년부터 좌총무와 우총무 제도를 도입하여 썼다.

이 기사에서 성문영이 우궁수로 임명 받았다는 것은, 활쏘기를 부활시킬 때 두 가지 문제가 생기기 때문이다. 활터를 만드는 여러 가지 행정업무를 맡는 분야와 실제로 활쏘기를 총괄하고 실천하는 분야가 그것이다. 활터를 짓고 운영하는 것은 정책과 관련된 부분이고 실제 활쏘기는 활터의 실질 운영에 관한 부분이다. 이 두 가지는 합쳐서 해도 되지만 엄격히 말해 분리시키는 것이 조선시대의 자연스러운 생각이다. 군사정책을 실천하는 군대와 그것을 총괄하는 기구는 따로 있는 것과 마찬가지이다.

그렇다면 이미 끊긴 활쏘기를 부활시키려고 할 때 활터를 짓고 그것을 총괄하는 기구가 있어야 하고 실제로 활터에서 활을 쏘는 사람들을 지휘하는 기구가 있어야 한다. 체육행정과 체육행위가 분리되는 것과 같은 이치이다. 바로 이 점을 효율성 있게 운영하기 위해서 좌궁수와 우궁수가 필요한 것이다. 그런데 체육행정은 이론가가 맡을 수 있지만, 체육행위는 그렇지 못해서 실제로 활을 쏘는 사람이 맡아야 한다. 그리고 그 상황에서 실제로 활을 쏘면서 궁내부 관리를 지낸 성문영보다 더 적절한 인물도 없었을 것이다. 이것이 성문영이 우궁수로 임명되었다는 말의 진의이다.

결국 고종황제의 명으로, 〈리왕전하〉인 황태자(나중에 순종)가 총재가 되어 명목상의 대표를 맡고, 실무는 두 분야로 나뉘어 활쏘기를 후원하는 분야와 실제로 활을 쏘는 분야를 운영하게 된다. 실제로 활을 쏘는 분야를 맡은 적임자를 우궁수라고 한 것이다.

그렇다면 좌궁수가 맡은 부분은 어떤 것인가? 그것은 여러 정황으로 볼 때 사계와 사계장이다. 앞서 살펴본 경성궁술회의 관덕회와 비슷한 성격이다. 그리고 실제로 황학정에는 사계가 있어서 관덕회가 출범할 무렵에는 이미 황학정의 사계장은 엄주익이 맡았음은 관덕회 기사에서 볼 수 있는 내용이다.

따라서 고종황제의 윤음으로 부활한 황학정의 운영방식은 행정과 실무를 나누는 것이었고, 행정은 사계가 담당하고 실무는 사두가 담당하는 이원체제로 결정된 것이다.

5 _ 활터의 운영체계

이와 같이 활터의 운영체계가 이원구조인 것을 확인하는 것은 그리 어려운 일이 아니다. 옛날에는 과거가 입신출세의 유일한 방법이었고, 그것은 문과와 무과로 나뉘며, 무과는 임진왜란 이후 문과보다 손쉬운 진로였다. 그런데 한 개인의 출세는 그 개인의 영달에 그치지 않고 그 개인이 속한 가문과 지역까지 영향을 미치기 때문에 각 가문과 지역에서는 출세하려는 사람들에 대한 지원을 아끼지 않는다.[37] 그것이 무과에서는 한량들이 수련하는 활터를 지원하는 형태로 나타나고 그것이 사계를 결성하는 가장 큰 요인이다. 그리고 이런 간섭을 통하여 지역의 지배구조가 형

---

37   이런 습속은 지금도 마찬가지여서 시골로 갈수록 사법고시 합격이나 고위관료 임용을 축하하는 현수막이 길가에 내걸리곤 하는 것을 자주 볼 수 있다.

성된다.

　현재 확인되는 조선후기의 활터 운영체계를 보면 쉽게 확인된다. 전국의 활터 중에서 역사가 오랜 곳에서는 이런 운영방식의 형태가 꼬리뼈처럼 남아있다. 이런 체계와 구조는 시간이 지나면서 분리되거나 통합되는 방향으로 변화된다. 우선 세 가지변화로 나눌 수 있다.

1) 사계가 활터로 흡수되는 경우

　가장 먼저 볼 수 있는 것은 사계가 활터로 흡수되는 경우이다. 이것은 황학정에서 볼 수 있다. 황학정은 해방 전까지는 사계가 있었다. 이미 앞서 본 관덕회의 기사에서 사계장이 따로 있어서 엄주익이 그것을 맡았다는 것을 알 수 있고, 실제로 황학정의 사계 변화는 그 후에도 볼 수 있다.[38] 그러다가 나중에는 점차 흐지부지 되다가 결국은 해방 전후에 성문영 사두가 계장까지 맡게된다.

　사계는 원래 무과가 시행되던 시절에 지역에서 무과출신을 많이 배출하기 위해 각 지역에서 후원하던 단체의 성격이 강하다. 요즘으로 보면 장학회나 후원회 같은 기구이다. 그래서 활쏘기와 직접 관련이 없는 사람도 참여하여 지역의 발전을 위해 봉사

38　김집, 『황학정백년사』, 황학정, 2001. 54쪽.

하고 후원하는 기구이다.

사계가 활터로 흡수된 경우는 강경 덕유정에서도 볼 수 있다. 강경 덕유정의 사계도 200년이 넘는 오랜 내력을 갖고 있지만 현재는 사두인 사백이 그것을 겸하고 있는 형태로 존재한다. 백중날 제사를 지낼 때 역대 접장의 후손들까지 참예하는 것에서 옛 사계의 흔적을 확인할 수 있다.[39]

전주 천양정과 홍해 권무당의 경우도 사계가 사두 체계로 흡수된 경우라고 볼 수 있다. 천양정은 사장이 3개 활터의 선생안을 보관하며 실제로 제사도 지낸다.[40] 이름도 사두나 사수가 아닌 사장이어서 이것이 사계장의 전통에서 온 용어임을 알 수 있다. 권무당의 경우는 지역의 관아가 직접 활터를 후원한 경우에 해당한다.[41]

2) 활터가 사계에 종속되는 경우

이와 달리 활터가 사계에 종속되는 경우도 있다. 영암 열무정이 그런 경우이다. 영암 열무정은 현재 사계와 활터 운영이 어느 정도 분리되어있지만, 사두가 활터에서 선출되면 그것을 사계에서 인준 받도록 했다.[42] 사계의 재정이 충분히 확보된 상황이라면

---

39 한영국, 「덕유정의 연중 행사 고찰」, 『국궁논문집』 제1집, 29쪽.
40 박병연 대담, 『이야기 활 풍속사』, 학민사, 2000. 175쪽.
41 「권무당기」
42 최철환, 「열무정의 역사와 문화」, 『한국사정의 역사와 문화』, 국궁문화연구회, 2004. 119쪽.

이것은 추인 정도가 아
니라 허가이거나 사계
에서 직접 사두를 뽑을
수도 있는 일이다.

남원 관덕정의 경
우도 이런 경우라고
볼 수 있다. 관덕정은
현재 활을 쏘고 있지
만, 활터 건물은 활터
소유가 아니라 기로회
소속이다. 기로회는

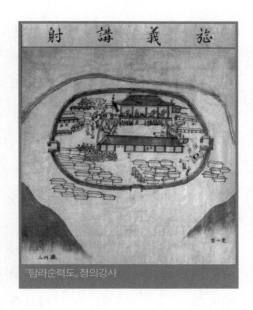

『탐라순력도』정의강사

그 지역의 원로들 모임인데, 그 지역 한량들의 무과 합격을 후원
하기 위한 사계였을 것이다.[43]

3) 사계와 활터가 분리되는 경우

이와 달리 후대로 내려오면서 활터와 사계가 아예 분리되는
경우도 있다. 영광 육일정이 그런 경우이다. 영광의 사계는 남극
재인데, 남극재는 현재 노인회이다. 사계첩을 이 노인회에서 소
유하고 있다.[44] 그리고 활터는 사두 지휘 하에 따로 운영되고 있

---

43 남원 관덕정은 디지털 국궁신문 운영자인 이건호 접장이 2001년에 처음으로
    취재했다.
44 이건호·최순요, 「육일정과 남극재의 사계 좌목」, 『국궁논문집』 제3집, 2003. 131쪽.

어 남극재와 활터는 서로 관련이 없는 별개의 단체로 분리되었다. 사계와 활터가 처음엔 한 가지 목적으로 움직이며 활동하다가 시간이 지나면서 노인회와 활터로 분리된 것이다. 지역사 연구에서 지역의 후원회와 활터가 어떤 관계로 맺었는가 하는 것을 엿볼 수 있는 중요한 사례이다.

4) 명칭으로 본 활터의 운영체계

활터는 다른 곳과는 달리 아주 특수한 용어가 많다. 그 중에서도 활터의 대표를 가리키는 말은 특별히 남다르다. 그리고 세월이 많이 지난 지금에는 이 본래의 용어들이 자꾸 뒤섞여서 혼란스러운 인상을 주기도 한다. 하지만 모든 용어는 그 나름의 유래가 있고 용도가 있다.

현재 활터에는 대표를 가리키는 말이 네 가지로 확인된다. 사두(射頭), 사장(射長), 사수(射首), 사백(射伯)이 그것이다. 그런데 이중에서 사장은 엄밀히 말해 활터가 아니라 사계의 대표를 가리키는 말이다. 사장(射長)은 사계장(射禊長)의 준말이다. 현재 이 사장이라는 말을 쓰는 곳은 전주 천양정과 정읍 필야정이다. 전주 천양정의 선생안을 보면 사장이라고 나온다.[45] 그리고 필야정도 마찬가지로 사장이라고 나온다.[46] 그리고 그 인근 활터를 조

45 　박병연, 『전주 천양정사』, 탐진, 1995. 200쪽.
46 　윤백일, 「정읍 필야정의 사계안 좌목 선생안 해의」, 『국궁논문집』 제6집, 온깍 지궁사회, 2007, 152~155쪽.

사하면 더 나올 수 있다.

이와 달리 사두와 사수는 모두 활터의 대표를 가리키는 말이다. 사두는 중부지방에서 많이 쓰인 말이고 사수는 남부지방에서 많이 쓰인 말이다. 전라도와 경상도에서는 거의가 사수란 말을 많이 썼다.[47]

사백이라는 말은 호남칠정 중에서 몇몇 활터가 쓴다. 강경 덕유정[48]과 군산 진남정, 황등 건덕정이 그런 경우이다.[49] 아울러 사백은 부사두를 접장이라고 부르는 것과 관련이 있다는 것이 특징이라면 특징이다. 보통 접장은 첫 몰기를 하면 붙여주는 존칭인데, 이 지역에서는 직책명으로 쓰이는 것이 특이하다.

사장이 활터가 아니라 사계의 직책명이라는 것은, 그 말을 쓰는 사람들의 의식을 살펴보아도 확인할 수 있다. 사수라는 말은 지금 다 사라졌는데, 그 이유를 구사들에게 물으니 사수라는 말이 사장이나 사두라는 말보다 격이 낮아서 그렇게 되었다는 것이다.[50] 실제로 그런 일은 왕왕 있다. 사두라고 부르는 것보다는 회장이라고 부르는 것을 더 좋아하는 사람도 있다.[51] 회장은 활터가 둘 이상이어서 협회가 구성되었을 때 붙이는 이름이다. 활

---

47 각 정의 정기를 확인하면 거의 사수라는 용어를 썼다. 곡성 반구정기, 영암 열무정기, 구례 봉덕정기, 사천 관덕정기가 다 그러하다.
48 한영국(2002) 27쪽.
49 윤백일, 「군산 진남정의 어제와 오늘」, 『국궁논문집』 제4집, 온각지궁사회, 2005. 45~46쪽.
50 이종수 대담, 「전라도 지역의 해방 전 활쏘기 풍속」, 『국궁논문집』 제2집, 온각지궁사회, 2002.
51 군산 진남정.

터가 하나인 경우에는 당연히 사백이나 사두라고 불러야 한다. 그런데도 활터 대표 명칭을 쓰는 것보다 상위단체의 이름을 선호하는 것은 활터와 달리 사계는 참가 범위가 그 지역을 대표하는 성격을 띠기 때문이다. 따라서 사수란 말이 사라진 사실의 이면에는 사계와 활터의 관계를 무의식중에 드러내고자 하는 사람들의 명예욕이 깔려있는 것이다. 즉 옛날의 활터 운영체계에서 활터 대표는 사계장보다 한 수 낮다는 인식을 주었던 것이다.

이것이 성문영이 좌궁수라고 하지 않고 스스로 우궁수로 임명되었다고 한 진짜 이유이다. 자신은 활쏘기의 실무를 담당했음을 밝힌 것이다. 좌궁수로 대표되는 사계는 자신과는 달리 다른 계통으로 존재했음을 암시한다.

6 _ 황학정의 사두 기년 문제

그렇다면 오리무중인 황학정의 사두 기년 문제도 이런 운영체계를 감안하여 어느 정도 헤아려볼 수 있다. 황학정은 관덕회 기사에서 보듯이 1916년에 이미 엄주익 사계장 체계가 있었다. 엄주익은 사두가 아니고 사계장이다.[52] 사두가 활터의 실무인 반면에 사계장은 활터의 활쏘기를 진작시키고 후원하는 성격을 띠기 때문에 오히려 활터 밖의 대외관계에서는 사두보다 더 큰 영향을 줄 수 있는 지위이다. 위의 기사에서 관덕회 출범 시 황학정 사

---

52   성낙인, 「황학정과 서울편사」, 『국궁논문집』 제7집, 온깍지궁사회, 2009.

두에게 허락을 받지 않고
사계장에게 허락을 받은 것
은 그런 이유이다. 따라서
사두는 사계장의 지휘 하에
있게 된다. 영암 열무정의
경우도 그렇고 강경 덕유정
의 경우도 관청에서 해야
할 일을 일부 떠맡아서 활
터에서 대행했다.

고종과 순종

　황학정은 처음에 총재
체제로 운영되었다. 성문영
의 대담 기사처럼 성문영이
실무를 맡고 엄주익 같은
또 다른 인물이 사계를 맡은 것이다. 그리고 그 총재는 당시의 황
태자였던 훗날의 순종황제였다. 그러나 곧 이런 체제에는 변화가
온다. 헤이그 밀사 사건을 계기로 고종이 일제에 의해 강제 폐위
되고 1907년 황태자가 황제의 위에 오르기 때문이다. 황제가 된
마당에 일개 활터의 총재를 맡기는 어려운 일이다.[53] 그래서 황
학정의 위계질서도 변화가 온다.

　황학정은 당시 궁궐 안에 있었고 황태자의 황제 취임 후 별다
른 총재를 모시지 않는다면 그것은 우궁수보다 한 단계 위인 좌궁

53　『황학정백년사』.

수 체제로 옮겨갔을 것이다. 그것이 1916년의 대한매일신보 경성 관덕회 기사에서 보이는 엄주익 사계장의 동의를 얻어서 자작 조중응이 회장이 된다는 앞의 글이다. 이때에는 이미 총재체제가 아닌 사계장 체제로 옮겨갔음을 이 기사는 보여준다.

그렇다면 성문영은 몇 대 사두인가? 이것을 알 수 있는 자료는 거의 없다. 다만 가장 확실한 것은 성문영의 유일한 아들인 성낙인의 증언에 따르면 성사두 앞의 사두는 정행렬이었다는 것이다.

이 말을 전제로 해서 황학정의 사두 기년을 산정하면 초대 사두는 정행렬이고 그 다음 2대 사두는 성문영이 된다. 그렇다면 성문영은 언제 사두가 되었는가? 그것은 정행렬이 사두를 맡을 수 없게 된 상황이 생긴 해일 것이다. 이와 관련하여 시대일보에 정행렬에 대한 기사가 나온다.[54]

鄭弓豪永眠

조선궁술계(弓術界)에 유명하든 정행렬(鄭行烈)씨는 지난 십일에 별세하얏는데 그 사람은 과거 조선 무도계(武道界)에 역사적 관계가 만은 사람이라고 한다(띄어쓰기 임의로 함.)

궁호(弓豪)는 문호(文豪)라는 말에서 보듯이 활쏘기 분야에서 위대한 인물이라는 말이다. 자타가 공인하는 궁술계의 거물이었다는 뜻이다. 『조선의 궁술』의 〈역대의 선사〉 부분 맨 마지막

---

54   시대일보, 대정13년 12월 24일.

을 장식한 인물이기도 하다.[55]

鄭行烈은 京城에 世居하며 高宗時人이니 文이 能하고 善射하며 弓
矢를 評함이 如神하야 其評을 一經하면 聲價가 倍高한지라 高宗甲子
에 執弓하야 後學을 成就함이 多하며 純宗 甲子에 年이 八十이로되
弓力이 오히려 高強하며 正히 入射滿六十年에 當함으로 同射諸人이
黃鶴亭에 慶宴을 設하야 祝하니 俗이 此를 執弓回甲이라 하다.

사망 기사가 실린 대정 13년은 1924년이다. 따라서 성문영의
앞 사두가 정행렬이었다면 성문영은 정행렬이 사망한 1924년 말
이나 1925년에 사두가 되었을 것이다. 그리고 이 때는 황학정이
궁궐에서 등과정 터로 옮겨가서 막 자리가 잡히기 시작할 무렵이
다. 1922년에 등과정 터로 둥지를 옮긴 황학정이 새로운 환경에
적응하는 실무와 책임을 우궁수였던 성문영이 맡았을 것이다.[56]
활터가 장소를 옮긴다는 것은 큰 변화이다. 더구나 더 나은
환경으로 옮기는 것이 아니라 황학정의 경우처럼 서울의 심장부
인 궁궐 내에 있던 활터가 변두리인 인왕산 기슭으로 쫓겨나다시
피 하는 경우에는 큰 위기감이 동반된다.[57] 이 변화의 중심에 성

---

55 이중화, 『조선의 궁술』.
56 태견 명인인 송덕기 옹도 직접 활터를 옮기는 일에 참여를 했다. 송덕기는 성
    문영을 평생 모시고 산 사람이다.
57 지금의 황학정 자리는 옛날의 등과정 터였다. 산비탈에 세운 정이기 때문에
    설자리보다 무겁이 낮은 숫터이다. 그리고 황학정 건물은 원래 궁궐 내에 있
    던 것인데, 어렵게 옮겨왔다고 한다. 당시 활량들이 서까래며 기둥을 직접 날

문영이 있고 황학정이 처한 절체절명의 위기를 극복하면서 자연스럽게 정행렬의 빈자리를 메웠을 것으로 보인다. 따라서 정행렬은 황학정이 궁궐 내에 있던 총재와 사계장 시대의 사두이고, 성문영은 황학정이 궁궐 밖 사직동의 등과정 터로 옮긴 새로운 시대의 사두라고 볼 수 있다.

이후 황학정의 사두직은 성문영이 입산한 1947년에 임창번으로 넘어간다.[58] 따라서 총재까지 계산하면 성문영 사두는 3대가 되며, 총재를 제외하면 정행렬 다음의 2대 사두가 된다.

사계장의 변화는 황학정의 자료를 통해서 추측할 수 있다. 나세환, 엄주익, 김영배, 조예석의 순이다.[59]

나세환은 궁내부의 고위관료로 총재시대의 사계장을 맡았을 것이고, 엄주익은 대한매일신보의 기사에서 보듯이 총재시대가 끝난 뒤에 사계장을 맡고 있어, 사계장 시대의 첫 번째 사계장이었을 것이다. 사계장이 언제 김영배에게 넘어갔는지는 알 수 없다. 다만 1931년에 엄주익이 사망했다는 사실은 참고가 될 만한 일이다.[60]

났다고 태견꾼 송덕기는 말한다.(도기현, 『택견 그리고 나의 스승 송덕기』, 동재, 2003. 158쪽) 활쏘는 당사자들이 팔을 걷어붙이고 나설 정도였다면 당시의 이전 비용이 부족했다는 뜻이고, 이것은 활터의 이전 사업이 당시의 지도층에게는 중요한 문제가 아니었다는 뜻이다.

58 밤중에 귀가하다가 방공호를 헛디뎌 다친 후 결핵성 관절염을 앓다가 작고했다.(성낙인 대담)

59 『황학정백년사』 42쪽.

60 성낙인에 따르면 엄주익은 사두를 하지 않았다고 한다. 사계장이었고, 성낙인이 어려서 아버지를 따라 활터에 갈 적에 이따금 활터에 나오기도 했지만 연

조예석은 황학정 운영이 어려워 성사두가 특별히 추대하였
다고 한다.[61] 더불어 당시 장안의 갑부였던 백인기를 부계장으로
추대하여 재정상의 어려움을 극복했다.[62] 그때 백인기의 별장에
서 찍은 사진이 전한다.[63] 이들은 성문영 대에 이르러 사두와 통
합된다. 즉 사두가 계장을 겸임하는 형식으로 바뀐 것이다.[64] 이
상의 논의를 표로 정리하면 다음과 같다.

연도	대표체제	사계장	사두
1899-1907	총재	나세환	정행렬
1907-1924	사계장	엄주익 김영배	정행렬
1925-1947	사두	조예석	성문영

로해서 활을 쏘지는 못했다고 한다. 성낙인은 엄주익의 손자와 학교 동창이었
기 때문에 엄주익에 대한 기억이 명확하다. 실제로 『조선의 궁술』 간행 발기
인 명단에는 엄주익이 나오지 않는다. 그 다음 사계장인 김영배도 마찬가지이
다. 이것은 황학정의 사계장을 맡은 이들이 조선궁술연구회 출범과 책 간행에
관여하지 않았다는 뜻이다. 그리고 이런 행적은 이들이 황학정에 미치는 영향
역시 그리 크지 않은 것이었음을 추측할 수 있는 단서가 된다. 이것은 이들이
활터를 직접 운영하는 사람들이 아니라 그것을 후원하는 사계의 담당자들이
기 때문임을 강하게 암시한다. 만약에 이들이 황학정의 사두였다면 전국조직
인 조선궁술연구회 출범에 관여하지 않을 수 없었을 것이다. 그런데 이들은
전국조직 출범에 관여하지 않았고 성문영이 관여했다. 이 불가해한 현상을 무
리 없이 설명해줄 수 있는 유일한 원인은 황학정이 사계와 사두로 나뉜 이원
구조였다는 것이다.
61   성낙인 대담(2002. 12. 31.)
62   성낙인 대담.
63   『황학정백년사』 92쪽.
64   『황학정백년사』 58쪽.

7 _ 조선궁술연구회의 창립 연도 문제

대한궁도협회에서 간행한 『한국의 궁도』라는 책에는 대한궁도협회의 내력이 간단히 나온다. 거기에는 다음과 같이 적혀있다.[65]

> 1922년 7월 11일 조선궁술연구회 회칙 개정
> 1926년 5월 20일 조선궁도회로 개칭
> 1946년 조선궁도협회로 개칭

그리고 대한궁도협회와 관련된 모든 문서에는 이것이 공식 견해로 나타난다. 그리고 대한체육회의 공식 문서 역시 마찬가지이다.

그러나 이것은 앞서 살펴본 조선일보 1938년 1월 3일자의 기록과는 다르다. 성문영 사두는 소화 3년에 조선궁술연구회를 발기했다고 말하고 있다. 소화 3년은 서기로 1928년이다. 이에 대한 사실은 2003년에 이건호가 디지털 국궁신문에서 밝힌 사실이다.[66] 그리고 그렇게 된 원인을 김집은 황학정백년사에서 자세히 밝히고 있다. 이에 따르면 연대표기를 간지로 하던 관행이 대한궁도협회 정관에 나타났는데, 그것을 서기로 환산하는 과정에서

---

65   임종남 편, 『한국의 궁도』, 대한궁도협회, 1986, 158쪽.
66   디지털 국궁신문(http://www.archerynews.com)

오류가 빚어졌고, 그 오류를 확인하지 않은 채 그대로 답습하는 바람에 이런 착오가 생긴 것이다.[67]

그리고 이런 혼란이 생긴 이면에는 당시의 어지러운 정국이 한 몫 했다. 일제시대에는 일본 연호인 소화를 쓰다가, 미군정 하에서는 서기를 쓰고, 남한 단독정부인 이승만 정권이 들어서자 단기를 썼는데, 이것은 불과 1945년과 1948년 사이에 일어난 일들이었다. 1948년에 헌장을 제정한 당시 궁도협회 사람들이 기년 방식의 잦은 변동과 혼란을 피하려고 60갑자 방식으로 옮겨 적다가 환산 착오를 일으킨 것이다.[68]

그리고 다시 이 사실은 이건호가 논문으로 정리해서 발표했다.[69] 따라서 이상의 논의를 토대로 조선궁술연구회 출범사실을 다시 정리하면 다음과 같다.

> 1928년 조선궁술연구회 결성
> 1929년 『조선의 궁술』 간행
> 1932년 조선궁도회로 개칭
> 1946년 조선궁도협회로 개칭
> 1948년 대한궁도협회로 개칭

67 『황학정백년사』, 125~127쪽.
68 김집 대담(2007. 10. 5)
69 이건호, 「조선궁술연구회 창립 연도 고찰」, 『국궁논문집』 제6집, 온깍지궁사회, 2007.

8 _ 오류가 바로잡히기를 기대하며

활쏘기에서 조선궁술연구회가 중요한 것은, 그 조직으로 하여 현재의 활쏘기 양상이 결정되었다는 것이다. 즉 1928년에 결성된 조선궁술연구회는 곧바로 제1회전조선궁술대회를 개최하는데, 그 사실은 동아일보에 연일 기사로 올랐고, 그 기사를 확인하면 오늘날의 개인전과 단체전 모두 거기서 출발했음을 알 수 있다.

하지만, 현실과 달리 학계의 인식은 이와 달라서 근대 활쏘기 단체의 결성과 활동을 얼토당토않게 사궁회에서 찾고 있다. 더욱 심각한 것은 활을 쏘는 사람들 자신은 그에 대한 관심이 없어서 그 그릇된 지식이 대한체육회의 공식 견해로 통용되고 있다는 점이다.

이 글에서는 틀린 채로 유포된 그 견해를, 당시의 신문기사와 연관 지어 분석한 다음 사궁회가 대한궁도협회의 전신인 조선궁술연구회와는 전혀 상관이 없는 모임이며, 진정한 근대의 활쏘기 조직은 조선궁술연구회라는 것을 밝혔다. 그 과정에서 잠시 나타난 경성궁술회와 관덕회의 성격을 살펴보았다. 그리고 활터에 존재하는 두 가지의 조직형태인 사계와 활터의 관계를 통하여 황학정의 사두 기년문제까지 다루었다.

황학정의 초기 역사는 단순히 한 사정의 문제로 그치지 않고 근대 활쏘기의 풍속과 전통을 이해하는데 꼭 필요한 열쇠 같은 부분이다. 1960년대까지 협회 사무실이 황학정에 있어서 전국을 총괄하는 업무가 거기서 이루어졌기 때문이다. 따라서 근대 활쏘기의 여러 문제를 정리하려면 황학정의 정확한 역사가 먼저 정리되어야 한다. 그런 점에서 이 글에서는 간단하나마 황학정의 기년 문제를 다루었다. 이런 논의를 계기로 활 연구가 한 단계 더욱 발전하기를 바란다.

제 **2** 부

- **사법 총론** : 온깍지 사법의 정의

- **한국의 전통사법** : 온깍지 사법의 실제

- **전통사법의 짤심 원리**

- **활쏘기와 숨**

모든 무술은 한 지점에서 만난다. 중심이 그곳이다. 무술의 수많은 동작은 사람의 몸이 움직일 때 발생하는 불균형을 바로잡는 방향으로 움직여서 스스로 중심을 잡고 변화에 응하도록 짜였다. 무수한 변화에 응하면서도 중심을 잃지 않고 상황의 주도권을 쥐는 것이 무술의 요체이다.

사법 총론
– 온깍지 사법의 정의

　　2001년부터 공식 활동을 시작한 온깍지궁사회는 본래의 취지나 의도와 상관없이 국궁계에서 벌어진 여러 가지 담론의 한 복판에 서게 되었다. 그런 쟁점 중의 하나가 사법에 관한 부분이다. 먼저 〈온깍지 사법〉이라는 말을 일반화시킨 것도 그렇거니와, 마침 밀어닥친 인터넷 매체를 통하여 그 전파는 다르게 엄청나게 많은 견해들이 문자화되면서 온깍지궁사회의 전통 찾기 노력은 사법 논쟁의 영역까지 음으로 양으로 영향을 끼쳤다.

　　그 중에서도 태풍의 눈으로 떠오른 것이 '온깍지 사법' 이라는 말이다. 이것은 전통을 찾아보자는 취지로 출범한[1] 온깍지궁사회에서 전통사법을 논하는 말로 사용한 것인데 인터넷 경로를 통해서 급속히 확산되면서 많은 시비분별이 일어났다. 이런 혼란은 이 말을 쓰는 사람들의 취지를 정확히 이해하지 못한 경우도 있고, 담론의 발생과정에서 왜곡된 경우도 있다. 어느 경우든 논

1　　온깍지궁사회 홈페이지(http://www.onkagzy.com), 2001.

쟁의 바깥에 있는 사람들에게는 사법 논쟁이 아주 혼란스럽게 보인다.

그런데 이런 논쟁이나 논점들을 살펴보면 자신의 주장이 나름대로 있는데도 쟁점을 드러내는 방법이 혼란스럽다는 인상을 받는다. 이미 나온 의견과 자신의 의견이 구분되지 않는 것은 물론, 같은 내용을 말만 바꾼 경우도 많아서 논쟁의 효율성 측면에서 보면 에너지 낭비라는 생각까지 든다.

무엇을 정의한다는 것은 그것의 실체가 잘 드러나도록 방법을 분명히 하여 말의 쓰임을 규정하는 것이다. 이 경우 방법이 대상을 드러내는 가장 중요한 요인이다. 이런 인식이 분명치 않을 경우에는 논의가 종잡을 수 없게 되어 애써 형성된 토론의 의미가 축소되거나 왜곡되기 쉽다.

따라서 이 글에서는 여태까지 있어온 사법에 관한 글들을 검토하되 2001년 벽두부터 국궁계의 화두로 떠오른 '온깍지 사법'이 무엇인가를 분명히 규정하여 다음 논의의 밑거름으로 활용하는 계기를 마련하고자 한다.

1 _ '온깍지'의 어원과 전파 과정

1) 온깍지의 쓰임과 말뜻

'온깍지'라는 말은, 활터에 본래부터 있던 말이다. 해방 전에 활을 쏜 구사들의 말을 들어보면 이 점은 금방 확인된다.[2] 이 말

---

2   윤준혁(부산), 이종수(고흥), 백남진(대전), 박경규(금산)

의 반대는 '반깍지'이다. 원래의 전통사법에서는 깍짓손을 발시 순간에 살대의 연장선인 뒷방향으로 맹렬하게 뿌렸다. 『조선의 궁술』에 쓰인 대로[3] 바른 사법을 배운 사람이라면 누구나 그렇게 쏜 것이다.

그런데 규범에서는 그렇게 하라고 해도, 실제로 그렇게 하지 못하는 사람이 있기 마련이다. 그리고 그런 것은 옳지 않다고 지적을 받기 때문에 사법에서는 병으로 간주한다. 그래서 『조선의 궁술』에서는 '봉뒤'라고 하여 꺼리는 것으로 묘사한 것이다.(40쪽) 바로 이 상태를 지적하기 위해서 깍짓손을 반밖에 펴지 못한 상태를 나타내는 '반깍지'라는 말이 나온 것이고, 법에서 그렇게 하라고 하여 굳이 달리 이름 지어 부를 필요가 없는, 당연한 깍짓손의 모양을 '온깍지'라고 한 것이다.

따라서 〈온-반〉은 어떤 상태를 구별하기 위해 사용되는 짝을 이루는 접두어임을 알 수 있다. 한 번 이런 용례가 생기면 그 주변에는 그와 유사한 용례가 발생하고, 그런 것들은 한 무더기를 이루어 풍성한 낱말밭을 제공하게 된다. 실제로 활터는 이런 말들이 다양하게 살아있다.

활을 당길 때 다 당기지를 못하고 화살을 한 뼘쯤 남기고서 쏘는 사람들이 있다. 이렇게 하는 것을 '반작질'이라고 한다. 좌궁인 박정희 대통령이 그런 상태였다.[4] 반작질이라는 말은 예외에서 벗어나는 그런 사람을 지적하기 위해서 생겨난 말이고, 반작

---

3   『조선의 궁술』.
     이하에서는 따로 각주를 달지 않고 이 책의 쪽수만을 표기한다.
4   권영구 대담(1998. 8. 16.) ; 『이야기 활 풍속사』, 296쪽. 비디오 자료에 의하

이 있으면 저절로
'온작'이라는 말
도 나타나게 된다.
실제로 활을 가득
당긴 것을 만작(滿
酌)이라고 하는데,
이것은 한자 표현
이고, 순 우리말
표현은 '온작'이
다.[5]

박정희 대통령의 궁체

'반바닥'이라는 말이 있다. 활터에서만 쓰는 특수 용어이다.
이것은 엄지가락의 뿌리 부분을 가리키는 말이다. 전통사법에서
줌통을 밀 때 바로 그 부분으로 밀어야만 제대로 된 사법이라고 표
현하기 위해서 쓴 말이다. 그렇지 않고 흙받기줌으로 활을 잡은 사
람은 밀 때 손바닥의 한 가운데가 줌통의 복판에 가 닿는다. 손바
닥 전체를 '온바닥'이라고 한다. 따라서 반바닥이란 손바닥의 한
중심에서 벗어난 지점을 가리키는 말이다. 또 인천편사에서도 '반
종띠'가 있고 '온종띠'가 있다. 두 편이 짝하여 두 차례 편사를 치
르는데, 두 번 다 종띠를 서면 온종띠라고 하고, 한 번만 서면 반종

면 1962년에는 우궁으로 시사를 했고, 그 후인 1965년에는 좌궁으로 바뀌었
다. 처음에 우궁으로 집궁했다가 좌궁으로 바꾼 듯하다. 인터넷에 떠도는 자
료는 모두 1965년경의 사진인데 이것이 뒤집혀서 우궁 사진으로 돌아다니는
것도 있다. 박정희 대통령은 좌궁이다.

5   권영구 대담 ; 「국궁의 전통사법에 대한 고찰」, 23쪽.

따라고 한다.[6] 여기서도 '온-반'의 낱말 짝을 확인할 수 있다.[7]

화살에서도 '온'의 흔적을 볼 수 있다. 시위에 끼우는 부분을 '오늬'라고 하는데, 옛기록에는 '오늬'여서 〈온+늬〉의 결합임을 알 수 있다. 기능 역시 채우는 것이다. 이 말이 몽골말에서 왔다는 설도 있다. 그리고 그것은 사실일 수도 있을 법하다. 그러나 새로운 말이 들어왔다고 해서 반드시 그 전에는 그 말이 없었다고 보는 것도 이치에 닿지 않는 일이다. 그러니 그와 유사한 말이 쓰였고, 몽골말이 들어오면서 혼용되다가 하나로 굳었다고 보는 것이 옳을 것이다. 그리고 몽골이 우리와 같은 알타이어족이기 때문에[8] 이런 혼종은 더욱 쉬웠으리라고 본다.[9]

2) '온'의 용례와 어원

'온'은 활터에서만 쓴 말이 아니다. 우리가 무심코 쓰는 말에도 이 말은 많이 있다. '온 나라, 온 누리, 온통' 같은 말들이 그런

---

6   정진명, 「인천지역의 편사놀이」, 『국궁논문집』 제6집, 온깍지궁사회, 2007. 176쪽.
7   온깍지라는 말 때문에 자신들은 반깍지가 되었다고 비판하는 사람도 있다. 이 것은 〈온-반〉을 좋고 나쁜 것의 대립으로 판단한 결과이다. 그러나 온과 반은 어떤 상태를 가리키는 그냥 말일 뿐이다. 실제로 온바닥이 아니라 반바닥이 더 좋은 것이다. 사실을 지적한 말에 대해 감정으로 대응하는 것은 바람직한 논쟁에 아무런 보탬이 안 된다. 그리고 온깍지니 반깍지니, 하는 말은 온깍지궁사회에서 붙인 것이 아니라 해방 전에 활을 쏘던 선배들이 붙인 말이다. 이미 시비분별의 차원을 넘어선 말이다.
8   이기문, 『국어사 개설』, 탑출판사, 1986. 13쪽.
9   만약에 오늬가 고려 때 들어온 몽골말이라고 간단히 정리해버리면 이런 모순이 생긴다. 이 말이 들어오기 전까지는 화살의 그 부분을 가리키는 우리말은 없었던 셈이 된다. 이것은 큰 문제를 일으킬 소지가 있다. 유사성만으로 그것의 존폐여부를 확정하는 것은 논리상으로도 모순이다.

흔적이다.[10] 그리고 옛날에는 1000을 '즈믄'이라고 했듯이 100을 '온'이라고 했다.

이런 말들은 우리가 무심코 쓰지만 오랜 내력을 갖고 있다. 역사에서 그 흔적을 찾아보면 백제를 세운 온조(溫祚)가 그런 말의 뿌리를 갖는다.

온조는 백제(百濟)를 세운 임금이고, 백제는 고구려와 뿌리가 같다.[11] 고주몽이 고구려를 세우고 그의 아들인 유리가 부여에서 찾아오자, 고구려를 세우는 데 기여한 공로가 큰 주몽의 황후 소서노가 자신의 아들인 비류와 온조를 데리고 남쪽으로 내려와서 세운 나라가 백제인 것이다. 그런데 남쪽으로 내려올 당시의 이름은 백제가 아닌 십제(十濟)였다. 나중에 나라를 세우면서 백제로 바꾼 것이다.

이 이야기에는 설명이 붙어있지만,[12] 그럴 듯하게 꾸민 이야기일 뿐이다. 백제는 지배층과 피지배층이 서로 달랐고, 이들은 서로 말도 달랐다.[13] 따라서 나라이름의 변화는 지배세력의 변화와 관련이 있다. 그리고 이 비밀은 〈온〉에 있다. 이 '온'을 10이라고 보는 민족과 100이라고 보는 민족이 서로 교체되는 과정에서 발생한 일이다.

우리말에서 百을 '온'이라고 한다면 〈백제〉는 〈온제〉라고 읽어야 할 것이고, 이것은 시조인 〈온조〉와 너무나 닮았다. 결국

---

10 『한국의 활쏘기』 156-157쪽.
11 김부식, 『삼국사기』, 영인본, 대제각, 1995. 백제본기
12 『삼국사기』 백제본기
13 二十五史抄 上, 한중일관계자료집 I , 단국대학교 동양학연구소, 1977. 512쪽.
    王姓夫餘氏, 呼於羅瑕, 民呼爲鞬吉支, 夏言竝王也. : 周書

시조의 이름은 그 나라의 이름이었던 셈이다.[14] 그리고 이들은 터키 족이었고, 그것은 〈온 오크〉라는 작은 나라가 있었다는 돌궐족의 흔적에서 확인할 수 있다. 당나라 때의 서돌궐은 이름이 〈온 오크〉였는데, 이는 '화살 열 개'라는 뜻이다.[15] 부족의 연합체 성격을 띤 국가였음을 알 수 있다. 따라서 십제가 백제로 바뀐 이면에는 '온'의 뜻을 10으로 쓰는 터키계 부족에서 100으로 쓰는 몽골계 부족으로 세대교체가 이루어졌음을 암시하는 것이다.[16]

'온'의 본뜻이 10이거나 100이거나, 그것이 '가득 찼다'는 뜻에서는 변함이 없다. 따라서 우리말에서 '온'이란 일부분이 아닌 전체를 나타내는 말로 굳은 것이다. 〈부족함이 없는 완전한 한 통〉이 '온'의 뜻이다.

3) 온깎지의 전파 과정

'온깎지'라는 말은, 옛날 사법에서 보면 그리 많이 쓰는 말이 아니었다. 반깎지만을 지적하면 나머지는 온깎지이기 때문이다. 그래서 실제로 반깎지를 지적하기 전까지는 굳이 쓸 필요가 없는 말이었다.

그러나 1970년대에 개량궁이 등장하고 그것이 일반화되는 1980년대 들면서 사법에 큰 변화가 일어 반깎지가 득세하자 상황은 달라졌다. 무엇이 옳은 사법인가를 분명히 인식하지 못한 상

---

14   강길운, 『고대사의 비교언어학적 연구』, 새문사, 1990. 81쪽.
15   彬山正明, 이진복 역, 『유목민이 본 세계사』, 학민사, 1999. 234쪽.
16   강길운 7쪽.

황에서 그것을 알 만한 세력들이 골프로 빠져나가고 맞추기 중심으로 변한 활터의 분위기 변화와 맞물려 동작의 크기를 줄여 관중율을 높이려는 의욕이 뒷손의 움직임을 줄이는 결과로 나타난 것이다. 동작의 크기를 흔들림의 정도로 오해한 결과이다. 이 상태는 1980년대 중반에 이르면 대세를 이루고 이후 30년 가까이 아무런 반발이나 의문 없이 돌이킬 수 없는 흐름이 되었다.

이런 흐름에 처음 의문을 갖고 몇몇 사람이 옛 사법의 실상을 찾아 나섰고, '온깍지' 라는 말은 그 과정에서 새롭게 찾아낸 말이었다. 본래 있던 것이 까마득히 잊혔다가 구사들의 기억 속에서 살아난 말이다.[17] 그 무렵에 옛 전통을 찾아보자고 모인 사람들이 모임을 결성하면서[18] 그런 태도의 상징성을 담은 말로 단체명으로 정했다. 그것이 '온깍지궁사회' 다.

그리고 이것은 인터넷을 통하여 급속도로 확산되었다. 온깍지궁사회가 출범할 무렵에는 이 말을 아는 사람이 해방 전후의 구사들을 제외하고는 거의 없었다. 그런데 출범 6개월이 지난 시점에서는 전국의 활터에서 거의 다 아는 말이 되었고 몇 년이 지난 현시점에서는 활을 쏘는 사람들이라면 누구나 다 아는 말이 되었다. 이것은 온깍지궁사회의 공로라기보다는 인터넷이라는 특별한 매체가 기여한 바 크다. 그리고 그 무렵에 국궁계를 대표하는 매체로 자리 잡은 '디지털 국궁신문' 의 존재도 아울러 이런 문제를 공유하는 데 크게 기여했다.

---

17 이 무렵에 우리가 조사한 바에 의하면 전국에 온깍지 사법으로 쏘는 사람은 구사들을 빼면 30명 정도가 전부였다.

18 이석희, 「온깍지궁사회의 틀과 뜻」, 『국궁논문집 제1집』, 온깍지궁사회, 2001.

온까지 궁사회 홈페이지 메인 화면

　　사법과 관련해서 이것이 처음 문자화 된 것은 『이야기 활 풍속사』였다.[19] 그 무렵에 광주의 조영석 명궁을 통하여 전라도 지역에 그런 말이 쓰였음을 알게 되었고, 나중에 해방 전후의 구사들을 만나면서 그것이 옛날에 있던 말임을 확인했다. 그리고 2001년 온깍지궁사회가 공식 홈페이지를 개설하면서 처음으로 〈온깍지 사법〉이 사법 논쟁의 복판에 놓이게 되었다.

2 _ 사법 논의의 실제

　　방법은 본체를 드러내기 위한 수단이지만, 때로 본체의 모습

19　정진명, 이야기 활 풍속사, 학민사, 2000. 215쪽.

을 결정짓는 수가 많다. 특히 그것이 눈에 잘 드러나지 않는 관념 체계이거나 체험의 영역이면 더더욱 그러하다. 그런 점에서 사법에 관한 논의는 이미 그 출발점부터 일정한 한계를 안고 있는 셈이다. 동작을 담아내기에는 언어가 너무 허술하기 때문이다. 그래서 방법론을 먼저 분명히 하지 않으면 전달하고자 하는 실체가 드러나지 않거나 의도와 달리 왜곡된다. 이런 점을 예방하는 것은 방법을 먼저 규정해주는 것이다.

따라서 여기서는 지금까지 논의된 사법들을 살펴서 각기 어떤 방법으로 서술하고 있는가 하는 것을 알아본다.

1)『조선의 궁술』

우리나라는 옛날부터 활쏘기로 유명했다. 동이족의 조어(夷)에서도 대궁의 의미가 있거니와[20] 실제로 유명한 활 이야기가 많이 전해져 역대 왕조의 개창은 활과 밀접하게 연관되어 있다.[21] 이런 전통은 근래까지 이어져 활은 우리나라 무기체계의 으뜸 장비가 되었고, 궁시일기라는 말까지 있을 정도였다. 실정이 이런데도 사법에 관해서는 기록이 전혀 남아있지 않다. 활이 우리 역사에서 차지하는 것을 놓고 보면 이 또한 불가사의한 일이다.

우리의 전통사법에 대한 기록은 1929년에야 나타난다. 조선궁술연구회에서 펴낸 『조선의 궁술』이 그것이다. 여기서 처음으

---

20   허신, 『설문해자주』, 대북;여명문화사업공사, 민국75. 498쪽.
      夷, 東方之人也 從大從弓
21   『조선의 궁술』, '역대의 선사' ; 『우리 활 이야기』, '명궁 이야기' 참조.

로 사법에 대한 기록이 나타난다.
그리고 이 기록은 조선의 활쏘기를
하던 분들이 처음이자 마지막으로
정리한 글이라는 점에서 중요한 의
미를 지닌다.[22] 조선 유엽전 사법의
완성판이라는 의미가 그것이다.

당시의 유명한 서예가 성재
김태석이 쓴 글씨

　『조선의 궁술』에 실린 사법에
관한 서술은 네 번째 항목인 〈궁술
의 교범〉이다. 여기서는 다시 두 부
분으로 나뉘었다. 먼저 〈궁체의 종
별〉이 있고 뒤이어 〈신사가 배우는 차례〉가 나온다. 그러니까 사
법의 원칙을 설명한 다음에 새로 배우는 사람들이 좀 더 쉽게 접근
할 수 있도록 신사를 위해 배려한 것이다.

　이것은 이미 완성된 사법과 그것을 처음 접하는 사람들이 주
의해야 할 사항으로 나누어 설명한 것이다. 그래서 그런지 서술
방법에서도 약간 다르다. 〈궁체의 종별〉은 말 그대로 활쏘기를
할 때 힘이 작용하는 지점을 중심으로 서술한 것이다. 전통 활쏘
기에서 힘이 작용하는 지점을 모두 11군데로 파악했다. 〈몸, 발,
불거름, 가슴통, 턱끝, 목덜미, 줌손, 깍지손, 죽머리, 중구미, 등힘〉

22　『조선의 궁술』은 국한문'혼용이어서 한문에 대한 소양이 없는 사람은 읽기 어
　렵다. 그래서 현대어 번역이 필요한데, 이 책의 현대어판은 1986년에 처음 나
　왔다. 대한궁도협회에서 냈고, 제목은 『한국의 궁도』이다. 이 책에는 『조선의
　궁술』에는 없는 부분도 있다. 그런데 편저자가 나오지 않는다. 그래서 여러
　경로를 통해 알아보았는데, 광주 활량 임종남이 집필했다고 한다. 당시 서울
　의 한 여관에 일주일 동안 투숙하여 썼고 이용달이 그 옆에서 도와주었다고
　한다.(이용달 대담)

이 그것이다. 활을 쏠 때 이 11군데만 잘 확인하면 사법의 옳고 그름을 판단할 수 있다는 근거를 제시한 것이다.

그러나 처음 배우는 사람에게는 이것만으로는 부족하다. 활을 들어서 당기고 쏘는 과정이 시간 순으로 이어지기 때문이다. 그래서 신사가 활을 쏘는 과정을 이해하기 쉽게 설명한다. 그것이 〈신사가 배우는 차례〉이다. 주의사항을 모두 19가지로 정하여 기록하고 있다.

서술 방법을 살펴보면 이 책에서는 힘의 작용점을 중심으로 사법을 서술했다는 점을 어렵지 않게 알 수 있다. 즉 〈궁체의 종별〉에서 힘이 작용하는 신체의 부위에 따라서 사법을 정리한 것이다. 그런데 문제는 방법 서술론에 대한 자각이 아직 분명치 않아서 〈신사가 배우는 차례〉에서는 시간차 순으로 설명하기도 하고, 시간과 상관없이 필요한 항목을 넣기도 하였다.

그러나 이 책의 서술 방법은 〈신사가 배우는 차례〉가 아니라 조선의 사법을 총정리한 〈궁체의 종별〉에서 분명히 드러나는 것으로 보아야 할 것이다. 따라서 힘이 미치는 공간의 관계에 따라 서술하는 방식이 주된 방법임을 확인할 수 있다.

2) 『궁도개론』

『조선의 궁술』이 나온 이후, 활에 대한 사회의 관심이 점차 수그러드는 것과 같이 해서 활에 관한 기록도 나타나지 않는다. 책으로 묶으려면 그것을 읽는 독자가 있어야 하는데, 여러 가지 여건으로 활은 구매력을 갖기 어려운 분야로 소외되기 시작한 것이다.

그런 중에 활터에는 정체를 알 수 없는 복사본 책이 하나 돌아다녔다. 제목도 없고 지은이도 없고 표지도 없는 60쪽 가량 되는 국판형 책이었다. 여러 경로를 통해 확인한 결과, 그 글의 저자는 지철훈으로 밝혀졌다.[23] 이 책은 1986년에 여수 충무정에서 『조선의 궁술』 내용과 합쳐서 교재로 내는데, 제목은 『사장보감(射場寶鑑)』이고, 편집자는 윤승현이다. 이 책에서 정체를 알 수 없는 앞 책의 제목이 『궁도개론』이라는 것을 알 수 있다.[24]

제목부터 『궁도개론』이라는 것에서 알 수 있듯이 일본활 유미의 이론을 아주 많이 채용한 책이다.[25] 책의 첫머리부터 〈弓術에서 弓道에〉라고 뽑았다. 궁술을 궁도보다 한 단계 아래의 차원으로 해석한 것이다. 이런 발상은 우리의 본래 것이 아니라 당연히 일본 궁도의 영향이다. 1930년대부터 활발하게 연구되어 유미에서 궁도로 바뀌어간 일본의 사법이 우리 활에 영향을 끼치기 시작한 첫 번째 증거가 되는 책이다.

이 책의 의미는, 『조선의 궁술』 이후 처음으로 사법에 대해 독특한 방법론을 택했다는 것이다. 사법 면에서는 양궁과 일본활 유미의 이론을 우리 활에 고루 적용해서 설명했다. 특히 활을 쏘는 순간을 아주 세밀하게 나누어서 설명한 것이 돋보인다. 〈操弓의 順序〉는 다음과 같다.

---

23   권영구 대담, 1998. 7. 8.
       권영구 자신은 지철훈과 자신의 공저라고 말했는데, 여러 정황으로 보아 지철훈의 단독 저서인 것으로 보인다. 아마 각궁을 통해 지철훈 씨와 나눈 친분을 그렇게 표현한 것이 아닌가 추측한다.
24   윤승현, 『사장보감』, 여수 충무정, 1986. 15쪽.
25   지철훈, 『궁도개론』, 출판사 불명, 1978.

1. 就位

2. 몸갖임

3. 살미김

4. 擧弓　　　　　(離矢까지의 時間)

5. 첫 당김

6. 두째 당김　　1½ 秒

7. 조루기　　　1 秒

8. 留箭　　　　1½ 秒

9. 下三指 맞임　1 秒

10. 離矢　　　　1 秒

11. 殘心　　　　6 秒

그리고 이 항목을 다시 7가지로 나누어서 간략한 설명을 덧붙였다.[26] 그리고 각 단계에 따라 사벽(射癖)을 분석하고 거기에 대한 처방을 서술했다.

이 방법의 특징은 사법을 시간차 순으로 설명한 것이다. 그리고 이런 경향은 이후 사법 논의의 한 중요한 축을 이룬다.

시간차 순으로 사법을 나눌 때는 그것을 어디서 나누느냐 하는 것이 아주 중요하다. 그것은 사법을 바라보는 시각까지도 결정할 수 있다. 그런데 여기서는 너무 잘게 나누는 바람에 그 분절의 기준이나 원리가 일정치 않은 단점을 보인다. 예를 들어 당김을 첫째와 둘째로 나누거나 하삼지 맞임을 굳이 따로 설정한 것이

26　『사장보감』, 63쪽 조궁의 실제

그런 경우이다. 게다가 거기에 소요되는 시간의 길이까지 표시하고 있어 각자의 체형과 체질에 따라 다를 수 있는 변화 요인을 고려하지 않은 경직된 체계를 갖추고 있다.

그런데 눈여겨봐야 할 것은 이 책의 체계가 일본 활 유미의 영향을 직접 받은 것이라는 점과, 비록 일본 활 이론에 의지했다 해도 『조선의 궁술』 이후 최초로 사법의 서술 방법이 새롭게 출현했다는 점이다. 새로운 방법이란, 궁체를 시간차 순으로 설명한 것을 말한다. 일본 활 유미의 이론이 이 책에 어느 정도 영향을 끼쳤는가 하는 것은 따로 비교를 통하여 연구할 과제로 남겨둔다.

또 한 가지는, 이 책에서 깍짓손 동작의 크기에 대해 처음으로 언급했다는 점이다. 즉 깍짓손 떼기의 크기에 따라서 소리(小離), 중리(中離), 대리(大離)라고 구별을 했다.[27] 소리는 깍짓손이 발시 후에도 그 자리에서 멈추어있는, 양궁 식의 모양을 말하는 것이고, 대리는 발시 후에 맹렬하게 내뻗는 동작을 말한다. 중리는 소리와 대리 사이의 어정쩡한 모습을 말한다. 소리는 『조선의 궁술』에서는 '봉뒤' 라는 병으로 간주되던 동작인데, 이 책이 나올 무렵이면 무시할 수 없는 경향으로 다수화 했음을 암시하는 대목이다. 책 쓰는 과정에서 원리상 그렇다는 것을 강조하려고 한 것인지 당시의 실정이 그랬던 것인지를 정확히 판별할 수는 없다.

---

27 『궁도개론』, 35-36쪽. 대리니 소리니 하는 말은 일본 규도의 개념이다. 〈오하나레(大離れ)〉와 〈고하나레(小離れ)〉를 그대로 옮겨온 것이다. 이 책의 대부분이 일본 궁도의 영향을 강하게 받았음을 알 수 있다.

3) 『우리 활 이야기』

1996년에 나온 이 책은 여러 가지 특징을 갖고 있다. 먼저 시중에 시판된 책이라는 점이다. 활쏘기는 전통문화의 한 부분이지만, 그것에 관한 책이 수익성을 띨 만한 것이 못 된다. 그래서 『조선의 궁술』도 혼자가 아닌 근기지방의 각 활터에서 공동으로 참여하여 발간하였다. 그 사정은 그 책의 뒷부분에 참여 정의 명단이 나와 있어서 사정을 짐작할 수 있다.

이런 점은 그 후에도 마찬가지여서 조병택의 『한국의 궁도』와 위의 『사장보감』이 1986년에 출판되었지만, 시중에서 구매력을 갖기는 어려웠다.[28] 이런 상황에서 적자를 감수하고 1996년에 낸 책이 『우리 활 이야기』이다.[29] 그리고 예상 밖으로 반응이 좋아서 이듬해에 재판을 찍었다. 이것은 그 사이 전통문화에 대한 우리 사회의 인식이 달라져서 여건에 따라 전통 활쏘기 분야에서도 구매력이 발생할 수도 있음을 암시해주는 사건이다.

일반인이나 활을 처음 접하는 사람이 볼 수 있게 한 안내서인 이 책에서도 사법을 다루었다. 『조선의 궁술』과 달리 이 책에서는 사법을 시간의 흐름에 따라 나누었다.

---

28 두 책 다 『조선의 궁술』의 내용을 재수록하고 자신의 의견을 조금 덧붙였다. 특히 사법 부분은 따로 떼어서 새롭게 조명하기는 어렵다.

29 정진명, 『우리 활 이야기』, 학민사, 1996
    이 책을 낼 때 김학민 사장이 시장조사를 마친 뒤에 저자와 통화를 할 때, 시장조사의 결과를 이야기했다. 국궁계에서는 거의 팔리지 않을 것이라고 했다. 실제로 국궁계에서는 서점이 아니라 저자를 통해서 팔려나간 것이 더 많았다.

발가짐

줌손

준비자세

활 거는 자세(擧弓)

마지막 처리 : 빠갠다

마무리

활 쏘는 과정이 모두 여섯 마디로 나뉘었다. 이것은 구분이 아주 단순하지만, 『조선의 궁술』 이외에 다른 영역의 활 관련 자료에 영향을 받지 않고 활터에서 전하는 사법을 저자의 기준으로 나누어 설명하려고 시도했다는 의미가 있다. 일반인을 위한 개설서의 성격을 띠기 때문에 사법 부분은 좀 산만한 느낌이 없지 않다. 그렇다고 해도 사법을 시간차 순으로 설명하려는 시도는 사법 연구사에서 볼 때 이 책의 중요한 면이다.

4) 『궁도입문』

이 책은 서울 황학정에서 궁도교실을 열면서 새로 배우는 사람이 참고할 만한 교재가 없는 것을 알고는 거기에 맞춰 쓴 책이다.[30] 황학정에서 오랜 교육과정을 통해서 축적된 내용을 바탕으로 한 것이기 때문에 많은 사람들에게 영향을 준 책으로, 지은이는 김집이다.

---

30   김집, 『궁도입문』, 황학정, 1997

『한국의 궁도』[31]와 『국궁1번지』[32], 『사법비전공하』에 나오는 내용을 저자의 견해를 뒷받침하는 자료로 활용하여 재구성했다.

그런데 이 책에서 사법팔절이라는 말이 처음으로 나온다. 사법팔절은 일본 궁도의 산물이다.[33] 일본은 원래 조선과 달리 통일된 사법이 없었다. 그러다가 일본 활 유미가 궁도로 재편되면서 협회에서 사법을 통일할 필요를 느껴 통일된 사법을 만들었고, 그 사법의 동작을 여덟 마디로 나누면서 '사법팔절'(射法八節)이라는 이름을 붙인 것이다. 이때 통일된 사법의 원형은 오가사와 가문의 사법이었다.[34]

궁도입문에서는 이런 배경 설명 없이 사법팔절을 인용했다. 그리고 그때 우리 활에 적용시킨 단계는 다음과 같다.

발디딤

몸가짐

살먹이기

들어올리기

밀며당기기

---

31   임종남 편, 『한국의 궁도』, 대한궁도협회, 1986.

32   『국궁1번지』, 황학정, 1994-1995.

33   「세계 전통 활쏘기의 현황과 과제」, 『2007 세계 민족궁 대축전 세미나 자료집』, 세계민족궁대회조직위원회, 2007.

34   사토 아키라, 세미나 질의 응답
      세계 민족궁 세미나(2007)에서 질의 응답을 통해 알게 된 사실을 정리하면 이렇다.(질문자는 이건호) 일본의 활쏘기는 헤이안 시대의 궁정귀족들이 처음 시작했는데, 에도 시대에 각 유파가 발생하였다. 이 중에서 오가사와 가문 유파의 사법이 일본궁도연맹의 기초가 되었고, 이것은 1953년에 확정되었다. 현재의 활쏘기는 이 유파를 중심으로 다른 유파의 사법을 흡수하여 정리한 것이다.

만작

발시

잔신

　한 눈에 볼 수 있듯이 일본 궁도의 사법 개념을 국궁에 도입
한 모습이다. 지철훈의 『궁도개론』 이후 일본 활의 이론이 국궁
계에 가장 큰 영향을 끼친 경우라고 할 수 있다. 이것 역시 시간차
흐름이 가장 중요한 원리로 작용하고 있음을 볼 수 있다.

　이런 관점은 2005년에 나온 그의 역저 『국궁교본』에서도 여
전히 이어진다.[35] 다만, 사법팔절이라는 말이 '사법 여덟 굽이'로
변형되어 나타난다. 그리고 이런 명칭 변경은 사법팔절이 일본에
서 공인된 규도(弓道)의 사법이라는 것을 의식한 탓이겠지만, 그
이유를 사법 자체의 원리에서 찾아내려는 노력을 보이고 있다는
점에서 사법 이론에 대한 태도의 변화를 엿볼 수 있다. 사법은 원
래 물 흐르듯 한 것이기 때문이라는 설명이 그런 것이다.[36] 그런
점에서는 절(節)이라는 말보다는 '굽이'라는 말이 더 나은 면도
있다.

　『국궁교본』은 지금까지 나온 여러 가지 사법에 관한 책 중에
서 가장 체계가 잘 잡히고 자료도 풍부한 방대한 책이라는 점에서
이 책의 영향은 앞으로도 계속될 것으로 예상된다. 이 책에는 세

35　김집, 『국궁교본』, 황학정, 2005.
　　이 책은 원래 대한궁도협회에서 교범으로 내려고 집필한 것이었으나 협회관
　　계자와 의견 일치를 보지 못한 부분이 있어서 불발로 그치는 바람에 황학정에
　　서 출간한 것이다.(김집 대담, 2007.6.)
36　『국궁교본』, 97쪽.

가지 중요한 이론이 섞여있다. 『조선의 궁술』의 사법과 『사법비전공하』, 그리고 일본 활의 개념이 그것이다. 이 세 가지가 적절한 혼합을 이루어 우리 사법을 이해하는 기본 틀로 작용하고 있다.

이 과정에서 문제가 되는 부분은 과연 일본 활의 개념인 사법 팔절의 함의로부터 얼마나 자유로울 수 있을 것인가 하는 부분일 것이다. 용어를 바꾼다고 해서 개념의 내포까지 바뀌지는 않기 때문이다. 그렇다면 용어를 바꾼다고 해도 일본 궁도의 영향이라는 부담은 여전히 남을 것이다.

그러나 많은 자료를 원용하여 실제 활터에서 적용할 수 있는 사법을 일관된 관점으로 서술했다는 점은 충분히 평가받을 만한 일이다. 단순히 활터에 전해오는 사법을 정리한 것이 아니라 기존의 이론서를 바탕으로 해서 동작의 원리를 깊이 천착하며 접근한 태도 역시 높이 살 만하다.

5) 『한국의 활쏘기』

1999년에 나온 『한국의 활쏘기』는 『우리 활 이야기』의 확대이면서 한국의 활에 관한 결정판이다. 한국의 활쏘기에 관해 궁금한 점을 거의 다 망라했다. 그래서 544쪽이라는 방대한 분량이 되었다.

사법 역시 마찬가지여서 『우리 활 이야기』 속의 분절 의식을 확장하였다. 먼저 전통사법을 세 덩어리로 크게 분류한 다음, 다시 전체를 여덟 단계로 나누었다.

단	계
예비동작	①발디딤
	②손가짐
	③살 먹이기
본 동작	④들어올리기
	⑤밀며당기기
	⑥만작
	⑦발시
마무리 동작	⑧거두기

우선 시간차 순으로 사법을 설명한 점에서는 같지만, 분류 방법을 두 가지로 병용하여 크고 작은 분류를 한 것은 새로운 시도이다. 그리고 각 단계별 명칭을 보면 『궁도입문』과 일치하는 부분을 볼 수 있는데, 이것은 구분 동작의 동일성에서 생긴 현상이다. 실제로 『한국의 활쏘기』에는 사법팔절에 대한 관점을 밝힌 바 있다. 다음이 그것이다.

황학정에서 1997년에 낸 『궁도입문』이라는 작은 책자에서도 궁술을 모두 여덟 단계로 나누고, 거기에다 사법팔절이라는 이름을 붙였다. 이 책의 가장 큰 성과도 이 부분이라는 생각이 든다. 나도 여덟 단계로 나누었는데, 이 책과는 우연의 일치임을 밝혀둔다. 그리고 그 구분의 기준이 다르다. 바로 뒤에 나오지만 활쏘기 동작을 크게 세 부분으로 나눈 것도 다른 점이다. 그러나 각 단계의 이름을 붙이는 과정에서 이 책의 명칭을 인용하기도 했다. 이미 있는 말을 두고 새로운 이름을 만들어내는 것은 바람직하지 않다. 특히 한자 같은 어려운 말을 쓰는 것은 더더욱 그렇다. 우리말로 풀어쓴 것이 있는 마당에 굳이 새로 만들 필요가 없어서 그 이름을 가져다 썼다. 물론 내 생각과 다른 부분은 고쳐서 썼다.[37]

따라서 이 책은 사법팔절이 일본 궁도의 사법 용어라는 것을 모르고 쓴 것임을 알 수 있다. 결국, 사법을 모두 여덟 마디로 나누기는 했지만, 일본 활과는 상관없이 『우리 활 이야기』의 사법 서술에서 나타난 문제의식을 확장시킨 작업임을 알 수 있다. 이 책의 사법 이론은 2003년도의 작업으로 이어진다. 여기서 확인할 수 있는 것은 활을 배우는 사람이 접근하기 편하도록 시간차 순으로 동작을 설명하려고 한 점이다.

6) 『사법비전공하』

『사법비전공하』는 정조 22년(1799년)에 평양 감영에서 간행한 것이다.[38] 이것은 원래 중국의 사법을 정리한 책으로, 조선시대 무과 공부를 하는 사람들의 참고서로 펴낸 것이다.[39] 이것은 국립중앙도서관에서 잠자던 것인데 1980년대 말부터 복사본으로서지나 표지도 없이 활터를 떠돌아다니다가 1990년대 들어 처음

---

37 『한국의 활쏘기』 233쪽 각주
38 『射法秘傳攻瑕』, 영인본, 국립중앙도서관, 고서(1979.12.6.) 42501
    箕營開刊 己未 日
    편찬위, 『武經七書彙解末卷』, 중국병서집성 제42, 43册, 북경;해방군출판사, 1992(이 책의 복사본은 이용달로부터 얻었는데, 출처는 김기훈 교수였다.)
39 사법비전연구회, 『평양감영의 활쏘기 비법』, 푸른나라, 1999. 해설 299쪽.

으로 문자화되기 시작했다.

　제일 먼저 이것을 문자화한 사람은 이용달이다. 책의 제목을 그대로 『사법비전공하』로 하였다.[40] 그러나 이 역시 일반 서점에서는 구하기 어렵고 도서관에서도 볼 수 없었다. 저자가 찍어서 주변사람에게만 돌리고 그쳤기 때문이다.[41] 그리고 번역상의 오류 또한 심각해서 본뜻을 파악하기가 쉽지 않은 상황이었다. 다음 문장을 보자.

張

是出箭時往外一捲病在骨節對不緊而射家悟認爲辟也

활 단기는 것

이는 화살을 낼 때 밖갓쪽으로 가게 내는 결함은 골절에 있는데 이것은 힘들지 않으리라는 사가들의 편벽하게 잘못 생각하는 때문이다.

前膀要轉

轉者直也膀不轉則臂不直臂不直則筋骨不伸遂至曲而無力究竟節節盡差惟一轉則弓弰自臥而前膀之力可直貫于前拳此最要工夫

앞배는 뭉치게

뭉치게 한다는 것은 아랫배(불거리)에 힘을 주어 배를 곧게 펴는 것이다. 아래에 힘을 주어 펴지 않으면 팔뚝이 바로 펴지지 않으며,

---

40　이용달 역, 『사법비전공하』, 도서출판 산샘, 1994.
41　이용달 대담, (평창 대관정)

팔뚝이 바로 펴지지 않으면 근육과 뼈가 펴지지 않으며 마침내 구부러져서 힘이 없다. 결국은 마디마디가 다 차이가 난다. 오직 아랫배에 힘을 주어 곧게 펴고 활쏘는 데 자연히 눈는 듯해지며 앞배의 힘으로 앞주먹은 관혁을 향하여 곧게 뻐칠 수가 있다. 이러한 것을 공부함이 최상책이다.

이 상태의 문장으로는 사법상의 민감한 문제들을 이해하여 실제 활쏘기 동작에 적용시키거나 참고하기는 힘들다. 하지만 어려운 한문 문장을 처음 우리 글로 옮기려고 한 공로는 높이 살 만하다.

『사법비전공하』가 세상에 처음 체계 잡힌 번역본으로 드러난 것은 『평양감영의 활쏘기 비법』이다.[42] 이것은 단양 대성정의 젊은 사원들로 구성된 〈사법비전연구회〉에서 1년간 번역 토론 작업을 거쳐서 낸 책이다. 활을 쏘는 당사자들이 직접 나서서 번역한 까닭에 사법에서는 가장 분명한 인식을 한 책이라고 볼 수 있다.

이후 1년만에 앞의 책을 요약하고 수정을 가하여 재편집한 책이 『활쏘기의 비결』이다.[43] 2002년에는 민경길이 『사법비

42   사법비전연구회, 『평양감영의 활쏘기 비법』, 푸른나라, 1999.
43   이종화, 『활쏘기의 비결』, 학문사, 2000.
      이 책에는 뒤에 원문의 영인본이 붙어있다. 물론 원 책의 일부분만이다. 저자는
      이 원문을 '대한궁도협회 본'이라고 했는데, 실제로는 국립중앙도서관에 있는
      책의 복사본이다. 대한궁도협회에서는 그런 자료를 공표한 적이 없다. 아마도
      국궁계에 떠도는 복사본을 접하고 대한궁도협회에서 제공한 것으로 오인한 듯
      하다.

전공하』를 다시 번역하여 최진희의 다른 논문과 함께 책으로 엮었다.[44]

『사법비전공하』의 체계는 사법에 대한 일관된 서술이기보다는 예부터 전해오는 중국의 많은 사법을 한 자리에 모아놓은 것이다. 〈攷瑕〉라는 제목의 말에 그 뜻이 포함되어 있다. 따라서 일관된 사법이라기보다는 많은 체험을 한 자리에 모아서 사법 전체를 조명하자는 뜻이 담겨있다. 방법론 면에서는 가장 흔하고 쉬운 방법이라고 볼 수 있다.

그런데 우리 사법도 아니고 중국의 사법을 다룬 이 책이 문제가 되는 것은 요즘 들어 이 이론에서 사법의 근본을 찾고 우리 사법을 새롭게 설명해보려는 시도가 잇따르고 있다는 점이다. 그것은 『조선의 궁술』에 정리된 사법이 분량이 대단히 적고, 그것만으로는 사법의 전체를 조망할 수 없다는 생각 때문이다. 그래서 사법 연구에 목마른 사람들에게 적지 않은 분량의 『사법비전공하』는 오아시스 같은 만족감을 준다.

실제로 『평양감영의 활쏘기 비법』은 『사법비전공하』가 우리 사법과 거의 일치한다는 것을 전제로 해서 접근한 책이다. 그런 만큼 중국의 사법을 논하더라도 우리가 실제로 활터에서 활용하는 사법을 전제로 해서 해석한 것이기 때문에 원문의 의도와는 상관없이 우리 사법으로 접근해도 전혀 문제가 없을 정도로 우리 시각의 해석을 덧붙였다. 그리고 이러한 실용성 때문인지 예상한 것

---

44 민경길 · 최진희, 『국궁의 과학적 사법』, 봉명, 2002.
서문엔 1997년에 번역한 것으로 적혀있는데, 그렇다면 상당히 뒤늦게 출판된 셈이다.

보다 더 많은 부수가 팔렸다.[45] 이것은 『사법비전공하』의 사법이 오늘날의 활터에 일정한 영향을 끼치고 있다는 증거이기도 하다.

이 책의 영향은 이에 그치지 않는다. 실제로 황학정에서 낸 『궁도입문』과 『국궁교본』에도 『사법비전공하』의 내용이 아주 중요하게 인용되고 활용되었다. 이를 바탕으로 인터넷에서도 아무런 근거 자료나 인용 없이 전통사법의 이론으로 소개되고 있다.

그리고 『조선의 궁술』이 아닌 『사법비전공하』를 바탕으로 전통사법을 재해석하는 한량도 나타났다. 광주의 조영석 접장이 그런 대표주자이다. 실제로 조영석은 이 책이 번역되기 전에 이용달의 『사법비전공하』를 발췌해서 편집한 사법이론 팸플릿을 내기도 했다.[46] 그 후 2001년 온깍지궁사회 활동이 결성되고 그 모임의 교장을 맡으면서 간행된 『국궁논문집』과 홈페이지에 꾸준히 자신의 사법이론을 발표했다. 그 제목을 보면 다음과 같다.[47]

① 활 잘 쏘는 사람의 경계
② 온깍지 사법의 원리
③ 힘의 응용
④ 발디딤과 몸통의 방향 연구[48]

---

45 이 책에 대한 관심은 판매부수로 나타나는데 600부 가량이 활터의 사람들에게 팔려나갔다. 전국의 활터 수가 300여 정이 조금 넘고, 국궁 인구가 1만 명이 채 안 된다는 것을 감안하면 약 17% 정도가 이 책을 본 셈이다. 책의 특성상 활 쏘는 사람이 아니고는 보기 어려운 책이어서 이 수치는 거의 다 국궁인이라고 보아도 무방하다.

46 조영석, 『전통사법』, 팸플릿, 1999.

47 온깍지궁사회 홈페이지(http://www.onkagzy.com) 이심전심.

48 『국궁논문집』 제1집, 온깍지궁사회, 2001. 86-96쪽.

⑤ 활의 선택법

⑥ 우리 활의 구조와 이해[49]

⑦ 우리 활 줌과 줌 쥐는 법[50]

⑧ 깍지손 쥐기[51]

⑨오늬 먹이기

⑩줌손과 깍지손의 이동방향과 동선

⑪중심점 형성과 이동[52]

⑫발시과정에서 줌손의 이동과 깍지손의 이동[53]

⑬비정비팔 흉허복실의 이해와 응용[54]

『사법비전공하』의 이론은 일단 우리 활이 아니고 중국 활의 이론이라는 점이 가장 큰 문제이다. 중국 활은 사실 우리 활과 구별하기 힘든 만큼 많이 닮았다. 그런 점에서 이해하기 쉬운 면도 있지만, 비슷하기 때문에 더욱 어려운 부분도 있는 법이어서 문제는 여전히 남는다. 중국 활의 특성과 사법을 완전히 파악한 다음에 이 책을 접근해야 가장 올바른 지식을 얻을 수 있을 것이다. 그러나 이미 중국 활은 명맥이 끊긴 상태여서 이런 접근이 어려워진 상태이다.[55]

---

49 『국궁논문집』 제2집, 온깍지궁사회, 2002. 135-140쪽.
50 『국궁논문집』 제2집, 온깍지궁사회, 2002. 141-147쪽.
51 『국궁논문집』 제3집, 온깍지궁사회, 2003. 124-130쪽.
52 『국궁논문집』 제4집, 온깍지궁사회, 2005. 140-144쪽.
53 『국궁논문집』 제5집, 온깍지궁사회, 2006. 43-47쪽.
54 『국궁논문집』 제6집, 온깍지궁사회, 2007. 94-103쪽.
55 중국 활을 최근에 정리한 사람은 셀비이다. 영어로 된 책을 내기도 했다.
    Selby Stephen, 『Chinese Archery』, Hongkong University Press, 2000.

또 한 가지는 한자에 대한 정확한 해석 능력이다. 사법비전연구회에서 부딪힌 가장 심각한 문제도 이것이었다. 활쏘기는 겉으로 보아서는 전혀 알 수 없는 내용이 많다. 설령 정확하게 설명한다고 해도 엉뚱하게 알아듣는 경우가 많다. 이렇게 민감한 것을 옮긴 문자이니, 문자에 대한 지식만으로는 해석이 불가능한 책이다. 이런 문제가 해결되어야만 실제로 우리의 사법에 바람직한 영향을 줄 수 있다.

그러나 위의 논의들은 전통사법이라는 말이 따라 붙지만, 사실 이런 점이 확보되지 않았기에 아주 위험할 수 있다. 남의 활 이론으로 설명을 하는 우리 활의 실상은 언제나 한계를 갖기 때문이다. 출발부터 이런 숙제를 안고 있는 것이 사법비전공하에 뿌리를 둔 사법이론이다.

7) 「국궁의 전통사법에 대한 고찰」

이것은 석사학위논문이다.[56] 활쏘기는 최근 들어 간간이 학계에 보고가 되었다. 주로 젊은 사람들이 학위논문 형식으로 제출한 것이다.[57] 그리고 1980년대 이후에 활터와 관련된 내용들이

---

56 정진명, 「국궁의 전통사법에 대한 고찰」, 청주대학교 교육대학원, 2003.
57 김경대, 「동양궁의 체육사상사적 고찰」, 동아대학교 교육대학원, 1988.
    나영일, 「조선조의 무사체육에 관한 연구」, 서울대학교 대학원, 1992.
    양영호, 「성인의 국궁 참가 동기 연구」, 전북대학교 교육대학원, 1998.
    김효권, 「국궁인이 인식한 국궁의 특성에 관한 조사 연구」, 국민대학교 교육대학원, 2000.
    이병민, 「한국의 궁도에 관한 연구」, 동아대학교 대학원, 2000.
    박남수, 「한국 활쏘기의 체육사적 연구」, 교원대학교 교육대학원, 2003.

간간이 취급되었다.[58]

그런데 이런 논문들은 사법이 아니라 활터 일반에 대한 사항을 주로 선택하여 소개하는 수준이었다. 이것은 사법 논의의 어려움 때문이다. 활터에서는 집궁경력이 30~40년은 아주 흔한 편이고, 심지어 집궁회갑을 넘긴 분들도 꽤 있기 때문이다. 이들 앞에서 20년쯤의 경력이란 말밥에 올리기도 어려운 애송이의 그것이다. 그러니 이런 환경에서 자신의 사법이론을 편다는 것이 쉬운 일이 아니다.

그런 까닭에 이 글에서는 자신의 사법을 논한 것이 아니라 해방 전후에 집궁한 50년 이상의 구사들을 찾아다니면서 면담한 결과를 바탕으로 그들의 사법이 『조선의 궁술』에 나타난 사법과 어떤 관계인가를 확인하는 방법을 썼다. 그때 만난 사람들은 다음과 같다.

성낙인(서울), 윤준혁(전남 곡성)[59], 이종수(전남 고흥), 이상엽(황해 개풍)[60], 김복만(울산), 김병세(경기 장단)[61], 안석홍(인천)[62],

---

58 임영무, 「국궁의 체육적 고찰」, 『한국체육학회지』, 제23권 2호, 1984.
나영일 · 오정석, 「조선조 무사들의 활쏘기와 기타 체육에 관한 연구-난중일기를 중심으로-」, 『체육연구소논집』 제12집 1호, 서울대학교, 1991.
김창룡 · 허건식, 「궁술 수련의 의미」, 『무도연구소지』 제8집 1호, 용인대학교, 1997.
김상철, 「궁술의 사적 고찰」, 『무도연구소지』 제8집 1호, 용인대학교, 1997.
59 윤준혁은 원래 전남 곡성 출신인데, 구례 봉덕정에서 오래 활을 쏘았고, 취재 당시에는 부산의 수영정에서 쏘다가 오륙도정을 만들었다. 온깍지궁사회의 초대 사수(射首)를 지냈고 2007년 10월 30일에 입산했다.
60 이상엽은 황해도 개풍 출신이고 한국전쟁 때 월남하여 강화도에서 인삼을 재배하며 살았다. 강화도에는 활터가 없어서 집 마당에서 주살질을 하며 지냈

김현원(인천), 하상덕(인천), 이태엽(황해)[63], 고익환(서울), 박경규
(충남 금산), 이용달(강원), 김향촌(경남 사천)

이렇게 하여 이들의 사법을 종합한 결과를 논문으로 정리했
다. 그 결과 이들의 사법과 『조선의 궁술』에 나타나는 사법의 모
양새는 별반 차이가 없는 것으로 확인됐다.[64] 아울러 해방 후에
사법이 변한 원인을 새로운 장비의 출현에서 찾았다. 그리고 해
방 전의 구사들한테서 사법이 일치하는 원인을, 한량들 간의 교류
가 빈번했다는 사실과, 조선시대 무과 제도의 영향이라는 점에서
관찰했다.

이 글에서 역시 시간차 흐름에 따라서 사법을 서술하는 방식
을 취했다. 그 세부사항을 보면 다음과 같다.[65]

다. 취재 당시에는 연로하여 과녁이 보이지 않을 만큼 눈이 침침했는데, 그래
도 아침저녁으로 주살질을 한다며 주머니에서 깍지를 꺼내보였다. 흰색 뿔로
된 깍지였다.

61 김병세는 경기도 장단 출신인데, 한국전쟁으로 휴전선에 편입되는 바람에 월
남하였고, 수원 연무정에서 활을 쏘았다.

62 안석홍은 인천 연무정 소속인데, 인천 토박이이고, 김영환 김장환 형제와 함
께 각궁 만드는 기술을 배웠다. 그들과는 인척 관계이다. 인천에서 한 동안 궁
방을 운영하기도 했다. 나이가 들면서 궁방을 그만두었는데, 그 무렵에 중요
무형문화재 제도가 생겨서 김장환이 지정되는 바람에 때마침 궁방을 닫았던
안석홍은 무형문화재 보고서에서도 제대로 취급되지 않았다. 김현원 하상덕
과는 친구 사이이다.

63 이태엽은 황해도 선천 출신으로 현재는 미국으로 이민 간 상태이다.

64 「국궁의 전통사법에 대한 고찰」, 39쪽.

65 「국궁의 전통사법에 대한 고찰」, 10쪽.

단　계	세부동작
예비동작	① 발디딤
	② 손가짐
	③ 살 메우기
본 동작	④ 걸치기
	⑤ 죽올리기
	⑥ 엄지발가락 누르기
	⑦ 깍짓손 끌기
	⑧ 온작
	⑨ 발시
마무리 동작	⑩ 거두기

이 글에서도 전체를 세 덩어리로 나누고 그 안에서 모두 열 단계로 나누는 방법을 썼다. 『한국의 활쏘기』와 견주면 '걸치기' 와 '엄지발가락 누르기' 가 더 늘어난 셈이다. 그리고 각 마디를 가리키는 용어도 달라졌다. 동작의 특성을 잘 반영한 말로 바꾼 것이다.

이렇게 해서 『우리 활 이야기』와 『한국의 활쏘기』를 거치면서 이 글에서 이와 같이 정리됨으로써 사법은 일단 매듭지어진다.

8) 「전통사법을 찾아서」

이상의 논의는 활자화를 거친 책들이다. 그런데 국궁계에서는 1997년 이후[66] 의사소통의 일대 혁신이 일어난다. 즉 인터넷

---

66 이건호(울진 칠보정) 접장이 사이버 국궁장이라는 개인 홈페이지를 1997년에 만든다. 인터넷에 국궁이 등장하는 것은 이것이 최초이다.

이 등장하면서 활터의 담론도 그 전파는 차원이 다를 만큼 빠르고 광범위하게 시공을 넘나들며 주요 매체로 자리 잡는다. 이에 따라 활쏘기에 관한 자료도 인터넷에 공개된다.

그런데 자료 공개가 쉽고 빨라지면서 아울러 병폐도 생겼다. 검증되지 않은 단순한 체험론이나 허접한 이론이 너무나 많이 떠돌아서 오히려 처음 배우는 사람에게 혼란을 가중시키는 부작용이 생긴 것이다. 말만 좀 그럴듯하게 다듬은 글들이 신사들에게 그릇된 버릇을 심어서 평생 병을 달고 살게 한다. 인터넷의 이점으로 자료를 접하기 쉬워진 반면에 그릇된 자료 속에서 참된 자료를 찾을 줄 알아야 하는, 어떻게 보면 더 난처한 일이 벌어진 것이다.

그런 가운데, 2008년도 말에는 중요한 사법 논의가 나타난다. 온깍지궁사회 사랑방의 사법 논의 공간에 '전통사법을 찾아서' 라는 글이 연재된 것이다.[67] 현곡 류근원 접장의 글이다.

사법을 체득하는 것과 그것을 논의에 올리는 것은 상당히 다른 문제이다. 논의한다는 것은 비판과 반론을 통하여 그 분야의 발전을 도모하려는 것이다. 그러기 위해서는 반드시 용어가 통일되어야 하고, 논의의 근거가 제시되어야 한다. 모든 논쟁이 발전을 위해 갖추어야 할 요소이다. 그런데 지금까지 사법에 관해서 논의된 것들은 대부분 이에 대한 태도가 뚜렷하지 않았다. 인터넷에서 어렵게 시작된 논의와 주장들이 이론을 위한 발전으로 승화되지 못하고 말싸움으로 그치고 마는 것은 바로 이와 같은 전제

---

67 http://cafe.daum.net/onkagzy. 2008. 10. 14.부터 2009. 2. 6.까지 연재. 이 연재물은 다시 정리되어 국궁논문집 제7집(온깍지궁사회, 2009)에 실렸다.

가 잘 안 되었기 때문이다. 같은 말을 하면서도 실제는 서로 다른 주장을 되풀이하는 꼴이 된 것이다.

류근원의 연재 글은 이런 점에서 그 전의 다른 논의와 분명한 차이를 보이는 장점을 지닌다. 사법을 자신이 체득한 것이기는 하지만 그 근거는 『조선의 궁술』임을 분명히 밝힌 것이다. 그리고 자신의 사법을 그 전대에 완성된 사법에서 찾음으로써 비판과 발전의 계기를 마련하게 되었다. 어찌 보면 한 개인이 『조선의 궁술』을 몸으로 소화하여 자신의 체험 위에서 사법을 완전해 재구성한 것은 이 글이 처음일 것이다. 그런 의미에서 전통사법 발전을 위한 새로운 가능성을 열었다고 평가할 수 있다. 이것이 이 연재가 지닌 가치이고 덕목이다.

연재의 제목만을 정리해보면 다음과 같다.

1. 『조선의 궁술』을 대하는 마음
2. 강궁 백해무익
3. 화살 고르기
4. 발자세 - 과녁을 향하여
5. 『조선의 궁술』의 두 가지 발자세
6. 『조선의 궁술』- 신사가 배우는 차례
7. 발자세 - 부드러운 회전
8. 온몸의 부드러움
9. 높이 끌기
10. 중구미로 끌기
11. 몸 들여다보기

12. 깍지손과 빗장뼈

13. 죽머리의 견실함

14. 흔들리지 않는 줌손 - 중구미 엎기

15. 중구미를 엎는 과정

16. 줌통의 모양과 손목

17. 줌통의 모양과 맞섬

18. 줌쥐기

19. 줌손과 깍지손의 방향

20. 갈비뼈와 호흡

21. 호흡과 불거름

위의 제목을 잘 살펴보면 논의가 『조선의 궁술』에서 출발하면서도 논의의 흐름이 일정한 방향을 이루고 있음을 알 수 있다. 즉, 사법 논의의 쟁점만을 부각시켜서 보면 발에서 시작해서 몸통을 거쳐 손끝으로 가는 방향성을 포착할 수 있다. 이것은 글쓴이의 생각이 움직이지 않는 발에서부터 손끝으로 옮겨가는 힘의 작용을 파악했다는 뜻이다. 결국 손끝의 아주 섬세한 놀림은, 전혀 움직이지 않는 발의 모양에서 결정된다는 아주 중요한 비밀을 논의의 방법에서 드러낸 셈이다. 바로 이런 점에서 이 연재는 그 전의 다른 어떤 글보다도 원칙이 분명하고 사법의 본질에 아주 가까이 다가갔음을 눈치 챌 수 있다. 이 방향성에 이 글의 핵심 생각이 녹아있다.

그리고 『조선의 궁술』에서 자세히 논의하지 않은 호흡까지 분명하게 언급함으로써 전통 사법의 연구논의를 한 단계 더 앞당긴

성과를 냈다. 지금까지 아무도 논의하지 않은, 그렇지만 어찌 보면 가장 중요한 부분까지 문제를 확대시킨 공은 칭찬 받아 마땅하다.

류근원의 연재는 바람직한 논의의 한 전형을 보여준다. 주장만 난무하기 쉬운 인터넷 공간에 이런 훌륭하고 알찬 글이 실렸다는 점에서 더욱 값진 일이다. 그리고 인터넷이라는 매체가 국궁의 발전에 얼마든지 잘 기여할 수 있음을 확인할 수 있는 계기가 되었다.

9) 정사론

정사론(正射論)은 장언식이라는 조선 후기의 한 무인이 쓴 활쏘기 책이다. 육군박물관에서 내는 『학예지』 제15집에 필사본 원문과 번역이 실렸다. 육군사관학교의 김기훈 교수가 발굴한 것이고, 번역자는 백천 김세현이다.[68]

『조선의 궁술』이 형성되기 전에 무과 준비를 한 무인이 쓴 글이어서 실용성이 아주 강한 책이다. 실제로 내용을 분석해보면 무과의 과목이었던 육량전의 사법이 주를 이룬다. 육량전에 대한 모든 정보가 사라진 상태에서 이 자료는 『조선의 궁술』 이전의 사법을 엿볼 수 있는 아주 중요한 자료이다.

우리 활의 특징은 멀리쏘기에 능하다는 것인데, 무과에서 그것을 측정하는 방법이 육량전이었다. 150미터라는 먼 거리의 과녁을 정확히 조준하여 쏠 수 있는 바탕이 육량전의 사법인 셈이

---

68   김세현, 「정사론」, 『학예지』 제15집, 육군박물관, 2008. 155~225쪽.

다. 그러므로 오늘날 우리가 배운 사법의 원뿌리를 찾아볼 수 있는 아주 중요한 내용이다. 실제로 육량궁의 사법에서 보이는 중요한 원리가 『조선의 궁술』의 사법에도 아주 잘 살아있다는 것을 확인할 수 있다. 이것은 『조선의 궁술』이 체육에 적합한 것을 기록했다고 했지만, 옛날 사법을 충실히 계승하는 차원이었다는 것을 이 책에서 확인할 수 있다. 또 중국의 사법이 담긴 『사법비전공하』의 내용과도 달라서 우리 사법의 원형을 엿볼 수 있는 중요한 자료이다. 현재의 사법은 육량전과 똑같지 않을지라도 많은 부분의 원리가 무과의 유산임은 분명한 까닭에 이 책을 탐구하는 것은 우리의 전통을 찾는 과정에서 아주 중요한 몫을 차지할 것으로 보인다.

3 _ 전통사법의 실제

1) 전통 사법의 뜻

전통이라는 말 속에는 '대대로' 라는 뜻이 들어있다. 한 대가 아니고 그것이 겹쳐진 '대대' 인 것은 몇 대인지 알 수 없다는 뜻이다. 이 경우 알 수 없다는 것은 기원이 불분명하거나 애매모호한 것을 말하는 것이 아니라 너무 오랜 세월이 흘러서 어림짐작도 할 수 없을 만큼 유구하다는 뜻이 담겨있다. 따라서 한두 세대나 서너 세대를 이었다고 해서 감히 전통이라는 말을 붙이기는 쉽지 않다.

사법의 경우도 마찬가지이다. 전통사법이라고 하려면 그것의 뿌리가 어디서 온 것인가를 먼저 확인해야 하고, 그 뿌리가 과

풍속화 속의 정량궁 쏘는 모습

연 몇 대에 걸쳐 이어져온 것인가 하는 것을 확인할 수 있어야 한다. 이 점에서 활터는 혼란스럽기 그지없다. 활터는 이미 오랜 세월이 누적된 곳이어서 그곳에 있는 것만으로도 전통이 저절로 계승된다는 착각을 불러일으키기 때문이다. 요즘 벌어지는 사법 논쟁의 대부분도 이런 관행 속에서 자신의 정당성을 찾으려는 경향이 강하다. 즉 자신의 사법을 중심으로 전통을 정해놓고서 다른 사법을 분석하고 비판하는 형국이기 때문이다.

그러나 활터의 사법은 이미 전통이라는 말을 붙이기 쉽지 않은 상황이 돼버렸다. 불과 30년 사이에 사법이 많이 달라졌기 때문이다. 달라진 그 사법을 기준으로 놓고 자신의 정당성을 주장한다면 이미 그 전부터 전해온 제대로 된 사법조차도 사이비 사법으로 전락하기 쉽다. 따라서 사법 논쟁에는 언제나 논의의 준거가 필요하다.

그렇다면 그 준거는 무엇인가? 말할 것도 없이 『조선의 궁술』이다. 사법에서 전통이란 이 책 속의 사법을 말하는 것이다.

2) 사법의 만세 표준, 『조선의 궁술』

『조선의 궁술』은 1929년에 나온 책이다. 그런데 문제는 이 책이 몇몇 개인의 의견이 아니라 당시의 궁술계를 대표하는 책이라는 점이다. 이 책의 출판 주체가 조선궁술연구회라는 것이 그 증거이다. 단순히 한 개인의 생각이 아니라 당시를 대표하는 기관에서 낸 책이다. 그리고 이런 생각을 뒷받침하는 것은 그 책 뒤에 붙은 간행 발기인 명단이다.

本書刊行發起人

孟聖述 京城 石虎亭	金景鎭 京城 石虎亭
成文永 京城 黃鶴亭	李胤九 京城 華水亭
朴齊範 京城 靑龍亭	金鑛夏 京城 一可亭
池東旭 京城 西虎亭	朴承弼 京城 靑龍亭
李秉均 京城 華水亭	林昌蕃 京城 石虎亭
白樂萬 京城 一可亭	咸和鎭 京城 黃鶴亭
芮鍾錫 京城 黃鶴亭	李炳萬 京城 西虎亭
李鍾吉 高陽 舞鶴亭	羅喜奎 京城 西虎亭
安必中 京城 一可亭	李鍾翊 京城 黃鶴亭
李舜薰 京城 一可亭	崔晶圭 京城 一可亭
沈能益 京城 一可亭	申泰喜 京城 崇武亭

朴允秀 京城 靑龍亭	李鍾國 京城 黃鶴亭
李根份 京城 一可亭	林炳郁 開城 反求亭
孫完根 京城 黃鶴亭	崔載淸 開城 反求亭
蔡禹錫 京城 黃鶴亭	張然哲 楊州 乘鶴亭
崔文淳 開城 虎　亭	鄭世昌 楊州 乘鶴亭
李奎弘 開城 觀德亭	孫俊根 仁川 武德亭
秦炳建 開城 觀德亭	嚴柱哲 水原 鍊武臺

　　명단과 소속 정을 살펴보면 당시 서울은 물론 근기지방의 사
정들이 대부분 참여했음을 알 수 있다. 이런 책을 발행하게 된 계
기는 조선궁술연구회 창립이다. 이 책이 간행되기 한 해 전에 이
모임이 만들어지고, 이것은 당시의 궁술계를 대표한 조직이어서
언론의 집중조명을 받는다.[69] 이런 뜨거운 관심을 바탕으로 제1
회 전조선궁술대회를 개최한다. 그리고 그 과정은 당시 동아일보
에 아주 자세하게 보도된다.[70] 그리고 그 단체의 결성을 주도한
궁술계의 인물은 성문영이고, 그 기사를 읽어보면 전국을 대표하
는 단체의 출현 과정을 자세히 볼 수 있다. 조선일보에서는 훗날
성문영 특별 대담을 연재하기도 한다.[71]

　　이 단체가 결성된 이듬해에 나온 것이 바로 이 책이다. 따라
서 이 책은 당시에 전해오던 활쏘기의 완결판이라고 보아도 전혀

69　「동아일보」 1928. 7. 13.
70　이건호, 「조선궁술연구회 창립연도 고찰」, 『국궁논문집』 제6집, 온깍지궁사
　　회, 2007. 7~22쪽.
71　『조선일보』 1938. 1. 1.~3.

손색이 없다. 그만큼 많은 사람이 참여했고, 공을 들여서 만들었다. 따라서 조선 활쏘기의 정통을 총정리한 책이다.

게다가 우리 민족의 활쏘기는 단 한 번도 기록으로 남은 적이 없다. 그런 가운데 나온 이 책은 옛 사람들이 자신들의 활쏘기를 문자로 남긴 처음이자 마지막 기록에 해당한다. 따라서 이 책 속의 내용은 오천년 역사를 지닌 우리 활이 처음으로 문자로 기록된 것이다. 현재의 전통 역시 이것의 연장선상에 있는 것인 만큼 우리가 이것을 전통의 정통으로 삼지 않을 이유가 하나도 없다.

이것은 사법에서도 마찬가지이다. 『조선의 궁술』에는 당시에 통일된 사법이 존재했다.[72] 동일한 사법으로 대회를 열었으며, 동일한 동작으로 교류를 하고 한량들 간의 교감을 이루었다. 이처럼 사법이 통일된 형태는 우연의 일치가 아니라 출세 영달의 관문이었던 무과에서 유래된 것이며,[73] 다양한 활의 바탕이 되는 유엽전 사법에 근거를 둔 사법임을 책에서 밝히고 있다.(37~38쪽)

따라서 사법에서 전통이란 『조선의 궁술』의 사법을 말하는 것이며, 『조선의 궁술』에 나타난 사법은 곧 전통 사법의 정통에 해당한다는 사실을 분명히 짚을 필요가 있다. 이 사실을 먼저 확인하지 않고 논의되는 사법이라면 그것은 개인의 창작이거나 그 개인이 속한 활터의 견해일 뿐이다. 그 견해는 『조선의 궁술』에 기준을 두고 평가 받아야 하는 것이지, 그 견해에 기준을 두고 『조선의 궁술』에 대해 어쩌니 저쩌니 입방아 찧을 상황은 아니

---

72 국궁의 전통사법에 대한 고찰, 39~40쪽.
73 국궁의 전통사법에 대한 고찰, 40쪽.

다.『조선의 궁술』은 이미 수천 년 수백 년에 걸쳐서 우리 민족이 검증한 정통사법이기 때문이다.

3)『조선의 궁술』사법의 성격과 쓴 이

『조선의 궁술』의 저자는 조선궁술연구회이지만, 글을 쓰는 것은 사람이지 단체가 아니다. 그렇다면 누가 이 책을 쓴 것인가? 그것은 맨 첫 쪽에 나와 있다. 한글학자인 동운 이중화[74]가 편집을 했으며, 네 명이서 교열을 했다.(1쪽) 교열을 본 사람은 모두 넷으로 안필중, 성문영, 박제범, 임창번이 그들이다. 이중화는 한글학자이기 때문에 활을 직접 쏘는 부분을 제외한 모든 분야를 서술했을 것이고, 나머지 넷은 이중화에게 필요한 자료를 제공하거나 활을 모르는 편자의 지식을 보충해주는 노릇을 했을 것이다.

그렇다면 우리가 만세의 표준으로 삼은 사법 부분은 누가 썼을까 하는 것이 중요하다. 실제로 사법은 다른 부분의 내용과 여러 가지로 구별되는 특징을 보인다. 다른 곳은 국한문 혼용인데 반해 사법 부분은 순 한글로 쓰였고, 문장의 말투도 아주 다르다. 그래서 이 부분은 이중화가 아닌 다른 사람이 썼다는 심증이 저절로 생긴다. 그렇다면 안필중, 성문영, 박제범, 임창번 중의 한 명

---

[74] 이중화(1881~1950) 한글학자. 서울 출신. 1981년 배재학당 교사. 배재고교 학감, 부교장 역임. 1935년 경성여자미술학교 교장. 1929년 조선어사전편찬 위원회 준비 위원. 1939년 조선어 표준말 수정위원. 1942년 조선어학회 수난으로 옥고. 광복 후 한글학회 이사. 재단법인 한글집 이사장. 1948년 국학대학장을 지내다 6.25 때 납북. 저서로『경성기략』이 있다.(이자윤,「조선의 궁술 사법 토론」,『국궁논문집』제5호, 온깍지궁사회, 2006. 53쪽에서 재인용)

이 썼을 것이 분명하다. 그렇다면 누가 썼을까?

현재 이와 관련하여 자료가 남은 것은 없다. 전후 사정이 요즘처럼 기록으로 남기 어려운 당시의 사정 때문이다. 그래서 이 문제를 성문영의 외동아들인 성낙인 선생에게 물어본 적이 있는데 이에 대한 암시를 어느 정도 받을 수 있었다. 성낙인에 따르면 이 넷 중에서 박제범은 당시에 나이가 아주 많았던 사람으로, 예우 차원에서 이름을 넣었다고 한다.[75] 요즘 전통에서도 충분히 있을 수 있는 일이다.

박제범은 고종 12년(1875년, 을해)에 돈녕부 도정을, 고종 34년(1897년, 광무1년, 경인)에 평양진위대 중대장을 지냈으며[76],

대한제국직원록에 따르면 1908년 현재 경상북도관찰도 홍해군의 군수를 지냈고, 조선총독부 및 소속관서직원록에서도 1910년 현재 홍해군수를 지낸 것으로 확인된다.[77] 이상의 경력을 보면 당시 궁술계의 분위기에 상당한 영향을 끼칠 수 있는 인물임을 알 수 있다. 게다가 성문영 자신이 궁내부 소속인 데다

---

75   제1회 전조선궁술대회의 신문기사에는 위원 명단에 성문영과 박제범이 나온다.

76   민족문화추진회 http://www.minchu.or.kr

77   국사편찬위원회 http://www.history.or.kr

가 무과 출신이기 때문에 서로 잘 아는 사이였을 것으로 짐작된다. 이것이 박제범의 이름이 『조선의 궁술』 교열자 명단에 오른 이유이다. 그리고 박제범은 제1회전조선궁술대회의 위원명단에도 나온다.[78]

안필중은 구한말에 고위관리직을 지낸 인물이어서 오히려 박제범보다 더 높은 작위에 있었다. 그렇기 때문에 박제범을 예의상 넣어주었다면 안필중은 말할 것도 없다. 안필중은 순흥 안씨로 고종 39년(1902년 임인 대한광무6년)에는 80살 이상의 조관들만 참여할 수 있는 기로소에 들어가는 은전을 받는데 그때 품계가 종2품의 고위직이었다.[79] 그리고 1908년 각사등록에는 궁내부 내장원사무촉탁으로 나타나고[80] 1935년 조선중앙일보에는 안필중의 사망소식이 간략하게 오른다.[81] 구한말의 원로대신이었음을 알 수 있다.

그리고 조선궁술연구회 발기문을 보면 박제범은 서울의 청룡정 소속이고 안필중은 일가정 소속이다. 조선궁술연구회를 조직하고 운영하는 일이 황학정을 중심으로 이루어졌기 때문에 이들은 외곽에서 성문영을 지원하는 방식을 택했을 것이다. 결국 『조선의 궁술』은 황학정의 작품이라고 볼 수밖에 없다.

해방 후에 대한궁도협회 회장을 지낸 임창번은 다른 사람에 견주면 아주 젊은 사람으로 성사두를 아주 극진히 따르던 사람이

---

78 「조선궁술연구회 창립 연도 고찰」, 22쪽.
79 조선왕조실록 홈페이지 http://sillok.history.or.kr
80 한국역사정보통합시스템 http://koreanhistory.or.kr
81 「조선중앙일보」 1935년 12월 19일

성문영과 임창번

었다고 한다. 그래서 본래 석호정 소속이었는데도 성사두의 권유를 받아들여 나중에는 황학정으로 적을 옮기기까지 했다고 한다.[82] 그리고 안필중은 성낙인 선생이 잘 모르는 사람이라고 한다. 인지도 면에서도 박제범보다 한 발짝 더 멀다는 증거이다. 이 책의 사법 부분은 누가 썼느냐고 직접 물어보았는데, 성낙인 선생은 성사두가 썼다고 했다.[83]

　　그렇다면 이렇게 추론된다. 『조선의 궁술』에는 이중화가 기록하지 않은 부분이 있는데, 그 부분은 순한글 표기로 되어있는 〈궁술의 교범〉과 〈고래의 사풍〉이다. 이 중에서 〈궁술의 교범〉은 성

82　　실제로 『조선의 궁술』에는 발기인 명단에 석호정 소속으로 나온다.

83　　이런 말이 혹시 자신의 아버지를 추켜세우려는 의도에서 나온 말이 아닌가 하는 의심을 해볼 수도 있다. 그러나 모든 말은 그 사람의 태도에서 확인되어야 한다. 여태까지 성낙인 선생과 대담하면서 느낀 것은 아는 것과 모르는 것을 정확히 구별하는 분이었다는 것이다. 그리고 자신의 말이 국궁계에서 중요한 자료로 활용되는 것을 잘 알지 못하는 상황이었다. 처음에 내가 성낙인 선생과 이야기할 때에는 활에 관한 글을 쓰기 전이었기 때문이다. 성선생은 한참 후에 자신의 말이 문자로 기록된다는 사실을 알았다. 이런 태도로 볼 때 굳이 자신에게 유리한 쪽으로 말을 만들어서 하지는 않았으리라고 본다. 그리고 선생의 꾸밈없는 태도는 이런 심증을 더욱 굳게 해주곤 한다.

문영이 썼다. 〈고래의 사풍〉은 알 수 없다.

여기서 한 발 더 나아간다면 성문영이 구술하거나 쓰고 그를 곁에서 오래 섬기던 임창번이 정리했다고 짐작할 수 있다. 제일 젊은 임창번의 이름이 들어갔다면 이런 방식의 기여를 무시할 수 없었기 때문이라고 볼 수 있다. 그리고 임창번이 교열에 들어가 있지만, 그가 존경하던 성문영 앞에서 사법에 대해 자신의 주장을 펼치기는 어려웠을 것이다. 그래서 어쩌면 실무를 맡게 되었을 수 있다.

실제로 성문영은 당시에 사법 논의를 총괄할 위치에 있기도 했다. 자신이 산파역을 한 조선궁술연구회의 초대 회장을 맡았을 뿐더러, 제1회 전조선궁술대회의 위원을 맡기도 했다.[84] 이런 상황은 그가 조선의 왕실에서 운영하던 황학정의 사두라는 점이 많이 작용했을 것이다. 그리고 실제로 그는 대한제국의 마지막 무과 시험에서 장원급제한 사람이기도 했다.(성낙인) 어느 하나를 살펴보아도 조선의 활쏘기를 대표할 만한 인물임에 틀림없다.

따라서 이런 정황을 종합할 때『조선의 궁술』에 기록된 사법은 성문영을 빼놓고는 아무런 논의도 할 수 없는 상황이며, 그의 아들인 성낙인의 증언이 유일하게 남은 지금에 이르러서는『조선의 궁술』의 사법이 성문영 사두의 손을 거쳐서 나온 것이라는 결론을 지을 수밖에 없다.[85]

---

84 「조선궁술연구회 창립 연도 고찰」 22쪽.
85 성낙인 대담(2007.9.13)
　　성문영 사두는 일본말을 할 줄 몰랐다. 그래서 일본인과 만날 때는 일본어가 유창한 임창번 씨를 대동했다고 한다. 다만, 증권에 관련된 일을 해서 숫자만 아는 정도였다고 한다.

그리고 그의 사법은 특별한 한 사람의 사법이 아니라 당시의 편사를 통해서 근기지방에 두루 공인된 것임을 알 수 있다. 실제로 편사는 해방 전까지 서울 곳곳에서 있었고[86], 개성편사도 열렸음이 확인된다. 성낙인 선생이 어렸을 적에 개성편사를 하고 돌아오는 아버지를 마중하러 경성역에 나간 적이 있다는 말을 통해서 그것을 알 수 있다.[87]

또 이 사법은 전국에 두루 통하는 사법이었음은 전조선궁술대회의 성격을 통해서 짐작할 수 있다. 전국의 교류 상황을 알려주는 대회이기 때문이다. 또 실제로 성사두는 여수 출신의 시수꾼 이방헌을 황학정의 사계원으로 영입하여 편사에 대비하기도 했다. 이방헌은 삭회 때 가끔 지방에서 올라왔다가 내려가고는 했다고 한다.(성낙인) 그는 당시 전국에 이름난 시수꾼이었다.[88]

성낙인 선생(2009.11.)

이렇게 해서 『조선의 궁술』의 사법을 정리한 사람들에 대해 알아보았다. 그렇다면 이들이 정리한 사법

86   『이야기 활 풍속사』, 61~63쪽.
87   성낙인, 「선친 성문영 공」, 『국궁논문집 제1집』, 온깍지궁사회, 2001.
88   윤준혁, 「전라도 지역의 해방 전 활쏘기 풍속」, 『국궁논문집』 제1집, 온깍지궁사회, 2001.

은 과연 어떤 수준이며 어떤 성격인가 하는 것을 생각해볼 필요가 있다. 최근 들어 이 사법에 대해 여러 가지 의문을 품는 사람들이 나타나고 있는 바, 특히 이 사법을 의심하여 자신이 터득한 사법의 수준에서 『조선의 궁술』의 잘잘못을 따지려드는 경우가 아주 많다. 그렇다면 이 책 속의 사법 논의 수준은 어떨 것인가? 그것은 이 사법을 정리한 사람들의 무예 수준을 알아보면 될 것이다.

임창번은 이들 중 가장 젊은 나이로, 사법에 대해 자신의 주장을 함부로 펼치기 어려웠을 것을 감안하면[89] 나머지 안필중, 박제범, 성문영의 무예 수준이 이 책의 사법 수준을 결정했을 것임은 의문의 여지가 없다. 그런데 이들 셋은 모두 당시의 대단한 고위관료였을 뿐만 아니라, 박제범과 성문영은 정식 무과 출신이다.[90] 즉 무과로 등단한 사람들이다. 무과로 등단했다는 것은, 무과에서 요구하는 각종 무예를 통달했고 그 중에서도 탁월한 실력자였음을 의미한다.

무과의 과목은 조선 후기 과거의 기준이 되는 『속대전』을 기준으로 하면 목전, 철전, 편전, 기사, 관혁, 기창, 격구, 유엽전, 조총, 편추, 강서이다.[91] 무과 출신이란 이런 무예를 두루 섭렵해야

---

89 임창번, 「조선궁도의 사적 고찰」, 『체육문화』, 1948.
    현재까지 찾아본 임창번의 글은 이것이 유일하다. 조선체육회에 활쏘기를 소개한 것으로 단 2쪽짜리의 짧은 글이다. 임창번 자신이 쓴 글이라는 것을 전제로 한다면 『조선의 궁술』에 나오는 문장의 말투와는 사뭇 다르다. 이에 따르면 『조선의 궁술』에 나오는 사법 부분은 임창번이 쓰지 않았다는 결론이 된다. 따라서 사법 부분은 성문영이 썼음이 더욱 분명해진다.
90 안필중은 경성 일가정의 사원이다. 『조선의 궁술』 발간 당시 활을 쏘고 있었다면 무과 출신일 것으로 짐작되지만 실제로 그런지는 확인하지 못했다.
91 『속대전』, 영인, 아세아문화사, 1983, 308~314쪽. 卷四 兵典 試取

만 하는 일이고, 『조선의 궁술』에 기록된 사법은 이러한 무예를
통달한 사람들의 머릿속에서 나온 것이다. 따라서 다른 무술에
관류하는 중요한 원리가 활에도 그대로 녹아있음을 간과해서 안
된다.

활을 바라볼 때, 활밖에 모르는 사람이 활을 보는 수준과 다
른 무술을 섭렵한 사람이 활을 보는 수준은 하늘과 땅의 차이이
다. 다른 무예를 한 사람은 활밖에 모르는 사람이 보지 못하는 것
을 활에서 본다는 말이다. 게다가 다른 무예의 화려하고 다양한
동작이 활에서는 아주 단순한 동작으로 간추려졌다. 따라서 활
안에서만 보는 시각으로는 활 안의 동작이 얼마나 좋은 것이고 어
떤 것이 옳은 것인지 판단할 수 없는 경우가 허다하다. 오히려 그
반대의 성급한 결
론으로 귀결되는
수가 허다하다. 예
를 들면, 움직임이
커서 온깍지 사법
이 반깍지 사법보
다 시수가 떨어진
다는 것이 그런 경
우이다. 이것은 여
러 무예를 거쳐서
활에 정착된 훌륭
한 사법을 활 안에
서만 보기 때문에

『탐라순력도』 제주전최

생긴 그릇된 결론이다.

　활은 지극히 단순한 동작이기 때문에 다른 무예에서 중요하게 다루는 중요한 원리가 꼬리뼈처럼 남아있다. 이것이 활에서는 중요하지 않을지 몰라도 다른 무술에서는 아주 중요한 경우가 많다. 그런데 이런 잠재된 원리들이 활에서도 나타날 때가 있는데, 탈이 생겼을 때가 그때이다. 활이 잘 맞을 때는 전혀 문제가 되지 않다가 궁체에 탈이 생기면 잠재된 원리들이 문제의 원인이 되는 경우가 많다. 그런 문제는 활밖에 모르는 사람들은 알 수 없다. 오히려 다른 무예의 고수들이 그 가치를 알아보는 것이다. 온깍지 사법의 십자경 원리가 그런 경우이다.

　따라서 전통사법의 훌륭함과 위대함은 다른 무술의 시각으로 볼 때 더욱 잘 드러나게 된다. 이것은 전통사법을 기록한 사람들이 다른 무예를 이미 섭렵한 사람들이기 때문에 더더욱 그렇다. 그러니 『조선의 궁술』을 아예 모르거나 깊이 읽지도 않은 자정의 사범한테 배운 주먹구구식 사법으로 『조선의 궁술』에 기록된 사법의 옳고 그름을 논한다는 것이 얼마나 가당찮은 일인가 하는 것은 이런 정황을 보면 알 수 있다. 『조선의 궁술』에 정리된 사법은 이미 조선에 전해오던 다른 무술을 두루 섭렵한 이후에 형성된, 어찌 보면 인류가 이룰 수 있는 가장 높은 단계의 수준에서 나온 사법이라는 결론을 내릴 수 있다.

　따라서 『조선의 궁술』의 사법을 논할 때 그것을 기록한 사람들이 다른 무예에서도 최고의 고수였다는 것을 감안하지 않으면 엉뚱한 실수를 범하기 쉬우며, 이것은 이 사법이 활만 쏘아서 파악될 만큼 만만한 세계가 아님을 암시하는 것임을 분명히 알아야 한다. 『조선의 궁술』은 활만이 아니라 당시 무술계가 성취한 실력의 정점에서 꽃피운 조선 최고의 무술서라는 말이다.

상황이 이러한 만큼, 전통사법에 의문이 가는 경우가 생기면 그것은 자신이 배운 사법을 근거로 재단할 것이 아니라 다른 무술의 원리까지 감안해서 판단을 해야 하는 부담을 지게 된다. 이것이 전통사법을 함부로 재단하면 안 되는 이유이다. 이미 활 밖의 다른 무예를 통달한 사람들이 정리한 사법을, 활 밖에 모르는 편협한 시각으로 재단하면, 다른 무예가 활 안에 남겨놓은 덕목을 모두 버리게 되고, 결국은 자신이 주장한 사법마저 무예의 본질에서 점점 이탈하게 되는 결과를 불러온다.

한국에서 활쏘기는 그냥 무술의 한 분야가 아니라, 조선 무예의 모든 전통이 최대로 압축되어 내장된 적층 무술이다. 그것을 오늘의 환경에 맞게 풀어내야 할 임무가 남아있는 마당에, 꾀바른 주먹구구 사법으로 거기에 의문을 던지고 함부로 재단한다면, 그것이 불러올 후환은 결코 적지 않을 것이다.

이상의 논의를 토대로 『조선의 궁술』에 기록된 사법의 성격을 정리하면 다음과 같다.

① 조선의 무과에서 쓰였다.
② 조선 왕실의 전통이 스며있다.
③ 당시 편사에서 쓰였다.
④ 유엽전 쏘는 법이다.
⑤ 조선궁술계의 공인 사법이다.
⑥ 전국 활터에서 통용되었다.

⑦ 건강에 가장 적합하다.

⑧ 다른 무술을 섭렵한 후에 나온 이론이다.

4)「조선의 궁술」의 사법 서술 방법

『조선의 궁술』에서 궁체를 논한 방법은 신체에 힘이 작용하는 지점을 중심으로 이루어졌다. 즉 활을 쏘기 위해 힘이 들어가는 곳을 중심으로 주의할 점을 기술한 것이다. 그리고 〈궁체의 종별〉이라는 소제목을 붙였다. 종별(種別)이라는 말에서 볼 수 있듯이 통으로 하나인 몸을 힘이 작용하는 곳의 형편에 따라 구별한 것이다. 모두 11곳을 정하여 그곳에 가장 바람직한 힘이 작용할 수 있는 형태를 설명하고 있다.

궁톄(弓體)의 종별(種別)

몸(身體)

몸은, 고든(直竪) 형세로 서서, 관혁과 정면으로, 향하여야 하나니, 속담에 관혁이, 이마 바루 선다함이, 이를 일은 바이니라.

발(足)

발은, 뎡(丁)ㅈ(字) 모양도 안이오, 팔(八)ㅈ(字) 모양도 안인, 톄형으로 벌여서되, 관혁의 좌우 아래 씃을, 바로 향하야 서고, 두 발씃이, 항상 숙지 아니토록 할 것이며 전톄의 중량(重量)을, 압과 뒤의 두 발에다가 고루게 실니고 설지니라.

불거름(膀胱)

불거름은, 아못조록 팽팽하여야 하나니, 만일 팽팽하지 못한 경우 (境遇)에는, 일노 인하야, 엉덩이(臀)가 뒤로 쌔저서, 법에 맛지 안이 하나니, 팽팽히 하는 법은, 두 다리에 다 힘을 단단히 쓰고 서면, 조연 팽팽하야지나니라.

가슴통(胸膈)

가슴통은 다다 비어(虛)야만 쓰나니, 만일 배(實)거나 버스러지면, 법에 대긔(大忌)하는 바이니, 이런 경우에는 목덜미를 핑핑하게 느 리면, 조연 가심이, 허하야지나니라. 혹시 텬싱의, 톄격의 원인(原因) 으로, 가심이 배거나, 버스러저서, 쌍현이 지는 째에는, 활의 고자를 주리든지, 시위동을 되도록 하면, 쌍현(雙絃)의 폐를 면할지나, 뎨일 묘한 법은, 이전(離箭) 될 째에, 긔운과 숨을 디리마시면서, 방샤(放射)하면, 조연으로 가심이, 허하야지는 법이니, 쌍현 지는 데만, 유리 할 쑨안이라, 무론 엇더한 사람이든지 이전할 째에, 긔운을 마시면 서, 방샤하는 것이, 대톄로 조흔 법이니라.

턱씃(頷)

턱씃은, 죽머리와 갓가히 뭇되, 혹시 들니거나 돌거나 하면, 웃동 이 버스러지고, 살이 바로, 쌔지지 못하나니, 이 병을 곳치는 법은, 다 다 목덜미를 느리면서, 턱을 무드면, 졀노 죽머리 갓가이 뭇치나니라.

목덜미(項)

목덜미는, 항상 핑핑하게, 느릴 것이오, 오므리거나, 쑤부리지 말 지니라.

줌손(弝手)

줌손은, 하삼지(下三指)를 흘녀서, 거듯처쥐고, 반바닥과 등힘과,

갓치 밀니고, 범아귀가 담울니고, 북전(食指節根)은 놉고, 엄지가락
은, 나저야 하나니, 만일에 삼지가 풀니고, 웃아귀가 밀니거나 하면,
살이 덜 가는 법이니라.

줌을, 드리켜쥐고, 등힘이 썩긴 것을 일으되, 흙밧긔줌이라 하나
니, 이러한 줌은, 활을 매양 들맞쳐지게 되야서, 활을 넹기는 폐가,
만히 생기나니, 그런 경우에는, 줌을 필요히, 곳쳐쥐여야 하되, 곳치
는 법은 첫재는 활을, 무르게 하야 가지고, 줌손을 차차 쎄그쳐, 쥐
도록 할 것이요, 둘재는, 줌손장지가락 소슨 쎄를, 관혁에다 향하야
서, 밀고 쏘는 것이, 묘한 법이니라.

각지손(帶弍手)

각지손은, 오지(五指)로 쥐거나, 삼지(三指)로 쥐이며, 놉히 썰되,
줌구미와, 등힘으로 당긔여서, 방전(放箭)을, 맹렬히 할지니, 만일
외가락으로, 쥐게 되면, 뒤가 부실하야지고, 쏘 팔굼치를 훔처 씨고,
팔회묵으로만 다리는 것을, 일으되 채쥭뒤라 하나니, 이런 경우에
는, 줌구미를 드러서, 구미로 썰 것이며, 각지손 등힘으로 케여야, 병
이 풀니고, 법에 적합하니라

각지손을, 뒤를 내지 못하고, 버리기만 하는 것을, 갈오대 봉뒤라
하며 봉뒤로 버리고, 살이 쎄진 뒤에, 다시 내는 것을, 갈오대 두벌뒤
라 하나니 이러한 경우에는, 만족하게 케여서, 각지손이 저절노, 벗
도록 당긔는 것이 묘한 법이니라.

죽머리(肩膊)

죽머리는, 밧투 붓허서, 턱과 갓가운 것이 합당하니, 멀게 붓게 되
면, 죽이 공걸이여, 혜집거나, 죽이 슬어저서, 확 돌아가기 쉬울지니,
이러한 죽에는, 압흘 반반히 밀어두고, 뒤를 연삽하게 내여야, 적합

할지니라.

밧투 붓튼 죽에 줌구미가, 업피기는 하야도, 느러진 경우에는, 각 지손을 다다 놉히 썰어서, 만족하게 당긔여야, 법에 합하나니라.

중구미(肘)(臂箭)

중구미는, 필요히 업피여야, 합당하니, 중구미가 젓처진 것을, 일으되 붕어죽이라 하고, 젓처지지도 안이하고, 업피지도 안이한 죽을, 일으되 안진죽이라 하나니, 이 두 죽은 실치 못한 죽이라. 활을 아모쏘록, 물으도록 할 것이며, 겸하야 줌통을, 평평하게 하며, 뒤를 연삽히 내여야 하나니라.

중구미가, 업피는 쌔에는, 각지손을 실하게 내야하고, 압히 동글고, 죽머리가 밧투붓고, 중구미가 업피는 경우이면, 각지손을, 턱밋흐로 밧투 싸서, 뒤를 맹렬하게 내여야, 적합하니라.

만약 중구미는, 동굴되 죽이 멀니 붓거나, 구미가 업피지 못한 경우에는, 뒤를 밧투 거서, 연삽히 내여야, 적합하니라.

등힘(弝手背力, 自髇至腕之力)

등힘은, 줌손 외부(外部)로서, 생기는 힘이니, 다다 평평히 일직(一直)하게, 밀니여야 하나니, 만일 줌손이, 씩기면 평평하게, 일즉한 힘이, 나지 못하니라.

이런 방법의 특징은 힘이 작용하는 구조를 정확히 진단하고 확인할 수 있다는 것이 장점이다. 따라서 여기에 기록된 부분만 정확히 살피면 올바른 궁체인가 아닌가를 판단할 수 있다.

그런데 이런 방법의 문제점은 활쏘기의 연속 동작을 보여주기가 쉽지 않다는 점이다. 특히 활을 쏘는 당사자가 아닌 사람이 보면 이해하기 쉽지 않은 것이다. 이것은 책이 꼭 당사자들만 보는 것이 아니라는 점과 관련이 있다. 그리고 책으로 정리하는 것은 그 분야로 안내하는 것인데, 이것은 활을 처음 접하는 사람들이 가장 필요한 것임을 암시하는 것이다.

바로 이런 점 때문에 이것만으로도 완벽한 것을, 그 뒤에 또 다른 설명을 붙이게 된다. 그것이 〈신사가 배우는 차례〉이다.

신샤의 배우는 츠례(新射入門之增)

좌우궁을, 물론하고, 두 발을 팔자(八字)로 벌려뒷되, 관혁 좌우의 아래 슷흘, 정면으로 향하야 뒷고, 얼골과(面部) 이마(頂)를, 조한 관혁과 정면으로, 대하야 서고, 줌을 이마와, 일직선(一直線)으로 거들고, 각지손을, 높이 쎠러서 만족하게 당긔여, 맹렬하게 낼 것이며, 눈으로 관혁을 준덕하되 활 아래 냥냥고자와, 수평선(水平線)이 되게, 볼 것이오, 턱을 줌팔 겨드랑이(腋) 아래로, 쎌어듸려, 무더야 하나니, 우에 말한 여러 가지를, 활힘(弓力)이, 실하게 생길 쎄까지, 이 법으로, 익히고 배워야 할 것이니라.

죽에 힘이 들면, 맛추기가 어려운 법이니, 이것은 활을 거들 쎄에, 압죽에 힘이 들면, 만작하야, 방샤할 쎄에, 죽에 힘이 다하야, 풀니거나, 매시근하야 힘을 쓸 수 없게 되나니, 그럼으로 활을 거들 쎄에, 필요히 압죽을 풀어두고, 선쯧이 거, 만작될 쎄에, 힘을 주어야, 압히 실하게 되나니 이것이 변통 업는 원측(原則)이니라.

살이, 한 배를 엇어야, 맛기를 만히 하나니, 한배를 엇으려면, 각지손을 다다히 높게 쎠는 것이, 원측이니 만일 각지손이, 나진 즉 비록 살고

가, 낫추 쓴다 하야도, 령축(零縮)이 만아서, 맛치기가, 어려우니라.

활을 거들 쌔, 줌손을 우궁은, 올은편 눈과, 바로 쪄들고, 좌궁은, 왼편 눈과 바로 쪄들어야, 압죽을 싸서, 건는 것이니, 만약 이와 갓치 안이하면, 앞히 쌜거나, 쪽활이 되기가, 쉬운 고로, 이 두 병을, 방어하는 법이니라.

살이 나갈 쌔에, 필요히, 가슴통이 밀녀서, 방샤가, 되어야 하나니, 그러치 안이하면, 두 쏫흐로, 방샤가 되여서, 법에 맛지 안이하니라.

줌손과 활장이, 방샤된 후에, 필히 불거름으로, 져야 하나니, 이것은, 줌손 등힘이, 밀니여야, 되는 것인 즉, 이러하여야, 살이 줌뒤로, 쪄서 드러와서, 맛게 되나니, 이것이 샤법에, 데일 조흔 법이, 되나니라.

살이, 만작되야, 방샤할 지음에, 쌀긋쌀긋 케여서, 방샤가 되여야 하나니 그러치 안이한 즉, 만작하야, 잔득 잠기엿다, 방샤가 되면, 방샤머리에, 혹시 살이, 토하야지면서, 방샤되기가 쉬운 고로, 법에 맛지 못하니라.

활을 거들 쌔에, 압과 뒤를, 놉히 차리는 것이, 적당하니, 만일 압죽을 내쏫고, 뒤를 나추케이면, 살줄이, 비록 나지나, 령츙이 만히 나서, 도뎌히 맛기가 어려울 쑨만 안이라, 년긔(年紀)가 만하지고, 늘거갈 쌔에는, 활을 폐하고, 쏘지 못할 지경에, 일으나니라.

방샤할 쌔에, 살깃이(箭羽) 줌손엄지가락 등을, 홀고 나가는 폐가 잇나니, 이 폐단의 종류가 세 조건이 잇으되, 첫재는, 방샤할 쌔에, 줌손을 홀터쥐거나, 둘재는, 각지손을, 나추 썰거나, 셋재는, 시위에 절피를, 나추 감거나, 한 세 가지에서, 나온 원인이 되나니, 이러할 쌔에는, 첫재로, 줌손을 주의하야, 활은 무르도록 하야 쏘되, 하삼지를, 거드처쥐고, 방샤한 후라도 압흘 쑥- 드러두는 것이, 홀터쥐는 병을, 곳치는 묘법이요, 둘재는 각지손을, 다다 놉히 쓰는 것이, 묘방이요, 셋재는, 절피를 상고하야, 만일 낫추 감겨거든 놉히 감는 것이, 홀고나가는 병이, 풀니나니라.

방샤할 재에, 시위가, 줌팔을, 치는 폐가 잇나니, 이도 또한, 세 가지 원인에서, 생기나니, 첫재는, 줌손을 되리켜쥐거나, 둘재는, 뒤를 놋코, 압흐로 쥐거나, 셋재는, 시위동이, 길어서 철쎡함인 즉, 첫재는, 줌손을 쎄거 쥘 것이오, 둘재는 압흘 버더두고, 뒤를 맥맥히, 당긔어서, 절노 버서지도록 할 것이오, 셋재는 시위동안을, 늣지 안토록, 주의하면, 이 폐가 절노 곳처지나니라.

방샤할 재에, 시위가, 쌤을 치거나, 귀를 치는 수도 잇나니, 그러한 재는 턱을 죽머리로, 갓가히 무드면, 방어(防禦)가 되나니라.

활은 아못조록, 힘에 무른 듯한 것으로, 쏘아야 하나니, 강하야, 힘에 센 것으로 쏘면, 빅 가지로 히로울 쑌이오, 한 가지도 리로움이, 업는 법이니라.

활에, 알줌이라 하는 것은(弓製造에 다림이라) 다림이 곱아서, 알줌이 쌕 밧치면, 쏘는 법에 리롭지 안이하며, 아귀가 부실하면, 또한 쏘는 법에 리롭지 안이 한 것이니, 아귀는 다다 방긋하야서, 방샤할 재에, 밧처주어야 하나니라.

활의 고자를 주의하되, 고자가 곱으면, 활을 다릴 재에, 헷힘이 들어서 쏘는 법에, 리롭지 못하고, 고자가 버드면, 철쎡거리나니, 정탈목은, 곱은 듯하고, 고자입혼, 버든 듯하여야, 쏘는 데, 편리하니라.

시위는, 활의 힘을 싸라서, 정도에, 상당히 할 지니, 압히 동글고, 뒤를 밧투 케이는 데는, 시위동안을, 된 듯하게, 할 것이오; 압히 느러진 죽에, 뒤를 만이 케이는 데는, 시위동안이, 느진 듯한 것이, 적당하니라. 팔이 길고, 활을 만이 당긔는데, 시위동안이 된 즉 활이 쌕쌕하야, 리롭지 못하고, 압히 동글거나, 뒤를 밧투 건는 데는, 시위동안이 긴 즉, 칠렁거리나니라.

활이, 휘궁이면, 살의 령축이 덜하고, 장궁에는, 령축이 만흐니, 이는 휘궁은, 방샤할 쌔에, 당긔는 정도가 균일하게 되고, 장궁은, 균일치 못한 폐가 잇는 까닭에서, 생긔는 것이니라.

살이, 항시에 쏘든 살보다, 몸이 굵으면, 줌압흘 가고, 몸이 가늘면, 줌뒤를 가나니, 줌압 가는 살은, 쏘는 법에, 리롭지 못한 중매가, 되나니, 이것은 줌압가는 것을, 매양 방비하기 위하야, 압흘 베것기도 하며, 줌손엄지가락을, 듸리밀기도 하며, 각지손을, 덜 캐기도 하는 폐가, 생긔는 연고이오 줌뒤 가는 살은, 쏘는 법에, 리로운 중매가 되나니, 이것은, 줌뒤 가는 것을 방비하기 위하야, 매양 압을 싸서 것기도 하며, 줌손 등힘을, 밀기도 하며 뒤를 만족히, 케이기도 하야서, 모든 조흔 법으로, 드러가게 되는 연고이니라.

방샤하기 전에 락전(落箭)의 폐도 잇나니, 이것은, 앞죽에 힘이 들거나 압히 쌜거나, 각지손을, 쎠서 쥐거나 하는, 세 가지 폐단에서, 매양 생긔는 연고이니, 첫재, 압죽에 힘이, 들지 안토록 하며, 둘재, 줌손과, 각지손의 등힘을, 미러싸 서 것고, 셋재, 각지손으로, 살의 온의를, 쎠서 쥐지 말면, 이러한 락전의 폐가 업나니라.

정순(正巡)을, 쏘는 쌔에는, 매양 상긔(上氣)도 되며, 호흡(呼吸)이, 재촉도 되야서, 방샤할 쌔에, 만족히, 케어지 못하기도 쉬울지니, 아모쏘록, 하긔(下氣)가 되도록 할 것이며, 호흡이, 재촉되지 안토록, 마음을 안정히 하며 긔운을 화평히 하야, 만족하게 케이도록, 주의할지니라.

살은 다섯 개 줌, 그 줌 경한 것으로, 일즈씩를 정하는 것이, 필요
하나니 그 리유는, 매양 정순을 쏠 재에, 장시간을 쉬엿다가 쏘나니,
일즈 쏠 재에 매양 거북하야, 만족히, 케이지 못하는 폐가 잇서, 살
이, 덜 가기 쉬운 고로, 예방하는 법이니라.

이것은 신사가 활을 배울 때의 주의사항이다. 신사들은 활을
처음 배우는 상황이기 때문에 활을 쏘는 기술을 정확히 알지 못한
다. 그래서 처음부터 가르쳐야 한다. 이때 가장 좋은 방법은 사법을
동작의 순서대로 알려주는 것이다. 바로 이런 점에서 앞의 〈궁체의
종별〉은 신사들에게는 부족한 점이 있다. 〈신사가 배우는 차례〉는
이런 부족한 부분을 알려주기 위해서 불가피하게 넣은 부분이다.

그렇다면 이 부분은 힘의 작용점이 아니라 동작 순서에 따라
서 설명을 해주어야 한다. 그런데 『조선의 궁술』에서는 이 부분
이 정확히 지켜지지 않고 있다. 몇 가지 시간 순서에 따라서 설명
을 하다가도 중간에 다른 내용이 많이 첨가되어서 시간차에 따른
동작 서술이라는 분명한 방법에는 이르지 못하고 있다. 이것이
방법론에 대한 인식의 부족에서 온 것인지, 따로 중복 설명할 필
요가 없어서 그런 것인지는 알 수 없다. 하지만, 바로 그런 까닭
때문에 시간차 순서에 따른 사법 서술은 『조선의 궁술』이 남긴 가
장 큰 숙제인 것이다.

5) 『조선의 궁술』 사법의 여운

『조선의 궁술』을 계승한 사법 이론은 비록 미미하지만 이후

에도 나타난다. 가장 먼저 문자화한 글은 정언산인의 〈조선 궁도와 사풍〉이다.[92] 이 글은 조선일보에서 연재한 것인데, 1934년 6월 3일부터 모두 열일곱 차례로 나뉘어 연재된다.[93] 『조선의 궁술』 이후 가장 분명하고 광범위하게 정리된 전통 활쏘기에 대한 글이다. 물론, 내용은 『조선의 궁술』과 대동소이하다. 이중에서 사법 역시 『조선의 궁술』과 큰 차이를 보이지 않는다. 긴 기사 가운데서 사법에 관한 부분만 보면 다음과 같다.

사법의 요건

무릇 궁시는 옛사람이 발명한 것이다. 그러나 궁시의 사용법은 옛사람이 현대사람만 못할 것이니 이것은 지식정도에 금석의 차이가 현저히 다른 까닭이다. 옛사람은 "활을 쏜다" 할지라도 어떠한 교범

---

92 정언산인은 신정언(申鼎言)이다. 조선일보 1933년 10월 12일자에 「궁도에 대하야(방송취미강좌)」라는 간략한 글을 싣는데, 여기에 이름이 신정언으로 나온다. 산인은 〈散人〉으로 한산인(閑散人)과 같은 말이다. 한인, 산인, 한산인이 모두 한량(閑良)과 같은 말이다. 신정언은 일제시대부터 해방 후까지 활동한 역사학자이다. 특히 야담으로 유명하여 『야담』이란 잡지에 연재한 야담을 책으로 낸 『포랑기』(성문당, 1937)가 있다. 이 글에서 보듯이 처음에는 일본에 대해 경계하고 비판하는 태도를 보이다가 나중에는 일본의 정책을 지지한다. 만주제국 건국 10주년을 기념하여 신징에 있었던 친일 우리말 신문인 만선학해사에서 발행한 '반도사화와 낙토만주'에 '백제말 황산의 계백장군' 같은 글을 기고하기도 했다. 이런 전력으로 인하여 해방 후에는 반민족행위특별조사위원회의 조사를 받기도 한다. 「조선궁도와 사풍」은 일본에 반대하는 견해를 고수할 때에 쓴 글이다. 그래서 이 글에서도 〈궁도〉가 본래 우리의 〈궁사도〉였는데 일본인들이 몰래 가져갔다는 식의 논지를 펴고 있다. 물론 이것은 올바른 견해가 아니다. 하지만, 친일부역자가 될 사람이 가장 먼저 〈궁도〉라는 말을 언론에서 유포했다는 것은 많은 생각을 하게 하는 부분이다.
93 「조선일보」 1934.6.3.~ 26, 이건호, 「근대 궁술대회 기사」, 『국궁논문집』 제4집, 온깍지궁사회, 2005.

이 있다든가 어떠한 훈련이 있다든가 또는 어떠한 법도가 있다든가 어떠한 규율이 있었던 것이 아니다. 다만 "활을 당기어 살을 맞추기에만 열중하였든 것만은 사실이라" 할 것이다. 그러니 인지가 개명됨을 따라서 궁술에 대한 교범 훈련, 법도, 규율 등등이 매우 엄격하였다. 가령 고대 각민족이 모두 궁시를 사용하였다 할지라도 앞서 기록한 규범의 유무를 따라서 궁술에도 자연히 문명과 야만의 차별이 있게 되었다. 하여간 궁술에는 사법이 있고 사풍이 있다. 그러므로 이 양개 규범을 만일 무시한다든가 어긴다면 이것은 원시인의 궁술에 불과한 것이다. 사법과 사풍이란 것은 어떤 것인가? 먼저 그 사법의 요령을 설명하고 다음에 그 사풍을 말하려 한다.

×　　×

궁사의 사법이란 것은 마치 군인의 기착자세(氣着姿勢)와 같다. 즉 군인이 먼저 기착자세를 취한 뒤에 교련 과목, 혹은 운동을 시작하는 것과 같이 궁사는 먼저 직립자세를 취한 뒤에 궁술을 발휘하게 된다. 이것을 총칭하여 사법이라 칭하는 것이니 그 주요한 조건을 열거하면 대개 다음과 같다.

1. 신체는 반듯이 직립하되 전체를 과녁…… 즉 "과녁이 이마와 바루게 하라" 하는 것은 과녁정면을 향하여 직립하라는 것이다.

2. 정신=정신은 신체의 직립자세를 취하는 동시에 이 모쪼록은 일체 사심과 공상을 버리고 침착하여 심신을 안돈할 것.

3. 발=발은 정자형도 아니오 팔자형도 아닌 형상으로 과녁 좌우 아래끝을 향하여 벌려서되 양쪽 발 끝이 항상 숙지 아니하도록 하며 전 체중은 발장심에다가 집중시킬 것.

4. 방광부=방광부(불두던)께를 아무쪼록 팽팽히 하는 동시에 엉

덩이를 내밀지 아니할 것.

5. 흉부=흉부는 평평히 하면서도 허하게 할 것.

6. 턱끝은 가슴께로 묻히게 할 것.

7. 목덜미는 항상 평평하게 들 것.

8. 줌손은 하삼지를 흘려서 거드쳐 쥘 것.

9. 깍지손은 오지로 쥐거나 삼지로 쥐고 높히 걸되 중구미와 등힘
   으로 활을 당기어서 살을 용맹스럽게 놓을 것.

10. 중머리는 밧투붙어서 턱과 가깝게 할 것.

11. 중구미는 잘 업히어야 할 것.

12. 등힘은 줌손 외부로부터서 생기는 힘인 까닭에 다 평평히 직
    선으로 되어야 할 것.

이상 12개 요건은 궁사 직립자세에 빼놓을 수 없는 요건이다. 그
직립자세의 요건으로 볼진대, 궁술은 현대체조법상 다만 팔의 운동
에 불과한 것 같으나 실상은 전신운동의 요건이 구비한 까닭에 궁술
은 체조법으로도 가치가 높다 할 것이다.

7

직립자세는 외형으로만 볼지라도 흉허복실(가슴은 죽이고 배는
내미는 것)의 체격을 비정비팔의 발모양으로 떡 버티고 선다하면 그
씩씩한 태도가 현대군인이 양각을 착 붙이고 선 기착자세보다 오히
려 활발하고 용맹스러워보인다. 즉 직립자세는 외형으로 씩씩한 것
은 물론이어니와 과녁을 마치는 데도

직립자세를 잘 취하고 못 취한 데 따라서 크게 관계가 있다. 다시
말하면 총의 사격은 조준이 있는까닭에 그 조준을 의거하여 사격을

하나 활은 이러한 조준이 없고 다만 사자(射者)의 목측을 조준 삼는 고로 직립자세를 잘 취하지 아니하면 적중의 명예를 이룰 길이 없다. 그러므로 직립자세의 양부(良否)는 즉 궁술의 우열을 좌우하는 힘을 가졌다.

이상의 논의를 보면 『조선의 궁술』을 그대로 계승하고 있지만, 몇 가지 점에서 다른 점도 발견된다. 가장 먼저 눈에 띄는 것은 발자세를 가장 중요하게 여기고 있어서 그것을 군인의 기착자세에 견주고 있다는 점이다. 올바른 비정비팔을 거의 찾아보기 어려운 오늘날 많은 암시를 주는 글이다. 게다가 이 발자세에서 비롯된 바른 몸가짐을 과녁을 맞추는 데 꼭 필요한 전제조건이라고 하는 점에서는 오히려 『조선의 궁술』에서 한 발 더 앞서 나간 느낌까지도 준다. 그리고 당시에 유행하던 체조법과 연관 지어서 설명하려 한 점도 특이하다.[94]

사법의 대강을 모두 12가지로 제시했는데, 이것은 『조선의 궁술』의 내용을 요약했다고 보아도 무방할 정도로 흡사하다. 이 중에서도 〈2. 정신 = 정신은 신체의 직립자세를 취하는 동시에 이 모쪼록은 일체 사심과 공상을 버리고 침착하여 심신을 안돈할 것〉은 정신과 마음에 대한 자세를 강조하고 있어 『조선의 궁술』에서는 볼 수 없는 부분이어서 특이하다. 전체의 내용은 『조선의 궁술』을 바탕으로 했다고 보아도 무방하다. 『조선의 궁술』이 간행된 지 얼

---

94 이러한 견해는 글쓴이가 활쏘기를 직접 하지 않은 사람이기 때문에 생긴 것이다. 양생의 관점에서 보면 군인의 기착자세나 체조법의 발자세는 원리 면에서 큰 문제가 있다.

마 안 되는 시점에서 나온 글이니 그것을 참고한 것은 어쩌면 당연한 일일 것이다.

이후에 『조선의 궁술』의 사법이 다시 글로 나타난 것은 『한국의 궁시』라는 팸플릿이다. [95] 이것은 부천 궁장 김기원이 중요무형문화재로 지정된 자신의 아버지 궁장 김장환과, 다른 분야인 시장 조명제, 전통장 김동학의 각 분야별 제작 내용과 공정을 자세하게 설명하고 소개한 것이다. [96] 시중에 팔린 것이 아니라 활 자료를 필요로 하는 사람들에게 사사로이 나누어준 팸플릿이라는 점에서 일정한 한계는 있지만[97], 김장환이나 김기원 자신이 각 궁을 만들면서 스스로 활을 잘 쏘았기 때문에 당시의 활량들이 지닌 사법의 체계를 대표하는 데는 아무런 문제가 없다고 본다. [98] 여기에 간략하지만 사법에 대해서도 나온다.

사법에 관한 부분은 48쪽부터 51쪽으로, 모두 네 쪽에 지나지 않는다. 목차는 다음과 같다.

25. 습사시 신체에 대한 용어

26. 습사시 불리우는 용어

27. 습사의 자세

---

95 김기원, 『한국의 궁시(중요무형문화재)』, 팸플릿, 출판사 및 인쇄소 불명, 1977
96 김기원은 부천궁장으로, 중요무형문화재로 처음 지정된 김장환의 아들이다. 교통사고로 작고했다.(김박영 대담)
97 윤준혁도 이 책에 대해 언급한 적이 있다.(윤준혁, 「전라도 지역의 해방전 활쏘기 풍속」, 『국궁논문집』 제1집, 온깍지궁사회, 2001)
98 이들 부자는 오랜 동안 전국체전에 경기도 선수로 참가했고, 실제로 각종 대회에서 선수로 뛰었다. 그래서 '호랑이 부자'라는 별명을 얻기도 했다.(온깍지궁사회 홈페이지, 명무열전 참조)

여기서 사법을 다룬 부분은 특별히 〈27. 습사의 자세〉이다. 내용은 다음과 같다.

① 몸을 바른 자세로서 전후좌우로 기울지 않게 관혁과 정면으로 향하여 설것
② 발을 비정비팔 형으로 서며 양발은 앞 뒤로 기울지 않도록 평행토록 할것
③ 몸전체의 체중을 양발에 똑같이 분배 되도록 할것
④ 좀손은 自자형으로 잡으며 손가락의 모습이 하향으로 내리 흐르는 형이 된다
⑤ 시위에 화살을 끼운 다음 각지손으로 정확하게 잡는다
⑥ 하복부와 양편다리에 힘을 주고 엄지발가락을 힘껏 아래로 누르면 몸전체는 자연히 바르게 된다
⑦ 좀손 어깨쪽으로 얼굴을 약간 돌리고 고개를 숙인다.
⑧ 가슴은 허하게 두고 복부에다 힘을 주며 목덜미에 팽팽하게 힘을 준다
⑨ 이와 같은 준비가 되면 양쪽 팔꿈치가 평행하도록 귀밑까지 들어올린 다음 호흡을 들여마신다
⑩ 양쪽 팔꿈치가 평행한 자세로 좀팔을 앞으로 뻗으면서 각지손을 시위를 겨당기고 관혁을 본다(관혁은 좀손 앞부분으로 보이도록 할 것이며 각지손 바닥은 계란 한 개 들어갈 수 있는 정도로 취하고 각지는 한 손가락 반 식지는 엄지손톱 전부를 감싸고 장지는 중간까지 걸리는 정도로 잡는다)
⑪ 각지손을 화살이 만작 되도록 당길 때에는 손바닥이 외향으로

되도록 약간 틀어잡고 만작을 한 뒤 약 3초 정도 정지한 다음 각지손을 뒤로 제쳐 발시가 된 다음 들이쉰 호흡을 내쉬며 앞 팔이 서서히 내려와야 한다

⑫ 발시 할 때에는 줌손이 움직이지 않도록 주의 해야 하며 활의 상체가 각지손 방향으로 약간 엎는(기우리는것)것이 바람직한 것이며 특히 각지손은 절대로 퇴촉을 해서는 안 되며 내려와도 안 된다

이상의 내용을 잘 살펴보면, 표현상의 차이는 있지만, 대체로 『조선의 궁술』의 내용과 거의 일치하고 있음을 알 수 있다. 워낙 짧은 지면에 소개하려다 보니 심하게 요약되었지만 전체의 모양 은 『조선의 궁술』을 충실히 계승하고 있음을 확인하는 데는 별 어 려움이 없다.[99]

이 글이 1977년에 쓰인 것이니, 이때까지만 해도 이 사법이 당시의 대세였음을 알 수 있다. 적어도 지금과 같은 반깍지 형태 의 사법은 1980년대 이후에 주류로 부상한 흐름임을 이 글에서 확인할 수 있다.[100]

---

99 이 팸플릿에는 온작 궁체 사진이 한 장 실렸는데, 사진 밑에 이호재라고 쓰여 있다. 이호재는 청와대에서 박정희 대통령에게 활쏘기를 자문해준 한량으로, 평소 왼발을 과녁과 정면으로 맞추라고 지도했다고 한다.(강현숭 대담) 그리 고 현재의 국궁 경기복을 상하의 흰 색으로 통일하자고 제안하고 추진한 인물 이기도 하다.(조영석 대담) 『조선의 궁술』에서는 과녁의 왼귀에 맞추라고 했 는데, 이호재는 과녁과 정면으로 맞추라고 했고, 지금은 과녁의 오른쪽으로 돌아선 궁체가 대세이니, 발 모양의 변화만을 추적해도 사법의 실상을 드러내 는 훌륭한 논문을 쓸 수 있을 것이다. 다른 논자의 참여를 기대한다.

100 지금 유행하는 '반깍지 사법'이 어떤 경로를 통해서 국궁계에 정착하게 되었 는가 하는 것을 정리하는 일도 중요하다.

4 _ 온깍지 사법의 정의와 의의

사법을 논할 때 염두에 두어야 할 것은, 과연 『조선의 궁술』 이외에 따로 논의할 사법이 존재하는가 하는 것이다. 『조선의 궁술』에 쓰인 사법이면 『조선의 궁술』에 쓰인 기록을 확인하면 될 것이요, 그렇지 않으면 그 사법의 유래를 밝히면 될 일이다. 이 점을 먼저 분명히 하지 않으면 사법 논의에 혼란만 가중될 뿐이다. 『조선의 궁술』에 근거를 두고 그 내면을 좀 더 분석한다면 그것은 『조선의 궁술』 사법이지 자기 개인의 사법이 아니다.

그렇다면 온깍지 사법 역시 마찬가지이다. 온깍지 사법은 전통사법을 설명하려는 사법이지, 전통에도 없는 제3의 사법을 만들어서 설명하려는 것이 아니다. 당연히 전통사법이란 『조선의 궁술』에 쓰인 사법을 말한다.

그렇다면 그냥 전통사법이지 왜 온깍지 사법이라는 또 다른 이름을 붙이느냐 하는 문제가 남는다. 그것은 활터 환경의 변화라는 말로 정리할 수 있다. 깍짓손을 다 뻗느냐 그 자리에 두느냐 하는 것이 『조선의 궁술』을 만들 무렵에는 전혀 문제가 되지 않았지만, 70년이 지난 지금은 여러 가지 변화로 인하여 가장 중요한 문제가 되었기 때문이다. 그래서 불가피하게 또 다른 이름을 붙인 것이고 전통을 찾는다는 의미에서 '온깍지'라는 말을 택한 것이다.

그리고 이외에도 그래야 하는 또 다른 이유가 있다.

1) 사법 서술 방법

밤하늘의 달은 하나지만, 그믐에 보는 달과 보름에 보는 달의 모양이 다르다. 그것은 달의 문제이기보다는 그것을 보는 인간의 위치가 대상의 모습을 결정지은 탓이다. 마찬가지로 원뿔도 위에서 보면 원이지만, 옆에서 보면 삼각형이다. 이것은 대상이 변하는 것이 아니라 관찰자의 위치가 변한 탓이다.

사법에 관한 것 역시 이와 같아서 어떤 시각으로 어떤 방법으로 접근하느냐에 따라서 사법의 진상은 다소 다르게 나타난다. 그렇다고 해서 대상이 달라지진 않는다.

그렇기 때문에 자신의 위치를 먼저 정하지 않으면 사법 역시 분명하게 드러나지 않는다. 그런 점에서 올바른 사법의 체계를 세우는 데는 자신의 위치를 정확히 표시하고 어떤 시각으로 보는가 하는 것을 분명히 할 필요가 있다.

그러기 위해서는 방법론을 먼저 밝혀야 한다. 『조선의 궁술』에서는 사법 서술 방법을 따로 밝히지는 않았지만, 〈궁체의 종별〉에 나타난 방법은 힘의 작용점에 따라 분석하는 방법이었다. 공간지각형이라고 할 수 있다.

그러나 활쏘기 동작은 연속동작이다. 그 연속동작을 시간차순으로 나누어서 설명하지 못했다. 가장 완벽한 설명은 이 두 가지가 동시에 이루어져야 한다. 따라서 공간지각형으로 설명한 것을 연속동작으로 다시 설명해야 완벽한 설명이 된다. 이 점이 『조선의 궁술』에서는 빠졌다. 〈신사가 배우는 차례〉가 시간의 흐름과 조금 연관이 있는 체계이지만, 서술하는 사람 자신이 이 방법론을 분명히 사용하지 않은 것은 확실하다.

따라서 이 상황을 완전히 극복하기 위해서는 『조선의 궁술』의 사법을 시간차 순으로 설명하는 작업이 뒤따라야 한다. 하지만, 당시 사람들은 그런 작업을 하지 않았고, 그런 상태로 시간이 흐르는 동안 그때와는 상상도 할 수 없을 만큼 많은 변화가 왔다. 이른바 반깍지 사법의 등장이 그것이다. 사법의 주된 흐름이 역전된 것이다.

이런 상황에서 『조선의 궁술』을 다시 읽고 그것을 중심으로 사법을 논하는 일은, 그래서 올바른 사법의 원형을 찾아가는 일은 아주 당연한 것이다.

2) 온깍지 사법의 정의

따라서 온깍지 사법이란 『조선의 궁술』의 사법을 힘의 작용점이 아닌 동작의 시간차 순으로 설명하는 방식을 말하는 것이다. 여기서 시간차 순으로 어떻게 나누어야 하는가 하는 것은 그것을 보는 사람의 관점에 따라 다를 수 있다. 실제로 시간차 순으로 사법을 설명하는 시도는 앞서 살펴본 것처럼 여러 번 있었다.

그렇다고 사법을 시간차 순으로 나누는 방법을 택한 것을 모두 '온깍지 사법' 이라고 할 수는 없다. 온깍지 사법이라는 전제에는 그 내용이 『조선의 궁술』의 사법을 다루어야 한다는 것이 깔려있어야 한다. 그렇지 않으면 양궁의 사법을 시간차 순으로 분석해도 온깍지 사법이라는 이름을 붙여야 할 것이다.

이에 따라 사법을 크게 세 덩어리로 나눈 다음, 다시 그것을

10마디로 나누어서 다음과 같이 정리하고 이것을 인터넷에 공개했다.[101] 『조선의 궁술』의 사법이 온깍지 사법이라는 이름으로 처음 등장한 것은 온깍지궁사회 홈페이지이다. 그리고 이 작업은 다음과 같이 정리되었다.[102]

단 계	세부동작
예비동작	① 발디딤
	② 손가짐
	③ 살 메우기
본 동작	④ 걸치기
	⑤ 죽올리기
	⑥ 엄지발가락 누르기
	⑦ 깍짓손 끌기
	⑧ 온작
	⑨ 발시
마무리 동작	⑩ 거두기

모두 10동작으로 나누었다. 이것은 실제 사법의 상황이 그러하기도 하고, 〈온〉이란 말이 완전수인 10이나 100과 관련이 있다는 암시도 있다.[103] 다시 한 번 말하지만, 온깍지 사법이란 따로 존재하는 사법이 아니라 전통 사법을 바라보는 시각을 『조선의 궁술』과 달리 함으로 해서 붙은 명칭이다. 즉 공간지각형을 시간지각형으로 바꾸어 인식하면서 생긴 이름이다.

---

101   온깍지궁사회 홈페이지, 온깍지 사법
102   「국궁의 전통사법에 대한 고찰」, 10쪽.
103   『한국의 활쏘기』, 156쪽.

이상의 논의를 바탕으로 온깍지 사법을 정의하면 다음과 같다.

① 내용은 『조선의 궁술』의 사법이다.
② 『조선의 궁술』의 사법을 심화 확충한다.
③ 방법은 동작을 시간차 순으로 나누어 설명한다.
④ 크게 세 동작, 작게는 10동작으로 나눈다.
⑤ 반깍지 사법과 구별한다.
⑥ 내면의 원리를 드러낸다.
⑦ 건강에 유리한 방법을 찾는다.

①과 ②는 사법 논쟁에서 의문의 여지가 없는 것이다. 우리에게 현재 남아있는 사법이라고는 『조선의 궁술』에 묘사된 그것뿐이다. 이것은 오천년 활쏘기의 역사에서 우리에게 남은 유일무이한 문헌이고, 이것은 앞서 확인했듯이 현재의 우리가 그 전통에서 벗어나있다고 해서 벗어난 그 자리에서 그것을 비판하고 할 성질이 아니다. 그것의 원형을 회복하고 그것의 본질을 얻기 위해 몸부림쳐야 할 때이다. '온깍지 사법'이라는 말에는 현재의 변형된 사법에서 변형되기 이전의 정통 사법을 추구한다는 의미가 담겨있다.

②의 '확충 심화'라는 말은, 『조선의 궁술』에서는 볼 수 없는 해석과 논의를 말한다. 『조선의 궁술』에 담긴 내용은 다소 겉보기 묘사에 많이 치중해있다. 내면의 원리까지 밝혀내기엔 당시의 자료나 수준으로는 어려웠기 때문이다. 그러나 앞으로는 사정이 다르다. 인접 활쏘기인 양궁과 다른 민족의 활쏘기 자료가 많이 있고, 다른 무예도 쉽게 접할 수 있기 때문이다. 따라서 서술방식

이나 내용의 분석 면에서 『조선의 궁술』에만 머물러 있을 수는 없다. 『조선의 궁술』이 허용하는 한도 안에서 최대한 원리를 밝히고 이치를 드러내야 한다. 그러다보면 『조선의 궁술』에서는 미처 밝혀내지 못한 부분까지도 언급할 수 있게 된다는 의미다. 그 과정에서 사실에 대한 해석의 차이는 빚어질 수도 있음을 말하는 것이다. 그러나 『조선의 궁술』이 한국 활쏘기 사법의 출발점과 도착점이라는 것은 분명하다.

③은 『조선의 궁술』에서 소홀히 다루었거나 미처 다루지 못한 방법론으로 전통사법에 접근함을 말한다. 이 부분이 온깍지 사법 정의의 핵심이기도 하다.

④는 현재까지 작업한 가운데 가장 이치에 맞는다는 생각이 반영된 부분이다. 사법 논의가 진행됨에 따라서 다소 수정이 될 수도 있다. 사법의 진정한 발전을 위해서라면 그렇게 되어야 한다. 이 과정에서 많은 논쟁이 필요할 것이다. 일단 이렇게 출발점을 정해놓고 정리한 다음에 논의가 쌓이고 정리되는 대로 보완하면 될 것이다.

⑤는 현재의 대중화된 사법에 대한 검토를 의미한다. 반깍지로 쏘는 것은 온깍지로 쏠 때보다 여러 가지 면에서 좋지 않은 문제점을 안고 있다. 이 부분을 전통사법 논의 과정에서 밝혀내는 것이 중요하다. 우선 생각할 수 있는 것은, 균형의 문제이다. 앞뒤의 균형 문제는 전통 사법에서 가장 중요한 부분이기도 하다. 이것이 지켜지지 않을 때 만작 궁체가 아울러 일그러진다.

요즘 활터에서 보면 죽이 빠지고 상체가 앞으로 구부정한 경우가 너무나 많다. 이것은 온깍지의 함의를 버리고 반깍지를 전제해 놓고서 쏘다 보니 나타난 결과이다. 이것은 극히 작은 예이지만, 반깍지 사법에서는 괜찮을 듯한 것도 온깍지 사법에서 보면 큰 문제점을 안고 있는 것으로 드러나는 경우가 많다. 온깍지는 그런 문제점들이 나타날 조짐을 한눈에 알아볼 수 있는 사법이기도 하다.

그리고 활 자체만으로 볼 때는 어떤 것이 문제인지 잘 안 보인다. 그러나 활도 무술이기 때문에 여타 다른 무술의 원리와 비교하면 왜 활쏘기에서 온깍지 사법이 중요한가를 더더욱 잘 알 수 있다. 인접 무술을 통해서도 이 점은 밝혀야 할 부분이다.

⑥과 ⑦은 사법 논의의 일반 목표이기도 하다. 특히 ⑦은 『조선의 궁술』에서 체육에 적합한 유엽전 사법이라고 밝혀놓았다.(37쪽) ⑥에서 말한 내면의 원리는, 현재 스포츠 역학에서 밝히는 원리도 해당되지만, 그보다 더 깊은 방향의 논의까지 염두에 둔 말이다. 즉 동양 사회에서 오랜 세월 전통을 이어온 기의 개념도 여기에 포함된다. 도인술이나 기공, 나아가 단전호흡의 차원에서도 밝혀야 할 분야이다.

온깍지 사법은 그 전에 없던 새로운 사법을 말하는 것이 아니다. 그 전부터 내려오던 사법은 일단 『조선의 궁술』로 정리되었고, 거기서 다루지 않은 또 다른 방법으로 전통사법을 바라보며 정리하는 방법을 온깍지 사법이라고 말하는 것이다.

3) 온깍지 사법의 의의

전통사법을 논의할 때 그냥 전통사법이라고 하지 않고 새로운 용어인 온깍지 사법이라는 말을 이용하여 이렇게 정리하면 몇 가지 좋은 점이 있다.

먼저, 『조선의 궁술』에 나타난 전통사법을 존중할 수 있다는 점이다. 사법은 대강만 정리할 수밖에 없다. 그것은 활을 쏘는 사람마다 조건에 따라서 조금씩 다르게 나타날 수 있기 때문이다. 따라서 어디까지 서술해야 하는가 하는 점에서 개인의 사법 논의는 늘 경계선의 안팎을 넘나든다. 그러다 보면 본래의 사법을 넘어서 자신의 견해로 왜곡시킬 수 있다. 내가 사법을 논하면서 『조선의 궁술』의 사법이라고 말하면, 현재 그 당대의 정확한 사법을 확인할 수 없는 상태에서는 왜곡이 된다.

그러나 이렇게 〈온깍지 사법〉이라는 말을 쓰면 서술 방법이 달라지기 때문에 그로 인한 차이는 전통의 범주를 크게 벗어나지 않은 선에서 어느 정도 자유로울 수 있다. 방법을 바꿈으로 해서 오히려 자유로워질 수 있고, 논의를 활발히 할 수 있다.

두 번째로, 책임의 소재와 한계가 분명하다는 점이다. 개인이 『조선의 궁술』대로 쏘느냐 하는 것은 겉으로 드러난 궁체의 모습으로 확인할 수 있다. 그러나 그 안에서 벌어지는 마음 씀씀이나 힘을 주는 기술은 겉으로 드러나지 않는다. 그런데 사법을 논하다 보면 이런 부분까지 논하게 된다. 그런 부분은 『조선의 궁술』을 쓴 사람도, 현재의 활량들도 확인할 수 없는 영역이다. 〈온깍지 사법〉이라는 말을 쓰면 확인할 수 없는 이런 애매모호한 부분에 대한 책임소재와 한계가 분명하게 드러난다. 그것은 전통사법의 문제가 아니라 그 전통사법을 논하는 사람의 문제이기 때문이다.

세 번째로, 논의의 깊이를 더할 수 있다는 점이다. 『조선의

『궁술』의 사법은 겉으로 드러난 모습을 묘사하는 데 치중했다. 그 이상 자세히 설명할 수 있는 연구가 뒷받침 되지 못한 상황에서는 실수를 줄일 수 있는 가장 바람직한 방법이다. 그러나 지금은 당시와 사정이 다르다. 양궁의 자료도 접할 수 있고, 같은 동양궁이면서도 세계화까지 꿈꾸는 일본 궁도의 경우도 참고로 할 수 있다. 따라서 이런 참고자료를 토대로 얼마든지 그 당시보다 더 심도 있는 논의를 할 수 있다. 그리고 앞으로 논의될 사법론은 그런 몫을 감당해야 하는 부분이기도 하다. 〈온깍지 사법〉이라는 말에는 그런 의미도 있다.

네 번째로, 전통을 새로운 형태로 볼 수 있다는 점이다. 『조선의 궁술』은 전통 사법의 모습을 모자람 없이 잘 묘사했지만, 사법 이론을 완성한 것이 아니다. 따라서 다양한 방법과 이론으로 『조선의 궁술』에서 미처 언급하지 못한 부분까지도 앞으로 찾아내서 정리해야 한다. 이 작업은 당연히 사법을 논하는 자의 주관이 드러남을 뜻한다. 그리고 이것은 기존의 시각으로는 볼 수 없는 영역까지 보는 창의성을 발휘할 수 있는 조건이 된다. 그리고 새로운 시각을 통해 지금까지 내려온 전통을 더욱 발전시킬 수 있다.

다섯 번째로, 의견을 주고받기가 쉽다. 그리고 방법상의 명료함은 신사를 가르치기에도 적절하다. 신사들은 어차피 동작을 순서대로 이해하기 마련이다. 그런 신사들에게 각 단계별로 중요한 주의 점을 확인하여 주면 훨씬 빨리, 그리고 분명하게 배운다. 그런 점에서도 온깍지 사법은 편리하게 쓸 수 있다.

따라서 〈온깍지 사법〉이란 말은 전통사법의 논의를 충실히 계승하면서 앞으로 전개될 변화무쌍한 사법 논쟁에 신축성 있게 대응할 수 있는 새로운 개념이 될 수 있다.

4) 전통사법 논의의 현실

이러한 논의에서 가장 중요한 것은 과연 현 시점에서 『조선
의 궁술』에 대한 면밀한 검토나 토의가 이루어지는가 하는 것이
다. 『조선의 궁술』에 대한 이해가 전제되어야만 논의과정에서 용
어의 일치를 볼 수 있고, 그를 토대로 사법도 새로운 단계로 발전
해갈 수 있는 것이다.

현실을 보면 다소 우려스러운 상태로, 인터넷에서 간간이, 그
것도 다른 사법과 뒤섞여서 논의되고 있을 뿐, 정통사법의 자리에
있는 『조선의 궁술』의 사법을 연구하고 토론하는 분위기는 찾아
보기 어렵다. 지금까지 공식 석상에서 논의된 『조선의 궁술』 논
의는 다음과 같다. [104]

주　　제	발표자	때	곳	주　최
『조선의 궁술』 사법토론	이자윤	2006.3.11.	전북 군산	온깍지궁사회
『조선의 궁술』 사법강연회	백인학	2006.6.26.	경북 경산	경조정
『조선의 궁술』 강의	백인학	2007.3.10.	충북 보은	온깍지궁사회

따라서 원칙을 제시한 『조선의 궁술』 사법이 원리까지 명쾌
하게 설명된 사법으로 완성되기 위해서는 더 많은 토의가 있어야

104　디지털 국궁신문 자료를 근거로 하였음. 이자윤의 자료는 국궁논문집 제5집
　　에 실렸다.

할 것이다. 이것은 '온깍지 사법'이 제대로 이루어지기 위해서
꼭 필요한 작업이다. 이에 대한 분석이나 연구를 하지 않고 전통
사법을 논한다는 것은 어불성설이다.

5 _ 전통 사법 논의의 앞날

한국의 활쏘기는 단순히 쏘는 행위만 남아있는 것이 아니라
활터라는 공간 전체가 옛 시절의 풍속과 맞물려있다. 그래서 활
쏘기를 논하는 자리에서 사법만을 따로 떼어 논하는 것이 활쏘기
전체에 어떤 의미와 영향을 주는가 하는 것을 검토해야 한다. 그
렇지만 인터넷을 통해서 혹은 문서화된 기록을 통해서 벌어진 최
근의 논쟁은 그러한 생각을 할 겨를조차 없을 만큼 숨 가쁘게 돌
아간다. 아쉽지만 이런 전체의 조망을 얻지 못한 채 사법에 국한
시켜서 논의를 하게 되었음을 고백한다.

앞으로, 어떤 방향으로 사법 논의가 진행되어야 바람직한 결
과를 얻을 수 있는가 하는 것에 대해 간단히 알아본다.

1) 스포츠

활쏘기가 스포츠임은 의문의 여지가 없다. 따라서 스포츠로
접근해서 문제를 해결하려는 것이 가장 바람직한 태도이다. 이것
은 운동의 실상을 보고 대하는 태도를 말한다. 활쏘기 행위를 도
의 관념체계로 바라본다든지 하는 것은 실제 사법 연구에 큰 도움
이 되지 않는다. 오히려 관념화한 전제로 하여 냉정한 접근을 방

해하기가 십상이다. 게다가 그런 방향으로 이미 정해진 외부의 사법에 경도되어 우리 자신의 본질을 망가뜨릴 수도 있다. 이론화를 외치면서도 이론과는 정반대의 관념화로 치닫는 수가 있다. 이것이야말로 사법의 진정한 발전 논의를 방해하는 요소이다.

활쏘기를 스포츠로 접근한다는 것은 두 가지를 의미한다. 행위의 목적성과 결과의 효율성이 그것이다. 행위의 목적성이란 활쏘기가 승부로 귀결될 때 결국은 맞추기 중심으로 간다는 사실이다. 결과의 효율성이란 건강을 추구하는 방향을 말한다. 이 두 가지가 조화로운 균형을 이룰 때 완벽한 스포츠가 될 것이다.

따라서 어떻게 하면 잘 맞출 수 있는가 하는 것이 스포츠로 활을 접하는 연구와 논의의 가장 중요한 논제가 될 것이고, 이것은 막연한 추측이나 짐작이 아니라 체험과 경험을 바탕으로 쌓인 자료를 정리하고 추려서 나온 연구를 해야 함을 뜻한다. 게다가 스포츠는 인체에 바람직한 영향을 주어야 한다. 그런 점에서 생

단양 강가에서 벌어진 활쏘기 대회

리학이나 체육학 같은 방계학문과 연계를 이루어 활쏘기를 조명하는 작업이 계속 이어져야 한다.

행위의 목적성과 결과의 효율성은 어떤 경우에는 양립하기 어려운 때도 있다. 예를 들면 격심한 운동을 하는 선수들의 몸이 오히려 일반인의 몸보다 더 빨리 망가지는 경우가 그렇다. 활쏘기에서는 이런 극한 상황이 발생하지는 않지만 과녁 맞추기가 건강과 반드시 일치하지 않는 것은 여러 가지로 확인할 수 있다. 시수 욕심으로 강궁을 쓰다가 몸까지 망가지는 사람들을 흔히 볼 수 있다. 이것은 효율성을 간과하고 목적성에 집착한 경우이다.

바람직한 것은 목적성과 효율성이 조화를 이루는 경우인데, 다행히 『조선의 궁술』은 이 두 가지 목적을 동시에 이룰 수 있는 사법이다. 오히려 목적성을 위해서 본래 있던 효율성을 버리는 성향으로 1980년대 이후의 활쏘기는 기울었다. 그런 점에서 효율성을 우선시 하는 작업이 필요하다고 하겠다.

어느 경우에든 자료를 바탕으로 논리화가 진행되어야 함은 물론이다.

이런 분야는 아직도 국궁계에서는 백지상태이다. 근래에 볼 만한 업적은 조영석이 하는 일련의 작업이다. 조영석의 작업은 사법의 이론화가 전혀 진행되지 않은 상태에서 20년이 넘는 자신의 풍부한 활쏘기 체험을 중심으로 힘이 작용하는 원리를 파악하는 데 주력하고 있다. 그래서 그간 발표된 그의 논문이나 글은 사법을 연구하는 한 훌륭한 사례가 될 것이다. 하지만, 이것이 방계자료나 누적된 자료가 뒷받침되지 않아서 여러 가지로 불안한 실정이다. 혼자서 연구하는 이런 사람들이 참고할 수 있는 많은 체험기와 자료를 공유하는 것이 무엇보다도 시급한 문제임을, 고군분투하는 조영석 접장의 노력에서 절실하게 느낄 수 있다.

이제부터라도 자료를 모으고 정리하여 이런 길로 가는 토대를 마련해야 한다. 과학화와 이론화가 이 분야의 가장 큰 숙제이다. 이런 것이 전제되어야만 사법 논의는 건강한 결론을 향해 나아갈 것이다.

아울러 한 가지 더 참고할 것은 인접 민족의 활쏘기 연구이다. 특히 일본 활의 경우는 세계궁도연맹을 결성하여 전 세계 대회까지 계획하고 있는 실정이다. 이들은 활쏘기 연구의 연륜도 깊어서 이제 막 연구를 시작하는 우리에게 많은 암시를 줄 수 있다. 이들에 대한 관심과 천착도 국궁의 발전을 위해서는 꼭 필요한 일이다. 그런데 실제로 국궁계에서는 다른 민족의 활에 대해서는 크게 관심을 두지 않는 상태이다.[105]

2) 양생술

사람은 몸과 마음으로 이루어져있다. 따라서 보통 스포츠를 바라보는, 그래서 접근하는 방법론도 이 두 방향으로 정리된다. 활 역

---

105 지금까지 국궁계에서 일본 활에 대해 접한 기록은 세 번 정도이다. 2007년에 국궁문화연구회에서 주관하여 대마도에 가서 일본의 활쏘기를 체험했고(이건호, 「한일문화교류기」, 국궁신문), 세계 민족궁 대축전 세미나에서 사토 아키라가 일본활 전반에 대해 소개했다.(김기훈, 「세계 민족궁 축전 및 세미나의 성과와 문제점」, 『국궁논문집』 제6집, 온깍지궁사회, 2007) 그리고 황학정의 성순경 접장이 독일에 가서 6개월간 일본 활을 배웠고, 이듬해 경기도 파주에 한국 최초로 일본궁도장인 징심관(澄心館)을 열었다.

시 마찬가지이다. 활을 쏘는 신체의 구조와 방향을 관찰하고, 여기에다가 시합 때 작용하는 마음의 움직임까지 고려하는 방식이다.

그런데 쉽게 얘기할 수 있는 것은 아니지만, 몸과 마음 사이에 존재하는 것이 있다. 그것에 대한 인식은 서양에서는 거의 이루어지지 않았고, 동양에서 오래전부터 언급된 것이다. 그러나 그것의 실체가 아직까지도 확인되지 않기 때문에 계속 논란거리로 남아있는 것이다. 바로 '기'가 그것이다.

기는 우리에게 아주 낯익은 것이다. 마음과 몸을 잇는 보이지 않은 힘이 기이다. 이 기를 운용하는 분야는 동양에서 한의학임은 널리 알려진 것이고, 이것의 흐름을 실제로 수련하는 곳은 도가 계열이다. 도가에서는 예부터 기공 수련을 했고, 그것은 한국에도 전파되어 지금도 많은 사람에게 영향을 끼치고 있다. 1970년대 이후에 산중비전을 선언하며 세상으로 나온 수련법들이 모두 그런 것이다.[106]

기공은 벌써 수 천 년에 이르는 내력을 갖고 있는 수련법이고, 이것이 근세에는 무술과 결합해서 내가권을 형성하는 추세를 보였다.[107] 이런 무술들의 특징은 몸의 근육과 뼈의 힘만이 아니라

---

106 국선도, 단학선원, 기천문, 석문호흡, 연정원 같은 단체가 모두 그런 것들이다. 그러나 단군이나 고구려 운운하면서 전통 수련법이라는 일부 주장은 곧이 곧대로 받아들이기는 어려운 점이 많다. 이들은 한결같이 중국의 기공과 인도의 요가 체계를 심하게 닮아있기 때문이다. 이런 지적을 의식한 듯 역으로 환웅단군시대에 인도와 중국으로 우리가 전해주었다는 식의 발상에 이르러서는 고개가 갸웃해진다. 이런 식의 주장은 무술계도 마찬가지여서 기천문, 태권도, 똬한뭐루, 해동검도 같은 단체도 기원을 삼국시대 이전으로 올려 잡는다.

107 중국 무술 중 내가권으로 분류되는 것은 태극권, 팔괘장, 형의권 정도이다.

눈에는 보이지 않는 몸속의 기를 운용하여 발경을 활용한다는 점이다. 기에 대한 분명한 체험과 체계가 없으면 불가능한 것이다.

그런데 활을 쏘다보면 이와 비슷한 경험을 한다. 그것은 건강의 요건에 기를 운용하여 신체의 기능을 크게 넓히는 것이다. 서구학문의 방식으로 설명하자면 무의식과 잠재의식을 이용한다고 하겠지만, 어쨌거나 겉으로는 드러나지 않는 기의 세계를 활용하는 것에는 변함이 없다. 이런 방식을 크게 양생술이라고 한다.

그런데 특히 우리 활은 다른 활과 달리 이런 원리에 아주 근접해있다. 그래서 그 분야로 개척해볼 필요가 있다. 그리고 이런 방향의 가능성은 몇 차례 논의되었다.[108] 그리고 소개 차원에서 온깍지궁사회의 홈페이지에 소개되었다.[109]

양생의 활쏘기, 궁술!

활쏘기가 양생의 수준까지 올라가려면 반드시 지켜야 할 조건이 있습니다. 마음의 안정은 몸의 균형과 관련이 있습니다. 몸이 삐딱하거나 기우뚱하면 마음은 절대로 안정을 이루지 못합니다. 마음이

---

108 정진명, 「활을 보는 몇 가지 관점」, 『국궁논문집』 제1집, 온깍지궁사회, 2001.
박중보, 「활과 단전호흡」, 『국궁논문집』 제3집, 온깍지궁사회, 2003.
정진명, 「국궁의 전통사법에 대한 고찰」, 청주대학교 교육대학원, 2003.
정진명, 「국궁의 3대 장애 비판」, 『국궁논문집』 제4집, 온깍지궁사회, 2005.
박중보, 「단전호흡에 대한 이해」, 『국궁논문집』 제4집, 온깍지궁사회, 2005.
정진명, 「노자와 활」, 『국궁논문집』 제4집, 온깍지궁사회, 2005.
정진명, 「활과 시의 만남」, 『활에게 길을 묻다』, 고두미, 2006.
109 온깍지궁사회 홈페이지, 활문관(弓門關)

안정되지 않은 상태에서는 몸이 우주의 기운을 받아들이지 못합니다. 따라서 활쏘기의 양생이 제대로 이루어지기 위해서는 그를 위한 자세가 갖추어져야 합니다.

양생은 우주의 기운을 받아들이는 것입니다. 우주의 기운을 몸으로 받으려면 몸을 그런 상태로 만들어주어야 합니다. 사람에게 가장 편한 자세를 만들어놓으면 우주의 기운은 사람의 호흡을 통해서 몸으로 들어옵니다. 그리고 그런 상태가 오래 지속되면 몸에는 변화가 오기 시작합니다. 그러려면 자세가 가장 안정된 상태를 갖추어야 합니다. 그러기 위해서는 활쏘기에서 다음과 같은 조건을 최소한 갖추어야 합니다.

1) 반드시 비정비팔
2) 반드시 온깍지
3) 반드시 숨통 트기

이밖에도 많은 조건이 있지만, 일단 이 세 가지만 갖춰놓으면 나머지는 저절로 해소됩니다.

〈비정비팔〉은 동양의 활쏘기에서 모두 쓰는 말이지만, 실제로 취하는 발모양은 각 민족마다 조금씩 다릅니다. 우리 민족의 비정비팔과 중국의 비정비팔, 일본의 비정비팔이 모두 다릅니다. 따라서 여기서 말하는 비정비팔은 우리 민족의 비정비팔을 말합니다.

우궁의 경우, 왼발을 과녁의 왼쪽 귀에 맞춥니다. 그리고 오른발은 자연스럽게 벌리되, 양 발 사이에 자신의 주먹 둘이 들어갈 정도의 넓이로 벌립니다. 이것이 옛날부터 전하는 우리 고유의 비정비팔법입니다.

　반드시 뒷손은 온깍지 사법으로 끌고, 멈추고, 풀어야 합니다. 온깍지 사법으로 끌라는 것은 높이 끌라는 것입니다. 활을 이마 높이로 들어 올렸다가 귓바퀴를 스치도록 당겨서 입 꼬리 위로 살대를 고정시키는 것이 그것입니다. 그리고 발시 후 깍짓손을 자연스럽게 풀리도록 합니다. 지금의 반깍지처럼 그대로 두어서는 몸의 기운이 풀리지 않습니다. 반깍지는 맞추기 위한 편법입니다. 깍지손이 펼쳐져야만 온 몸을 긴장시켰던 기운이 풀리고 그에 따라 경락이 함께 열립니다. 양생술은 기혈 순환이 생명입니다. 몸 가는 곳에 마음이 따라야 하고, 마음이 따라가면 기도 함께 갑니다. 그러므로 반드시 뒷손은 높이 끌어서 자연스럽게 풀리도록 해야 합니다.

　마지막으로 숨통은 반드시 터놓아야 합니다. 활쏘기는 호흡이 가장 중요합니다. 따라서 처음부터 끝까지 숨구멍은 열려있어서 언제든지 우주의 기운이 드나들 수 있도록 숨통을 터놓아야 합니다. 숨통을 막아놓으면 얼굴이 벌게지면서 기가 역류합니다. 목숨을 재촉하는 일입니다. 활쏘기에서 만작 시에 자신의 숨통이 열려있는가 하는 것은, 어렵더라도 만작을 하고서 숨을 쉴 수 있는가 확인해보면 알 수 있습니다.
　우리말에서 숨은 생명으로 인식됩니다. 〈숨통, 목숨〉 같은 말이 그렇습니다. 이것은 숨쉬기와 생명을 동일시한 것으로, 양생술은 바로 여기에 근거를 하고 있습니다. 언어를 살펴보면 일찍부터 우리 민족은 이런 술법에 깊이 통달하고 있었음을 알 수 있습니다.

　　이상이 양생의 활쏘기를 이루기 위한 조건입니다. 이상의 조건을 이루고 1년만 잘 수련하면 몸의 변화가 옵니다. 그러나 아무리 오래 활을 쏘아도 이상의 조건을 지키지 않으면 양생에 의한 변화는 오지 않습니다. 오로지 맞추기 위한 편법이기 때문입니다. 잘 맞는 것이 나쁜 것은 아니지만, 그것이 활의 근본 목적은 아닙니다. 활보다 더 정확하고 효과 좋은 총이 나왔기 때문입니다. 활쏘기의 목적은 건강입니다. 맞추기는 오락일 따름입니다. 오락이 좋으신 분은 오락을 즐기면 됩니다. 활쏘기의 오락은 그 나름대로 좋은 전통이 있습니다. 끓내기, 연전띠 내기, 전내기 같은 것이 다 그런 오락의 일종이기도 합니다. 수많은 대회 역시 그런 오락의 일종입니다.

　　그러나 여기서 다루는 것은 그런 오락이 아니라 몸과 마음을 구원할 수 있는 방법입니다. 그리고 그 방법이 양생술이고, 활쏘기를 통해서도 그것을 이룰 수 있다는 것을 말하는 것입니다. 활쏘기에서 그 방법을 찾고자 하는 것이 이곳의 목적입니다.

　　1. 정간 비판
　　2. 궁도 비판
　　3. 민족주의 비판
　　4. 활쏘기의 호흡
　　5. 단전호흡
　　6. 참선 호흡

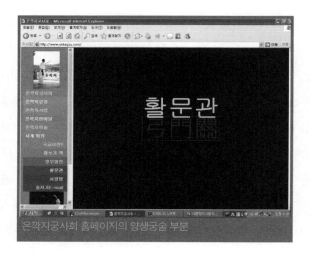

온깍지궁사회 홈페이지의 양생궁술 부분

7. 단서구결

8. 단가별지구결

9. 용호결

10. 매월당집 초록

11. 노자구결

12. 참동계

13. 퇴계의 활인심방

14. 주역과 음양오행

15. 마음을 밝히는 글

16. 활과 시의 만남

17. 체험기

물론 제시된 항목들이 모두 완성된 것은 아니다. 몇 가지 내용이 올려져있고, 앞으로 공부를 하면서 보충될 내용이다. 다만 이런 방향으로 연구가 진척되면 뜻하지 않은 결과가 나올 수 있음을 말하고자 하는 것이다.

6 _ 바람직한 사법 논의를 위하여

나는 한 동안 온깍지궁사회 창립과 운영에 매달리느라 사법에 눈 돌릴 겨를이 없었다. 그리고 실제로 활을 쏜 지 10년을 조금 넘긴 신출내기여서 사법을 논할 만한 위치에 있지도 않다. 그러나 뜻하지 않게 우리 활에 관해 문자화하는 작업을 하다 보니 사법에 대해 이것저것 언급하지 않을 수 없었고, 여기저기서 벌어지는 논의에 저절로 얽히게 되었다. 그러다 보니 이런 글을 쓰기에 이르렀는데, 사법 논쟁 과정에서 나타나는 쟁점의 문제는 내용이라기보다는 인식의 태도와 방법의 문제라는 생각에 다다른 것이다. 이런 혼란은 대부분 명확하지 못한 개념과 합의되지 않은 용어를 서로 다른 의미로 사용하는 데서 유래된다.

논쟁에 참여하는 일은 여러 가지로 자신의 에너지를 쏟는 일이다. 애써 쏟은 에너지가 헛된 것이 되지 않으려면 그것이 이론에 발전을 가져올 수 있는 방향으로 모여야 하고 그것은 공통된 용어를 통하여 의견이 잘 소통될 약속체계를 이룰 때 가능한 일이다.

2001년부터 국궁계에 널리 퍼진 온깍지라는 말을 두고 많은 논쟁이 일어났다. 그리고 그것의 정당성이나 합리성 이전에 감정으로 대응하는 경우까지 생겨 진정한 사법의 발전에 큰 장애로 작용하기까지 하였다.

이 글에서는 온깍지란 말의 뜻과 그것이 사법에 적용되는 상황의 뜻을 정확히 규정하려고 하였다. 온깍지라는 말은 해방 전부터 활터에서 써온 말이다. 하지만 1970년대부터 서서히 변화해온 사법의 반깍지 형태 때문에 본래의 전통사법을 가리키는 말로 온깍지궁사회에서 썼다. 이 와중에서 논의가 분분해진 것이다.

온깍지 사법이란 전통사법과 무관한 제3의 사법이 아니라, 『조선의 궁술』에 정리된 전통 사법을 시간차 순으로 설명하려는 이론이라는 것이 이 글의 주제이다. 그렇게 함으로써 『조선의 궁술』의 사법을 원형대로 존중하면서 새로운 내용을 찾아 명실이 완전한 이론으로 발전시키고자 하는 뜻에서 사용한 말이다.

국궁계의 사법 논의는 이제 막 걸음마를 뗀 상태다. 이것이 원숙한 이론의 창출로 승화되려면 그를 뒷받침할 만한 1차 자료가 많이 나와야 한다. 이 글은 그런 차원에서 이미 논의된 사법을 토대로 용어와 개념을 좀 더 분명하게 정리했다.

한국의 전통 사법
– 온깍지 사법의 실제

1_ 머리말

1) 연구의 필요성

한국의 활쏘기는 5천년이 넘는 유구한 역사를 자랑한다. 활쏘기라는 현상은 전세계 모든 민족에게 두루 나타나는 것이지만, 특별히 한국의 활쏘기는 우리 겨레와 오랜 세월을 함께 하는 동안 우리의 풍토와 체질에 걸맞게 변형·발전하면서 오늘에 이르렀다. 특히 사법은 오랜 세월 전해오는 동안 다른 민족의 사법과는 다른 형태로 발전하여 훌륭한 체계를 이룩하였다.

그러나 활쏘기에 관한 기록은 거의 없는 형편이다. 1929년에 조선궁술연구회에서 펴낸 『조선의 궁술』외에 다른 문헌 기록은 찾아볼 길이 없다. 이 점은 사법도 마찬가지여서 우리 조상들이 즐겨 쏘던 사법이 어떤 형태로 정착했는지 자세하게 기록한 책은 커녕 토막글조차 찾아보기 힘들다.

문자기록은 어떤 형태든 형식성과 고정성을 수반한다. 따라서 문자로 기록한다는 것은 다소 유동성이 있는 분야에 일정한 형식을 부여하여 그것의 형태를 영구히 보존하는 것을 의미한다. 이런 행위가 그 분야에 바람직한 영향을 끼칠지 그 반대일지는 쉽게 알 수 없지만, 인류의 문명이 걸어온 과정을 돌이켜보면 실보다는 득이 더 많다는 점에서 문헌이나 기록이 없다는 것은 한국의 활쏘기를 위해서 결코 바람직하지 못한 일임은 분명하다.

오늘날 기록이 다시 문제가 되는 것은 활쏘기를 둘러싸고 있는 여건의 변화 때문이다. 한국의 활쏘기에 관한 기록이 1929년에 처음 나온 이후, 활터를 둘러싼 제반 여건과 환경은 많이 변하였고 그에 따라 활쏘기의 모습 또한 크게 달라졌다. 이에 따라 사법에도 무시할 수 없는 많은 변화가 일어 그러한 변화를 면밀히 관찰하고 그에 대비하지 않으면 안 되는 그런 시점에 와있는 것이다.

따라서 이 연구에서는 활을 쏜 지 50년 이상 된 구사들로부터 사법을 채록하여 전통 사법의 원형을 찾아 기록하고 그 특성을 정리하고자 한다.

2) 앞선 연구 검토

한국의 활쏘기에 관한 학계의 관심은 실로 기가 막힌 실정이어서 전문가는 물론 제대로 된 연구 논문 한 편 찾아보기 어렵다. 그런 까닭에 활에 관한 논의는 학계의 밖에서 활터에 관여한 사람들을 중심으로 이루어질 수밖에 없었다. 그러나 이러한 논의는 학술 논문 같은 정밀한 서술 체계와 연구 방법을 기대할 수 없다는 일정한 한계점을 지닐 수밖에 없다.

　다행히 최근에 젊은 연구자들이 나와서 활쏘기 일반에 대한 논의는 몇 차례 소개가 되었다.(이훈영, 1994 ; 양영호, 1998 ; 김효권, 2000 ; 이병민, 2000) 그러나 사법에 관해서는 아직 이렇다 할 논의가 이루어지지 않은 형편이다. 그것은 사법에 대해서 논의를 하고자 하면 오랜 활쏘기 체험을 해야 하는데 그것이 여의치 않은 까닭이다. 활터에서는 10년 정도 쏴서는 입도 벙긋하기 어려울 정도로 애숭이 취급을 받는다. 집궁 경력이 30년 정도는 되어야 겨우 활을 좀 쏘았다는 소리를 듣게 된다. 이런 까닭에 젊은 연구자들이 함부로 사법에 대해 논하기 어려운 실정이다. 또한 활쏘기는 시수의 변화가 워낙 덧없는 까닭에 몇 십 년을 쏘아도 자신 있게 '이것이 정법이다' 라고 단정하여 말하기 어렵다. 그런 까닭에 사법에 관한 논의는 끝내 빈 공간으로 남을 수밖에 없는 실정이었다.

　『조선의 궁술』(조선궁술연구회, 1929)이 한국의 활쏘기에 대한 불후의 명작이었던 것처럼, 사법 또한 마찬가지로 그 책에서 비로소 처음 문자화되었다. 활쏘는 동작 전체를 부분별로 나누어서 설명한 것이다. 이 책은 당시까지 전해오던 활쏘기의 체계를 아주 잘 정리해 놓았다는 점에서 이후 모든 사법 논의의 기준이 되었다.

　이 책 이후에는 별다른 연구가 없다가 『궁도개론』(지철훈, 1978)에서 다시 색다른 방법으로 사법을 논하였다. 여기서는 발시가 이루어지는 순간의 동작을 시간으로 나누고 각종 사벽(射癖)을 분석하여 각 부분의 원리를 설명하는 방법을 취했다. 제한된 지면 안에서 사법의 중요한 부분을 추려서 그 핵심 쟁점을 자세히 분석한 점이 돋보인다. 그러나 그 과정에서 일본활 유미의 이론에 많은 부분 의존했다는 점이 끝내 아쉬운 점이라 하겠다. 바로 이때부터 우리 활의 이론에 일본 활의 이론이 음으로 양으로 도입되기 시작했다. 그리하여 최근에는 출처조차도 밝히지 않은 채 일본 활의 사법을 그대로 옮겨 우리의 전통사법인 양 설명하는 일까지 벌어졌다.

그 뒤로 오랫동안 사법에 대해 논한 저술이 없다가 『우리 활 이야기』(정진명, 1996)가 나왔다. 이 글에서는 활을 쏘는 단계를 전체 여섯 도막으로 나누어서 각 부분에 대해서 설명하는 방법을 썼다. 즉 궁체를 부위별로 설명한 것이 아니라 시간의 흐름에 따라서 쏘는 순서를 설명한 것이다. 『조선의 궁술』 이후 활을 쏘는 사람으로서 한국의 활쏘기에 대해 새로운 설명을 시도한 첫 사례라는 점에서 그 의의를 찾아볼 수 있다. 이 글을 기점으로 이후 활에 관한 많은 글들이 쏟아져 나왔다.(황학정, 1997; 정진명, 1999 ; 사법비전연구회, 1999 ; 육군박물관, 1999 ; 온각지궁사회, 2001~2002) 이 때 사법에 관한 논쟁이 활발하게 일어난 것 역시 학계 밖의 일이다.

그러나 최근에 발생한 이러한 글들의 공통점은, 활 쏘는 사람들을 대상으로 광범위한 조사와 비교 · 대조를 통하여 이끌어낸 연구가 아니라, 활 쏘는 사람 자신이 배운 사법을 기준으로 사법 일반을 설명한 것이어서 보편타당한 전통 사법의 체계를 세우는 데는 일정한 한계가 있다. 따라서 제한된 사람들이 내놓는 견해 보다는 많은 궁사들의 의견을 종합하여 일정한 결론에 이르는 방법이 꼭 필요한 것이다.

3) 연구의 방법

따라서 이 연구에서는 우리 겨레가 오랜 세월 동안 추구해온 어떤 궁체가 있다는 가정 하에, 오랫동안 활을 쏘아온 구사들을 면담하여 그들이 아는 사법에 대해 채록하고 그것을 종합 정리한 다음, 이를 바탕으로 우리 겨레가 추구해온 전통 사법의 형태는 어떠한 것인가 하는 결론을 내리고자 한다. 나아가 그렇게 해서 얻은 결론을 현재 우리의 전통 사법에 대한 기록으로는 유일하게 남은 『조선의 궁술』과 비교하면서 그것을 토대로 전통사법의 윤곽을 그릴 것이다.

이 연구를 위해서 면담과 채록에 응해준 분들은 〈표-1〉과 같다.

〈표-1〉 자료 증언자 명단

성명	성별	궁별	소속, 출신	출생년	집궁년	비고
성낙인	남	우궁	서울 황학정	1927	1941	
윤준혁	남	우궁	곡성 반구정	1914	1936	2007년 입산
이종수	남	우궁	고흥 문무정	1918	1938	
이상엽	남	좌궁	황해도 개풍	1914	1929	강화도 거주
김복만	남	좌궁	울산 청학정	1914	1941	2002년 입산
김병세	남	우궁	수원 연무정	1916	1934	
안석흥	남	우궁	인천 연무정	1918	1940	2006년 입산
김현원	남	우궁	인천 무덕정	1918	1941	2004년 입산
하상덕	남	우궁	인천 무덕정	1917	1940	2005년 입산
이태엽	남	좌궁	황해도 평산	1925		미국 거주
고익환	남	우궁	서울 석호정	1921	1956	
박경규	남	우궁	금산 흥관정	1924	1955	2003년 입산
이용달	남	우궁	평창 대관정	1915	1957	2001년 입산
김향촌	여	좌궁	사천 관덕정	1929	1947	2002년 입산

류근원, 성낙인, 성순경

　　이들을 선택한 기준은 집궁 기간으로 하였다. 즉 해방 전후에 집궁한 사람들을 중심으로 채록을 한 것이다. 그 까닭은 해방 후 활터의 여건 변화로 인하여 사법 역시 일정한 변화를 겪었기 때문에 시간이 후대로 내려올수록 이미 변형된 사법에 적응하여 그 전부터 전래되어온 사법에 대해 잘못 알고 있는 경우가 있음을 우려하였기 때문이다. 이상의 조사대상자를 보면 1930년대 이전에 출생한 분들이며, 대부분 50년 이상 활을 쏜 분들이다.

　　다행인 것은 사법에 대한 이들의 견해가 대부분 일치해서 우리 겨레가 오래도록 추구해온 궁체의 윤곽을 그리는 데 별 어려움이 없었다는 점이다. 따라서 이들의 의견이 일치하는 대로 서술해 나가되, 의견이 다른 부분은 해당하는 사람의 성명을 밝히고자 한다.

　　이 중에서도 특히 성낙인 옹에 대해서는 특별히 눈여겨볼 필요가 있다. 한국의 활쏘기가 조선시대의 무기체계에서 제외된 뒤, 근대 스포츠로 뿌리내리는 1920년대부터 1940년대 후반까지 이 스포츠화 과정을 주관한 주체는 현 대한궁도협회의 전신인 조선궁술연구회였다. 이 모임을 처음부터 이끌면서 근대 활쏘기 체제의 초석을 놓은 사람이 서울 황학정의 성문영 사두였는데, 이 분은 무과에서 장원급제를 한 데다가 고종황제를 모시고 활을 쏘았다. 성문영은 명실 공히 근대 활쏘기의 아버지라 할 만한 분이다. 성낙인 옹은 성문영 사두의 외동아들로 1941년에 아버지의 활로 집궁을 하여 아버지에게 직접 배웠다.[1] 『조선의 궁술』을 정통으로 이어받은 분이라고 해도 과언이 아니다. 따라서 의견이 분분한 부분에 관해서는 이 분의 견해를 존중하고자 한다.

2 _ 전통 사법의 실제

(1) 사법 서술 방법론

무술의 모든 동작은 눈 깜짝할 사이에 이루어진다. 그러나 그 짧은 동작에는 거의 본능화된 갖가지 기술이 들어있다. 그리고 그 기술은 오랜 세월 동안 수련을 통하여 내면화된 것이다. 그런데 전통이 있는 모든 기술은 누군가에게 배우기 마련이며, 배운다는 것은 실제 동작에 대한 정밀한 반성과 자기관찰을 의미한다.

---

1   성낙인 선생은 1941년에 집궁했기 때문에 2001년에는 집궁회갑을 맞았다. 이 집궁회갑은 아버지 성문영 사두의 대를 이어 2대째 맞는 집궁회갑으로, 궁술사의 측면에서든, 무술사나 풍속사의 측면에서든 특기할 만한 사실이다. 하지만 성낙인 선생이 오랜 기간 활터를 나가지 못해서 아무도 이런 사실을 기억하지 못했다. 그래서 온깍지궁사회에서 집궁회갑 기념패를 해드렸다.

이 점은 활쏘기라고 해서 예외일 수 없다.

활을 처음 배우는 단계에서는 가르치는 사람이 배우는 사람에게 전체 동작을 세분해서 가르치기 마련이다. 그러다 보면 실제 동작에서 눈으로는 잘 보이지 않지만 실제 동작이 그렇게 나타나도록 하는 어떤 원리에 대해서 말하게 된다. 사법에 대해 언급한다는 것은 실제 동작에서 눈으로 포착되지 않는 이 부분을 언어화하여 많은 사람들의 동의를 얻는다는 것을 뜻한다.

따라서 동작을 몇 단계로 나누느냐, 나눈 그 단계에 따라서 어떻게 설명하느냐 하는 것은 그것을 설명하는 사람의 판단에 의존하지 않을 수 없다는 것을 의미한다. 그리고 이것은 개인의 의견이 반영될 수 있다는 점에서 다분히 논쟁의 여지가 있다. 하지만 사법에 대해서 논하고자 한다면 누구도 피할 수 없는 그런 부분이기도 하다.

활쏘기와 관련할 때 사법에 대한 서술 방법은 대체로 두 가지이다. 활쏘기는 당겨진 활의 힘을 화살에 실어보내는 것이기 때문에 힘이 작용하는 신체상의 특정한 위치가 있다. 바로 그 위치 가운데서 중요한 몇 군데를 선정해서 그곳의 움직임과 작용 원리를 설명하면 된다. 따라서 이 방법은 활을 당겨서 긴장한 몸의 위치를 부위별로 설명하는 것이다. 예를 들면 줌손, 중구미, 죽머리, 깍짓손…… 하는 식이다.

그러나 활쏘기는 또한 활을 들 때부터 발시 후까지 한 순간도 나눌 수 없는 연속동작이기도 하다. 이것은 시간의 흐름에 따라서 동작이 이루어진다는 뜻이다. 따라서 동작이 전개되는 시간의 순서에 따라서 몇 단계로 나누어 설명하는 방법이 있을 수 있다.

『조선의 궁술』(조선궁술연구회, 1929)에서는 주로 전자의 방법을 택하고 있다. '궁체의 종별'이라고 제목을 붙여서 인체의 각 부분에 작용하는 힘의 원리를 중심으로 설명했다. 그리고 '신사가 배우는 차례'에서 시간의 순서에 따라서 설명을 하는 방법을 곁들였지만, 그때도 동작에 대한 설명이 주를 이루고 있다.

시간의 흐름에 따라서 활쏘기 동작을 처음 설명한 책은 『우리 활 이야기』(정진명, 1996)이다. 이 책을 기점으로 이후의 모든 책에서는 동작이 전개되는 순서에 따라서 설명하는 방식을 취하고 있다.

이 논문에서는 후자의 방법을 택하여 시간의 흐름에 따라 전개되는 활쏘기의 동작에 대해서 서술하기로 하겠다.

(2) 전통사법

한국의 전통 사법은 크게 세 덩어리로 나눌 수 있다. 예비동작, 본동작, 마무리동작이 그것이다. 다시 이것을 더 잘게 나누면 동작은 모두 열 마디로 할 수 있다. 발모양, 손가짐, 살 메우기, 걸치기, 죽 올리기, 엄지발가락누르기, 깍짓손 끌기, 온작, 발시, 거두기가 그것이다. 발모양부터 살 메우기까지가 활을 쏘기 위한 예비동작이고, 걸치기부터 발시까지가 본 동작이며, 거두기가 마무리 동작이다. 이상을 정리하면 〈표-2〉와 같다.

주의할 것은, 활을 들어올리기 시작해서 마무리 할 때까지 멈춤이 있어서는 안 된다는 것이다. 여기서는 편의상 이렇게 10마디로 나누어 설명하지만, 그것은 방편일 뿐 모든 동작은 물이 흐

<표-2> 활쏘기 세부 동작

단 계	세부동작
예비동작	① 발디딤
	② 손가짐
	③ 살 메우기
본 동작	④ 걸치기
	⑤ 죽올리기
	⑥ 엄지발가락 누르기
	⑦ 깍짓손 끌기
	⑧ 온작
	⑨ 발시
마무리 동작	⑩ 거두기

르듯이 끊이지 않고 이어지면서 이루어져야 한다.(성낙인)

여기서는 오른활[右弓]을 기준으로 설명한다. 왼활[左弓]은 그 반대로 생각하면 된다.

1) 발 모양 : 비정비팔

비정비팔(非丁非八)이란 발의 모양이 한자의 정짜도 아니고 팔짜도 아닌 모양이라는 뜻이다. 두 발이 놓인 모양이 어떻게 보면 팔짜나 정짜를 닮은 것 같은데, 정확히 보면 그 글자와는 다르기 때문에 붙은 이름이다.

이 이름은 동양의 활쏘기에서 발 자세를 말하는 용어로 통용되었다. 중국의 옛 사법에서도 이 말을 썼고, 우리나라의 활터에서도 옛날부터 썼다. 그러나 같은 말을 쓰더라도 중국과 우리 나라의 발 자세는 그 모양이 다르다. 이것은 장비의 조건이 다르기

때문에 생긴 현상이다. 중
국보다는 우리나라 사법이
과녁과 많이 마주서지만 그
때의 발 모양을 가리키는
말은 모두 비정비팔이다.

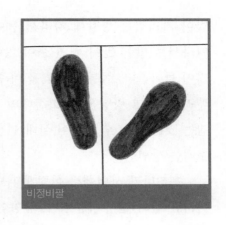
비정비팔

먼저 왼발을 과녁의 왼
쪽 귀를 향해 놓는다. 그리
고 기준이 되는 이 왼발에
오른발을 나란히 붙였다가
반 족장만큼 뒤로 빼어 적당히 벌린 다음, 뒤축을 중심으로 발끝
을 돌려서 편하게 선다. 이때 '적당히' 란, 두 발 사이에 자신의 주
먹 둘이 들어갈 만큼의 간격을 가리킨다.(박경규) 그러면 몸은 과
녁과 거의 정면으로 마주하면서도 약간 오른쪽으로 향한다.

발 모양을 이렇게 잡는 이유는 여러 가지이다. 먼저 이것은
발시 후 몸이 돌아가는 것을 적당히 통제하도록 하기 위한 방편이
다. 만작의 마지막 순간에는 허리를 트는 힘으로 깍짓손을 버텨

주는데, 발시와 동시에 몸
은 이 버틴 힘의 반동으로
돌아간다. 그러면 깍짓손은
몸이 돌아가는 방향으로 뿌
려진다. 그래서 깍짓손이
뒷방향으로 뿌려지도록 하
려면 상체를 과녁과 마주보
도록 서주어야 한다. 오른

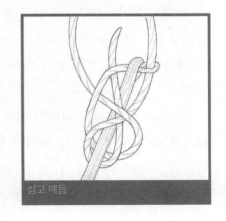
심고 매듭

발이 가리키는 방향에 따라서 몸이 돌아가는 정도가 결정된다. 따라서 뒷발을 많이 빼면 몸이 많이 돌아가서 발시 후 깍짓손이 많이 돌아간다. 몸통이 과녁을 마주보아야만 뒷손이 몸 뒤쪽으로 뿌려진다. 그 방향은 곧 화살대의 뒷방향이다. 발 모양을 이렇게 잡는 것은 발시 후 뒷손이 살대 연장선으로 뿌려지도록 방향을 유도하는 방법이다.

우리나라 사법에서 이렇게 과녁을 거의 마주하고 설 수 있는 까닭은 활의 길이 때문이다. 동양의 활은 물론 세계의 모든 활 중에서 우리 활이 가장 짧다. 활의 길이가 짧다는 것은 시위를 당기는 방법에 영향을 준다는 뜻이다. 즉 활은 자신의 품으로 당기기 때문에 만작을 하면 시위가 몸통에 닿을 수밖에 없다. 이렇게 시위가 몸통에 닿는 것을 '쌍현이 진다'고 하는데, 활의 길이가 짧을수록 쌍현이 늦게 진다. 쌍현이 늦게 진다는 것은 더 많이 당길 수 있다는 뜻이다. 시위가 몸통에 걸리면 더 당기려야 당길 수가 없다. 더 당기려면 시위가 몸통에 걸리지 않도록 하는 방법 밖에 없다. 시위가 몸통에 걸리지 않게 하려면 뒷발을 뒤로 더 빼고 몸을 돌려서 돌아서면 된다. 중국 활이나 일본 활에서 몸통을 미리 돌려놓고서 자세를 잡는 것은 그들이 그렇게 하고 싶어서 하는 것이 아니라 활의 길이가 길기 때문에 어쩔 수 없이 그렇게 하는 것이다.

그러나 우리 활은 길이가 현저히 짧기 때문에 과녁과 거의 정면으로 마주 서서 당겨도 쌍현이 지지 않는다. 그렇기 때문에 얼마든지 과녁과 마주설 수 있고, 그렇기 때문에 일본이나 중국의 발모양하고는 다른 것이다. 우리나라의 비정비팔은 활이 짧기 때문에 생긴 독특한 발 자세이다.

과녁을 마주보면 좋은 이유는 전망에 유리하기 때문이다. 전쟁 상황이나 사냥 같은 행위에서는 앞을 똑바로 볼수록 유리하다. 똑바로 본 상태에서 시위를 당겨서 쏘는 것이 가장 빠르고 안전하게 쏠 수 있는 것이다. 우리나라의 활은 그러한 조건에 가장 유리하다. 짧기 때문이다. 반면에 일본이나 중국에서는 그렇게 하고 싶어도 활이 길어서 그렇게 할 수 없다. 몸통을 돌려서 고개를 그 반대로 틀고 목표물을 보아야 한다.

따라서 발 자세 하나만으로도 사법의 우수성과 그 진보성을 측정할 수 있다. 활쏘기가 목표물을 맞히는 것이 최종 목표라면 활의 성능이나 사법 역시 그러한 쪽으로 유리한 활이 우수한 활일 것이다. 그런 점에서 세계의 어느 활도 우리 활과 사법을 따라올 것이 없다.

활의 길이 문제는 요즘의 국궁계에서도 문제가 된다. 1970년대 중반에 전통 각궁의 단점을 보완한 활이 개발되었고, 이름을 '개량궁' 이라고 붙였다. 전통 각궁의 단점은 활을 얹기가 쉽지 않다는 것이다. 그러나 양궁의 소재로 개발한 개량궁은 언제든지 쉽게 얹고 부릴 수 있어서 사용 인구가 놀라울 정도로 늘어났다. 그래서 현재 각궁을 쓰는 인구는 극히 적은 숫자에 지나지 않는 실정이다.

그런데 개량궁의 대중화가 사법에도 영향을 끼쳤다는 사실이다. 그 길이 때문이다. 전통 각궁의 길이는 120~130cm이다. 그런데 개량궁은 이보다 10cm가량 더 길다. 이 10cm가 사법에 영향을 준 것이다. 그 영향은 여러 가지이지만, 그 중에서 눈에 띄게 드러나는 곳이 발모양이다. 10cm 길이로 인하여 각궁보다 쌍현이 더 일찍 지기 때문에 이 쌍현을 방지하기 위해서 몸통을 미리 돌렸고, 몸통 돌리는 것을 편하게 하기 위해서 뒷발을 더 뺀 것이다. 그 결과 양궁이나 중국의 활처럼 몸을 많이 돌려서 쏘는 어정쩡한 자세가 되었다. 현재 개량궁을 쓰는 대부분의 한량들은 이렇게 변형된 발모양으로 활을 쏜다. 그러나 이것은 우리의 온전한 전통 발모양과는 거리가 있는 것이다.

우리나라의 비정비팔이 과녁의 좌우 끝을 밟고 서게 된(『조선의 궁술』) 또 다른 이유는 허릿심을 이용하려는 것이다. 양궁이나 중국 활 일본 활처럼 몸을 많이 돌려서 쏘는 사법에서는 허리를 돌릴 이유가 없다. 허리는 고정시킨 채로 앞손을 밀고 뒷손을 당겨서 쏘면 된다. 물론 그렇게 하는 사람들도 허릿심을 이용한다고 하지만 실제로 그렇게 되는지는 알 수 없다. 가만히 서있으면서 허리운동을 한다고 이야기하는 것과 다르지 않다. 물론 가만히 서서 허리에 힘을 줄 수도 있겠지만, 그때 허리에 실제로 힘이 작용하는지 아닌지를 확인할 방법은 없다. 그러나 허리를 틀어서 돌리면 허리에 힘이 안 들어갈 수가 없다. 만작을 하려면 허리를 돌려야 하기 때문이다. 허리를 돌리지 않으면 살이 만작에 이르도록 당겨지지 않는다. 따라서 과녁과 마주선 궁체에서 만작까지 끌었다는 것은 허리의 힘이 충분히 작용했다는 뜻이 된다.

우리 활은 몸이 과녁과 거의 맞서기 때문에 화살의 끝 부분까지 당기려면 마지막에 허리를 돌리지 않으면 안 된다. 허리의 힘을 쓰지 않으려야 않을 수 없도록 사법이 이루어진 것이다. 활에서 실제로 허리를 돌려서 힘을 쓰는 방법을 적용하는 사법은 우리

나라가 유일하다. 다른 민족의 사법은 활채의 길이가 길기 때문에 허리를 미리 돌려놓아서 만작 시에 허리를 이용하지 않아도 된다. 팔힘만으로 밀고 당겨도 쏠 수 있는 것이다. 그렇지만 우리 활은 하체가 과녁을 마주보고 있기 때문에 제 작을 다 끌려면 허리를 돌리지 않을 수 없다.

이렇게 몸의 일부를 비틀어서 힘을 내는 것을 중국무술에서는 전사경(纏絲勁)이라고 하는데(길환경설, 2001) 다른 활과 달리 우리 활에서는 이 원리가 분명하게 살아있다. 그리고 그것이 겉으로 나타나는 것이 비정비팔의 발모양이다. 만작할 때 허리를 돌려 허릿심을 쓰는 것이 목표물을 맞히는 데 얼마나 유리한가 하는 것은 아직 밝혀진 바 없지만, 적어도 활쏘기를 스포츠로 보는 요즈음, 스포츠의 최종 목표가 건강에 있다면 허리를 돌려서 허리의 힘을 이용하는 우리 민족의 사법은 스포츠의 원리에 가장 근접하고 유리하다는 것은 분명하다.

2) 손가짐

손은 활을 쥔 손과 시위를 당기는 손 두 가지이다. 이를 각각 줌손과 깍짓손이라고 한다.

① 줌 손

줌손은 반드시 흘려쥔다. '흘려쥔다'는 것은 활을 잡았을 때 손가락이 줌통을 똑바로 감싼 모양이 아니라 비스듬히 쥔 것을 말한다. 그냥 무심코 막대기를 잡듯이 쥐면 손가락과 활채는 직각으로 만난다. 이렇게 쥐면 줌이 잘 서지를 않아서 화살이 좌우로 잘

흘려 쥔 줌

빠진다. 그래서 줌손은 반드시 흘려쥐어야 한다.

흘려쥐는 방법은 그냥 쥔 상태에서 엄지를 조금 낮추고 아랫쪽을 줌통 바깥으로 살짝 내서 잡으면 된다. 흘려쥐면 엄지손가락이 가운뎃손가락에 닿고 막줌을 쥐면 엄지는 검지에 닿는다. 그리고 흘린 줌은 엄지보다 북전이 높다. 북전은 검지의 첫째 마디와 둘째 마디 사이를 가리킨다. 막줌을 쥐면 이 북전이 거의 수평으로 눕고, 흘려쥐면 이 북전이 비스듬하게 일어선다.

자기 차례를 기다릴 때 활시위를 허벅지에 대고 있는 것이 점잖은 동작이라고 구사들이 말한다.(성낙인) 그리고 실제로 구한말 시절에 외국인 선교사들의 사진기에 찍힌 한량들의 동작을 보면 시위가 허벅지에 닿도록 들고서 차례를 기다린다. 이때 활은 대체로 수평을 유지하지만, 완벽한 수평은 아니다. 윗고자 쪽이 조금 낮고 아랫고자 쪽이 조금 추켜 들린 모양이며, 줌통 쪽보다는 시위 쪽이 조금 더 높은 모양이다.

이 모양은 그냥 보기 좋으

줌손의 실제 모양

라고 잡은 폼이 아니다. 줌손을 흘려쥔 상태에서 손을 편하게 내려서 활을 몸에 갖다대면 저절로 그런 자세가 나온다. 따라서 활을 그런 모양으로 유지하고서 줌손을 잡으면 저절로 흘려쥐게 된다. 이 흘려쥐는 원리는 화살이 통을 치고 나가도록 고려한 것이다. 또 단전의 힘을 화살에 실어보내기 위한 방법이기도 하다.

줌손의 흘려쥐기는 우리 활쏘기의 생명과도 같은 비법이어서 줌통의 모양을 그렇게 저절로 흘려쥐게 되도록 만들기도 하고 보조 장비를 쓰기도 한다. 보조 장비로는 '깔지'라는 것이 있다. 깔지는 한자말로 '보궁'(保弓)이라고도 하고 '삼지끈'(三指-)이라고도 한다. 단순히 가죽을 끈처럼 길게 잘라서 만들기도 하고, 털실을 머리 땋듯이 땋고 끝을 꽃방울 모양으로 묶어 처리해서 예쁘게 만들기도 한다.

깔지는 깍지, 쌈지, 팔지와 같은 구성법을 보이는 말이다. '활지'에서 '할지·칼지·깔지'로 와전된 말이다. '지'는 둥근 사물에 붙은 순 우리말 접미사이다. 따라서 깔지란 활을 둥글게 감아서 보호하는 것을 뜻한다.

각궁은 물소뿔과 연소(대소+고자목), 소심줄을 민어부레풀로 붙여서 만든 것이기 때문에 위아래의 균형이 잘 맞지 않는다. 하삼지를 반반히 받쳐 쏘는 우리 사법의 특성상 윗장보다는 아랫장을 조금 더 세게 만든다. 그래서 활을 쏘지 않을 때는 아랫쪽의 힘이 더 작용해서 약간 약한 윗쪽이 더 휘어진다. 그렇기 때문에 오랫동안 그대로 방치하면 활이 그 불균형을 이기지 못하고 한쪽으로 몰리다가 마침내 뒤집어지고 만다. 각궁은 뒤집어지면 망가진다. 그래서 이런 일을 방지하기 위해서 힘이 약한 윗장쪽에다가 끈으로 만든 고리를 채워둔다. 그때의 기능이 활을 보조해서 뒤집히지 않도록 지켜주는 것이기 때문에 '보궁' 이라는 한자말이 붙은 것이다.

그런데 이것의 용도는 활을 고정시키는 것만이 아니다. 활을 쏠 때는 줌손의 하삼지에 이 끈을 꿰고서 줌통을 잡는다. 그렇게 하면 줌통을 움킬 때 저절로 이 끈이 받친 부분에 세 손가락의 힘이 작용하게 된다. 이렇게 세 손가락에 감긴다고 해서 '삼지끈' 이라는 이름이 붙은 것이다.

이 깔지를 사용하려면 줌손이 움직이면 안 된다. 발시할 때 줌을 먼저 밀어서 움직이면 줌통과 손 사이에 깔지가 이물질처럼 놓여 있어서 줌통과 손이 따로 놀기 때문에 살이 한통으로 가질 않고 사방으로 흩어진다. 줌손을 밀어서 쏘는 사람에게 깔지는 아주 불편한 것이다. 따라서 깔지는 줌손을 밀어서 쏘는 사법을 구사하는 사람들은 쓸 수가 없는 장비이다

그런데 깍짓손을 채서 쏘는 사법에서는 이 깔지가 아주 좋은 작용을 한다. 손바닥 안에서 줌통이 멋대로 놀지 못하도록 쐐기처럼 고정하는 작용을 하는 것이다. 깍짓손 채기로 발시를 하면 줌손은 깍짓손의 반동으로 움직이는데, 깍짓손의 반동이 시위를 타고 활채를 거쳐서 줌손으로 전달되기 전에 화살이 활을 떠난다. 그 사이에 깔지가 있어서 이 반동 힘의 전달을 한 박자 늦춰준다. 결국 줌손이 움직인다고 해도 화살이 떠난 뒤에 움직이기 때문에 화살은 곧장 과녁으로 향하게 되는 것이다. 이와 같이 깍짓손을 채는 사법에서 깔지는 줌손을 놀지 못하게 하고 깍짓손을 야물게 뗄 수 있도록 해주는 보조 장치 노릇을 톡톡히 한다.

옛날 분들은 대부분 이 깔지를 썼다. 그것은 깔지가 주는 멋도 있지만 줌손을 버티고 깍짓손을 채는 전통 사법의 특성을 고려할 때 줌손의 하삼지에 깔지를 끼워야만 더 편리하

털실로 만든 삼지끈

고 유리했기 때문이다. 깔지는 전통 사법에서 하삼지의 힘을 더욱 잘 이용하려는 목적에서 나온 장비이다. 개량궁을 쓰면서 형성된 최근의 사법에서는 주로 줌손을 밀어서 발시하기 때문에 깔지를 쓰기가 아주 불편하다. 그래서 깔지 없이 줌통만을 움켜잡고서 쏜다. 옛날에는 누구나 쓰던 깔지가 요즘은 찾아볼 수 없게 된 것은 우연이 아니다. 개량궁 사법이 대중화되면서 일어난 현상인 것이다.

활쏘기에서는 대체로 몸의 안쪽 근육보다는 바깥쪽 근육을 쓴다. 흘려쥐면 활을 당길 때 줌손의 바깥쪽 근육이 작용한다. 바깥쪽 근육을 사용하는 것은 움츠러드는 근육보다는 펼치는 근육을 사용하려는 것이다. 대체로 웅크리는 동작보다는 펼치는 동작이 몸의 유연성을 증가시키고 이것은 곧 건강에 이롭기 때문이다. 이른바 손목과 팔의 안쪽 근육으로 줌통을 떠받치는 흙받기 줌을 경계하는 것도 바로 그런 까닭이다. 활쏘기가 장수운동인 것은 이와 같은 동작과 연관되어 있고, 또 근육을 사용하는 방법과도 관련이 있다.

② 깍짓손

시위를 당기는 손을 깍짓손이라고 한다. 시위를 걸어 당기는 엄지손가락에 쇠뿔로 만든 깍지라는 사구를 끼기 때문이다. 그래서 사구손(射具-)이라고도 한다.(안석홍, 하상덕)

깍짓손은 반드시 세 가락으로 쥐어야 한다. 깍지를 낀 엄지가락으로 시위를 걸고 움킨 다음 검지와 중지로 엄지가락의 손톱을 덮는다. 이때 엄지가락의 손톱 끝은 중지의 한 중간쯤에 걸리도록 하는 것이 적당하다.

이렇게 힘이 걸리는 손가락은 셋이지만 깍짓손을 쥘 때는 다섯 손가락에 똑같이 힘이 들어간다는 생각으로 전체를 움키면서 쥔다. 손안에 작은 달걀 하나가 들어있다는 기분으로 손을 동그랗게 움키면 된다.

엄지와 검지 두 손가락으로만 잡는 것을 '외가락' 이라고 하는데 이렇게 쥐면 뒤가 부실해져 게우기 쉽다. 게우지 않더라도 자칫하면 봉뒤나 두벌뒤가 되어 보기 싫은 궁체를 이룬다. 깍짓손은 반드시 세 가락으로 쥐고 끄는 것이 좋다. 그것이 정법이다.

3) 살메우기

시위에 화살 끼우는 것을 말한다. 이 동작을 가리키는 말은 많다. '먹인다, 메운다, 끼운다, 건다' 같은 것들이 그것이다. 활터에서 많이 쓰는 말은 '먹인다' 와 '메운다' 이다.

활을 잡고 왼쪽 허벅지에 대고 있던 줌손을 배꼽 앞으로 들어올리고 괴춤의 화살을 뽑는다. 활을 잡은 줌손의 범아귀를 조금 벌려 화살의 아랫마디쯤을 살짝 잡는다. 그리고 깍짓손이 엄지와

살 메우는 순서

검지로 오늬를 잡는다. 이때 오늬 끝이 검지의 끝마디를 지나서 둘째 마디께까지 들어오도록 깊이 잡는다. 그리고는 시위에 기대어 주욱 밀어 넣는다. 싸리나무로 된 오늬가 시위에 닿을 때쯤 살을 시위에 기대어놓고 엄지를 살짝 떼어 시위를 아귀 안으로 들인다. 그리고 다시 엄지로 오늬도피를 잡고 오늬 홈을 절피에 바로 댄 다음 잡아당긴다. 그러면 통 소리를 내며 끼워진다.(성낙인)

시위에 살을 어떻게 끼우느냐 하는 것은 어찌 보면 아무 것도 아닐 수가 있다. 그러나 그 역시 오랜 세월이 누적된 결과라면 그 전통의 의미를 따지지 않을 수 없다. 전통의 의미는 실용이라는 목적과 함께 그 실용성에 충실하는 동안 저절로 가치관이 형성되어 그렇게 하는 것이 멋이 있다는 판단으로 귀결되기 때문이다. 이 경우도 마찬가지이다. 다만 현재의 살 끼우는 것을 역으로 추적하여 그렇게 된 뜻을 살펴보면 말 타고 활 쏘는[騎射法] 방식에서 유래된 것이 아닌가 한다.

말을 타면 몸이 흔들리기 때문에 살 끼우는 일도 쉬운 일이 아니다. 몸이 흔들리는 상황에서는 시위와 오늬가 서로 기대어야만 끼우기가 쉽다. 시위에 기대지 않고 깍짓손만으로 화살을 집어서 오늬의 작은 홈을 시위에 맞추려고 하면 몸이 흔들려서 그렇게 하기가 쉽지 않다. 따라서 시위와 살이 서로 기대어야만 흔들리는 상태에서도 쉽게 끼울 수 있고, 그 방법을 연구하다 보니 위와 같은 방법이 가장 좋은 것으로 결정 났으며, 그것이 살을 끼우는 한 전통으로 굳은 것이다. 따라서 살을 시위에 끼우는 방법은 사람 숫자만큼이나 다양하겠지만, 전통을 잘 보존하고 있는 정통의 관점에서는 이것이 원칙이라고 분명히 짚어주어야 할 기준이 필요한 것이다. 따라서 시위를 따라서 살을 흘려 넣은 다음에 엄지로 오늬도피를 잡고 끌어당겨 끼우는 방법이 가장 원칙에 맞는 방법이라고 하겠다.

4) 걸치기

깍지를 시위에 걸고 활을 들어서 활의 아랫고자를 불거름에 걸친다. 이때 온몸의 힘을 빼고 오른손의 어깨와 팔로 왼손과 활을 든 상태다. 이 상태에서 줌손은 잘 흘려 쥐었는가, 과녁의 평소 조준점은 어디인가, 호흡은 잘 되는가, 마음은 비웠는가 하는 모든 것을 점검한다. 활쏘기가 막 시작되는 것을 점검하는 것이면서 활쏘기 동작의 시작이기 때문에 가장 중요한 순간이다.

이때 반드시 오른손 죽머리와 중구미를 쳐들고 동작을 시작해야 한다는 생각을 해야 한다. 그렇지 않으면 발시 직후에 뒷손의 자세가 잘 안 나온다. 발시 후 깍짓손이 뻗는 방향은 대개 여기에서 결정된다. 여기서 죽을 미리 들어놓지 않으면 만작 시에 죽이 아래로 처져 자세가 제대로 나오지 않는다. 따라서 이 걸치기는 가장 중요한 부분이다. 활쏘기에 이미 숙달된 구사들은 이 절차를 빼기도 하지만, 신사든 구사든 원칙은 지키는 것이 좋다.

아랫고자를 불거름에 걸치면 줌통의 높이가 저절로 결정되는데, 그 상태에서 손의 힘을 빼면 정확히 흘려쥔 모양이 된다. 정확한 걸치기가 되면 활이 앞으로 적당히 기울고 흘려쥔 줌손 모양이 그대로 유지된다. 그렇기 때문에 신사 때는 특히 이 걸치기를 꼭 해야 한다.

5) 죽 올리기

걸치기에서 자세 점검이 모두 끝났으면 천천히 활을 들어올린다. 이때 왼손엔 힘을 빼고 오른손의 힘으로 들어올린다. 줌통을 쥔 왼손은 딸려 올라가는 것이다. 이 동작이 바로 '아낙이 물동이를 들어 올리듯이' 한다는 것이다. 오른손의 중구미를 높이 쳐들면 바로 그 동작이 된다. 대신에 죽을 들지 않으면 물동이를 이는 동작이 정확히 나오지 않는다. 바로 이 점 때문에 걸치기 동작에서 미리 뒷죽을 높여 놓아야 한다. 따라서 걸치기에서 이 동작을 제대로 해주어야만 이 동작이 그대로 들어올리는 동작으로 연결된다.

줌손이 자기의 이마 높이에 오를 때까지 들어올린다. 더 높이 들어도 상관은 없다. 대신에 이마 밑으로 떨어지면 좋지 않다. 이마가 뒷죽을 높이 끄는 데 필요한 가장 낮은 높이이기 때문이다. 이때 오른손으로 끌어올렸기 때문에 왼손보다 오른손이 조금 더 높다. 들어올린 왼손은 이마의 한 중심에 위치하는 것이 아니라 오른쪽 눈을 기준으로 맞추어야 한다. 오른활[右弓]은 오른눈으로 과녁을 보기 때문이다. 『조선의 궁술』에서 이른 바 〈앞죽을 싸서 끈다〉는 것이 이것이다. 이렇게 하지 않으면 줌손이 뒤로 빠지는데 이렇게 되는 것을 구사들은 "째진다"고 한다. 발시할 때 줌손이 과녁으로 가는 것이 아니라 뒤로 젖혀지는 것을 말한다. 줌손은 과녁을 향해야지 줌뒷 방향으로 째지면 안 된다.

다 들어올린 상태에서는 앞손과 뒷손이 동그랗게 원을 그리고 있어야 한다. 그 상태에서 깍짓손을 끄는 동작이 시작된다. 이렇게 하면 가슴과 팔 안에 큰 나무가 들어있는 듯한 모양이다. 이것이 '큰 나무를 끌어안듯이 한' 모양이라는 것이다.

6) 엄지발가락 누르기

다 올렸으면 엄지발가락으로 땅을 지그시 누른다. 그러면 몸이 앞쪽으로 살짝 움직인다. 이것은 땅에 닿은 발바닥의 면적이 넓어지면서 발바닥에 드리운 몸 전체의 무게 중심이 앞쪽으로 조금 옮겨갔기 때문이다.

이때 엄지발가락을 너무 많이 눌러서 발바닥이 땅에서 들뜨면 안 된다. 그렇게 되면 오히려 자세가 더 불안정해진다. 겉으로 보기에 잘 표시가 나지 않을 만큼 지그시 누른다. 이 동작을 할 때 발꿈치를 들썩들썩 하는 것도 보기 좋지 않다. 남들 눈에 뜨이지 않을 만큼 슬며시 누르면 몸의 무게 중심이 저절로 앞으로 이동한다.

이렇게 되면 정수리의 백회혈과 아랫배의 단전, 그리고 발바닥의 용천혈이 수직선상에 놓이면서 선 상태에서는 가장 안정된 자세를 이루게 된다. 이 동작은 하체를 안정시키고 천기와 지기를 받아들여 불거름에 모으는 가장 중요한 동작이다.

7) 깍짓손 끌기

엄지발가락으로 땅을 지그시 누르고 숨을 완전히 내쉬었으면 천천히 뒷손을 끈다. 동시에 앞손도 과녁으로 민다. 앞손은 벌써 이마 앞쪽으로 나가있는 상태이기 때문에 많이 움직이지 않는다. 다만 뒷손이 당겨지는 반동으로 앞으로 조금 더 나가는 것이다. 따라서 이 동작은 깍짓손의 움직임이 중심이 된다. 그래서 이름을 '깍짓손 끌기'라고 한 것이다.

깍짓손을 끌 때는 반드시 귓바퀴를 스치도록 당긴다. 깍짓손을 당기는 동작이 발시 후 손의 방향을 결정하기 때문에 거기에 알맞은 높이로 당겨야 하는데 귓바퀴가 가장 낮은 선이다.

그런데 화살이 걸리는 위치와 관련하여 원칙만으로 보면 줌손의 반대방향으로 나가는 뒷손의 방향은 만작 시의 살대 위치를 따라서 이동하는 것이 옳다. 그러나 실제로 그렇게 당겨보면 옆에서 볼 때 마치 살대 아래로 깍짓손이 이동하는 것처럼 보인다. 그리고 오래 그렇게 숙달이 되면 뒷손이 움직이는 궤도가 더 낮아진다. 그래서 활을 처음 배울 때에는 만작시의 살대 위치보다 좀 더 높게 끌어야 한다. 그래야만 깍짓손을 당길수록 줌손이 조금씩 내려가기 때문에 수평으로 당기는 것처럼 보인다.

줌손을 과녁의 조준 지점에 미리 박아놓고서 깍짓손만 당기는 사람도 있다. 하지만 원칙은 앞손과 뒷손이 동시에 움직이는 것이다.(성낙인) 줌손을 뻗은 채 깍짓손만 당기면 뒷손을 높이 끌기가 쉽지 않고 경직되기 쉽다.

깍짓손을 낮게 끌 때 생기는 폐단은 한두 가지가 아니다. 가장 큰 문제가 자신의 본래 체형보다 덜 끌게 된다는 점이다. 만작은 자신의 신체가 갖춘 조건을 다 활용하여 당긴 길이를 말한다. 그런데 깍짓손을 낮게 끌면 가슴만 펴질 뿐 뒷어깨의 관절이 돌지를 않고 물러서기만 하기 때문에 덜 당겨진다. 뒷손을 높이 끌어야만 뒷어깨의 관절 부위가 돌아가면서 많이 당길 수 있다. 어깨의 관절은 360도 회전할 수 있도록 되어있는데, 낮게 끌면 어깨가 도는 방향으로 가지를 않는다. 그래서 덜 당겨지고 화살 역시 멀리 가지 못 한다. 이것은 우리 활이 과녁거리가 멀어서 활을 멀리 보낼 수 있도록 개발된 사법이기 때문이다. 우리의 전통사법은 멀리 보내기에 유리한 사법이라는 뜻이다.

그렇다고 해서 무조건 높이 당기려고만 해도 안 된다. 높이 끌더라도 결국은 만작에 이르러야 하기 때문에 만작 시 살대의 높이는 광대뼈 언저리에 붙어있으면 된다. 따라서 귓바퀴쯤의 높이로 깍짓손을 끌어서 만작 시 살대가 귓볼에 닿거나 귓볼에서 조금 밑으로 떨어진 정도의 높이가 적당하다. 귓바퀴 높이로 끌어서 만작 시 귓볼에 대도록 한다는 생각으로 당기면 체형에 따라 적당한 높이와 자세가 저절로 나온다.

깍짓손을 끌 때 또 한 가지 중요한 것이 숨이다. 깍짓손을 끌면서 동시에 숨을 들이쉰다. 따라서 깍짓손은 숨을 들이쉬는 것과 같은 빠르기로 끈다. 숨을 들이쉬면서 그와 같은 빠르기로 깍짓손을 당기는 것이다. 깍짓손을 당기면서 동시에 허벅지도 힘을 주기 시작한다. 불거름(하단전)을 팽팽히 긴장시키는 방법이 바로 허벅지를 조이는 것이다. 그래야만 하체가 안정된다.

여기서 세 가지가 동시에 이루어진다. 깍짓손 끌기, 숨 들이쉬기, 허벅지 힘주기가 그것이다. 활을 처음 배우는 사람들은 사대에 나서기 전에 이 세 가지가 동시에 저절로 이루어지도록 당기는 연습을 충분히 해야 한다. 이 연습이 제대로 되기 전에 설자리로 나가면 마음이 과녁에 쏠려있기 때문에 셋 중에 어느 한 가지를 잊고 만다. 그래서 주살질로 당기기 연습을 충분히 해서 어떤 상황에서도 세 가지 동작이 동시에 이루어지도록 한 다음에 사대에 나서는 것이 중요하다.

8) 온 작

깍짓손을 다 끌고 줌손을 다 민 것을 우리말로 '온작'이라고 하고, 한자로는 '만작'(滿酌)이라고 한다. 제 작까지 가득 당겼다는 뜻이다.

이때 살대는 광대뼈와 입꼬리 사이에 걸쳐있어야 한다. 뒷죽을 높이 끌어서 가슴을 완전히 펴면 살대는 저절로 이 높이로 걸린다. 살대가 입꼬리 밑으로 내려가면 발시 후 깍짓손이 제 방향으로 잘 빠지지 않는다. 체형에 따라 조금씩 다르기는 하지만, 대체로 입꼬리가 손이 올바른 방향으로 빠지도록 해주는 최저선이다.

그리고 온작 시 살대의 높이가 어느 정도가 적당한가 하는 것은 사람마다 다르다. 그러나 올바른 사법이 되기 위해서는 다 당겼을 때의 깍짓손이 어깨보다 높아야 한다. 이렇게 깍짓손이 어깨 위로 올라앉은 상태를 구사들은 '짊어진다, 걸머진다'고 하고, 그렇게 한 궁체를 보면 '참 잘 짊어졌다!'고

성낙인 선생의 만작 궁체

칭찬한다. 이 짚어진 높이도 사람마다 다 달라서 자신에게 꼭 맞는 높이를 찾아야 한다. 오래 습사를 꾸준히 하면 깍짓손이 가장 편하게 올라앉는 그 높이와 그 지점이 잡힌다.

다 당긴 상태에서 죽이 제대로 섰는가를 확인한다. 붕어죽이 되거나 앉은죽이 되거나 하여, 죽이 제대로 서지 않았으면 자세를 풀어서 처음부터 다시 시작해야 한다. 중구미를 바로 세우지 않으면 줌이 서질 않는다. 줌이 서지 않으면 살은 거의 뒤난다. 그리고 깍짓손을 잘 빼더라도 앞나고 뒤나고 하여 살이 한통으로 가지 않는다. 그러므로 온작에 이를 때 중구미를 엎어서 반드시 줌이 서도록 해야 한다.

사람한테는 자신의 몸집과 체집에 딱 알맞게 당길 수 있는 일정한 길이가 있다. 그 길이만큼 당겨야 줌손을 버티기도 좋고 깍짓손도 아주 가볍게 잘 떨어진다. 제 작에서 5mm만 더 당기고 덜 당겨도 느낌이 완전히 달라진다. 진정한 시수꾼이 되려면 자신에게 알맞는 그 길이를 빨리 파악하여야 한다. 자기 몸에 꼭 맞는 그 길이만큼 당긴 것을 온작이라고 하는 것이다. 온작의 기준은 화살의 길이에 있는 것이 아니라 활 쏘는 사람의 몸과 궁체에 있는 것이다. 각궁이 내는 경쾌한 시윗소리와 각궁을 쓸 때 느끼는 몸의 상쾌한 감응은 이렇게 제 작을 다 끌어서 쏠 때 비로소 오는 현상이다.

온작은 살이 머무른 상태가 아니다. 겉으로 보기에는 그 자리에 멈춰있는 것 같지만, 앞뒤로 계속 나아가고 당겨지던 양손이, 더 이상 밀고 당길 수 없는 상태에 이른 것이지 결코 멈춘 것이 아니다. 그러므로 계속 힘을 가하면서 밀고 당겨야 한다. 그렇지 않으면 게우게 된다. 이때 당기는 힘은 손목이 아니라 중구미와 죽머리에 걸려있어야 한다. 그리고 가슴 전체를 움직여서 가슴 한가운데에서 힘이 양쪽으로 나누어지도록 힘을 쓴다. 과녁 머리에 줌손을 고정시켜놓고 반반하게 밀면서 뒷쪽 죽머리의 힘을 중구미 쪽으로 지그시 당긴다. 이 힘이 더 이상 어찌할 수 없을 때 가슴이 빠개지면서 순식간에 발시로 이어진다.

살을 다 당겨서 온작에 이르렀을 때는 허벅지에도 힘이 다 들어가서 바윗덩이처럼 단단해야 한다. 그리고 그렇게 되었을 때 분문(糞門)을 빨아들이면서 꽉 조인다. 이렇게 하면 불거름(丹田)이 팽팽히 긴장하면서 숨이 가장 깊이 들어온다. 이른바 단전호흡이 되는 것이다.

보통 온작 상태에 얼마나 머무르느냐 하는 것에 따라 속사(速射) 여부가 결정된다. 2~3초 가량 머무는 것이 보통이다. 그런데 살이 들어오자마자 내는 경우도 있다. 어느 것을 택하느냐 하는

최순요 여무사의 만작 궁체

것은 쏘는 사람마다 다르지만, 활을 스포츠로 여겨서 건강을 다지기 위한 것으로 여긴다면 지그시 참았다 내는 것이 좋다. 그것은 단전에 힘이 어느 정도 머무는 시간을 주는 것이 건강에 좋기 때문이다.

9) 발 시

발시는 화살이 과녁에 맞는 것을 결정하는 마지막 순간의 가장 중요한 동작이다. 발시는 찰나에, 아주 가볍게 이루어져야 한다. 이렇게 아주 짧은 순간에, 그리고 가볍게 이루어지려면 오랜 세월 동안 연습을 하여야 한다. 하루아침에 되는 것이 아니다.

발시의 가장 중요한 요령은 깍지를 뗄 때 깍짓손꾸미로 빼는 것이다. 줌손을 과녁머리에 고정시켜놓고 깍짓손의 중구미로 정확히 끌며 버티면 힘이 가슴을 중심으로 양분된다. 이때 몸 전체는 마치 쇳물을 부어서 주조한 것처럼 한 덩어리가 되어야 한다. 이렇게 양분된 상태에서 가슴 한 복판을 힘의 중심으로 삼고 뒷손의 중구미를 지그시 더 끈다고 생각한다. 그러면 더는 당길 수 없을 만큼 힘이 응축된 절정의 순간에 힘의 균형이 뒤쪽에서 허물어지면서 화살이 과녁을 향해 튕겨나간다. 그러니까 발시 직전의 팽팽한 힘을 허무는 것은 깍짓손이고, 줌손은 깍짓손 떼임의 반동으로 반응하는 것이다.

이때 중구미에 작용하는 힘을 떠받치는 것은 허리이다. 허리에서 올라온 힘이 죽머리를 거쳐서 중구미를 받쳐주는 것이다. 손이 안정되려면 몸통이 단단히 버티어야 하고 몸통이 단단한 것은 허리의 힘으로 받쳐주지 않으면 안 된다.

특히 온작의 맨 마지막 단계에서는 깍짓손을 더 당기기가 쉽지 않는데 이때 허릿심으로 받쳐야만 살을 더 당길 수 있다. 결국 화살을 당겨 버티는 것은 허리를 뒤쪽으로 트는 힘이다. 이 허릿심이 작용해야만 깍짓손 중구미가 흔들림 없이 매번 똑같은 모양으로 움직인다. 온작 시에 중구미까지 작용하는 힘의 양상을 조심스럽게 살펴보면 그 힘이 허리에서 올라온다는 것을 느낄 수 있다. 그런 느낌이 매번 느껴질 때까지 원칙에 충실하게 습사를 하여야 한다.

온작 상태에서 힘을 계속 앞뒤로 가하여 밀고 당기다 보면 자신도 모르는 사이에 화살이 저절로 튕겨나간다. 이렇게 계속 활을 쏘다보면 화살이 저절로 튕겨나가는 어떤 시점이 감지된다. 그것은 본능이 어떤 환경에 자신도 모르게 감응하는 육감과도 같은 것이다. 그렇게 감지된 순간에 발시할 뜻을 더하면 그것이 가장 좋은 발시 요령이라고 할 수 있다. 이것은 체력과 기술이 완전히 한 덩어리가 되어 자신이 어떻게 쏘는지 그것조차 잊을 때 비로소 이루어지는 것으로, 오랜 시간을 끊임없이 훈련하지 않으면 절대로 이룰 수 없다. 그리고 애써 이루더라도 훈련을 조금만 게을리 하면 쉽게 잊어버리는 감각이다.

이때 줌손은 과녁을 향해 버티고 있거나, 과녁 쪽으로 조금 밀려가는 듯한 것이 좋다. 그래야만 발시 후에 줌손이 불거름으로 진다. 줌손이 줌뒤로 밀리면 깍짓손은 그 반동으로 등뒤로 홱 돌아가는 폐단이 생긴다. 이렇게 되면 대개는 살이 뒤난다. 또 줌손이 땅쪽으로 뚝 떨어지는 것을 '앞 짚는다'고 하는데, 그렇게 되면 살이 덜 간다. 따라서 줌손은 그 자리에서 단단히 버티거나

발시 직후의 자세

과녁 방향으로 밀려야 한다. 이 때 중구미가 엎어지지 않으면 이 것이 잘 안 된다. 그래서 붕어죽 이나 앉은죽을 경계하는 것이 다.(조선의 궁술, 1929) 붕어죽이 나 앉은죽이 되면 뼈로 받쳐지게 된다. 그렇게 되면 중구미에 충 격이 전해져서 테니스 칠 때 생기 는 엘보 같은 병이 생긴다. 그리 고 뼈로만 받쳐 쏘면 깍짓손의 반 동을 소화할 만한 여유가 없기 때문에 줌손이 줌뒤로 밀려나기 쉽 다. 중구미를 엎어야만 줌손이 과녁을 향해 단단히 고정된다.

뒷손은 살을 떠나보낸 반동으로 저절로 펴진다. 뒷손이 펴지 는 방향은 깍짓손을 끌 때 결정된다. 만작 시에는 줌손부터 뒷손 중구미까지 살대를 따라서 일직선을 이룬다. 깍지는 이 살대방향 으로 빠져야 한다. 뒷손의 힘이 중구미에 정확히 걸려있으면 발 시 후에 깍짓손은 이 살대를 연장한 선을 따라 빠지거나, 아니면 살대 연장선 위로 빠진다. 그렇기 때문에 뒷죽이 뻣뻣하게 뻗어 있지를 않고 둥근 원을 그리면서 엉덩이께까지 떨어져 발여호미 형으로 마무리되는 것이다.

힘이 중구미에 걸리지 않으면 발시할 때 깍짓손이 살대 연장 선의 아래로 떨어진다. 그러면 깍짓손이 살대 방향 밖으로 벗어 나기 때문에 화살이 날아가는 방향에 영향을 준다. 이렇게 살대 연장선 밖으로 벗어나는 것, 특히 밑으로 떨어지는 것을 '골로 빠진다'고 하고(김향촌), 옆으로 벗겨지는 것을 '벗깍지'라고 한다. 그래서 깍짓손은 반드시 살대의 연장선이나 그 위로 빠져야 한다. 따라서 깍지를 뗄 때 가장 중요한 요령은 중구미로 끄는 것이다. 그러면 발시 후 뒷손은 살대 연장선 위로 뜨면서 저절로 둥근 원을 그리며 빠진다.

만작이 될 때까지 양손이 이마 높이에서 내려오면서 활을 당겼기 때문에 발시 직후에는 손이 아래쪽으로 처지는 것이 순리이다.(성낙인, 이종수) 따라서 뒷손은 범이 꼬랑지를 늘어뜨린 것처럼 밑으로 처지게 해야 한다. 발여호미(發如虎尾)란 이것을 말하는 것이다. 뻣뻣하게 수평으로 펼쳐지는 것은 발시 후 손에 힘이 남아있다는 증거이기 때문에 바람직한 현상은 아니다.

발시 후 뒷손이 펴지는 이유는 사람이 낸 힘을 화살에 온전히 실어보내기 위한 것이다. 깍짓손은 화살의 반대방향으로 힘이 작용하기 때문에 살이 떠난 뒤에 남은 힘을 그 방향으로 풀어주어야 한다. 그리고 이렇게 손을 뻗어서 힘을 풀어주는 것은 발시 후에 흐트러지는 동작의 균형을 잡기 위한 것도 있다.

또 발시 후 깍짓손을 뒤로 펼쳐주는 것은 그렇지 않을 때 생기는 갖가지 부작용을 차단하면서 각궁의 성능을 최대한 살리기 위한 것이다. 각궁은 화공재료로 만든 것이 아니라 각종 나무와 동물성 재료를 민어부레풀로 붙여서 만든 것이다. 그렇기 때문에 몸에서 발생한 힘이 화살까지 전달되는 데는 아주 미세하지만 짧은 시간차가 발생한다. 이 시간차 안에서 당기기를 멈추면 각궁의 성능이 현저히 떨어진다. 각궁의 성능을 최대한 살리려면 당기던 방향으로 계속 당겨주는 상태에서 발시가 되어야 한다. 계

발시후의 손 모양

속 당겨주는 이 관성 때문에 뒷손이 저절로 펴지는 것이다.

그리고 이 동작은 각궁의 특성인 '버들잎 효과' 때문이기도 하다.(정진명, 1999) 각궁은 가운데에서 바깥쪽으로 가면서 점점 가늘어져서 힘을 양쪽의 고자 끝으로 몰아주는 효과를 내는 방식으로 만들어졌다. 마치 채찍을 휘두를 때 힘이 채찍의 끝으로 몰리면서 파괴력을 극대화 시키는 원리와 같은 것이다. 그래서 줌 쪽보다는 고자 쪽을 채주어야만 살모이가 좋아진다. 깍짓손을 어떻게 떼느냐에 따라 살챔이가 많이 달라지고 이 살챔이를 최대한 좋게 하기 위하여 깍짓손을 펴는 것이다.

또 한 가지 살펴볼 것은 발시 후 뒷손의 모양이다. 깍짓손은 움켜쥐었다가 펴서 발시하기 때문에 그 관성에 따라 손바닥은 저절로 펼쳐진다. 우리 활은 줌손을 흘려쥐면서 깍짓손을 짜서 당기기 때문에 발시 후에 펼쳐진 손의 모양도 이에 따라 결정된다. 깍짓손을 많이 짜면 발시 후에 손바닥이 땅을 보며, 줌손을 반반하게 민 채로 깍짓손을 당기면 손바닥은 옆으로 서고, 깍짓손을 짜지 않거나 일부러 반대 방향으로 벗겨주면 약간 하늘 쪽으로 향한다. 발시 후의 모양은 이렇게 다양하지만 이것에 대해서 딱히 어느 것이 옳다고 단정 짓기는 어렵다. 이에 대한 더 정확한 답은 발시 후의 뒷손 모양은 신경 쓸 것이 없다는 것이다.(성낙인) 줌손을 잡는 것부터 깍짓손을 끌고 만작 시에 힘을 가하는 방법에 따라 뒷손의 모양이 다양하게 결정 나기 때문이다. 결국 그 사람의 궁체에 따라서 뒷손의 손바닥 방향이 결정된다는 뜻이다. 성낙인 옹의 경우는 발시 후 손바닥이 약간 땅을 본다. 따라서 이상을 종합해보면 손바닥의 방향보다는 뒷손이 살대 연장선을 따라서 빠지느냐 그렇지 못하냐 하는 것이 더 중요한 것이다.

뒷손이 펴지는 동작은 살이 떠난 뒤에 이루어지는 것이어서 어찌 보면 명중률과는 상관이 없을 듯한데, 전혀 그렇지 않다. 이 뒷처리가 제대로 이루어지지 않으면 살은 과녁을 벗어난다. 그럴 수밖에 없는 것이, 활을 들어올리는 순간부터 동작을 마무리하기까지 이루어지는 모든 과정이 살을 과녁으로 제대로 보내기 위한 연속동작이기 때문이다. 따라서 뒷손의 처리가 제대로 되지 않았다는 것은 앞의 연속 동작 중 어느 한 곳에서 부실했다는 얘기가 된다. 따라서 발시 직후에 펼쳐지는 동작을 보면 살이 가서 맞는지 안 맞는지 예측할 수 있다.

또 한 가지 살펴볼 것은 마음의 문제이다. 발시 동작은 몸으로 취하는 것이지만, 그 동작은 발시 순간의 심리상태에 큰 영향을 받는다는 점에서 마음가짐의 문제를 거론하지 않을 수 없다. 동작이 똑같이 이루어지는 것 같아도 마음먹기에 따라서 화살은 전혀 다른 반응을 보인다. 결국 활쏘기의 결과는 마음에 특히 많은 영향을 받는다는 것인데 이것은 활을 오래 쏜 분들의 공통된 증언이다.

발시에 이르기까지 이루어지는 동작을 익히는 동안은 마음이 동작을 따라가야 한다. 한 동작 한 동작에 마음이 따라가면서 그 단계에서 갖추어야 할 조건을 확인해야 한다. 그러나 동작이 숙달되는 단계에 이르면 이제 낱낱의 동작에서 머물던 마음을 거두어 몸의 중심으로 옮겨야 한다. 활을 오래 쏘다 보면 내가 어떻게 한다는 의식이 없어도 몸이 저절로 그 동작에 반응한다. 이 상황에서는 부분 동작에 집착하면 그럴수록 오히려 더 어색해진다. 따라서 만작에 이른 뒤에는 마음을 몸의 중심선으로 옮겨놓는다. 그리고 발시 순간의 동작은 몸이 평소 하던 버릇에 맡겨놓는다. 이때 중심선이란 몸의 중심선을 말한다. 따라서 중심선은 두 팔이 만나는 가슴에서부터 허리, 그리고 다리로 이어지는 수직선이다.

과녁이나 활에서 떠난 마음은 두 팔이 만나는 중심인 가슴쯤에 두는데, 이때 몸의 중심선을 따라서 더 아랫쪽으로 내려도 좋다. 밑으로 내려와서 불거름에 머물면 가장 완벽하다. 과녁을 잊고 마음을 불거름에 둔 채 앞뒷손의 동작을 몸의 평소 버릇에 맡겨두면 자신도 모르는 사이에 화살이 날아가면서 발시가 이루어진다. 그러니까 몸동작을 조절해서 맞추려고 할 것이 아니라 평소에 잘 맞던 그 순간의 심리상태를 기억해두었다가 만작 시 그 순간의 심리상태를 만든 뒤에 발시하는 것이다.

이럴 때는 언제나 마음이 손끝이나 과녁이 아닌, 몸의 중심선에 와있다. 즉 마음이 불거름에 머물러서 자신이 활을 쏜다는 사실조차 잊을 때 완벽한 발시가 이루어지는 것이다. 물론 이것은 몸이 평소에 활쏘기 동작을 완전하게 숙달한 경우에나 할 수 있는 일이다. 따라서 활을 처음 배운 신사들은 이렇게 할 수 없다.

각 단계별 동작

10) 거두기

거두기는 발시 후에 흩어진 몸을 거두어들이는 동작을 말한다.

발시가 잘 이루어지면 줌손은 과녁 쪽으로 나가다가 불두덩 앞으로 지고, 뒷손은 큰 원을 그리면서 떨어진다. 그러니까 만작 상태에서 발시와 동시에 양손이 땅을 향해 반원을 그리게 된다. 이것이 이른바 '학이 날개를 접는 듯' 한 동작이다.

우리 활은 두 손이 원을 그리며 움직인다. 만작은 그 원을 둘로 분할하는 지점이다. 만작이 되기 전까지는 머리 위로 올려서 손을 밀고 당기는 모양이 머리 위에서 반원을 그리고, 만작 이후에는 퍼진 몸짓을 거두는 동작이 밑으로 반원을 그린다. 이 두 반원을 합치면 둥그스름한 원이 된다. 이것은 우리 겨레의 춤사위가 대부분 덩실거리며 둥근 원을 그리는 동작으로 이루어진다는 사실과 일치한다.

발시가 끝난 뒤에 줌이 자신의 몸통 바깥으로 벗어나면 안 된다. 그리고 시위를 당기느라고 돌아간 몸통이 앞으로 돌아오면서 줌손도 역시 불거름으로 천천히 내린다. 그리고 범의 꼬리처럼 드리웠던 깍짓손도 천천히 몸통 옆으로 거두어 붙인다. 이렇게 하여 자연스럽게 비정비팔로 섰을 때의 처음 모습으로 돌아오는 것이다.

발시가 끝나면 다음 순서를 기다릴 때까지 서있어야 한다. 그런데 이때도 절제된 동작이 필요하다. 줌손이 불거름으로 지고 깍짓손이 범의 꼬리처럼 마감되었으면 이제는 두 손을 조용히 끌어서 몸의 옆으로 가져온다. 이때 활은 시위가 허벅지에 닿도록 수평으로 하는데, 정확히 흘려쥔 줌손의 힘을 풀면 저절로 그렇게 닿게 된다. 수평에서 윗고자쪽이 밑으로 조금 처지는 그런 수평이다. 그것을 가장 단아한 자세로 여겼다.(성낙인)

다음 차례를 기다리는 동안 활 쥔 손을 등뒤로 돌려서 활을 까닥거리며 흔든다든지, 이리저리 둘러보며 허튼 동작을 하면 보기 좋지 않고, 또 옆에서 신중하게 활을 쏘는 남에게 방해가 된다. 오래 기다리느라 발이 아프면 비정비팔을 풀고서 반 발짝쯤 뒤로 물러나서 조용히 기다리는 것이 가장 좋다.

(3) 전통 사법의 원리

활쏘기 동작은 겉보기에 아주 단순하지만, 거기에 작용하는 힘의 갈래는 아주 다양하다. 그 단순해 보이는 동작을 실현하기 위해서 몸의 모든 근육이 긴장하며 마지막으로 정신의 집중과 통일까지 수반된다. 여기서는 단순한 그 동작에 작용하는 여러 가지 힘과 활쏘기에서 가장 중요한 단전호흡의 문제를 알아본다.

1) 역 근

사람의 몸은 일상생활의 다양한 움직임을 뒷받침하기 위해 아주 많은 근육으로 이루어져있다. 몸속의 근육 중에는 현재의 생활 속에서 많이 쓰이는 근육이 있는 반면 거의 쓰이지 않거나 전혀 쓰이지 않는 근육도 있다. 사람은 현재의 생활 여건 속에서 생활하기 때문에 이러한 근육들은 현재의 여건에 맞는 것만 활용하게 된다. 따라서 현재 많이 쓰이는 근육은 발달하지만, 별로 쓰이지 않거나 거의 쓰이지 않는 근육들은 점점 퇴화하기 마련이다. 따라서 직업이나 생활 방식에 따라서 사람의 몸매가 달라지는 것은 그가 그 환경 속에서 활용하는 근육의 종류가 각기 다르기 때문이다.

활쏘기도 마찬가지이다. 활을 오랜 세월 쏘다 보면 거기에 맞는 근육이 작용하여 몸매도 그런 형태로 발달한다. 배가 나오고 뚱뚱한 사람보다는 좀 마른 듯하면서도 단단한 체구를 갖춘 사람(골다육소[骨多肉少])이 활을 잘 쏜다는 평가는 그러한 뜻이 담긴 것이다.(성낙인) 활터에 이러한 말이 전하는 것은 활쏘기만의 특수한 근육 작용 때문이다.

근육 중에는 일상생활에서 많이 쓰이는 것이 있는가 하면 그렇지 않은 것이 있다. 일상생활에서 별로 쓰이지 않거나 안 쓰이지만 인체를 받쳐주는 작용을 하는 근육들이 있다. 이런 근육들은 일상생활의 활동에서 대부분 제외되기 때문에 연약하다. 이 연약함은 인간이 타고난 건강체로부터 멀어지는 원인이 된다. 따라서 일상생활에서 쓰이는 근육만이 아니라 평소 잘 쓰이지 않는 근육을 활용해서 활성화시켜야만 몸은 균형 잡힌 건강을 유지할수 있다. 결국 일상생활에서 잘 쓰이지 않은 근육까지 고르게 단련시켜서 심신의 조화와 안정을 이루는 것이 운동의 중요한 기능이라고 하겠다.

이와 같이 약해진 근육을 훈련시켜서 강하게 만드는 것을 역근(易筋)이라고 한다.(『마르스』, 2000) 그런데 일상생활에서 쓰는 근육은 늘 훈련이 되어있는 상태이기 때문에 결국 역근의 필요성이 요구되는 대상은 일상생활에서 잘 쓰이지 않는 근육들이다. 생활에서 특정한 근육만을 반복하여 사용함으로써 경직된 몸을 유연하게 하고 무술에서 말하는 공력(功力)을 높이는 운동에는 특별히 이러한 역근이 적극 활용된다. 평상시 잘 안 쓰던 근육을 단련시킴으로써 몸이 다양한 동작에 적응할 수 있도록 유연하게 만드는 것이다.

국궁의 전통 사법에는 이러한 역근의 원리가 아주 잘 살아있다. 활을 쏘는 전 과정의 동작을 자세히 살펴보면 우리가 평상시 잘 쓰지 않는 많은 근육들을 동원하여 힘을 내는 데 활용한다. 몇 가지 예를 들면 다음과 같다.

줌손을 쥘 때는 하삼지로 쥐라고 요구한다. 하삼지는 줌손의 아래쪽 세 손가락, 즉 가운데 · 넷째 · 새끼손가락을 가리킨다. 그리고 엄지와 검지에는 힘을 주지 못 하도록 한다. 엄지와 검지의 힘이 활에 작용하지 않도록 하기 위해서 흘려쥐라고 주문하는 것이다. 이렇게 되면 활을 당길수록 힘이 새끼손가락 쪽으로 작용하는데, 신기하게도 이렇게 해야만 살이 과녁 쪽으로 곧게 뻗어나간다.

새끼손가락을 오므렸다 폈다 하는 동작을 반복해보면 어떤 근육이 작용하는가 하는 것이 분명하게 드러난다. 팔뚝으로 올라가면서 팔뚝 바깥쪽의 근육이 움직인다. 이것을 전통 사법에서는 '등힘'이라고 한다. 그렇기 때문에 줌을 밀 때는 등힘으로 밀라고 한다. 그리고 그렇게 하도록 하여 주는 방법이 하삼지로 흘려쥐고 반바닥으로 밀라는 것이다.

'반바닥'은 '온바닥'과 대비되는 말이다. 온바닥은 손바닥의 한 가운데를 말한다. 그리고 어떤 물건을 집거나 밀 때에 이곳을 활용한다. 그러나 반바닥은 엄지손가락의 뿌리 부분을 가리킨다. 손바닥의 중심에서 조금 벗어나 있다. 이곳에 줌통의 중심을 대고 밀어서 쏘는 것이 정법이다. 그렇게 쏘아보면 그냥 편하게 잡고 쏘는 것보다 힘이 훨씬 더 든다. 그런데도 신기한 것은 그렇게 쏘아야만 살이 과녁으로 몰리고 활 쏘는 손맛이 훨씬 더 깊다는 것이다. 이것은 평상시 잘 쓰지 않는 근육을 씀으로써 오는 현상이다.

이뿐만이 아니다. 깍짓손도 당기면서 짜기 때문에 그냥 단순히 당길 때와는 다른 근육이 작용한다. 나아가 죽을 엎어서 붕어죽을 만들지 말라든가 흉허복실이라는 원칙 같은 것을 가만히 들여다보면 모두가 이 역근의 원리와 깊이 연관되어 있다.

특히 중구미를 엎으라는 것은 줌손이 활짝 폈는데도 뒤로 밀리지 않는 이유가 된다는 점에서 특기할 만한 사실이다. 이것은 뼈는 다 펴졌지만 뼈와 뼈를 잇는 근육이 완충작용을 하기 때문이다. 뼈를 다 폈다면 이론상 팔은 과녁 쪽으로 나아갈 수 없다. 발시와 동시에 줌뒤로 밀릴 수밖에 없다. 그런데도 중구미를 제대로 엎으면 줌손이 과녁을 향해 고정되는 것은, 등힘을 사용하기 위해 단련된 팔 바깥쪽 근육의 작용 때문이다. 이 근육이 뼈와 뼈 사이에서 스프링처럼 완충작용을 하는 것이다.

결국 중국무술의 내가권이나 기공 계열에서 내공연성(內功練成)을 위해 적극 활용되는 역근의 원리가 우리 활의 전통 사법에도 아주 잘 살아있는 것이다. 무술의 동작이 아주 다양하지만, 모든 무술의 동작을 극도로 추상화시키고 단순화시키면 전통 사법의 활쏘기 동작만 남을 것이라고 할 정도로 활쏘기에 적용된 역근의 활용도는 아주 뛰어나다.

2) 짜임(매심)

전통 사법의 또 다른 중요한 원리가 짜임이다. 온몸이 비틀리고 짜임으로써 그냥 당길 때와는 또 다른 오묘한 힘을 낸다.

하삼지를 흘러쥐고 반바닥으로 밀라고 하는 것도 그 동작을 잘 분석해보면 줌손을 비틀어 짜는 것이며, 붕어죽을 만들지 말라는 것도 결국 팔 전체를 비틀어서 밀라는 뜻이다.

게다가 깍짓손도 시위를 당길 때 짜면서 당긴다. 애초에 줌손을 흘려줘었기 때문에 일부러 짜지 않아도 시위를 당기면 저절로 짜인다. 만작 시에 '빨래 짜듯' 하라는 격언도 이와 같은 것을 표현하기 위한 것이다. 살대를 가운데에 넣고서 그것을 빨래처럼 쥐어짜는 형식이 되는 것이다.

양궁과 달리 활을 당기면서 우리 활은 약간 줌앞 쪽으로 기우는데 이 기울기가 몸이 짜여진 전체의 정도와 비례한다는 점에서 이 짜임의 원리가 잘 살아있는 것이라고 볼 수 있다.

살대를 빨래 짜듯이 하라는 것에는 중요한 이유가 있다. 당기는 힘에다가 짜는 힘을 보태면 훨씬 더 강한 힘이 나온다. 게다가 짜인 힘이 화살과 일치하는 방향을 취하면 화살이 다른 곳으로 흩어지는 일을 방지할 수 있다는 점이다. 과녁을 마주보고서 힘을 앞뒤로 정확히 양분하는 일은 사실상 불가능하다. 이미 몸이 돌아갔기 때문이다. 돌아간 그 만큼 힘은 줌손 쪽으로 더 작용하게 되어있고, 반대로 깍짓손 쪽은 허할 수밖에 없다. 따라서 깍짓손이 허한 만큼 힘을 더 주어야 하는데 사람이 아무리 정확하게 힘을 조절해도 앞 뒤 힘의 비율을 50:50으로 나눌 수는 없는 것이다. 그러면 이 힘의 불균형에 따라서 힘이 더 센 쪽으로 살이 밀려나간다.

바로 이 점을 해결하기 위한 방법이 살대를 짜는 것이다. 짜이는 힘이 작용하면 그 짜임의 방향에 따라 원심력과 구심력이 생기고 이것은 평면에 중심점이 생기는 것과 똑같은 효과를 내서 좌우 힘의 불균형으로 흔들리는 화살의 방향성을 힘이 짜이는 중심점으로 유도한다.

따라서 짜임에서 생기는 효과는 둘이다. 밀고 당기는 힘에 짜임의 힘을 더하는 것과 살의 방향을 과녁 쪽으로 유도하는 것이 그것이다. 따라서 이 짜임의 원리는 양궁에서 볼 수 없는 우리 전통 사법만의 특징이다.

그리고 이것은 말 타고 활을 쏘아야 하는 우리 민족의 여건에서 나온 것이다. 말을 타면 몸이 흔들리기 때문에 살을 붙잡아주지 않으면 안 된다. 양궁처럼 시위만 끌어 가지고는 살이 고정되지 않는다. 그러나 우리 활에서는 살을 지그시 짜기 때문에 굳이 붙잡지 않아도 활채에 살이 딱 달라붙는다. 따라서 사람의 몸이 움직이는 대로 같이 움직인다. 이것은 마치 차안에서 거울을 들고 보면 차의 움직임에 따라 그 반동으로 거울이 흔들리지만 차체에 고정된 거울은 흔들리지 않아서 보기가 쉬운 것과 같은 원리이다.

또 비정비팔을 취하면 만작 시에 허리가 돌아가면서 몸 전체가 지그시 짜인다. 그 짜인 힘으로 활을 쏘는 것이다.

따라서 우리 활의 전통 사법은 처음부터 끝까지 몸을 비틀고 짜면서 쏘게 되어있다. 이것이 역근의 원리와 상호작용을 하면서 온몸 구석구석의 모든 근육들이 활을 쏘는 데 작용하도록 만드는 것이다. 가만히 서서도 온몸의 근육을 움직여서 한 힘으로 작용하게 할 수 있는 것이 우리의 전통 활쏘기인 것이다.

이와 같이 몸의 일부 또는 전부를 비틀거나 짜서 힘내는 것을 중국무술에서는 전사경(纏絲勁)이라고 한다. 우리 활에는 이 전사경의 원리가 아주 잘 살아있다.

3) 펼침(맞심)

활쏘기는 활을 당기면서 온몸의 힘을 그 동작에 다 쏟아 붓는다. 그런데 고요한 만작의 상태는 화살을 떠나보내는 아주 짧은 순간에 허물어진다. 따라서 몸의 균형이 흔들리지 않을 수 없다. 어떤 무술 동작이든 이 같은 일은 반복된다. 따라서 멈춤이 움직임으로 전환될 때 허물어진 균형을 수습하는 방법이 있기 마련이다.

전통 사법에서는 줌손을 과녁 쪽으로 더 밀고 구부러졌던 깍짓손을 뒤로 펼침으로써 이 균형의 깨짐을 아주 슬기롭게 극복하였다. 이른바 뒷손을 범의 꼬리처럼 뻗는다는 발여호미(發如虎尾)가 바로 그것이다. 이것을 순우리말로는 '온깍지'라고 한다.

이와 달리 양궁처럼 뒷손을 내뻗지 않고 그 자리에서 멈추는 것은 '봉뒤'라고 해서 크게 꺼리는 바였는데(『조선의 궁술』, 1929), 그 모양이나 상태에 따라 '게발깍지'라거나 '조막깍지', 또는 '반깍지'라고 다양한 이름이 붙기도 하였다.

이렇게 깍짓손을 뒤로 뻗는 것은 반동의 힘을 강하게 해줌으로써 살이 날아가는 것을 더욱 확실하게 해주고 허물어진 몸의 균형을 재빨리 수습하려는 것이다. 더욱이 이 동작이 달리는 말 위에서 이루어지면 뒷손을 뻗는 의미는 한 층 더 분명해진다. 그것은 줄타기하는 광대가 긴 장대를 잡거나 부채를 잡고서 몸의 균형을 잡으려는 것과 같은 것이다.

이와 같이 본 동작의 반대방향으로 뻗어서 힘의 균형을 맞추어 줌으로써 공격력을 증대시키는 것을 중국무술에서는 십자경(十字勁)이라고 한다.(『마르스』, 2000) 펜싱에서 검을 잡은 손이 앞으로 나갈 때 뒷손이 그 반대방향으로 움직이는 것도 그런 원리이다.

뒷손을 이렇게 뻗는 것은 또 다른 측면에서는 몸의 긴장을 풀어주는 효과 때문이다. 만작할 때 온몸은 최고조로 팽팽한 긴장

을 한다. 그리고 이 긴장은 극히 짧은 순간에 발시가 이루어지면서 이완으로 전환된다. 만작했을 때의 긴장과 정신집중은 상상을 초월한다. 엄지발가락 누르기가 분명한 가르침으로 전해오는 것에서 보듯이 만작 시 몸은 발가락 끝에서부터 머리끝까지 돌덩이처럼 굳는다. 마치 쇳물을 부어서 주조한 주물처럼 온몸이 한 덩어리로 뭉쳐져야 하는 것이다. 이런 극도의 긴장이 발시와 동시에 눈 깜짝할 순간에 풀어진다. 그렇기 때문에 이 순간 몸은 활짝 펼쳐지는데 그 해방감은 손끝까지 전달된다. 이 관성이 뒷손을 길게 뿌리는 동작으로 귀결되는 것이다.

긴장과 이완의 반복 순환은 기혈의 소통을 원활히 하는 작용과 맞물려있다. 그렇기 때문에 발시 후 활짝 펼쳐지는 동작은 건강의 효과 면에서도 충분한 가치가 있다. 활쏘기를 하면 시시각각으로 머리가 맑아지고 몸이 가벼워짐을 느낄 수 있는데, 이것은 긴장과 이완을 반복하는 동안에 생긴 효과이다. 이것은 몸이 저항의 한계점에 도달할 때까지 운동력을 계속 증가시키면서 일정한 동작을 수행함으로써 건강체의 상태를 유지하려는 여타 운동의 효과와는 다른 점이다.

4) 단전호흡

단전호흡은 단전자리로 호흡하는 것, 즉 복식호흡을 말한다.

사람은 태어나면서 배로 숨을 쉰다. 그러나 성장하면서 그 호흡 자리가 점점 위로 올라온다. 배에서 가슴으로, 가슴에서 다시 목으로 올라와서, 목에 붙은 숨이 끊어지면 '목숨'이 끊어진 것이다. 사람이 죽은 것을 나타내는 우리말이 '목숨이 끊어진 것'이라는 것은 숨쉬기가 생명의 기본 조건임을 잘 이해한 우리 겨레의 인식이 잘 반영된 것이라고 하겠다.

어른이 되면 누구나 가슴 호흡을 한다. 이것을 일정한 훈련을 통하여 단전자리로 되돌리는 것을 단전호흡이라고 하고 그러한 방법을 단전호흡법이라고 한다. 이 호흡법은 동양사회에서 장수의 비결이라고 여겨서 신선이 되는 방법이라고 여겼다. 그래서 선가계열에서 신선술의 일환으로 깊이 천착했고 그런 전통은 지금까지도 이어져 명상과 호흡이 합쳐진 형태로 현대인의 생활 속에 정착했다.

활쏘기는 이 단전호흡을 이용하는 운동이다. 숨쉬기를 생명처럼 여긴다. 호흡을 잘못 하면 역기(逆氣)가 되어 얼굴이 벌겋게 달아오르는 부작용을 겪기 때문이다. 그리고 중요한 것은 이러한 인식이 오래 전부터 있었고, 그것이 이미 용어로 정착해서 전해온다는 점이다.

중국말의 단전(丹田)에 해당하는 곳을 활터에서는 '불거름'이라고 한다. 방광의 윗쪽[膀胱之上]을 가리킨다. 그러니까 단전이 배꼽 밑의 몸속이라고 정확히 개념정립이 된 반면 불거름은 실제로 힘이 작용하는 부위를 가리키는 말로 정리된다. 이같이 전통 분야에서 단전호흡의 개념을 보존하고 있는 곳은 활터뿐이다.

활터의 불거름 호흡은 활을 당기는 동작과 똑같이 진행된다.

활을 당기면서 숨을 들이쉬기 시작해서 발시와 동시에 들숨과 날숨이 저절로 이루어지도록 한 것이다. 중요한 것은 처음부터 끝까지 숨구멍[氣道]은 열려있어야 한다는 점이다. 그래야만 동작이 전개되는 순서에 따라서 자연스럽게 호흡이 이루어진다. 활쏘기 동작은 한 호흡 안에서 자연스럽게 전개되는 것이다.

또 호흡은 정신 상태와 아주 밀접한 관련이 있다. 정신이 안정되면 호흡도 차분해진다. 그런데 활을 쏠 때의 정신집중은 실로 놀라울 정도이다. 발시할 때 줌손의 동작을 보려고 해도 바로 과녁 위에 떠있는 자신의 줌손이 보이지를 않는다. 그럴 정도로 정신은 과녁에 골똘히 집중해있다. 따라서 그 순간의 호흡도 아주 깊이 내려가 있어서 안정된 자세 속에서 이루어진다.

이런 상태는 마음만 먹는다고 해서 되는 것이 아니고 몸이 그 뒷받침을 해주어야 한다. 그런데 활쏘기의 만작 자세가 바로 그 같은 마음 상태를 받쳐준다. 활쏘기의 만작 자세는 선가의 참선 자세와 거의 같다. 엄지발가락으로 지그시 땅을 누르기 때문에 몸의 중심이 약간 앞으로 이동하는데 그렇게 되면 머리의 백회혈과 단전, 그리고 용천혈이 수직선상에 놓인다. 이 자세는 결가부좌의 상태와 똑같은 평정을 이루게 해준다. 이런 자세가 뒷받침 해주기 때문에 만작 순간의 정신은 놀라울 정도로 과녁을 향해 집중되는 것이다.

이러한 집중 위에서 마음이 고요한 경지를 유지할 때 살은 자신도 모르는 사이에 시위를 떠나서 과녁에 가서 맞는다. 강건한 육체와 정신집중이 결합될 때 이루어지는 놀라운 경지이다. 이런 상태를 꾸준히 유지하는 것은 단순히 사법 연구만 가지고는 안 된다. 이 영역에서부터는 사법의 차원을 넘어서 마음공부의 단계로 접어드는 것이다. 그리고 그것은 활쏘기에 임하는 사람들의 수련 정도와 숙련도를 나타내는 중요한 요인으로 작용한다.

(4) 전통 사법의 의의

이상의 논의를 살펴보면 해방 전후의 사법에서는 전국에 걸쳐 두루 통하는 일정한 형식이 발견된다. 그리고 그 전체의 모습은 『조선의 궁술』과 거의 일치한다는 사실을 알 수 있다. 이것은 아주 중요한 사실을 함축한다. 전국에 두루 통하는 사법이 이미 형성되어 있었다면 그 원인은 무엇인가 하는 것이 문제이다.

그런 원인 중에서 가장 흔히 생각해볼 수 있는 것은 전국 한량들의 교류를 꼽을 수 있다. 해방 전까지 한량들은 지역별로 모여서 활을 쏘기도 했지만 대개는 전국대회를 매개로 해서 일년에 몇 차례씩 전국을 순례하곤 했다. 금산 박병일의 경우는 활쏘기 철이 시작되는 봄에 집을 나가면 가을이나 되어야 집으로 돌아왔다고 할 정도이다.(박경규) 따라서 전국의 한량들이 활을 통해 교류하다 보면 시수가 좋고 궁체가 좋은 것에 대한 나름대로 기준이 생기면서 그 기준을 중심으로 사법 또한 재편되는 것이다.

그러나 이것만 가지고는 해방 전까지 유지돼온 사법의 일관성을 쉽게 설명할 수 없다. 그보다 더 뿌리 깊은 원인이 있는데, 그것은 다름 아닌 무과의 활쏘기이다. 무과는 국가에서 주관한 시험이고, 조선시대의 무과에서 아주 많은 점수를 차지하고 있던 것이 활쏘기였다. 무과의 활쏘기는 시대마다 약간의 차이는 있지만, 대체로 목전, 철전, 편전, 기사였다. 『경국대전』 여기에다가 조선 후기에는 유엽전이 추가된다. 『무과총요』 따라서 이 경우 활쏘기는 생존의 문제와도 직접 연관된다. 따라서 가장 좋은 궁체는 무과 합격 여부를 결정짓는 중요한 문제이며, 국가에서 볼 때 그것은 국방력과도 직결되는 비급이었다. 개인의 취향만으로는 해결될 수 없는 문제이기에 군대에서는 가장 효과 좋은 사법을 가르칠 수밖에 없으며 그것이 오랜 세월을 거쳐서 일관된 한 사법으로 정착하는 것은 당연한 귀결일 수밖에 없다. 무과는 1894년 갑오경장 때 폐지 될 때까지 계속 이어왔으므로 사법 또한 그때까지 일정한 형태를 유지했음은 의심의 여지가 없다. 그리고 무과 폐지 이후 스포츠로 전환되는 과정에서 해방 전의 활쏘기를 주관한 사람들 역시 이런 출신(出身)들이었다. 예를 들면 1920년대부터 조선궁술연구회장을 지내다가 해방 후인 1947년에 작고한 성문영은 구한말 무과에서 장원급제한 사람이었다.(성낙인)

국가에서 국방력의 핵심으로 육성한 데다가 개인의 신분 성취욕과 맞물려 우리의 전통 사법은 일정한 형식을 갖출 수밖에 없었다. 그것이 입에서 입으로 전하다가 처음으로 문자화한 것이 『조선의 궁술』이며, 이러한 사법은 1970년대 중반까지 별다른 변화 없이 지속된다. 그러다가 1970년대 개량궁의 등장과 더불어 변형되기 시작하여, 2003년을 지나는 지금은 환골탈태라고 할 만큼 옛 모습과는 완전히 다른 사법으로 바뀌어 버렸다.

이런 현상은 일본의 활쏘기와 극명한 대조를 이룬다. 일본의 활쏘기[弓道]는 각 지역과 문파에 따라 각기 다른 형태로 전해오다가 현대스포츠로 전환을 하면서 각 종가의 사범들이 모여서 한

가지 사법으로 정리했다. 그때 나온 것이 사법팔절(射法八節)이다. 그래서 이후 일본의 활쏘기는 이 원칙에 입각하여 철저히 형식화를 밟았고, 현재까지 그 전통은 아주 잘 지켜진다.

그러나 우리나라의 사법은 이미 잘 다듬어져있던 원래의 모양을 잃고 새롭게 등장한 장비에 따라서 전혀 다른 모양으로 옮아가는 실정이다. 즉 1970년대 들어 양궁의 재질로 국궁의 모양을 본떠서 만든 이른바 개량궁이 등장하면서 사법 역시 거기에 맞게 적당히 변형된 것이다. 이 개량궁은 전통 각궁보다 10cm 가량 더 큰데, 이 크기 때문에 쌍현이 일찍 진다. 이를 해결하기 위해서 몸통을 더 돌렸고 그 결과 뒷발을 더 빼고서 돌아선 것이다. 그리고 각궁과는 다른 개량궁의 특성 때문에 줌손을 밀어서 발시하는 방식으로 동작이 바뀌었다. 그러다 보니 깍짓손을 크게 뻗는 동작은 군더더기로 전락한 것이다. 그래서 이른바 반깍지 사법이 사법의 주된 흐름을 이루는 상황에 이르렀다. 이 반깍지 사법은 전통사법에서는 봉뒤라고 해서 꺼리는 것이었는데 이것이 개량궁이라는 장비로 인하여 시수에 더 유리하다는 검증되지 않은 생각을 바탕으로 대중화된 것이다. 따라서 1970년대 이후의 사법 변화를 면밀히 관찰하면 개량궁이라는 새로운 장비의 출현으로 인하여 사법이 크게 변하였다는 것을 알 수 있다.

더 큰 문제는 이렇게 변형된 사법들이 아무런 검증을 거치지 않고 전통사법으로 포장되어 문자화하고 있다는 점이다. 1990년대 후반부터 간행되기 시작한 각종 문헌과 인터넷에 유포된 많은 사법 관련 글들을 보면 거의가 변형된 자신의 궁체와 사법을 기준으로 설명하면서 예외 없이 전통사법이라는 이름으로 포장하였다. 그러나 전통이란 오랜 세월의 누적을 전제로 하는 것이다. 그 세월의 지혜를 받아들이지 않으면서 전통이라는 이름을 쓴다는 것은 모순이며, 그 세월의 지혜란 자신의 기준에서 나오는 것이 아니라 전통에 몸담았던 사람들한테서 나오는 것이다.

따라서 이 시점에서 전통사법에 의문을 갖고 거기에 대한 논의를 정리하는 것은 이미 확립된 사법이 많이 변형된 상황에서 어떤 것이 올바른 전통인가 하는 것을 재확인하고 활쏘기에서 전통의 의미를 진정으로 계승하는 방법이 어떤 것인가 하는 것을 인식하는 계기가 될 수 있다는 점에 의의를 둘 수 있다.

3 _ 맺음말

활쏘기는 유구한 역사를 지녔지만, 그에 대한 기록은 거의 없는 형편이다. 더욱이 사법은 그것에 대해 말할 만큼 수련하는데 시간이 많이 걸리는 것이어서 더더욱 기록하기 어렵다. 그러나 다행히 『조선의 궁술』이 나와서 이 분야에 아쉬움을 덜었다. 그러나 그것이 전부인 상태에서 벌써 70년이 지난 지금의 상황에서는 여러 가지 조건이 변화하여 사법마저 변화를 겪는 과정에 있다. 따라서 과연 전통사법이 어떠한 형태인가 하는 것을 다시 확인해야 하는 단계에 이르렀다.

그러나 개인의 수련을 통하여 전통사법이 이것이다 하고 말하기는 쉽지 않은 일인 까닭에 이 논문에서는 해방 전후에 집궁한 구사들의 말을 채록하여 거기서 공통된 점을 뽑아서 사법의 대강으로 정리하는 방법을 썼다. 그렇게 하여 정리한 결과 그들의 기

억하는 사법은 『조선의 궁술』에 묘사된 사법과 대부분 일치한다
는 사실을 밝혀냈다. 그 내용을 요약하면 다음과 같다.

첫째, 발모양은 기준이 되는 왼발을 과녁의 왼 귀에 맞추고
서는 비정비팔이다.

둘째, 줌손은 흘려쥐는 것으로, 손가락의 배열이 줌통과 비스
듬하게 만나도록 하는 것을 말한다. 깍짓손은 깍지라는 사구(射
具)를 엄지손가락에 끼고 그곳에 시위를 걸어서 검지와 중지로
엄지를 덮고 당긴다. 이때 살은 줌통의 앞쪽으로 거는데 깍짓손
을 당기면 저절로 짜여지면서 화살이 활에 밀착된다.

셋째, 활의 아랫고자를 불거름에 걸치고 과녁을 확인한다. 그
리고 활을 들어올릴 때는 죽을 들되 아낙네가 물동이를 이듯이 죽
전체를 들어서 이마 높이까지 올린 다음 깍짓손이 귀를 스치도록
당겨서 만작을 한다. 이때 숨을 들이쉬면서 허벅지의 힘을 조이
고 마지막 순간에 분문을 꽉 조인다.

넷째, 이 상태에서 줌손을 고정시키고 깍짓손을 떼는데 이 움
직임은 살대 연장선을 따라야 한다. 깍짓손은 살이 떠난 반동으
로 활짝 펴지는데 이것을 발여호미라고 한다. 이렇게 하여 살이
무겁에 떨어지는 모습을 확인하면서 흐트러진 동작을 수습하여
원래의 자세로 돌아온다.

다섯째, 국궁의 전통 사법에 함축된 원리를 살펴보면 크게 네
가지이다. 연약해진 근육을 강하게 만드는 역근의 원리, 온몸과
장비를 동시에 짜면서 힘을 내는 매심의 원리, 앞뒷손을 펼치면서
힘을 증대시키는 맞심의 원리, 그리고 아랫배인 불거름으로 숨을
쉬는 단전호흡의 원리가 그것이다.

이상의 논의로 살펴보면 해방 전후의 사법에는 일정한 원형이 발견되는데, 그것은 무과에서 중요시하던 조선시대의 사법이 가져온 영향이다. 활쏘기는 조선시대의 가장 중요한 무기체계였고, 그런 까닭에 사법 역시 일정한 체계를 갖추었다. 그 영향이 남아서 조선궁술연구회로 통일된 전국조직 안에 통일된 사법을 간직하게 된 것이고 그 사법을 활자화한 것이 『조선의 궁술』이다.

그런데 1970년대 들어 개량궁이 등장하면서 사법이 조금씩 변형되기 시작하였다. 현재 국궁계에서 유행하는 사법은 개량궁의 등장으로 인하여 전통 사법에서 마악 벗어나려는 단계에 있으며, 만약 이 시점에서 전통의 원형을 찾아서 제공하지 않는다면 걷잡을 수 없을 정도로 변형될 우려가 있다. 따라서 이번 논의를 계기로 사법에 대한 논의가 다양하게 일어서 『조선의 궁술』을 토대로 우리의 전통 사법이 어떠한 것인가 하는 것을 더욱 분명히 밝혀 수 천 년 이어온 우리 겨레의 사법이 영원한 생명을 얻도록 학술과 이론으로 정리하는 작업이 필요하다.

더욱이 이 글에서 논한 내용은 사법의 대강을 살폈을 따름이므로, 그 사법 안에 깃든 여러 가지 원리와 법칙을 방계 학문의 방법을 동원하여 그 실체를 밝히는 작업은 엄두도 못 낸 상황이다. 따라서 여기서 논의된 사법의 형태를 전제로 하여 각개 동작 안에서 이루어지는 원리와 체계에 대해서는 또 다른 논의를 기다리지 않을 수 없는 상황이다. 이 글은 그러한 논의를 위한 기초 작업이라고 하겠다.

4 _ 요약(ABSTRACT)

A Study on the Art of Korean Traditional Archery

by Jeong Jin-Myung

Korean Traditional Archery(KTA) has a long history more than 5,000 years. It has been developed by Han-gyeore, Korean People, during the long history, and it has become a unique Archery Customs that can not be found in any other country. The Art of Archery also has formed a complete system superior to any other shooting skills of archery.

Unfortunately we can hardly find any documents as a written form about KTA. There was no document during Yi-dynasty, Joseon, when the bow was used as arms. It was not until the year 1929 when the book on KTA was first published, whose title was 'Joseon ui Gungsul', which meant Korean Archery. But it was not highly noticed by the academic world.

Recently in the late 1990s, some people who actually practice KTA began to publish books on the Archery, and now KTA is in the process of being written as documents.

As for the Art of KTA, it is far from being discussed, which is because of the some features it has. The target is located as long as 145 meters away from the shooting line, and it is difficult for one to get good hitting points constantly whenever he shoots. It takes a long time for one to master KTA, so the one who has practiced it for 10 years is often treated as 'a beginner', the one for 30 years is common. There are many people who are celebrated for their spending 60 years in practicing KTA. Considering all of these facts, who dare to say that he himself has mastered the Art of KTA after practicing it for 10 or 20 years? That is the main reason why the discussion on the Art of KTA could not become hot discussion.

We should not, however, keep silence about that forever in the following situation. With the appearance of Modernized Korean Bow, Gaeryang-gung, in 1970s, some remarkable changes began to appear in the Art of KTA. Without noticing these changes, many young archers began to imitate the changed Art of KTA which is different from old one. At this point of time, if we do not theorize on what is the original form of the Art of KTA, we may mistake these changed form for traditional one in the future. In this point of view, we need to systematize the Art of KTA in a written form.

In this study, I have met many old veteran archers who have practiced KTA for more than 50 years, and I put their various opinions together. Standing on the basis of synthesized their opinions, I tried to reconstruct the form of the KTA. The result of this process is the following.

The procedure of KTA can be classified as three movements in the order of time sequence; Preparation movements, Main movements, Finishing movements. If we explain these movements in detail, there are 10 steps; Preparation movements? Foot position, Hand grip, Feeding arrow; Main movement? Arraying bow, Raising arms, Pushing down big toes, Kkakji hand drawing, Perfect draw, Shooting arrow; Finishing movement? Follow-through.

Foot position refers to what we call 'bijeong-bipal', if you are right-handed, your left foot should point to the left edge of the target, and your right foot is apart twice times as widely as your fist-width from the other foot. With regard to bow hand, you should seize bow grip sideways, not uprightly. Before drawing the string, you use kkakji, a special thumb ring. An arrow is nocked on the nocking point of the string. You position the string on the kkakji and draw back the string. All of these procedure are Preparation movements, now you get into Main movements.

To begin with, you lift the bow and position the lower tip of the bow on your lower abdomen. In the meantime, you inspect all your posture. Next, you raise your bow hand to the height of your forehead. If you slightly push down your big toes to the ground, you can feel the center of gravity of your body moving forward. At the moment, pushing forward your bow hand to the target, you start to draw back the string. In this Perfect draw position you hold on for 2-3 seconds and aim at the target then shoot the arrow. In this shooting process, while you are supporting the grip of the bow toward the target steady, you shoot the arrow by kkakji hand drawing back. At the same time, you stretch out your kkakji hand promptly. And then you put down your both hands where they are first.

According to the statement above, we can find the fact that the Art of Archery stated by old veteran archers corresponds to the Art of Archery described in 'Joseon ui Gungsul' published in 1929. So the precious product of this study is that we reconfirm that the Art of Korean Traditional Archery is the very thing that was described in 'Joseon ui Gungsul'.

*이 글은, 2003년 청주대학교 교육대학원(체육전공) 석사학위 논문이다.

전통 사법의 짤심 원리

　모든 무술은 한 지점에서 만난다. 중심이 그곳이다. 무술의 수많은 동작은 사람의 몸이 움직일 때 발생하는 불균형을 바로잡는 방향으로 움직여서 스스로 중심을 잡고 변화에 응하도록 짜였다. 무수한 변화에 응하면서도 중심을 잃지 않고 상황의 주도권을 쥐는 것이 무술의 요체이다. 나아가 무술만이 아니라 마음의 요체이기도 하다.[1] 그렇기 때문에 모든 무술은 각기 다른 특색을 지니지만, 그것이 움직이는 몸의 중심을 잡는다는 점에서는 한결같다. 동작이 복잡하나 단순하나 원리는 똑같다.

　활쏘기는 모든 무술 가운데서 가장 단순한 동작으로 이루어졌다. 그러면서도 한국의 활쏘기 동작은 모든 무술의 장점을 거의 다 갖고 있다. 그런데 문제는 단순해진 동작의 원리가 단순한 동작 그 안에서는 잘 드러나지 않거나 이해되지 않는 경우가 많다는 것이다. 이 경우 복잡한 다른 무술의 동작을 보면 단순해진 그

1　　이황, 『심경부주(성백효 역주)』, 전통문화연구회, 2002. 37쪽 允執厥中

동작이 왜 그런 것인지가 분명해진다. 그런 점에서 활쏘기가 다른 무술의 동작을 살펴보는 것은 자신의 동작이 왜 그렇게 되어야 하는가 하는 것을 분명히 자각한다는 점에서 중요하다.

현재 국궁계에서는 다른 무술과 교류한 적이 없고, 다른 무술의 원리를 살펴본 적도 없다. 특별히 공부하지 않은 사범이 각기 자신이 터득한 사법을 후배들에게 알려주고 있을 뿐이다. 그러다 보니 사법의 어떤 부분이 전통이고 그것이 왜 지켜져야 하는지도 알 수 없어 사람을 건너는 동안 궁체도 멋대로 바뀌어, 이제는 개인의 잔꾀로 뒤틀린 사법이 정통 사법을 비판하는 지경에 이르렀다.

그런 상황을 아주 잘 보여주는 경우가 바로 온깍지 동작이다. 뒷손을 발여호미로 뻗는 동작은 언뜻 관중율의 측면에서 보면 별다른 의미가 없을 듯이 보인다. 그러나 이런 생각이야말로 큰 착각이다. 앞뒷손을 동시에 반대로 펼치는 동작은 십자경이라고 해서 중국무술에서는 벌써 수백 년 전에 확립된 이론이다. 파괴력을 극대화하는 중요한 방법이다. 이 원리가 활에서 불필요할 리가 없고, 반대로 꼭 필요한 것이기 때문에 우리 활은 굳이 온깍지 동작을 취하게 된 것이다.

이런 시각으로 보면 온깍지 동작은 오히려 가장 훌륭한 활쏘기 동작임을 알 수 있고, 다른 민족에게는 없는 우리 민족 사법의 우수성을 보여주는 것임도 알 수 있다.[2] 현재의 반깍지 사법이 옳

---

2 뒷손을 크게 뿌리는 동작은 모든 활쏘기에서 나타날 수 있는 현상이다. 그러나 그것을 분명한 이론으로 자각하여 그렇게 하도록 가르친 민족은 일본과 한국 뿐이다. 같은 몽골 활도 뒷손을 뿌리지 않는다. 그것은 활이 크고 출렁거리기 때문이다. 그러나 여러 가지 조건에 따라서 다른 민족의 활쏘기 동작에서 가끔 뒷손을 뻗는 모습이 관찰된다.

지 못한 것은 바로 이런 비교무술사의 관점을 통해서 분명히 드러난다. 전통사법에서 구사하는 동작의 옳고 그름은, 활터 안의 눈만으로 판별하기가 쉽지 않다. 그럴 경우는 다른 무술의 눈으로 보면 판단기준이 선명하게 드러난다.

동작의 크기가 이미 정해진 상태에서 그 안에서 가장 큰 힘을 낼 수 있는 방법은 비트는 것이다. 다른 민족의 활과 달리 우리 활은 동작의 곳곳에서 비트는 힘이 많이 작용한다. 그런데 활터 안의 눈으로는 그렇게 하는 이유가 분명치 않은 경우가 많다. 하지만 다른 무술의 원리를 살펴보면 우리 활에서 그렇게 한 이유가 분명히 드러난다. 몸을 비틀어서 내는 힘을 중국무술에서는 전사경이라고 한다. 이 전사경의 원리를 적극 활용하는 무술이 태극권이다.

이 글에서는 태극권에서 중요하게 여기는 전사경의 원리를 이용하여 우리 활이 왜 그렇게 몸을 돌려 짜서 활을 쏘도록 했는가 하는 것을 알아본다. 그러면 가장 간단한 활쏘기 동작에 모든 무술을 관류하는 가장 중요한 원리가 농축되어 있음을 알게 될 것이다. 아울러 가장 단순한 무술인 활쏘기 동작을 가장 훌륭한 무술 동작으로 승화시킨 조상들의 놀라운 직관과 슬기를 확인하게 될 것이다.

1 _ 태극권의 기원과 문파

태극권에서는 태극권의 기원을 송나라 말기의 장삼봉 조사로 삼고 있다.[3] 즉 소림사에서 몸이 허약해진 수련자들이 건강을

---

3   고영근, 『고교수의 태극권 특강』, 세종출판사, 2005. 11쪽.

유지하고 여행 때 짐승이나 산적으로부터 자신을 보호할 수 있도록 운동을 창안했다는 것이다. 하지만, 이것은 국선도가 단군 때의 수련비법이라고 한다거나,[4] 고구려 사람들이 기천문을 수련했고,[5] 금강역사가 태권도의 자세를 취했다는[6] 주장과 똑같아서 그대로 믿기는 어렵다. 오히려 태극권의 기원을 진씨 가문의 권법에서 찾는 것이 좀 더 나은 발상이다. 이에 따르면 명말 청초에 하남성 온현의 진가구에 살던 진왕정이 가전 무술에서 태극권을 창안했다는 것이다.[7]

태극권의 뿌리가 진씨 가문의 무술에 닿아있는 것은 분명하다. 그러나 더욱 분명한 것은, 새로운 무술의 탄생은 그 무술을 탄생시킨 특수한 환경을 요구한다는 것이다. 태극권의 발생 동기에서 그 환경은 진씨 가문에 있지 않고, 북경의 양씨 가문에 있다. 즉 양로선이라는 걸출한 무술권사가 하남성의 진가구에서 북경으로 옮겨감에 따라서 태극권은 그 발생의 계기를 맞게 된다.

북경으로 이사 온 양로선은 그 지역의 무술권사들과 대결을 벌여서 단 한 번도 지지 않는 대단한 무공을 보인다. 그래서 양무적(楊無敵)이라는 별명까지 얻는다.[8] 이에 그의 실력을 탐낸 청조의 귀족자제들이 그 무술을 배우려고 초청했고, 양로선은 이에 응

4   고경민, 『국선도』, 종로출판사, 1974. 13~15쪽, 임경택, 『임경택 교수의 숨쉬는 이야기』, 명상, 1998. 253~254쪽, 김종무, 『국선초』, 밝문화미디어, 2004. 275~278쪽
5   기천문 본문, 『기천문』, 초록배, 1998. 29~34쪽.
6   김용옥, 『태권도 철학의 구성원리』, 통나무, 1990. 62쪽에서 재인용.
7   고영근 12쪽.
8   로선(露禪)은 그의 호이고, 본명은 양복괴(楊福魁)이다. 손자 양징보(楊澄甫)가 이론의 토대를 놓으면서 태극권의 붐을 일으켰고, 양진탁이 그의 뒤를 이어 전세계로 보급 중이다.

하여 자신이 진가구에서 배운 무술을 그들에게 가르친다.

하지만 양로선은 곧 뜻밖의 문제에 봉착한다. 즉 청조의 왕실과 귀족의 자제들로 구성된 학생들은 몸이 허약하여 양로선이 가르치는 무술 동작을 제대로 따라하지 못한 것이다. 배우는 사람들이 따라하지 못하는 무술이란 그림의 떡에 지나지 않는다. 그래서 양로선은 전문 무사가 아닌 일반인들이 배울 수 있는 방향으로 자신이 배운 무술의 틀을 전환한다. 이것이 나중에 태극권이라고 이름 붙인 무술이다.[9]

지금 보면 진가의 태극권과 양가 태극권은 원리 면에서 크게 다르지 않다. 그러나 발생론의 원리에서 보면 진가에서 나온 태극권을 양로선이 북경에 와서 가르친 것이 아니라, 오히려 그 반대로 북경의 귀족 자제들을 가르치느라 양로선이 적용한 새로운 방법이 진가 쪽의 무술에 영향을 주어서 진가 태극권을 탄생시켰다고 보는 것이 이치에 더 맞는다. 우리가 지금 마주친 태극권이라는 내가권 무술의 원리를 발견한 공로는 양로선에게 돌려야 할 것이다. 즉 진씨 무술을 외가권 중심의 원리에서 내가권의 원리로 바꾼 것은 양로선이 처음 시도한 것이라는 것이다. 그리고 그 것은 양로선이 처한 북경의 독특한 환경을 빼놓고서는 설명할 수 없는 것이다. 양로선이 진가구의 권법을 배웠다고 해서 태극권을 진가 무술이라고 단정하는 것은 너무 단순한 생각이다. 붓글씨의 해서와 행서를 구별하지 않는 것과 같다. 행서는 해서에서 나왔지만, 해서가 곧 행서인 것은 아니다.

---

9   카사오쿄오지, 「태극권의 진정한 개조는 누구인가」, 『마르스』 창간호, 2000. 53쪽.

그것은 태극권의 꽃이라고 할 수 있는 전사경의 원리가 양씨 보다는 진씨 태극권에서 더 뿌리 깊게 활용되고 있는 것을 보아도 알 수 있다. 진가 태극권이 어느 한 면에서 더 깊이 들어간 것이 고, 이것은 처음부터 그랬던 것이 아니라 이미 있던 어떤 것을 토 대로 더 심화시킨 것이다. 여기서 어떤 것이란 양가 태극권이다.

이 점은 동작의 크기를 보아도 마찬가지이다. 무술 동작은 크 면 클수록 원리에 가깝다. 즉 무술은 세대를 건너면서 배움의 과 정을 거치는데, 그 과정에서 동작을 크게 해야만 무술의 원리가 더욱 잘 드러난다. 동작을 작게 하면 원리의 적용 여부가 분명하 게 드러나지 않은 채 애매하게 지나가는 경우가 많다. 그래서 배 울 때는 동작을 크게 하는 것이 스승에게나 제자에게나 유리하 다. 각파의 태극권에서 양가의 태극권 동작이 가장 큰 것은 그런 까닭이다. 태극권의 가장 초기 형태인 것이다.

진가의 경우 오히려 동작의 크기를 줄이면서도 전사를 최대 한 이용하여 파괴력을 극대화하는 경향이 강하다. 홀뢰가의 경우 소가(小架)라는 이름에서 볼 수 있듯이[10] 오히려 동작을 최대한 작게 해서 단전에서 움직이는 기의 흐름을 최대한 응용하려는 원 리를 엿볼 수 있다. 기의 흐름에 동작을 종속시키는 것은 족보학 상 가장 발달된, 그래서 가장 뒤늦은 시기에 발생한 형태의 무술 이다. 이 변화의 계기는 무술이 격투가 아닌 양생을 지향하면서 생긴 일인 것이다.

태극권은 무술이 남을 때려눕히는 본래의 목적을 버리고 건

---

10   박종구, 『밝은 빛 태극권』, 정신세계사, 4334. 86쪽.

강 양생의 수단으로 방향전환을 한 지점에서 발생한 전혀 새로운 차원의 무술이다. 무술이 그렇게 된 데는 그렇게 되게 한 환경이 발생하지 않으면 안 된다. 그 환경은 북경의 연약한 귀족자제들이다. 그렇기 때문에 태극권의 진정한 개조는 장삼봉이 아니라 양로선이라고 보는 것이다.[11]

이것은 태극권이 처음 발생한 이래 얼마 안 되는 짧은 기간 동안에 5대 문파로 갈라졌다는 것에서도 엿볼 수 있다. 무술을 보는 새로운 눈이 생겨난 이래 관점이 조금씩 다름으로 해서 생겨난 현상이다. 진가구의 무술을 양로선의 눈으로 보되, 내면의 원리를 두고 각자가 다른 해석을 한 결과이다. 그 결과가 순식간에 다양한 문파를 발생시킨 것이다. 거의 동시다발이라고 할 만큼 빠르게 진가, 양가, 손가, 오가, 무가로 분류되는 다섯 문파가 발생했고, 현재도 계속 태극권은 진화하는 중이다.[12] 정자태극권, 혼원태극권, 동악태극권은 물론이고 태극권의 고수들마다 새로운 투로를 계속 만들고 있다. 같은 진가 내에서도 전인마다 모두 자신의 태극권을 전수하는 상황이다.

만약에 태극권이 장삼봉 설화의 말대로 오랜 세월에 걸쳐 형성되었다면 특별히 어느 한 시기에 우후죽순처럼 유파가 가지 치는 일은 발생하지 않았을 것이다. 시기를 두고 천천히 갈라지는 것이 맞는 이치이기 때문이다.

---

11   태극권의 기원에 관한 설은 각양각색이다. 태극권 내부에서 오히려 더 장삼풍의 설화에 기대려는 경향이 강하다. 하지만 설화를 벗어나면 크게 진왕정이 만들었다는 주장과 양로선이 만들었다는 주장으로 나뉜다. 여기서는 원리 면에서 접근하는 방향을 택해서 양로선 기원설을 받아들였다.

12   이찬 편저, 『태극권경』, 하남출판사, 2003. 부록 : 태극권의 주요 전인

2 _ 전사경의 원리

전사의 전(纏)은 감는다는 뜻이고, 사(絲)는 실을 뜻한다. 따라서 전사란 실을 감는 것을 말한다. 무술에서는 실을 감듯이 감아서 돌리는 원리를 가리키는 말이다. 이것을 일상생활에서 가장 쉽게 볼 수 있는 것은 용수철이다. 스프링은 직선의 힘이 아니라 철사가 빙빙 감겨서 측면이 내는 탄력을 이용하는 물건이다. 전사란 바로 그와 같이 감아 돌려서 내는 힘을 말하는 것이다.

경(勁)은 우리말로 힘을 뜻한다. 그런데 이 힘은 흔히 쓰이는 힘인 력(力)과 다른 성질을 지닌다. 밭일을 하거나 무거운 물건을 들 때 쓰는 힘이 력이고 여기에 속도가 붙어서 폭발력을 내는 힘을 가리키기 위해 경이라는 말을 쓴 것이다. 경은 힘 중에서도 특히 탄력을 내는 힘을 가리킬 때 쓰인다.[13]

따라서 전사경이란 몸을 비틀면서 내는 폭발력을 말한다. 폭발력은 순간의 응집력을 전제로 한다. 그리고 순간의 응집력은 그것이 본래부터 존재하는 것이 아니라 그와는 반대로 늘어진 상태에서 생겨난다. 따라서 이런 폭발력을 발생시키기 위해서는 온몸의 이완을 전제로 한다. 태극권의 수련이 몸의 이완에 집중된 것은 그런 이완만이 순간의 폭발력을 최대화 할 수 있는 유일한 조건이기 때문이다.

그리고 폭발력은 이완을 긴장으로 전환한다고 해서 발생하는 것이 아니다. 거기에는 특별히 전사라고 하는 동작이 수반되

---

13   진영섭, 「태극권에서의 발경」, 『마르스』 통권 4호, 중원신문, 2000. 62쪽.

어야 한다. 전사는 비틀림을 말한다. 비틀림은 딱딱하거나 단단하면 안 된다. 쪼개지거나 부러지기 때문이다. 비틀림은 부드러운 것에서 잘 일어나는 현상이다. 따라서 몸의 각 조직을 최대한 풀어서 부드럽게 만들어 놓아야 결정된 순간에 그것을 비틀면서 상상을 초월하는 긴장을 만들어낸다. 이완에서 비틀림에 의해 긴장으로 순식간에 바뀌는 힘이 전사경이다.

따라서 태극권에서는 몸의 긴장을 이완시키는 것을 가장 중요한 원리로 삼는다. 이렇게 늘어져서 뼈마디가 벌어지는 것을 송(鬆)이라고 한다. 수련을 계속하다 보면 몸 각 부분의 뼈마디를 잇는 근육이 이완되어 나중에는 엉치뼈까지 열린다. 이렇게 벌어지는 것을 송개(鬆開)라고 하고, 그렇게 연무(演武)하는 것을 방송(放鬆)한다고 한다.[14] 갓난아기 같이 되는 것인데, 갓난아기들은 웬만한 충격에도 뼈가 빠지거나 부러지지 않는다. 설사 뼈마디가 빠진다고 해도 금방 제 자리로 돌아온다. 몸이 아주 부드럽기 때문이다. 전사 수련을 오래 하면 그렇게 된다.

이보다 더 중요한 것은 전사경이 기의 흐름을 바탕으로 발생한다는 것이다. 제대로 된 전사는 축경(蓄勁)이 된 상태에서 나온다. 물론 이러한 발상은 무술 본래의 것이 아니라 기공에서 온 것이다.[15] 기공은 도가의 도사들이 수련하는 방법인 도인법으로 기의 흐름에 몸의 움직임을 맞추는 것이다. 그 반대로 얘기해도 된다. 그래서 몸의 기가 최대한 원활하게 흐르는 동작을 여러 번 반

---

14 박종구 108~109쪽.
15 기공이란 말은 근래에 발생한 용어이다. 그 전에는 토납도인이라고 불렀다.

복해서 자연이 부여한 기의 흐름을 몸이 따르게 한다.

이것은 기가 존재한다는 것을 전제로 한다. 그리고 이것은 동양에서는 의문의 여지가 없는 분명한 것이어서 한의학으로 이미 한 분야가 정리되었고,[16] 그 밖에 이 우주를 움직이는 섭리도 역시 기와 뗄 수 없는 것으로 보았다. 기는 이 세상의 구성원리이자 작용원리라는 믿음이 이러한 문화를 낳았다. 따라서 기공을 수련하면 온몸에 도는 기의 존재를 직접 느낄 수 있고, 그것을 스스로 조절할 수 있는 요령까지 생긴다. 그것을 무술에 적용시킨 것이 태극권이다.

따라서 전사가 완성되려면 거기에 기가 움직여야 한다. 그런데 인체에서 기는 공기처럼 산재하는 것이 아니라, 마치 피처럼 일정한 통로를 따라서 움직인다. 그런 중요한 경로를 한의학에서는 경락이라고 하고 특별히 중요한 지점을 혈이라고 한다. 그런데 그런 기가 모이고 흩어지는 최종 자리가 있다. 그곳을 단전이라고 한다. 단전은 배꼽 두 치 아래를 등 뒤로 연결시키는 몸속의 중간 지점에 있다고 가정한다. 가정이라고 하는 것은 실제로 몸속에 존재하는 장기가 아니라는 것 때문이다. 형체는 없지만 실상은 있는 것, 이것이 기의 존재이다.

기는 단전으로 모여들고 단전에서 퍼져간다. 단전은 기의 염통이다. 그런데 몸의 상태에 따라서 여기에 모이는 기의 양도 다르다. 몸이 약하면 기의 존재를 거의 느낄 수 없다. 그러나 몸이 건강하면 기의 존재 역시 쉽게 느낀다. 기 수련을 하면 실제로 단

---

16   강화주 편저, 『임상실용 종합침구학』, 한성사, 1994.

전에서 기가 움직이는 것을 느낀다. 이 느낌이 몸의 각 부분으로 발산되고 수렴되는 것을 확인해야만 전사경을 말할 수 있다. 전사경은 몸의 비틀림을 따라서 단전의 기가 손끝과 발끝으로 번져가는 것을 폭발력으로 전환하는 것에서 완성된다.

그런데 기는 스스로도 움직이는 것이지만, 마음을 따른다. 그래서 마음을 움직여야만 기가 움직이고 기가 몸을 밀고 간다. 태극권은 몸과 마음과 기가 하나로 움직이는 정(精), 기(氣), 신(神) 삼합의 운동이다.

이 삼위일체는 또 다른 측면에서도 지켜야 한다. 몸이 움직이는 것은 마음이 결정한 끝이다. 몸을 움직이면 반드시 호흡이 뒤따르고, 그것은 몸동작과 일치해야 한다. 그리고 이 일치를 마음이 따라가면서 확인해야 한다. 그래야만 기가 동작마다 북받쳐 오른다.

전사의 바탕에는 기가 원운동의 형태로 움직인다는 전제가 깔려있다. 그래서 태극권의 동작 역시 둥글게 원을 그리며 펼쳐진다. 그리고 그 원의 작용에서 가장 중요하게 작용하는 또 다른 원리가 비틀림이다. 둥글게 움직이는 원의 동작 속에서 비틀림이라는 또 다른 원의 움직임이 함께 작용하여, 기는 단전에서 둥글게 움직이는 손끝까지 비틀림을 통해 전해진다. 그래서 단전에서는 아주 미미한 움직임이 손끝에 이를 즈음이면 굉장한 폭발력을 낸다. 마치 채찍이 끝으로 가면서 점점 파괴력을 높이는 것과 같은 이치이다. 이것이 전사경이다.[17]

---

17   표충실, 『태극권』, 학민사, 1992. 3~15쪽.

태극권이 기의 운동이라는 것은, 실제로 태극권 수련을 통하여 기를 느끼기 때문이다. 몇 달만 성실히 수련하면 손발에서 움직이는 기를 직접 느낄 수 있고, 수련 단계에 따라 단전에서 움직이는 기의 덩어리를 확인할 수 있다. 이 단전의 기운은 쌓이면 쌓일수록 큰 힘을 낸다. 처음엔 몸의 움직임을 보충해주듯이 천천히 움직이다가 단전의 기운이 어느 선을 넘어서면 물줄기처럼 뻗는다. 그 기운을 타고 손발을 놀리면 충격을 받는 쪽은 바깥의 상처가 아닌 내상을 입게 된다.

이것도 수련의 정도에 따라 단계가 있어 처음엔 기가 손발에서 물의 저항처럼 느껴지다가, 다음엔 온몸이 물의 부력을 받으며 헤엄을 치는 듯이 느껴지고, 나중에는 물위를 걷는 듯한 느낌이 온다.[18] 그러면 태극권의 동작도 처음엔 가르쳐주는 대로 따라하다가 나중에는 이 흐름에 동작을 맡기고 따라간다. 그래서 겉보기에는 비슷비슷해도 고수일수록 동작이 원래의 투로(套路)에서 조금씩 벗어나게 된다. 이런 변형이 이미 있던 태극권과 현저하게 다른 양상을 보이면 새로운 문파가 발생하는 것이다.[19]

태극권사 이경로 사범

---

18   손록당, 「학위진(郝爲眞) 태극권론」, 『태극권경』에서 재인용.
19   나는 2004년부터 의기양생태극권의 이경로 사범한테 태극권을 배웠다. 충북의 중국 무술계에는 태을문과 비룡관 두 문파가 있는데, 이경로 사범은 태을문 출신의 태극권사이다. 그는 한국의 박종학과 중국의 범학철에게 태극권을 배사했고, 홍이에게 기공을 배사했다. 범학철은 혼원태극권을 만든 풍지강의 직계제자(진가 19대 전인)이고, 홍이는 중국 무당기공의 장문인이다.

3 _ 태극권 수련 10요결

태극권은 활과는 다른 무술이지만, 그 원리를 잘 보면 유사한 점을 많이 발견할 수 있다. 태극권은 이론도 많고 그것을 정리한 책도 많지만, 여기서는 그것이 중요한 게 아니므로, 가장 중요시되는 요결을 소개한다. 양징보의 〈태극권 10요〉이다.[20]

- 허령정경(虛靈頂勁) : 정두현(頂頭懸)이라고도 한다. 머리의 상투를 천장에 매달아놓은 듯한 모양을 말한다. 목의 긴장을 풀고 머리를 바르게 유지하려는 것이다. 그래야만 기가 머리 꼭대기에서 내려온다. 목을 곧게 세우고 턱을 약간 당긴 듯한 느낌을 유지하면 이렇게 된다.

- 함흉발배(含胸拔背) : 가슴의 힘을 빼면 약간 움츠린 듯한 자세가 된다. 이에 따라 등은 저절로 둥글게 된다. 이런 모양을 말한다. 이렇게 하면 상체의 기가 아래로 가라앉는데, 임맥과 독맥의 소통을 촉진시킨다.

- 송요(鬆腰) : 상체의 회전운동이 잘 되도록 허리의 힘을 푸는 것을 말한다. 허리는 상하의 동작을 연결시키는 부위이기 때문에 특히 중요하다. 앞의 요결이 잘 되면 저절로 허리도 부드럽게 된다.

- 분허실(分虛實) : 몸의 상태를 설명하는 이론이다. 몸무게가 실린 쪽을 실이라고 하고 그 반대를 허라고 한다. 허와 실이 서로 물고 물리며 연결되는데 이것을 분명히 해야 한다는 뜻이다.

---

20   이찬의 『태극권경』 131쪽에서 재인용.

- 침견추주(沈肩墜肘) : 어깨를 내리고 팔꿈치를 떨어뜨린다는 말이다. 상체가 긴장을 하면 저절로 어깨가 올라가고 그에 따라 팔꿈치도 올라간다. 상체가 긴장하면 몸의 무게중심이 위로 올라가서 균형을 잃기 쉽다. 그래서 상체의 힘을 빼고 팔꿈치를 약간 낮추면 기운이 저절로 가라앉는다.

- 용의불용력(用意不用力) : 힘을 억지로 쓰지 말고 마음과 생각이 가는 대로 몸이 따라가게 하라는 말이다. 마음으로 동작을 해야만 몸 속에 내경이 생긴다.

- 상하상수(上下相隨) : 위와 아래가 서로 호응하여 함께 움직여야 한다는 뜻이다. 손과 발, 몸통의 모든 부분이 동시에 움직여서 동시에 마쳐야 한다. 태극권에서 발은 뿌리이고 경은 다리에서 발생하며 이것이 허리를 통하여 손끝까지 이어진다. 그래서 손끝까지도 함께 움직이고 멈춘다. 손은 움직이고 있는데, 발이 먼저 멈추면 안 된다.

- 내외상합(內外相合) : 내는 정신 작용을 말하고 외는 동작을 말한다. 마음을 침착하게 가라앉히고 의식을 집중시켜서 동작이 일어날 때마다 기운이 그리로 따라간다고 생각을 한다. 정신과 동작이 일치하는 것을 말한다.

- 상연부단(相連不斷) : 의식과 경의 운행이 서로 이어져 끊임이 없어야 한다. 동작과 동작이 끊임없이 이어져야 한다는 말이다.

- 동중구정(動中求靜) : 움직임 가운데서 고요함을 구한다는 뜻이다. 무술은 움직임으로 이루어지지만, 그런 가운데서도 정신이 흐트러지지 않고 고요함을 추구한다. 그러면 움직이는 동작까지도 마치 고요한 상태처럼 안정된다.

4 _ 활쏘기와 전사

한국의 활쏘기는 상상하기 힘든 만큼 오랜 내력을 지닌 까닭에 그 깊이가 어디에 닿아있는지 알 수 없어서 보는 자의 눈에 따라 그 만큼씩만 내면세계가 드러나는 특징이 있다. 그리고 그것은 준비된 자의 눈에 그렇게 보이지만, 준비되지 않은 자의 눈에는 그냥 평범한 말로 떠도는 경우가 많다. 활터에서 쓰는 용어를 살펴보면 우리 활은 기의 흐름을 잘 이용하는 방향으로 이루어졌음을 알 수 있다.

단전을 활터에서는 불거름이라고 한다. 불거름은 방광의 위라고 간단하게 설명하고 있다.[21] 이것은 불거름을 원리 면에서 설명한 것이 아니라 나타난 현상으로 설명했기 때문에 생긴 일이다. 실제로 수련을 해보면 몸속에서 움직이기는 하지만 기가 따뜻하다든가 돈다든가 하는 것은 피부로 확인하게 된다. 그래서 방광의 위쪽이라고 표현한 것일 뿐이다. 중요한 것은 이미 활터 내에 그런 인식을 했던 흔적이 발견된다는 점이다. 우리 전통 문화 부문에서 이렇게 분명하게 인식하여 그것을 용어로 정착시킨 분야는 활터뿐이다.

호흡 역시 중요한 문제이다. 실제로 국악에서 대금 같은 관악기를 연주하는 사람들은 오랜 호흡을 통하여 임맥과 독맥이 타통되는 소주천 현상을 겪기도 한다. 이런 현상은 기의 운동 때문에 생긴 것이다. 그러나 그에 대한 분명한 인식이 없기에 잠시 나타

---

21   『조선의 궁술』, 부록 1쪽 : 몸에 당한 말.

났다 사라지는 현상으로 간주하고 만다. 모든 반복되는 일에서 호흡은 중요해서, 그것을 잘못 하면 큰 병을 앓거나 죽게 된다. 활터에서 호흡을 중요시하는 것도 이 때문이다.

하지만 현단계의 사법에서는 기에 대한 인식이 분명치 않다. 인식이 분명치 않다기보다는 그것을 드러내려는 태도가 갖추어져 있지 않다는 것이 더 정확한 표현이겠다. 사법을 보면 분명히 기의 흐름을 고려한 자세인데도 그것이 그런 자세인 줄을 모르고 주먹구구식으로 해석하는 사례가 너무 많기 때문이다.[22]

활터에는 기가 모이고 뻗는 자리인 불거름뿐이 아니라 전사의 원리를 암암리에 보여주는 말이 많다. 전사라는 것이 비틀림과 원운동을 나타내는 말인데, 활터에는 그런 것을 나타내는 말이 있다. 빨래 짜듯이 짠다는 뜻의 '짤심'이나 '매심'이 그런 것이고, 각궁의 '옆심' 역시 비틀림과 관련이 있는 말이다. 이런 말들은 활터에서 그런 힘을 충분히 이용하기 때문에 그것을 나타내기 위해서 만들어낸 말이다. 어떤 것이 말로 정착한다는 것은 그것에 대한 세계관이 이미 어느 정도는 정리되었음을 뜻한다.[23]

따라서 조상들이 수천 년 동안 갈고 닦아서 물려준 사법을, 준비되지도 않은 눈으로 재단해서 함부로 버리거나 멋대로 수용할 것이 아니라 이미 검증된 방법을 적용해서 전통 사법에 숨어있는 새로운 사실을 찾아내는 태도가 필요하다.

---

22 장창민, 「활과 태극」, 『국궁논문집』 제3집, 온깍지궁사회, 2003. 다른 무술과 관련하여 활을 처음 조명한 것은 이 글이다. 여기에 전사경과 십자경에 대한 이야기도 나오고, 그것을 태극 이론의 연장선에서 조명했다.
23 吉丸慶雪 , 『발경의 과학』, 서림문화사, 2001. 22쪽.

『조선의 궁술』에 〈신사가 배우는 차례〉의 끝부분에 다음과 같은 글이 나온다.

정순을 쏠 때 매번 상기되고 호흡이 가빠지게 되면 방사할 때 만족하게 끌어당기지 못한다. 때문에 되도록 흥분을 가라앉히고 호흡이 평온해지도록 마음을 안정시킨 다음 만족하게 끌어당기도록 한다.

언뜻 보면 무심한 말 같지만, 〈상기 된다〉는 말은 기가 역류하는 것을 말하는 것이다. 그리고 이 기운은 호흡으로 연결되며, 그것은 마음의 상태를 반영한 것이다. 앞서 살펴본 정, 기, 신의 삼위일체와 몸, 마음, 숨의 삼위일체가 활쏘기에서 그대로 실현됨을 볼 수 있다. 바로 이런 점이 전통사법을 기의 흐름과 연관 지어서 살펴야 하는 이유가 된다.

숲으로 둘러싸인 아늑한 활터

5 _ 활 장비에 나타난 전사 원리

무술에서 장비는 그 무술의 동작을 결정한다. 맨몸과 달리 장비를 잡으면 그 장비로 인하여 중심의 변화가 더욱 커진다. 그래서 거기에 맞춰 몸의 동작도 다양하게 변화하는 것이다. 중심을 유지한다는 원리는 같다고 해도 검을 잡았을 때와 창을 잡았을 때의 동작은 다르게 전개되는 것이 당연한 일이다.

이것은 활에서도 마찬가지이다. 활이라는 장비가 움직이는 몸의 양상을 변화시키고, 몸은 그 변화를 자신의 중심이 허용하는 한에서 수용하게 된다. 그 과정에서 나타나는 것이 일정한 틀이고, 그것이 굳으면 사법이다. 그래서 활의 모양에 따라 사법이 달라진다. 일본 궁도와 한국 활쏘기의 사법이 다른 것은 그런 까닭이다. 몽골 활의 사법이 다르고 중국 활의 사법이 다르다.

사법의 형태를 1차로 결정하는 것은 화살이 걸리는 방향이다. 줌앞으로 거느냐 줌뒤로 거느냐에 따라서 사법이 크게 달라진다. 대체로 양궁이 줌뒤로 걸고, 동양의 활이 줌앞으로 건다.[24]

그런데 전사는 줌앞으로 걸 때 발생한다. 줌뒤로 걸면 손등이 저절로 화살을 받치기 때문에 활을 앞뒤로 당겼다가 놓기만 하면 된다. 즉 앞뒤로 왕복하는 동작이 주가 된다. 그러나 줌앞으로 걸면 화살은 활로부터 떨어진다. 그래서 떨어지지 않도록 화살을 활채 쪽으로 받쳐주어야 한다. 이렇게 밀어서 받쳐주는 방법은 깍짓손을 살짝 짜주면 된다. 이것이 활과 화살의 관계에서 발생

---

24 『한국의 활쏘기』. 15~18쪽.

하는 첫 번째 전사(짤심)이다.

이 문제는 자연스럽게 다른 전사 작용을 활에서 유발한다. 줌통의 한 가운데에 구멍을 뚫어서 거기다가 화살을 꽂지 않는 한, 화살의 흔들림으로부터 자유로울 수 없다. 그래서 현대화된 양궁은 실제로 줌통 한 가운데 부분에 화살이 걸리도록 홈을 팠다.

화살이 활의 복판에 놓이지 않고 줌통의 바깥에 붙어서 발시가 되면 퉁겨진다. 퉁겨진다는 것은 정상궤도 바깥으로 벗어난다는 것을 뜻한다. 하지만 화살은 활을 벗어나면서 공기를 가르는 깃의 작용으로 자신의 궤도로 돌아오려는 관성을 갖는다. 바로 이런 성질 때문에 이른바 '아처리파라독스'(Archery Paradox)라는 현상이 화살에 일어난다.[25] 이것을 번역해서 '사행현상'이라고도 하고[26] '뱀춤현상'이라고도 하는데[27] 표현이야 어떻든 마찬가지이다. 화살의 비행을 초고속 카메라로 찍어서 살펴보면 마치 물고기가 물을 거슬러 오르듯이 몸을 좌우로 끊임없이 흔들며 날아간다. 바로 이 현상을 말하는 것이다.

이 뱀춤은, 바람의 저항을 뚫는 관성으로 유지되는 것이지만, 그 시작은 화살이 활의 몸채를 퉁기고서 발시되기 때문이다. 따라서 이 퉁김의 강도를 가장 적게 나타나도록 하면 활을 떠난 화살이 자신의 본래 궤도로 빨리 돌아오게 된다. 이것은 바람의 저항을 덜 받는다는 것이고, 곧게 과녁을 향해 날아간다는 뜻이다.

양궁에서는 이 문제를, 줌통의 가운데에 홈을 팜으로써 해결

---

25   문교부, 『궁도 양궁』, 문교부, 1978. 142~143쪽.
26   지철훈, 『궁도개론』, 출판사 불명, 1978. 40~41쪽.
27   『한국의 활쏘기』. 279쪽.

하려고 했지만, 우리 활은 전사(짜임)로 해결했다. 즉, 활을 당기면서 하삼지를 비스듬히 움켜쥐면 활은 저절로 짜인다. 이 짜임은 발시 순간에 깍짓손이 시위를 떼면서 풀림으로 바뀐다. 줌통이 비틀렸다가 풀린다는 뜻이다. 비틀린 줌통이 줌앞으로 풀리면 화살의 오늬는 줌앞으로 밀려나간다. 극히 짧은 순간에 이루어지는 이 움직임이 활채에 퉁겨지는 화살의 충격을 최소화한다. 즉 줌통에 홈을 파지 않았으면서도 양궁처럼 홈을 판 것과 똑같은 효과를 내는 것이다. 바로 전사 때문이다. 홈을 파지 않으면서도 판 것과 똑같은 효과를 내도록 한 이 슬기에 감탄이 절로 나온다.

실제로 이 효과는 출전피를 바꿔보면 알 수 있다. 출전피는 보통 가죽으로 붙인다. 닳아서 자주 갈아야 하는데, 이것을 양철이나 대나무 같은 단단한 물질로 하면 발시되는 화살은 훨씬 더 많이 요동친다. 그것은 줌앞으로 내걸린 화살이 몸채로 받는 충격을 가죽보다 대나무가 덜 흡수해주기 때문이다.

우리 활에서는 활을 당길 때 작용하는 쨀심이 발시 순간의 화살이 활채로부터 받는 충격을 최소화하는 원리로 작동한다.

또 한 가지는 각궁의 고자를 화살이 걸리는 방향으로 약간 돌려놓는다는 것이다. 이것 역시 화살이 활채의 중앙에 걸리도록 하는 효과를 낸다. 그리고 이것은 힘이 앞뒤로 작용하는 활을 구부려서 그 힘이 옆으로도 작용하도록 하는 효과를 낸다. 당연히 활은 당겨지면서 비틀린다. 활 안에 이렇게 비틀리도록 하는 원리가 들어있다.

게다가 고자를 트는 것도 위아래가 다르다. 아랫고자는 조금 틀고 윗고자는 많이 튼다. 이것은 화살이 현의 1/2지점보다 약간 위로 걸리는 것을 감안한 것이지만, 바로 이와 같은 불균형이 더욱 활의 짤심을 자극한다.

활의 짤심은, 우리 활이 덧댄활이라는 점을 최대한 이용한 것이다. 단순한 나무활은 나무가 갖는 힘의 한계 안에서만 힘이 작용한다. 나무는 앞뒤로 구부리고 펴지는 속성을 갖는다. 물론 비틀림도 있지만, 나무활에서 그 비틀림을 정도 이상으로 활용하기는 어렵다. 나무의 탄력은 구부림이 기본 힘으로 작용한다. 바로 이런 한계를 뛰어넘기 위해서 덧댄활이 발생한 것이다.

물론 나무에 심줄을 붙이고 뿔을 붙이고 한 것은 활채의 복원력을 강화시키려고 한 것이다. 그러나 복원력을 강화시키는 과정에서 덧댄활만이 갖는 문제점을 드러낸다. 그것은 옆심의 문제이다. 즉 덧댐으로 하여 활이 정확히 복원되는 것이 아니라 어느 한쪽으로 기울게 된다. 덧댄 심줄과 뿔 같은 소재들이 본래의 소재인 연소와 정확히 일치하지 않기 때문이다. 어느 한쪽이 더 두꺼우면 그쪽으로 힘이 쏠리는 것이다. 그리고 이렇게 덧붙인 것들은 대소를 얇게 하기 때문에 옆심이 저절로 약해진다. 그래서 옆심을 잘 관리하는 것이 좋은 활의 기본이다.

그런데 우리 활은 옆심을 아주 잘 이용한 경우이다. 덧댄활이 갖는 이 같은 약점을 짤심을 이용해서 해결한 것이다. 활터에서 하는 말 중에 각궁은 태평궁보다 비틀어진 놈이 더 잘 채준다는 말이 있다. 각궁이 비틀어졌다는 것은 옆심이 균일치 않다는 뜻이다. 옆심이 균일치 않다는 것은 비틀림의 힘이 더 작용한다는 뜻이고, 비틀림이 심하다는 것은 활을 비틀면 비틀수록 비틀리는 힘이 더 난다는 뜻이다. 바로 이 비틀림이 탄력을 태평궁보다 더 좋게 하는 것이다. '성질이 지랄 같은 활일수록 잘 채준다'는 말은 이것을 뜻한다. 태평궁은 다루기는 편할지 몰라도 탄력은 떨어진다는 말이다. 비틀리면서 내는 힘이 덜 작용하기 때문이다.

덧댄활인 각궁은, 나무활보다 다루기가 불편하다. 그 이유는 옆심의 불균일성 때문이다. 그러나 그것은 단점이 아니라 각궁만의 장점이다. 그리고 그 장점을 가장 잘 활용한 것이 비틀림을 적극 이용한 우리 전통사법이다. 뒤이어 살펴보겠지만 우리 활은 이 비틀림의 원리를 빼면 껍데기만 남는다.

화살은 돌면서 날아간다. 물론 꽁지에 붙은 깃 때문이다. 깃은 공기를 가르기 때문에 방향을 조절한다. 그래서 좌궁깃이 있고 우궁깃이 있다. 이렇게 화살이 돌도록 깃을 붙인 것은 파괴력과 관통력을 끝까지 유지시키려는 것이다. 화살이 돌지 않고 날아가면 그것은 대상에 박히는 관통력만 유지한다. 그러나 돌면서 날아가면 파괴력이 훨씬 커진다. 이런 효과를 가장 극대화한 것이 총알이다.

M16 소총은 사조우선으로 날아간다. 즉 총열을 통과하는 총알은 오른쪽으로 네 바퀴 돈다. 그래서 그 총알을 맞으면 맞는 순간 총알이 돌면서 목표물을 돌려서 헤집는다. 그래서 맞은 앞부분은 총알구멍만 나지만 몸통 뒷부분은 바가지로 떠낸 것처럼 형편없이 뭉개진다. 이 엄청난 효과는 총알이 돌기 때문이다. 이 돌면서 내는 효과가 전사인 것이다.

조총의 경우는 총알을 그냥 발사하는 것이다. 그것이 날아가면서 공기의 저항을 받아서 약간 회전하기는 하겠지만, 그 힘은 날아드는 힘에 견줄 때 그리 큰 것은 아니다. 여기에다 돌려서 날아가게 만든 총이 나오면서 살상력은 상상도 할 수 없을 만큼 커진 것이다. 이런 발상이 총에 적용되기까지는 수백 년이 걸렸다. 이것이 전사의 힘이다. 화살은 이런 힘을 이용하기 위해서 꽁지에 깃을 붙여서 돌게 만든 것이다.

이미 우리 활은 활과 화살 안에 전사의 힘이 최대로 작용하고 있음을 볼 수 있다. 그리고 같은 전사가 작용하더라도 활채가 작으면 비틀림의 효과가 더욱 크다는 점도 지적하고 넘어가야겠다. 비틀림은 다분히 각도의 문제이다. 각도가 크면 비틀림이 천천히 발생하며, 각도가 커질수록 비틀림 역시 크게 작용한다. 그런 점에서 세계에서 가장 짧은 활채를 지닌 우리 활이 전사의 힘을 가장 잘 이용할 수 있다는 결론에 이른다.

일본 활의 경우에도 이 전사를 이용하려는 노력이 엿보인다. 궁도의 사법팔절에서는 발시 순간의 줌손 놀림을 아주 중요하게 여겨 '유가에리'라고 하는데,[28] 이것이 비틀림을 이용하려는 것이다. 그래서 발시 순간 활채가 팽- 하고 돌아간다. 그러나 이 동작은 지극히 정교하지 않으면 매번 활에 작용하는 힘의 크기가 달라지게 되어있다. 매번 쏠 때마다 신경을 곤두세우고 확인해야 한다. 불안한 일이고, 이 문제를 해결하지 못하면 불완전한 사법이라는 지적을 면할 길이 없다.

그런데 우리 사법에서는 이런 문제점이 저절로 해결되도록 했다. 즉 애초에 활을 쥘 때 조금 흘려쥐는 것이다. 흘려쥔 상태에

---

28   아키라 사토, 「일본 궁의 역사와 특질」, 『2007 세계민족궁대축전 세계 전통 활쏘기의 현황과 과제』, 세계민족궁조직위원회, 2007. 284쪽.

서 그대로 움켜쥐고 당기면 흘려줜 그 만큼 활은 당겨지면서 저절
로 짜인다. 발시 순간에 줌손에 신경을 쓰고 자시고 할 것도 없다.
당긴 그대로 놓으면 저절로 그렇게 된다. 우리의 전통 사법이 얼
마나 훌륭하고 완벽한 사법인가를 알 수 있다.

6 _ 전통사법과 전사경

우리에게 전통사법이란, 『조선의 궁술』에 나오는 사법을 말
한다. 분량으로 치면 몇 쪽에 지나지 않지만 수천 년의 전통을 지
닌 사법의 비결이 고스란히 농축되어 있다. 따라서 그 사법 안에
들어있는 전사경의 원리를 알아보면 우리 활이 얼마나 놀라운 비
법으로 이루어졌는가 하는 것을 확인할 수 있다.

『조선의 궁술』에 나오는 사법은 크게 두 부분으로 이루어져

있다. 〈궁체의 종별〉과 〈신사가 배우는 차례〉가 그것이다. 〈신사가 배우는 차례〉는 신사를 위한 주의사항에 해당하는 것이기 때문에 정작 가장 중요한 부분은 〈궁체의 종별〉이다. 이 부분이 『조선의 궁술』에서 사법의 핵심을 이룬다. 따라서 여기서는 이 부분의 사법을 분석하여 원리를 밝혀보기로 한다.

〈궁체의 종별〉은 우리 몸에서 활을 쏠 때 움직이는 힘의 작용점에 따라서 설명했다. 모두 11군데이다. 그런데 이 11군데의 설명을 조심스럽게 살펴보면 중심을 유지하는 방향과 중심으로부터 동작을 펼치는 방향으로 이루어졌다. 우선 '중심방향'과 '탈중심방향'이라고 이름을 붙여보자.

탈중심이란 활쏘기의 동작이 눈에 띄게 나타나는 팔을 말한다. 중심이란 움직이지 않는 듯하면서도 팔의 움직임을 위한 전제가 되는 몸통을 말한다. 실제로 활쏘기의 동작을 살펴보면 겉보기엔 몸통의 움직임이 크지 않다. 활을 밀고 시위를 당기는 앞뒷손의 움직임이 활쏘기의 주된 동작으로 보인다.

그런데 전통사법의 내면에는 전혀 다른 움직임이 하나 숨어 있다. 즉 이 글에서 주로 다루고자 하는 전사인 비틀림이 그것이다. 양궁이나 일본 궁도의 경우에는 중심방향보다는 탈중심 방향이 훨씬 더 발달된 사법이다. 몸통은 탈중심방향을 받쳐주기 위한 기둥에 불과하다. 그러나 우리의 전통사법에서는 사정이 많이 다르다. 그것은 몸통 전체에서 비틀림이 일어나도록 되어있다는 것이다.

비틀림은 겉보기에는 잘 드러나지 않는 운동이다. 예컨대 온작 시에 활을 빨래 짜듯이 짜라고 한다. 그런데 그런 짜임의 동작은 겉으로 잘 드러나지 않는다. 그것은 화살을 중심으로 비틀어지는 작용이기 때문이다. 살대가 비틀어지는 것은 지극히 미세하게 일어나는 현상이다. 눈에는 관찰되지 않을 정도이다. 그런데 이렇게 아주 조금 일어나면서도 엄청난 효과가 있는 것이 비틀림이고, 거기서 발생하는 '짤심'이다. 그것은 사물의 구성원리 때문에 그렇기도 하다.

활은 구부러지는 힘의 작용으로 화살을 보낸다. 그렇기 때문에 구부러짐이 좋은 재료를 골라 사용하게 된다. 그래서 눈에 보이는 양상도 이 구부러짐이 가장 잘 드러난다. 그런데 여기서 말하는 비틀림은 눈에 쉽게 뜨이지 않는 것이다. 그렇지만 활채의 경우 곧게 자란 나무의 속성 때문에 그것을 비틀 경우 조금만 비틀려도 복원하려는 힘이 크게 발생한다. 비틀림이 크면 곧게 뻗는 힘 전체가 무너지기 때문이다. 바로 이런 점 때문에 비틀림은 사물에 작용할 때 거의 눈에 띄지 않을 만큼 나타나는 것이다.

겉으로 나타나는 것이 작다고 해서 실제의 작용까지 작다고 생각하는 것은 오산이다. 구부러지는 힘이 크게 작용한 상황에서 추가되는 비틀림의 작용은 화룡점정이라고 해도 과언이 아니다. 또 사물의 속성이 곧게 자라는 가운데서 비틀림에 대한 저항력이 큰 상태에서는 비틀림이 조금만 작용해도 큰 힘을 발생하게 마련이다.

1) 중심방향의 전사 원리

그런데 전통 사법에서 중심방향의 움직임을 보면 바로 이런 효과가 아주 잘 나타난다. 〈궁체의 종별〉에서 중심방향의 움직임을 보면 다음과 같다.

몸

몸은 곧은 형세로 서서 관혁과 정면으로 향하야 하나니, 속담에 관혁이 이마 마루 선다 함이 이를 일은 바이니라.

이것이 맨 첫 부분 중심방향에 대한 기준이다. 나머지는 이 자세를 추가로 부연하여 설명한 것이다. 중요한 것은 과녁과 정면으로 선다는 점이다. 이것은 이후에 벌어질 동작에 대한 전제이다.

몸이 과녁과 똑바로 마주서면 활을 밀고 당기는 동작이 진행되면서 저절로 몸통이 비틀린다. 머리 위에서 보면 몸통 전체가 시계방향으로 돌면서 꼬이는 것이다. 마치 태엽이 감기는 것처럼 몸이 돌아간다. 이것이 바로 태극권에서 말하는 전사이다.

몸통을 그냥 떼어만 놓고 보면 이유가 분명하지 않다. 그러나 전체 동작이 진행되는 과정을 살펴보면 우리 사법에서 몸통을 과녁과 똑바로 마주보라는 이유가 너무나 분명해진다. 바로 전사경을 유발하려는 것이다. 같은 동양 활이면서도 일본이나 중국, 몽골의 활은 이 점에서 현저히 다르다. 발을 많이 벌려서 허리가 돌아가는 것을 예방한다. 전사경을 거의 사용하지 않는 것이다.[29]

---

29 특히 몽골활의 경우를 보면 그렇다. 옛날 궁사들은 살을 우리처럼 줌앞에 걸고 쏘는데 요즘에는 대부분 양궁처럼 줌뒷걸이로 하고 쏜다. 그래서 몽골의 젊은 궁사들은 원래부터 그렇게 쏘는 것으로 안다. 이것은 몽골 활에서 전사

　　전통 사법에서 몸통을 이렇게 놓으면 전사경은 저절로 이루어진다. 그리고 나머지 세부 자세는 이 전사경이 잘 이루어지도록 하는 요건들이다. 그런 자세 중에 비정비팔이 있다. 한국의 비정비팔은 우궁의 경우 왼발을 과녁의 왼쪽에 맞춘다.[30] 이것을 『조선의 궁술』에서는 〈과녁의 좌우 아래 끝을 향하여 서〉라고 썼다.[31] 전사경을 일으키기 위한 준비자세이다.

　　전통사법이 거의 무너진 지금 시점에서는 비정비팔의 모양을 다시 한 번 강조할 필요가 있다. 비정비팔은 과녁과 거의 마주

가 거의 일어나지 않기 때문이다. 몽골에 두 차례나 다녀온 이석희 명궁의 얘기를 들으며 몽골에도 온깍지궁사회가 필요하다고 농담을 한 적이 있다. 그리고 이런 사법은 세계민족궁대회에 참가한 몽골의 젊은 궁사들한테서도 확인한 것이다. 그때 장창민 접장이 토론자였다. 그들은 자신들의 본래 사법이 줌앞걸이 방식임을 아예 모르고 있었다.

30　성낙인 대담
31　『조선의 궁술』 38쪽. 앞으로 이 책을 인용할 때는 간단히 페이지 수만 밝히겠다.

선 자세를 의미한다. 그런데 과녁과 마주서도 양발의 너비가 또한 중요하다. 얼마만큼 벌려야 하는가? 현재 전국의 활터에서 유행하는 발자세를 보면 어깨 넓이로 벌리는 것이 대부분이고 심지어는 어깨보다 더 넓게 벌리는 경우도 많다.

궁도에서는 애초에 몸을 돌려놓고 시작하기 때문에 발도 많이 벌린다. 그런데 이렇게 벌리면 살이 덜 간다는 지적을 깊이 생각할 필요가 있다.[32] 답부터 말하면 전사가 이루어지지 않기 때문이다. 덜 가는 그 만큼 몸과 활이 덜 짜였기 때문에 딱 그 만큼만 살이 덜 가는 것이다. 그것을 직감으로 혹은 체험으로 알았기 때문에 우리 조상들은 굳이 과녁 쪽으로 몸을 돌린 것이다. 그런데 이 덜 가는 문제는 과녁을 마주서는 것만이 아니라 발의 너비에서도 온다. 즉 발을 많이 벌리면 전사가 잘 안 되는 것이다. 발을 벌린 상태로는 몸통이 잘 돌아가지 않는다. 특히 골반이 움직이지를 않는다.

태극권에서는 골반의 움직임을 전사반응의 핵심으로 본다. 골반 뼈에서 송개가 이루어지는 사람과 그렇지 못한 사람의 대결은 시작 전에 결과를 알 수 있다. 골반이 열린 사람을 그렇지 못한 사람은 절대로 이길 수 없다. 골반이 움직이면 몸통 전체가 외부의 공격을 부딪침과 동시에 허리의 회전으로 퉁겨내기 때문이다.[33]

전통사법의 비정비팔에서 양발의 간격이 좁은 것은 바로 이 점을 잘 알았기 때문이다. 따라서 발을 어깨만큼, 또는 그 이상 벌

---

32   정진명, 『이야기 활 풍속사』, 학민사, 2000.
33   吉丸慶雪, 『발경의 과학』, 서림문화사, 2001. 195쪽.

리는 어정쩡한 현재의 사법은 발경을 일으키기 어렵고, 전사를 하기 힘들뿐더러, 골반을 고정시킴으로 해서 땅에서 올라오는 기를 상반신으로 연결시켜주지 못하는 심각한 문제를 안게 된다.

그렇다면 전통사법에서 말하는 비정비팔의 발 간격은 얼마가 적당한가? 자신의 주먹 둘이 들어갈 정도이다.[34] 개화기부터 해방 전까지 외국인들이 찍어간 활쏘기 사진을 잘 살펴보면 현재의 발자세보다 발 간격이 현저히 좁다는 공통점이 발견된다. 뿐만 아니라 해방 전에 활을 쏜 구사들의 궁체를 보면 두 발 사이의 간격이 아주 좁다. 어느 특별한 사람한테서만 나타나는 현상이 아니고 모두가 그렇다. 그들이 노인이기 때문에 그런 것이 아니다. 처음 배울 때부터 그렇게 배웠다고 이구동성으로 말한다. 발의 너비에는 전사의 비밀이 숨어있기 때문이다. 즉 발 너비는 전사를 원활하게 하기 위한 전제인 것이다.

발자세는 활쏘기의 뿌리이고, 그렇기 때문에 이것이 틀어지면 전통사법 전체가 일그러져, '전통'이라는 말을 쓸 자격이 없게 된다. 그럴 만큼 발자세는 중요하다. 겉모양만 중요한 것이 아니라 그것이 발경을 해서 전사경을 통해 몸 전체의 기를 움직이게 하는 것이어서 중요하다.

발에서부터 전사가 시작되면 그것은 다리를 통하여 허리로 올라온다. 그래서 다음 설명은 불거름으로 이어진다. 불거름은 단전을 말하는데 방광 부위인 아랫배를 팽팽히 하라고 설명한다. 그리고 그 방법으로 엉덩이를 뒤로 빼지 않고 두 다리에 힘을 단

---

34   박경규 대담 ; 「국궁의 전통사법에 대한 고찰」, 11쪽.

단히 쓰라고 한다. 엉덩이를 뒤로 빼지 말라는 것은, 그렇게 되면 발에서 올라오는 기가 끊어지기 때문이다. 그래서 태극권에서는 꼬리뼈를 앞으로 밀어 넣으라고 말한다. 특히 진가 태극권에서 입신중정의 자세를 취할 때 꼬리뼈를 앞으로 당기라고 특별히 강조한다.[35]

태극권 뿐 아니라 중국무술에서는 이런 자세를 아주 중요시 여겨서 내공을 수련하는데 참장이라는 수련법을 사용한다. 참장은 무릎을 약간 구부리고 꼬리뼈를 앞으로 당긴 다음 팔을 앞으로 둥글게 들어 올려서 나무를 껴안은 듯한 자세로 오랜 시간 서있는 것인데, 수련이 진행되면 팔부터 시작해서 전신으로 기운이 뻗어가는 것을 느낄 수 있다. 전통사법에서 엉덩이를 빼면 안 된다는 지적은 바로 이 기운을 끊지 않고 유통시키려는 배려이다.

이렇게 해서 허리를 통과한 경은 가슴으로 올라온다. 불거름 다음에 〈가슴통〉에 대한 설명이 나온다. 가슴통은 배면 안 되고 비어야 한다.(39쪽) 활터에서 흉허복실(胸虛腹實)이라는 구결로 전해온다. 이것은 앞서 '태극권 수련 10요결'에서 설명한 함흉발배(含胸拔背)를 말한다. 활을 들어 올릴 때 물동이를 들어 올리듯이 하라고 한다. 물동이를 막 들어 올려서 가슴 높이까지 왔을 때의 자세가 이 함흉발배와 정확히 일치한다. 이것은 이렇게 해야만 온몸의 기가 가장 잘 유통하기 때문이다.

이렇게 안 되는 경우에 대해서도 설명하고 있다. 새가슴으로 타고난 사람이 쌍현이 지는 수가 있는데 이것을 예방하는 방법으

---

35   의기양생태극권 자료.

로 고자를 줄이고 숨을 들이마시면서 쏘는 법을 제시하고 있다.

가슴으로 올라온 기운은 머리로 간다. 그래서 목덜미의 모양이 중요해지는데, 목덜미의 모양을 결정하는 것은 턱이다. 그래서 턱에 대한 설명을 하게 된다. 턱끝을 죽머리와 가까이 묻으라고 한다.(39쪽) 이렇게 되면 목덜미가 자연스럽게 팽팽하게 늘어진다. 목덜미를 오므리거나 구부리면 가슴까지 올라온 기운이 머리로 올라가지 못한다.

이상이 중심방향의 힘에 대한 설명이다. 〈몸-발-불거름-가심통-턱끝-목덜미〉의 순이다. 그런데 이 방향에 대한 설명을 잘 살펴보면 땅에서 발생한 기운이 몸통을 따라 하늘로 올라가는 방향을 따라가면서 풀어내고 있다. 이것은 태극권에서 전사경이 발바닥에서부터 땅기운을 허리로 끌어올려서 거기서 다시 손끝까지 뻗어가는 것이라는 발상과 완전히 일치함을 볼 수 있다. 내가권 무술로 가장 확실하게 자리 잡은 태극권의 원리와 전통사법의 원리가 완벽하게 일치한다. 『조선의 궁술』을 쓴 사람들은 전통사법이 내가권의 비결에서 말하는 완벽한 양생술의 효과까지도 함축하고 있음을 분명히 알고 있었다는 사실을 이보다 더 잘 보여주는 경우도 없다. 그리고 그런 자세의 내면에는 발경으로 화하는 전사경의 원리가 숨겨져 있다는 사실을 확인할 필요가 있다.

따라서 양궁의 보법이나 궁도의 보법과 비교하면 전통 온깍지 사법의 보법은 내가권 무술이 추구하는 가장 깊은 경지까지 들어갔다는 것을 알 수 있다. 이에 따라 현재 전국의 활터에서 유행하는, 양궁의 발모양이나 궁도의 발자세와 거의 구별하기 힘든 비정비팔은 전통사법의 본뜻에서 크게 벗어난 것임을 확언할 수 있다. 수천 년 갈고 닦은 전통사법의 퇴보라고 비판받아도 싸다.

이상은 중심방향에서 발생하는 발경의 원리이다. 그 발경은 전사경으로 일어나는 것임을 밝혔다. 이제부터는 탈중심방향인 팔쪽에서 일어나는 전사의 원리를 살펴보겠다.

2) 탈중심방향의 전사 원리

이 방향의 설명은 〈줌손-깍짓손-죽머리-중구미-등힘〉의 순서로 이루어지고 있다. 역시 몸통에서 발생한 경력을 양손의 끝으로 보내는 순서에 따라서 이루어진다. 이 글을 쓴 사람이 힘이 작용하는 방향을 분명하게 인지하고 있었다는 증거이다.

그런데 언뜻 보면 이런 흐름에 일치하지 않는 부분이 있는 듯하다. 줌손이나 깍짓손이 맨 앞에 나오는 것이 그렇다. 〈죽머리-중구미-등힘〉을 거쳐서 〈양손〉이 나와야 할 것 같은데, 양손의 설명이 먼저 나오는 것이다.

그러나 그것은 활이라는 장비 때문에 그런 것이다. 즉 동작이 이루어지기 전에 활을 잡는 방법을 설명해야 하는데, 이 책에서는 〈궁체의 종별〉이라는 말에서 볼 수 있듯이 힘의 작용점을 중심으로 서술하다 보니 만약에 이와 같은 방식으로 하면 활 잡는 방법에 대한 설명을 하기 위해 따로 한 절을 마련해야 하는 상황이 온 것이다. 번거로울뿐더러 그런 설정의 효과가 크지 않기 때문에 작용점을 설명하는 곳에서 간단히 설명하고 넘어가려다 보니 불가피하게 양손에 대한 설명이 제일 앞으로 온 것이다. 글쓴이들의 고뇌를 엿볼 수 있는 부분이다.

줌손에서 발생하는 전사는 흘려쥔다는 말이다. 〈범아귀가 담울리고 북전은 높고 엄지가락은 나져야〉 한다고 줌손의 모양을 자세하게 설명해 놓았다.(39쪽) 뒷사람들은 이것을 〈自형〉으로 잡으라고 설명하기도 했다.[36] 이것은 손으로 줌통을 쥘 때 손가락이 비스듬하게 잡혀야 한다는 뜻이다. 말 그대로 흘려서 쥔다는 뜻이다.

이 상태에서 시위를 당기면 활은 저절로 비틀린다. 전사가 발생하는 것이다. 그것도 일부러 비트는 것이 아니라 깍짓손을 당길수록 거기에 맞춰서 점점 더 비틀리게 되어있다. 그리고 그 비틀림은 화살이 과녁을 향해서 정확히 날아갈 수 있는 만큼의 각도로 활을 기울여준다. 관찰결과에 의하면 대체로 15-17도 정도 기운다. 이 각도는 과녁의 대각선 각도를 2등분하는 정도와 대체로 일치한다. 네모난 과녁에서 확률 상 맞출 가능성이 가장 많은 방향은 대각선 방향이다.

이것을 좀 더 정확히 계산하면 이렇게 된다. 현재의 과녁은 가로가 6.6자, 세로가 8.8자이다. 이것의 비율을 찾으면 0.696969가 되는데, 삼각함수표의 탄젠트 값에서 이것에 가장 가까운 것을 찾으면 0.7002이고, 이것은 35도의 값이다. 따라서 수직 상태로부터 대각선까지 기울여야 할 각도는 35이다. 이 각도를 완벽하게 소화하는 것이 줌손흘려쥐기와 활기울이기이다. 이를 2등분하면 17.5도가 된다. 따라서 이 각도가 활을 기울이거나 흘려쥐면 좋은 각도이다. 줌손흘려쥐기와 활기울이기를 정확히 하면 화살

---

36 김기원, 『한국의 궁시(중요무형문화재)』, 팸플릿, 출판사 불명, 1977. 50쪽.

은 자동으로 과녁의 대각선 방향과 일치하게 된다. 명중률이 가장 높게 탄착점이 형성되는 방향이다.

그리고 이 각도는 이미 정확한 비정비팔에 들어있다. 정확한 비정비팔은 왼발로 과녁의 왼귀를 맞추는 것을 말한다. 그러면 오른발은 자연스럽게 과녁의 오른귀 바깥으로 약간 벗어난다. 즉 과녁을 마주보지만 기실 오른발이 약간 더 틀어져서 과녁의 중심에서 약간 오른쪽을 보게 되는 것이다. 바로 이 각도가 과녁의 대각선 각도로 활을 기울게 하는 각도인 것이다. 그리고 그 각도는 다시 줌손에서 흘려쥐는 것으로 자리 잡고 이 흘려쥠은 활을 기울이는 것으로 나타나서 마침내 화살은 과녁의 복판을 정확히 겨누고 그리로 날아간다.

이상의 관계를 잘 살펴보면 화살이 과녁의 대각선 방향으로 날아가도록 짜여진 것은 이미 비정비팔의 발자세에서부터 시작된 것임을 확인할 수 있다. 감탄이 나올 만큼 빈틈이 없는 짜임새를 전통사법은 완벽하게 갖추었다. 비정비팔은 단순한 발모양이 아니라 화살이 과녁으로 날아가도록 하는 가장 밑바탕이 되는 전제인 것이다. 우리가 무시하기 쉬운 발자세가 활쏘기의 시작과 끝이다.

이상을 보면 화살이 과녁에 날아가기까지 몸에서 이루어지는 동작들이 완벽하게 조화를 이루어서 어느 하나 틀어질 경우 전체가 다 어그러짐을 알 수 있다. 이것은 또한 단순히 명중률과만 관계있는 것이 아니라 기의 흐름과 연관 지어서도 마찬가지이다. 한 번 발에서 발생한 경은 다리와 허리를 따라서 가슴으로 올라가고, 거기서 팔로 갈라져서 적을 친다. 그리고 그것의 전 과정을 마음이 통제한다. 몸과 마음이 혼연일체 되어 발경이 이루어지는 데, 터럭 하나 어그러짐이 없다. 이것이 태극권의 생명이다.

그런데 이런 내가권 무술의 비법이 우리의 전통사법에도 완벽하게 살아있다. 설자리에 서는 순간부터 화살이 과녁에 맞는 그 순간까지 완벽하게 전사경이 이루어지면서 활쏘기 동작이 진행된다. 전사의 완성은 양생의 완성에 있다. 아니, 운동에서 양생은 전사를 통해서만 완성될 수 있다. 이런 점에서 한국의 전통사법은 인간이 이루어낸 모든 무술 동작의 최종 완결판이라고 해도 모자라지 않다.

줌손의 문제는 손끝의 문제가 아니라 발 자세부터 시작된 모든 동작 전체의 문제이다. 손가락 하나에 전통사법 전체의 모양이 담긴 것이다. 〈만일에 삼지가 풀리고 웃아귀가 밀리거나 하면 살이 덜 가는 법〉이라는 설명 역시 전사가 안 되어서 생긴 현상이다. 막줌은 전사를 방해한다. 그것은 발바닥에서부터 몸통을 거쳐 팔뚝을 타고 온 힘을 줌을 쥔 손가락의 모양이 방해하는 것이다. 똑같이 당겨 쏘는데 살이 덜 간다는 것은 화살을 보내는 힘의 일부가 빠졌다는 뜻이다. 그것은 밀고 당기는 곳에서 오지 않는다. 똑같이 밀고 당겨놓아도 그 안에서 비틀림이 작용하지 않으면 비틀리지 않은 그 힘만큼 살이 덜 가는 것이다. 똑같은 길이 안에서 살을 더 보내는 것은 비틀림에서 생긴 짤심이다.

깍짓손에는 다른 곳보다 설명이 더 길고 조항도 많다. 이것은 활을 당기는 동작 중에서 깍짓손이 가장 많이 움직이기 때문이다. 깍짓손의 모양은 다음과 같다.

① 오지로 쥐거나 삼지로 쥔다.

② 중구미와 등힘으로 당긴다.

③ 방전을 맹렬히 한다.

④ 외가락을 쥐면 뒤가 부실해진다.

⑤ 팔꿈치를 훔쳐 끼고 팔회목으로만 다리는 것을 채쭉뒤라 고 하는데 이건 병이다.

⑥ 깍짓손을 내지 못하고 버리기만 하는 것을 봉뒤라고 한다.

⑦ 봉뒤로 빠진 뒤에 다시 내는 것을 두벌뒤라고 한다.

①은 ④를 예방하려는 것이다. 뒤가 부실해진다는 것은 활을 당길 때 힘의 균형을 50:50으로 나누면 안 된다는 것이다. 왜냐 하면, 앞뒤로 똑같이 힘을 나누면, 몸의 중심은 이미 줌팔의 방향으로 나가게 된다. 줌팔은 당기기 전부터 몸의 앞쪽으로 나가있다. 그렇기 때문에 가만히 있기만 해도 앞으로 당겨놓은 꼴이 된다. 이 상태에서 앞뒤로 똑같이 힘을 나누면 저절로 힘이 앞으로 더 많이 분배된다.[37] 그래서 줌손을 밀되 힘을 주관하는 쪽은 깍짓손 이어야 하는 것이다.

그리고 이 점은 몸통 전체가 오른쪽으로 돈다는 점과도 관련이 있다. 비정비팔의 자세에서 이미 몸은 오른쪽으로 약간 돌아가 있지만, 돌아간다는 것은 일부러 힘을 주어 돌려야 한다는 것을 뜻한다. 일부러 돌리는 방향으로 힘을 주면 그 반대 방향으로

---

[37]   동작이 앞뒤로 펼쳐지는 것을 십자경(十字勁)이라고 한다. 전사경과 더불어 중국무술의 이론을 관류하는 중요한 원리이다.

저항력이 생긴다. 바로 이것 때문에 몸의 한쪽이 이미 어느 방향으로 쏠린 상태에서는 정확히 힘을 반분할 수 없는 것이다. 그래서 깍짓손에 힘을 더 주어야 하며, 바로 이 점 때문에 발시 후에 깍짓손이 맹렬하게 뻗는 것이다.

②의 중구미와 중힘으로 당기라는 것은, 물동이를 들어올리는 것과도 연관이 있다. 즉 물동이를 들어올리는 동작은 오른손이 왼손을 끌고 올라가는 모양이고, 오른손이 더 높이 올라감을 뜻한다. 그 상태로 활을 당기기 때문에 힘은 팔의 바깥쪽으로 작용하여 어깨 전체의 움직임으로 전달된다. 그렇게 해야만 어깨 관절이 위에서 내려와서 뒤로 완전히 젖혀진다. 깍짓손을 낮게 끌면 관절이 돌지 않고 가슴이 벌어지는 그 만큼의 너비에서 딱 걸린다. 당기려고 해도 더 당길 수가 없다. 그래서 깍짓손을 높이 끌라는 것이다. 귓바퀴를 스치는 정도면 적당하다.

그런데 이 높이로 끌라고 하는 것은 어깨 관절의 작용을 이용하려는 슬기도 있지만, 아래에서 올라온 몸의 기운을 팔로 연결시키려는 의도 때문이다. 즉 아래에서 시작된 발경의 기운은 몸통을 타고 올라와서 팔로 뻗어 가는데, 바로 그 자세가 팔과 등을 연결시켜주는 훌륭한 자세이다. 태극권의 섬통비라는 초식이 이 동작과 완전히 똑같다. 이 말을 잘 살펴보면 왜 이런 이름이 붙었는가를 알 수 있다.

섬통비(閃通臂)는 섬통배(閃通背)라고도 한다. 비와 배는 다른 글자지만 중국어 발음으로는 '뻬이'로 같다. 실제 동작을 보면 주로 팔을 이용하는 동작이기 때문에 그 모양을 따라서 '臂'라고 하는 것이 더 옳다. 그런데 '背'라고도 하는 것은 그 자세가 취하는 의미 때문이다. 즉 몸통의 기운을 팔끝으로 연결시키는 동작인데, 허리에서 올라온 발경이 어깻죽지를 거쳐 팔로 올라간다는 뜻을 드러내려고 이런 이름을 붙인 것이다.

따라서 이 동작을 할 때 팔 모양이 낮으면 기가 어깨를 통하여 팔로 뻗어갈 수 없음을 뜻한다. 활을 당길 때 이마 높이로 들어서 귓바퀴를 스치도록 당기라는 말은 바로 이와 같은 기의 운용을 십분 감안한 가르침인 것이다. 그러나 이 또한 제대로 지키는 활량이 많지 않은 것이 현실이다. 주먹구구식으로 전한 사법이 전통과 얼마나 달라질 수 있는가를 여실히 보여준다.

③의 〈방전을 맹렬히〉 하라는 것은 그냥 폼으로 말한 것이 아니라 역시 기의 운용과 관련이 있는 말이다. 활은 장비를 제어해서 하는 운동이기 때문에 단순히 맨손체조하고는 다르다. 장비를 제어할 만한 내면의 힘을 기른 상태에서 제대로 된 사법을 구사할 수 있는 것이다. 강궁이 백해무익이라고 예부터 강조하는 것도 이런 까닭이다.

맨손체조와 달리 버티는 힘을 가진 장비를 이용하려면 그 버티는 힘을 능가하는 힘을 안에서부터 끌어내야 한다. 그래서 전사경을 이용하는 것이다. 경을 일으키지 않으면 이런 운동은 의미가 없다. 그래서 활쏘기는, 특히 우리의 전통사법에서는 경을 일으키기 위해서 전사를 특별히 강조한 방향으로 발전한 것이다. 설자리에 서는 순간부터 전사가 시작되어서 단전에 고인 경이 위로 올라가서 양솥 끝에서 터지는 것이다.

이 경이 고요히 고여 있는 힘이면 반깍지처럼 그 자리에서 조용히 놓아도 상관없지만 실제로 온몸의 힘을 비틀면서 짜낸 힘은 그렇게 조용히 마감되지 않는 성질을 지닌다. 전사로 생긴 경은, 더욱이 장비의 버티는 힘을 이기고서 만들어낸 힘은, 굉장한 폭발력을 지닌다. 순식간에 엄청난 힘을 분사하는 것이다. 그래서 줌손을 밀라고 하는 것과는 달리, 깍짓손은 〈터져〉야 한다는 표현을 쓰는 것이다.[38] 굳이 깍짓손을 〈맹렬하게〉 뿌리라고 강조한 것은 발경의 완성이 거기서 이루어지기 때문이다. ⑥과 ⑦의 봉뒤나 두벌뒤가 병이라고 지적하는 것은 바로 이런 까닭이다. 분출하는 힘을 어거지로 끊는 것이다. 몸에 해롭거나, 최소한 이롭지는 못한 동작이다.

⑤의 채쭉뒤는 이보다 더 심각한 병이다. 팔회목을 꺾는 것이기 때문이다. 팔회목을 꺾으면 거기서 기가 같이 끊긴다. 특히 무술에서 발생한 내공은 공격으로 전환할 때 주로 몸의 바깥쪽을 타고 움직인다. 그것은 동작이 발산되기 때문이다. 그래서 동작이 중심에서 원심력을 받고 펼쳐질 때는 팔의 바깥쪽을 향해서 왕성하게 뻗어가는데, 회목을 꺾으면 그 기운이 뚝 끊기는 것이다. 줌손의 흙받기줌도 마찬가지이다. 그래서 태극권 중에서도 기의 움직임을 특별히 예민하게 강조하는 정자 태극권에서는 손목에서 손으로 연결되는 손날부분을 미인수(美人手)라고 하여 꺾이지 않도록 한다.[39]

그리고 뒷손을 크게 뿌리면 동작이 더 분명해진다. 즉 발시가 잘 될 때와 그렇지 못할 때의 상태가 좀 더 분명히 판가름 난다.

---

38 이건호, 『과녁 너머에 무엇이 있나?』, 북인, 2007. 45쪽.
39 『마르스』창간호, 중원신문, 2000. 62쪽.

뻗고 난 뒤의 팔 동작을 보면 쉽게 판별할 수 있다. 이런 것을 궁도의 사법팔절에서는 잔신(殘身)이라고 한다. 반깍지 상태에서는 이런 잘잘못이 겉으로 드러나지 않는다. 그러므로 잘못을 고치기도 어렵다.

뒷손의 손바닥이 어디를 향해야 하는가 하는 것도 전사의 원리를 살펴보면 어렵지 않게 결론을 내릴 수 있다. 깍짓손을 짜지 않고 가만히 뒤로 젖히면 손바닥은 하늘을 본다. 하지만, 우리 활은 깍짓손을 끌기 시작하는 순간부터 온몸이 비틀리는 전사가 일어난다. 따라서 온작 시에 깍짓손은 지그시 짜인다. 그 상태에서 맹렬하게 발시하면 손바닥은 옆으로 선다. 그리고 전사를 더욱 많이 해서 자연스러운 상태보다 더욱 짜면 손바닥은 땅바닥을 향한다. 그렇다면 기준은 손바닥이 옆으로 서는 것이 되어야 한다. 덜 짜는 것이든 더 짜는 것이든 활 쏘는 사람이 습관들이기 나름이지만, 당기면서 저절로 짜이는 상태로 발시하면 손바닥은 옆으로 선다는 것을 주의할 필요가 있다. 짜임의 정도에 따라서, 그 사람의 궁체에 따라서, 손바닥은 옆으로 선 것을 기준으로 약간씩 하늘을 보거나 땅을 보게 된다.

중구미에서는 업히어야 한다는 말과 함께 두 가지를 경계한다. 즉 붕어죽과 앉은죽이다. 중구미가 업히어야 한다는 것은 뒤에 나오는 등힘 때문이다. 등힘은 줌손의 바깥에서 생긴 힘이다.(41쪽) 그래서 일직하게 뻗어야 한다. 일직이란 한일(一)자처럼 곧게 뻗으라는 말이다. 이 역시 기를 운용하기 위한 방법이다. 그리고 그 원리는 전사경이다.

몸통을 돌리면 수평으로 뻗은 팔은 몸통을 따라서 돌게 되어

있다. 몸통이 돌면 도는 그 만큼 뒷손의 작용 때문에 줌팔이 비틀어진다. 이것은 자연스러운 신체의 작용이다. 바로 이 점을 분명하게 하기 위해서 중구미를 업히도록 해야 한다고 한 것이다. 이렇게 업히지 않고 젖혀진 것을 붕어죽이라고 하고, 애매모호하게 업힌 듯한 모양을 한 것을 앉은죽이라고 한 것이다. 그러니까 젖혀져도 안 되고 애매모호하게 업혀도 안 되니, 확실하게 업혀야한다는 것이다. 이렇게 되어야만 몸통이 돌면서 짜이는 힘이 저절로 팔의 짜임으로 연결되어 하삼지 받침의 짜임으로 연결된다. 몸통과 손을 연결하는 전사의 양상을 나타내는 설명이다.

이런 구조는 해부학으로도 설명된다. 즉 아래팔뚝은 뼈가 두가닥 겹쳐진 모양이다. 그런데 그것이 나란히 겹친 것이 아니라비스듬하게 겹쳐서 뼈에서 뼈로 힘이 비스듬히 건너가는 형태이다.[40] 그래서 손바닥을 벽에 대고 밀면 팔뚝은 조금 돌아간다. 뼈의 구조가 서로 어긋나게 겹치기 때문이다. 손의 이런 정확히 구조를 알 수 없던 옛사람들은 이와 같이 업히라는 정다운 말로 표현한 것이다.

이렇게 해서 『조선의 궁술』에 설명된 사법 중 가장 중요한 부분인 〈궁체의 종별〉은 끝난다.

이상의 논의를 종합하면 전통 사법의 궁체는 전사경의 원리를 완벽하게 실현하고 있다는 것을 알 수 있다. 전사경은 몸을 비틀어서 내는 힘을 말하며, 그것은 움직임이 제한된 상태의 활쏘기에서는 가장 큰 힘을 낼 수 있는 원리이다. 그리고 발을 서는 자세

40　최병영, 「활과 해부학」, 『국궁논문집』 제4집, 온깍지궁사회, 2005. 135쪽.

부터 화살이 과녁을
향해 날아가는 그 순
간까지 마치 한 가지
목표를 향해 탄도미
사일이 날아가듯이
정확성을 확보하도
록 사법이 짜여졌다.
이 점에서 전통사법
은 인류가 활이라는

도구를 통해 도달할 수 있는 가장 높고 놀라운 경지까지 슬기가
발휘된 비법이다.

　　따라서 전사의 작용을 활용하지 못한 방향으로 뒷걸음질 치
는 최근의 사법이론들은, 아무리 그럴듯한 설명으로 포장한다고
하더라도, 우리 조상들이 애써 도달한 지점으로부터 한참 뒷자리
로 물러난 것임을 깨닫게 된다. 게다가 제대로 된 이론의 모양도
갖추지 못하고 활터에서 과녁이나 맞춰보자고 주먹구구식으로
전하는 사법은 말할 것도 없다.

3) 활쏘기와 기의 운용

　　활을 쏘다 보면 우리가 일상생활에서 겪지 못하는 묘한 체험
을 한다. 그것은 대부분 우리의 상식과 일치하지 않는 까닭에 있
으나마나 한 일로 치부하고 지나간다. 예컨대, 이상하게 살이 잘
맞는 날이 있는가 하면 유난히 활을 당기기가 뻑뻑한 날이 있다.

그리고 어떤 날은 과녁이 유난히 커 보이고, 또 어떤 날은 과녁이 더 멀어 보이기도 한다. 이런 것은 간단히 내 컨디션이 좋지 않아서 그렇다고 생각하고 넘어간다.

그러나 기를 운용하는 관점에서 보면 그것은 내 몸에서 움직이는 기의 작용 여부에 따라서 발생하는 현상이다. 활쏘기에서 그것이 중요한 것은 그 컨디션이 우리가 실제로 느낄 만큼 분명하다는 것이다. 과녁의 멀고 가까움도 역시 우리가 확연히 느끼는 경우가 많다. 이것은 상식과 어긋나는 일이지만, 우리가 분명히 인식할 수 있는 것이다.

나아가, 어떤 경우에는 활을 당기고 만작을 했을 때 둥근 기운이 몸에 서려있는 듯한 느낌도 있고, 실제로 내장을 씻어서 다시 집어넣은 것처럼 개운한 경우도 있다. 이런 것은 땀을 흘린 뒤에 오는 상쾌함과는 조금 다른 것이다. 땀을 뻘뻘 흘리는 스포츠의 경우에는 시원함이 오지만, 몸이 가벼워지는 느낌은 잘 오지 않는다. 그러나 활을 쏘면 몸이 개운해짐과 동시에 가벼워진다. 가뿐해진다. 이것은 뜸을 뜨거나 침을 맞고 한 잠 푹 자고 났을 때의 효과와 똑같은 것이다.

활량들 자신은 이것을 자각하기가 쉽지 않다. 기에 대한 체험이 없기 때문이다. 그러나 기 수련을 조금만 하면 양손으로 오가는 기운을 느낄 수 있고, 수련이 점점 깊어감에 따라서 전신으로 번져간다는 것을 알게 된다. 그런 상태에 이르러서 활을 쏘면 왜 활을 쏠 때 몸이 가벼워지고 개운해지는가 하는 것도 분명하게 알게 된다. 그것은 기의 흐름이 원활해지기 때문이다.

활쏘기는 활이라는 장비를 가지고 동작을 하기 때문에 기 수련이 어느 정도 깊은 경지까지 가야만 자각할 수 있다. 태극권은 몸만 움직이기 때문에 기가 손끝에서 몸으로 들어가는 것을 확인하고 그것이 동작마다 흘러가는 것을 확인할 수 있다. 그런데 검이나 봉, 또는 부채를 잡으면 기의 흐름이 잠시 끊긴다. 하지만 계속 수련을 하면 손끝으로 올라온 기가 무기의 끝까지 번져간다.

검의 경우, 스트레칭으로 몸을 푼 상태에서 참장의 발자세를 하고서 자연스럽게 검잡은 손을 늘어뜨리고 있으면 기운이 검을 타고 가다가 검의 끝에서 맺힌다. 마치 무거운 돌이 매달린 듯이 검의 끝이 밑으로 툭 하고 떨어진다. 그리고 좀 더 기다리면 그 뭉친 기운은 서서히 움직이기 시작한다. 그 움직임을 따라가면서 검이 일정한 형태를 그린다. 그것을 유도하는 것이 태극검의 초식이다. 이 기운이 봉을 따라가면 태극봉이 되고, 부채를 따라가면 태극선이 된다. 모두가 이런 식이다.

붓글씨도 마찬가지이다. 붓을 들고서 기다리면 손에 맺힌 기운이 붓대를 타고 털끝으로 내려간다. 그리고 잠시 더 기다리면 붓끝에 뭉쳐진 기운이 저절로 움직인다. 이때 움직임의 방향을 글씨 획의 방향으로 유도하면 된다. 물론 마음으로 하는 것이다. 그러면 신기하게 획이 힘차고 정확히 뻗는다.

그런데 한 가지 특징은 속이 빈 대나무를 들고서 해보면 속이 꽉 찬 나무보다 기의 움직임이 더 늦고 잘 통하지 않는다는 것이다. 아마도 기는 뭉쳐서 움직이는 성향이 있는 것 같다. 그래서 진검을 가지고 운기를 해보면 훨씬 더 빨리, 그리고 세게 움직인다. 뾰족하고 가늘수록 기는 강하게 작용하는 특징이 있다.

아직 시작에 지나지 않지만, 활을 들고서 이 기운의 움직임을 기다린 적이 있다. 그런데 다른 장비와 다르게 활은 위아래 양쪽으로 뻗어있기 때문에 기가 움직이는 데 걸리는 시간이 더 오래다. 하지만, 수련을 조금 더 깊이 하면 활 역시 마찬가지로 운용할 수 있다.

그러나 굳이 수련을 하지 않아도 기는 몸을 흐르기 때문에 활을 당기는 순간 작용한다. 그래서 그날의 기운이 어떤 상황이냐에 따라 어떤 날은 당기기가 쉽고 어렵고 한 것이다. 다만 기 수련을 하면 근육의 힘에 더불어 기가 따라가기 때문에 내면의 기운을 운용하는 데는 한결 좋은 반응을 얻을 수 있다. 그 결과로 얻는 것은 기혈의 원활한 소통이고, 그 운행의 결과는 균형 잡힌 오장육부의 활동이며, 그것은 곧 건강의 가장 중요한 조건이다. 이를 바탕으로 몸은 양생의 조건에 호응하는 것이며, 활쏘기가 상승무공으로 가는 열쇠를 얻는 것이다. 우리가 활을 쏘면서 기를 무시할 수 없는 것은 이런 까닭이다. 그리고 전통사법은 바로 이 지점까지 정확히 맥을 대고 있다. 그것을 애써 무시할 까닭이 없다.

7_ 정답은 『조선의 궁술』!

우리 활의 '짤심'에 해당하는 '전사경'은 비록 중국무술의 원리이지만, 모든 운동에 다 적용되는 법칙이다. 권투에서도 팔을 뻗는 것 같지만, 그 팔의 움직임과 힘을 뒷받침하는 것은 허리를 비트는 순간 동작이다. 스포츠에는 예외 없이 그런 동작들이 발견된다. 전사경이 어느 한 무술의 전유물이 아님을 알 수 있는 일이다.

그런데 장비에 따라서 활은 이 전사경의 원리를 적극 이용하

산도 활을 닮은 진해정

는 경우도 있고 그렇지 못한 경우도 있다. 우리 활의 경우는 이 원리를 다른 그 어느 민족의 활보다 더 잘 활용한 경우에 해당한다. 그리고 이런 것은 일정한 길이를 당겼다 놓는 활의 한계 안에서 가장 큰 힘을 발휘할 수 있는 방법이라는 점에서 다른 민족이 따라올 수 없는 굉장한 슬기를 지닌 것이다. 따라서 전사경의 원리는 우리가 활을 쏠 때 가장 많이 활용해야 할 부분이기도 하다.

그러나 현실은 그렇지를 못해서 애써 우리 조상들이 가꾸어 놓은 원리를 잃고, 현재의 개량화된 활을 전제해놓고서 접근하는 바람에, 사법이 나아지기는커녕 뒷걸음질 치는 어이없는 상황에 이르렀다. 게다가 중앙경기단체의 불필요한 간섭으로 대세가 과녁맞춤으로 흐르면서 이런 상황은 더욱 악화되기에 이르렀다. 온 각지 사법은 동작이 커서 흔들림이 많고 그 결과, 명중률이 덜하다는 편견은 그런 배경으로 형성된 것이다.

그러나 발여호미형의 전통사법이 어떤 점으로도 세계에서 가장 훌륭한 사법임은 발경을 위한 전사경의 원리로 볼 때 저절로 밝혀진다. 즉, 우리 전통사법은 사대에 서는 발의 모양부터 시작해서 활의 기울기가 가장 높은 명중률을 지향하도록 과녁의 대각선 방향을 겨누어 짜였다는 것이다. 건강과 명중률 두 마리 토끼를 다 잡을 수 있도록 한 보기 드문 사법이 바로 우리의 전통사법이다.

그리고 몸에 흐르는 기를 잘 원용하여 인간이 부여받은 생명력을 가장 훌륭하게 고양시켜 장수할 수 있는 여건을 우리 사법은 이미 그 안에 담아놓았다. 그것을 확인하지도 않고 명중률을 위한 논의만으로 단정하여 스스로 몸을 해치고 시수마저 떨어지는 불확실한 개인 사법으로 후퇴하는 일이 비일비재하게 일어나는 지금, 심각하게 『조선의 궁술』에 담긴 오묘한 원리를 살펴보아야 할 것이다.

활쏘기와 숨

한국의 활쏘기는 단순한 육체운동을 넘어, 양생의 비밀까지 아울러 안고 있다. 양생은 타고난 기운을 조절하여 인간이 누릴 수 있는 최대한의 수명을 사는 방법을 말한다. 사람의 몸은 마음이 탄 수레이다. 주인이 함부로 부리면 수레는 쉽게 고장 난다. 따라서 단순히 몸 단련만으로는 본래의 생명력을 그대로 유지하기 어렵다. 마음이 번잡하면 오히려 몸보다 더 많은 에너지를 소모한다. 마음과 몸을 연결시켜주는 고삐가 기이다.[1] 마음은 기를 통해서 몸을 부린다.

그런데 이 기를 운용하는데 빼놓을 수 없는 것이 또 한 가지 있으니, 숨이 그것이다. 숨은 생명을 유지하는데 단 몇 분도 멈출

---

[1] 현재 기의 존재는 서양의학에서는 인정하지 않는다. 동양에서는 한의학에서 오래도록 그 실재를 전제로 하여 병을 고치는 방편으로 이용해왔는데, 서울대학교의 한 연구 팀에서 최근(2007)에 기가 통하는 통로인 봉한관을 확인하였다. 봉한관은 1960년대 북한의 동의학 이론인 봉한학설에서 주장한 것이다. 봉한관이란 기가 흐르는 몸속의 관을 말한다.(공동철,『김봉한』, 학민사, 1992)

수 없다. 그래서 아예 우리말에서는 생명을 뜻하는 말이 '목숨'이기도 하다. 그런데 이 숨의 상태는 마음의 상태와 아주 밀접한 관계를 맺고 있다. 심리상태에 따라서 숨은 금방 변화가 나타난다. 그것은 마음의 변화에 따라 몸이 반응하는데, 그에 따라 산소가 소모되기 때문이다. 숨은 몸에 산소를 공급하는 방법이다. 물론 몸속에서 발생한 이산화탄소를 내보내는 작용과 함께 이루어진다.[2] 숨을 통해서 폐로 들어온 공기가 비장에서 운화된 곡기와 만나 심장을 통해서 온몸으로 공급되어 몸을 움직이는 에너지가 된다.[3]

사람이 몸을 움직여서 하는 모든 행위는 숨과 직결된다. 그래서 모든 운동과 심성수련 단체에서도 숨에 대해 많은 관심을 갖는다. 그래서 각기 자신들의 활동에 알맞은 방법을 정하고 그에 따른다. 오랜 세월에 걸쳐서 가장 실수가 적은 방법으로 자신들의 활동을 뒷받침한다.

활도 마찬가지이다. 활에는 활터의 고유한 숨쉬기 방법이 있다. 그러나 이에 대해서 뚜렷하게 그 원리를 밝혀놓은 사람은 아직 없다. 다만 이렇게 하라는 구전만 있을 뿐이다. 그러니 그 원리가 분명하게 드러나지 않으면 이해하기도 힘들뿐더러, 그것을 다른 사람에게 가르쳐주기도 애매모호한 경우가 많다. 그러다 보니

---

2   폐는 청기와 탁기를 교환하는 일을 한다. 폐(肺)는, 肉과 市의 합성어다. 폐의 기능이 저자거리와 같다는 발상에서 나온 말이다. 수태음 폐경의 정혈 이름이 소상(少商)인데, 商은 저자거리에서 이루어지는 상거래를 말한다. 산소와 이산화탄소를 교환하는 폐의 기능을 보고 붙인 말이다.(전창선·어윤형, 『음양이 뭐지?』, 세기, 1994)

3   정진명, 『우리 침뜸 이야기』, 학민사, 2009. 108쪽.

가장 중요한 숨쉬는 법을 주먹구구식으로 전하게 된다.

그런데 활은 숨쉬기에 아주 민감한 운동이고, 태도나 방법에 따라 그 효과 면에서도 엄청난 차이가 난다. 자칫하면 건강을 도모하려고 활을 쏘다가 숨쉬기를 잘못해서 거꾸로 건강을 망치는 경우도 생긴다. 그러나 숨쉬기를 제대로 이해하고 실천하면 활은 놀라운 경지로 몸과 마음을 바꾸어준다. 이른바 양생의 차원까지가 닿는 것이다.

하지만 안타깝게도 이런 차원에서 활쏘기를 조명한 경우는 거의 없는 형편이다.[4] 이것은 숨이 몸에 미치는 영향을 아주 자세하고 세밀하게 이해한 뒤에 내릴 수 있는 결론이기 때문이다. 그래서 나는 다른 무술과 호흡수련 단체의 호흡법을 알아보기 위해 이런저런 자료를 참고하였는데, 어디에서도 활쏘기의 호흡과 일치하는 호흡법은 찾아보기 어려웠다. 오히려 여러 가지 책에서 활쏘기를 비유로 하여 동작을 하라는 지침이 자주 나온다.[5] 그러니까 다른 수련법에서 활쏘기의 호흡법과 수련법을 곁눈질하는 정도였다. 그 만큼 전통 활쏘기의 호흡은 뛰어난 것이었다.

따라서 다른 수련법의 호흡에 기대어 활의 숨쉬기가 지닌 비밀을 밝힌다는 것은 그 수련법이 지니고 있을지도 모를 어떤 한계로 인하여 오히려 심각한 문제를 일으킬 수 있다는 결론에 이르렀다. 그래서 여기서는 원리를 설명하기보다는 활쏘기에서 전하는 그대로 설명을 하고 다른 사람의 분석과 설명을 기다리는 것이 가

---

4 근래에 박중보가 호흡과 활쏘기에 관한 중요한 글을 한두 차례 발표한 정도이다.(『국궁논문집』 참조.)
5 '彎弓射虎' (태극권 양식), '철궁을 당기듯이' (국선도 입단법)

장 좋은 방법이라는 판단을 내렸다.

1_ '숨'의 어원과 철학

숨의 동작을 가리키는 말
은 '쉬다' 이다. '숨' 도 여기서
명사형으로 변한 것이다. 숨쉰
다고 말한다. 그러니까 숨의
주된 동작은 쉬는 것과 관련이
있다는 말이다. 실제로 우리의
동작을 살펴보면 공기가 드나
드는 것을 가리킨다. 그런데
이것을 '쉰다' 고 인식한 것이
우리 겨레의 생각이다. 쉰다는

것은 어려운 일로부터 해방되는 것을 가리킨다.

실제로 이런 관찰은 생명과 몸의 작용을 아주 정확하게 인식
한 끝에 도달한 결론이다. 왜냐하면 우리가 몸을 조금만 움직여
서 어떤 행동을 하면 그 행동은 에너지를 소모하게 되고, 그때 필
요한 산소가 많아져서 저절로 숨이 가빠지기 때문이다. 몸이 어
떤 짓을 했을 때, 숨이 가빠지는 것은 그 몸이 지닌 어려운 일로부
터 해방되려는 작용이다. 그래서 호흡을 가리키는 말을 '숨' 이라
고 한 것이다. 얼마나 슬기로운 말인가?

이것은 한자와 비교하면 한결 더 선명하게 드러난다. 한자말
에서 숨은 호흡(呼吸)이다. 내쉬는 것은 호요, 들이쉬는 것은 흡

이다. 호나 흡이나 모두 6서법 중 형성글자이다. 口는 뜻을 나타내는 부분이고 나머지(乎, 及)는 소리를 나타내는 부분이다. 따라서 공기가 입으로 드나든다는 뜻 이외에는 없다. 옛 중국인들에게 숨쉬기란 입과 코라는 구멍으로 공기가 드나드는 작용이었다는 뜻이다.

그에 반해 그런 동작을 '숨'이라고 표현한 것은 드나드는 공기의 작용이 인체에 미치는 영향까지도 정확히 짚어서 붙인 이름이다. 따라서 숨이란 인체에 가해진 변화에 대해 몸이 가장 편한 자세를 취하려는 움직임을 말한다. 이것은 동작을 나타내는 말까지 붙여보면 더욱 뚜렷해진다. 호흡에 대응하는 우리말은 '숨쉬기'이다. '쉬기'는 쉰다는 뜻이다. 숨이라는 말 자체가 이미 쉰다는 뜻인데 동작까지 쉰다고 묘사해서 호흡은 사람이 쉬는 상태를 나타내는 말임을 분명히 인식하고 있다.

2 _ 숨쉬기의 갈래

숨쉬기의 갈래를 나누자면 한이 없다. 비근한 예로 똑같은 단전호흡이라도 역식이 있고 순식이 있다. 그리고 그것은 원리에 따라 강조점에 따라서 한없이 많이 나눌 수 있다. 어떤 기준을 적용하느냐에 따라서 호흡의 방식을 가리키는 말은 수도 없이 많이 발생한다. 그래서 각 이론서에서 말하는 호흡법을 시시콜콜 소개하는 것은 의미가 없다. 따라서 여기서는 활쏘기의 호흡에 도달하기까지 발견할 수 있는 숨쉬기의 단계를 임의로 나누어서 설명하고자 한다.

1) 목 숨

'목숨'은 숨이 목에 걸린 가장 얕은 숨을 말한다. 죽기 직전의 숨이 이것이다. 그래서 사람의 생명을 나타내는 말로도 쓰인다. 사람이 죽었냐 살았냐를 결정하는 마지막 단계의 호흡이기 때문이다. 이 숨은 헐떡거리는 밭은 숨이라는 것이 특징이다. 그런 만큼 인체에 필요한 공기를 제대로 공급하지 못하여 횟수가 많아지게 된다. 그러다가 이것조차도 안 되면 이제 숨이 끊긴다. 사람이 죽은 것을 '숨넘어갔다', '숨이 끊겼다'고 말하는 것도 여기 목에서 생기는 현상이다.

2) 가슴숨

이것은 '어깨숨'이라고 해도 된다. 이른바 흉식 호흡이다. 주로 가슴 부위로 이루어지는 숨이다. 대개 건강이 좋지 못하거나 긴장을 할 때 생기는 호흡이다. 나이가 들어가면서 점차 호흡이 위로 올라온다. 숨이 가슴까지 올라온 사람은 무언가 조치를 취하지 않으면 중병을 앓거나 죽는다.

3) 배 숨

이것은 배를 들썩이면서 쉬는 숨이다. 이른바 복식 호흡이다. 건강한 사람은 대부분 배까지 들썩이면서 쉰다. 배를 들썩이면 내장과 허파를 구별하는 횡격막이 움직인다. 그래서 허파의 가장 아랫부분까지 움직이면서 공기를 끌어들인다. 그렇기 때문에 몸에 공급되는 공기의 양이 많아서 호흡이 천천히 이루어진다. 앞의 목숨과 좋은 대조를 보이는 숨이다.

4) 불거름숨

이것은 아랫배로 쉬는 숨을 말한다. 배꼽 밑의 맨 아래쪽 배를 활터에서는 불거름이라고 부른다. 방광의 윗부분을 말한다. 이곳을 들썩이면서 쉬는 숨을 말한다. 이것이 이른바 여러 호흡 수련법에서 말하는 단전호흡이다. 단전은 배꼽의 아랫부분 몸속의 한 지점을 말한다. 물론 실제로 존재하는 장기가 아니라 가상의 장기이다.

그런데 단전이라는 말은 한자말이다. 물론 우리나라에서도 이것이 도가나 선가 계열에서 옛날부터 쓰이기는 했지만,[6] 어쨌거나 출처는 한자에서 온 것이다. 따라서 우리나라에 실제로 그런 인식이 있었거나 없었거나 중국의 천하관에서 나온 말임은 말할 것도 없다.

그런데 활터에는 이것을 가리키는 말이 있다. 불거름은 단전을 표현하기 위해 활터에서 쓴 말이다. 이것은 활터에 그런 용어가 필요한 만큼 그에 해당하는 내용이 있었다는 것이다. 그리고 그것은 정확히 단전호흡에서 말하는 그런 부분에 해당한다.

---

6 정염의 「용호결」에 나온다. 용호결은 조선 선가의 수련법을 대표하는 글이다. 짧지만 참동계의 정수를 뽑았다고 해도 과언이 아니다.(이종은 역주, 『해동전도록 청학집』, 보성문화사, 1986)

실제로 활쏘기를 하면 이 호흡의 실체는 금방 확인할 수 있다. 우리가 아무리 배를 들썩이면서 숨쉰다고 해도 그 깊어짐에는 한계가 있다. 그것은 배를 움직이는 힘의 근원이 배보다 훨씬 더 아래쪽에 있기 때문이다. 그 아래쪽을 움직이는 어떤 힘을 가정하지 않을 수 없다. 바로 그것을 한자 문화권에서는 단전이라고 말한 것이고, 활터에서는 따로 불거름이라고 이름 붙인 것이다.

이 숨은 갓난아기의 몸에서 쉽게 확인할 수 있다. 갓난아기들이 숨쉬는 것을 보면 아랫배 전체가 들썩이는 것은 물론, 어찌 보면 몸 전체가 온통 호흡기관이라는 생각이 들 정도로 한 호흡에 온몸이 다 호응한다. 이 자연스러운 호흡이 커가면서 배로 좁아들었다가 가슴으로, 다시 어깨와 목으로 올라와서 결국은 멈추는 것이고, 그것이 사람의 한 바퀴 삶이다.

따라서 양생의 비결이란 다른 데 있는 것이 아니라 이 방향을 거꾸로 돌리는 것이다. 그리고 그 과정에서 가장 중요한 방법은 호흡의 길이와 깊이를 바꾸어서 어린아이의 상태로 돌아가는 것이다. 물론 호흡만을 그렇게 한다고 해서 몸이 저절로 그렇게 되는 것은 아니다.[7] 거기에는 몸과 마음의 상태를 그렇게 하려는 노력이 뒷받침되어야 하겠지만, 그렇다고 해도 가장 중요한 비결이 호흡에 있는 것은 의문의 여지가 없다.

실제로 단전호흡 수련을 해보면 이런 호흡의 상태는 확인할

---

7   호흡의 길이로 수련의 정도를 측정하는 버릇 때문에 오히려 호흡에 집착하여 목숨을 잃는 사례도 허다하다.(김일훈, 『신약』, 인산동천, 2000) 호흡만 늘인 다고 해서 신선이 되는 것이 아니다. 갓난아기처럼 몸 전체가 따라가는 호흡이라야 한다.

수 있다. 단전호흡 수련을 한두 시간 하고 난 뒤에 배를 만져보면 아랫배 전체가 들썩인다. 이뿐이 아니다. 배만이 아니라 허리통 전체가 들숨 때는 부풀었다가 날숨 때는 줄어든다. 마치 풍선이 표면의 일부만이 아니라 전체가 부풀고 주는 것과 같다. 이 작용이 손끝과 발끝까지 연결되어 이루어지면 그야말로 신선이 되는 것이다.

이런 호흡 효과는 활쏘기도 마찬가지이다. 활을 몇 순 내면 숨이 느려지고 아랫배로 내려가면서 몸통 전체가 천천히 들숨과 날숨에 따라 부풀고 줄어들기를 반복한다. 그리고 시시각각 숨의 깊이가 깊어진다. 실제로 복잡한 일로 하여 머리가 띵 하게 아픈 상태에서 활을 내기 시작하면 한 순 낼 때마다 숨이 아랫배로 깊숙이 내려가면서 머리가 맑아지는 것을 느낄 만큼 몸 상태가 현저하게 달라진다.

여기에다가 마음의 작용과 기의 흐름까지 일치시키면 몸은 그야말로 상상할 수도 없는 심오한 단계까지 이른다. 그 상상할 수 없는 단계란, 양생의 완성을 말한다. 불사(不死)나 불로(不老)까지는 몰라도 장생(長生)은 보장하고도 남는다. 그 놀라운 비밀은 활을 밀고 당기는 근육의 힘이 아닌, 전통 활쏘기의 숨쉬기 비결에 있다.

3 _ 활쏘기와 숨쉬기의 실제

1) 숨의 중요성

가장 답답한 노릇은 자신이 늘 해온 것이면서도 그것을 설명할 방법이 없을 경우이다. 활터에서 겪는 황당함 가운데 이런 것이 많은데 그 중의 하나가 숨쉬는 방법이다. 누가 특별히 이 부분에 대해서 와서 묻지 않으면 구사들은 알려주지 않는다.

그런데 활을 처음 배울 무렵에는 활을 밀고 당기는 동작과 몸을 곧바로 세우는 동작을 익히는 데 정신이 팔려 호흡이 어떤지를 의식하지 않는다. 더구나 굳이 호흡을 생각하지 않아도 자신에게 가해지는 힘의 정도에 따라서 몸은 알아서 대응한다. 어떻게 하려고 하지 않아도 저절로 알아서 숨쉬게 된다. 자신이 배운 동작 그대로 호흡이 몸에 적응한다.

문제는 그렇게 해서 적응한 호흡법이 다행히 몸에 이로운 방향이면 괜찮은데, 그렇지 않고 반대일 경우이다. 그리고 요즘 활터의 분위기로 보면 특별한 일이 없는 한, 걱정스러운 방향으로 궁체가 굳어져간다. 반깍지 사법이 대세를 이루는 현실에서 이 점을 의식하지 않은 채로 익혀진 궁체에 제대로 된 호흡법이 적용될 리가 없기 때문이다.

반깍지 사법은 시수를 내려는 짧은 욕심에서 나온 사법이다. 시수에 집착하는 사람은 반드시 바람을 의식하게 되고, 바깥의 바람을 이기려고 강궁을 쓴다. 맞추려고 궁체까지 바꾼 사람이 바람 때문에 강궁을 잡는 것은 고민거리도 아니다. 이 상태에서 아무것도 모르는 신사가 활을 배우면 그는 틀림없이 온몸의 힘을 쥐어짜면서 쏘는 사법을 배우게 된다.

옛 어른들이 누누이 강조한 말 가운데 연궁중시라는 말이 있고, 강궁은 백해무익이라는 말이 있다. 연궁에 중시라는 말은 그냥 권하는 말이라고 쳐도, 백해무익이라는 말은 심각하게 생각할 필요가 있다. 〈백 가지가 모두 해롭기만 할 뿐, 어느 하나 이익이 될 게 없다〉는 뜻이다. 이것은 그냥 권하는 차원이 아니라, 절대로 그렇게 하지 말라는 말이다. 이유는 무엇인가? 호흡 때문이다.

제가 가눌 수 없는 센 활을 쓰면 용쓰게 된다. 용쓴다는 것은 자신의 힘을 모두 모아서 쥐어짠다는 말이다. 활에서 그런 식으로 힘을 쓰면 몸이 일그러지고 저절로 숨을 막게 된다. 이것은 몸이 지닌 자연의 법칙이다. 이것은 무거운 것을 들어보면 저절로 알게 되는 사실이다. 사람이 쌀가마를 들어 올릴 때는 반드시 숨을 멈추고서 힘을 쓴다. 큰 힘을 몰아서 낼 때는 반드시 숨구멍을 막는다. 그렇지 않으면 뱃심이 풀리고 하체가 후들거린다.

만약에 처음 활을 배우는 사람이 자신이 이기지 못할 센 활을 쥐게 되면 반드시 이렇게 된다. 이렇게 길든 궁체는 나중에 그 활을 이기게 된 후에도 반드시 숨구멍을 막고 용심을 쓰면서 활을 내는 버릇을 반복한다. 그러면 잠시 호흡이 깊어지는 것 같다가도 점차로 기가 역류하게 된다. 죽음으로 가는 지름길이다. 이런 사람이 늙어서 환절기 때 활을 쏘면 뇌출혈에 걸리기 십상이다. 숨통을 막고 용을 쓴 힘은 근육만이 아니라 머릿속의 혈관까지 영향을 주기 때문이다. 강궁은 죽음을 자초하는 일이다. 노인들이 유난히 많은 활터에서 백해무익이라는 살벌한 말로 경계하고자 한 것은 바로 이것이다.

그렇다면 숨은 어떻게 해야 하는가? 가장 중요한 것은 활쏘기 전 과정에서 숨구멍을 막지 않아야 한다는 것이다. 일단 이렇게 하면 반은 성공이다. 숨구멍을 막지 않으면 배를 눌러서 혈압을 올릴 수 없기 때문에 위와 같은 불행한 일은 발생하지 않는다.

2) 숨쉬기의 실제

활쏘기는 한 동작이 10~20
초가 소요되는 운동이다. 이
10~20초란 한 호흡 내에 있는
길이이다. 이 동작에서 가장
중요한 것은 깍짓손을 끄는 동
작이다. 이 때 호흡이 어떤 상
태이냐가 가장 중요하다. 그
전후의 상태는 그리 중요하지
않다. 몸이 흘러가는 대로 자
연스럽게 따라가면 되기 때문

성낙인 선생 댁에서(2001 성순경 찍음)

이다. 그렇다면 방향은 두 가지이다. 들이쉬거나 내쉬는 것. 이 둘
중의 하나는 정답이고 하나는 오답이다.

그렇다면 답은 무엇인가? 성낙인 선생은 깍짓손을 당기면서
숨도 들이쉰다고 말했다.

그러면 이렇게 된다. 활을 이마 높이로 들어올릴 때는 숨을
내쉬고, 줌손을 밀고 깍짓손을 당기면서 동시에 숨을 들이쉬며,
만작에서 잠시 멈추었다가 발시를 하면서 천천히 자연스럽게 내
쉬면 된다.

어느 누구도 활쏘기의 숨에 대해서 딱 부러지게 정리해놓은
사람은 없는 상태이다. 그리고 어디에도 활쏘기의 호흡에 대한
기록은 없다. 다만『조선의 궁술』의「궁체의 종별」가슴통 부분에
이전할 때 숨을 들이마시라는 구절이 나올 따름이다.

가슴통

가슴통은 다다 비어(虛)야만 쓰나니, 만일 배(實)거나 버스러지면 법에 대긔(大忌)하는 바이니, 이런 경우에는 목덜미를 펑펑하게 느리면 ㅈ연 가심이 허하야지나니라. 혹시 텬생의 톄격의 원인(原因)으로 가심이 배거나 버스러져서 쌍현이 지는 때에는 활의 고자를 주리든지 시위동을 되도록 하면 쌍현(雙絃)의 폐를 면할지나 뎨일 묘한 법은 이전(離箭) 될 때에 발시할 때, 긔운과 숨을 듸리마시면서 방사(放射)하면 ㅈ연으로 가심이 허하야지는 법이니, 쌍현 지는 데만 유리할 뿐 아니라 무론 엇더한 사람이든지 이전할 때에 긔운을 마시면서 방샤하는 것이 대톄로 조흔 법이니라.

그런데 이 구절을 자칫 잘못 들으면 당길 때 내쉬었다가 발시하면서 들이마시라는 말로 오해할 수 있다. 실제로 황학정에서 2005년에 낸 『국궁교본』에는 그렇게 설명했다.

그러나 이것은 대단한 오해이다. 이 말은 쌍현이 지는 것을 해결하는 방법으로 설명한 것이다. 쌍현이 지는 것은 흉허가 안 되었기 때문이다. 그래서 흉허를 이루는 방법으로 그렇게 하라고 설명한 것이지 활쏘기 전체의 호흡법을 설명하는 항목이 아니다.[8]

만작의 몸 상태를 살피면 왜 발시와 동시에 숨이 들어오는가

---

[8] 『국궁교본』은 여러 가지로 아주 훌륭한 책인데 거의 유일하게 이 부분에서 가장 큰 오류가 생겨 아쉽기 그지없다. 책이 나온 직후, 당시 황학정의 김경원 사범에게 이 문제를 문의했는데, 김사범은 그 책의 호흡법과는 반대로 생각한다고 답을 했다.

하는 것을 이해할 수 있다. 만작의 흉허는 다른 무술의 함흉발배를 말하는 것으로 어깨가 완전히 펴진 것이 아니라 약간 둥글게 감겨있다. 가슴이 조금 오므라든 상태라는 말이다. 이를 특별히 활터에서는 흉허복실이라는 말로 표현했다.

따라서 발시가 된 뒤에 양손이 활짝 펴지면 온작 시에 덜 펴졌던 상체가 완전히 펴진다. 가슴이 펴진다는 것은 공기가 허파로 들어온다는 뜻이다. 그래서 만작시의 호흡은 100%가 아니라 90%나 95%라고 말하는 것이다. 발시 순간, 자신이 의식하기 어려울 만큼 잠시 잠깐 호흡이 들어왔다가 내쉬는 동작으로 이어지는 것이다. 이것이 방사할 때 숨을 들이쉬라는 말의 참뜻이다. 이 부분을 오해하면 안 된다.

4 _ 불거름숨의 원리와 비밀

1) 불거름숨의 비밀

활쏘기의 호흡법은 갓난아기의 상태로 돌아가는 가장 빠른 길이다.

활을 쏘면서 가끔 겪는 놀라움 중의 하나는, 일상생활을 하다가 활터에 올라가 활을 쏘면 호흡이 너무 빨리 불거름까지 내려간다는 것이다. 이것은 늘 단전호흡 수련을 하는 사람이 도장에서 도달하는 속도와도 비길 것이 아니다. 일상생활은 말 그대로 몸과 마음을 몰아치는 순간의 연속이다. 스트레스가 말할 수 없을 정도이다. 이것은 곧 호흡에도 영향을 미쳐서 숨이 가빠지고 빨라진다. 그것은 호흡하는 위치가 배에서 어깨를 향하여 올라간다는 뜻이다. 그런데 활터에 올라가서 활을 몇 순 내면 숨은 자신도 모르는 사이에 불거름으로 내려간다. 그래서 마치 어린아이가 숨을 쉬듯이 아랫배를 들썩이는 자신을 발견하곤 한다.

보통 어느 수련 방법을 택하든 이 상태에 이르려면 고도의 집중력이 필요하다. 먼저 스트레칭으로 몸을 부드럽게 만들어야 하고, 떠오른 잡념을 정리해야 하며, 아울러 정신을 호흡에 집중하여야 한다. 이렇게 안정을 찾는 데는 최소한 1~2시간이 소요된다. 그러나 그 1~2시간마저도 끊임없이 떠오르는 번뇌 망상으로 하여 방해받는다. 집중력이 고도로 강화되지 않으면 호흡이 아랫배까지 가라앉기도 전에 자리에서 일어서게 된다.

그런데 활은 2~30분만 쏘면 이 자리에 이르러버린다. 이것은 고도의 집중력과 놀라운 호흡법이 동시에 이루어지는, 활만의 특징 때문이다.

우선 활을 당겨서 과녁을 보는 순간 자신을 잊을 만큼 고도의 집중력이 발휘된다. 이 점은 다른 운동에서 맛보기 힘든 활만의 장점이다. 물론 다른 운동의 경우에도 대련을 할 때는 상대의 움직임을 따라야 하는 집중력이 발생하지만, 활쏘기의 과녁보기는 그와 차원이 또 다르다. 대련의 상대방은 움직이고, 어디로 튈지 모른다. 그렇기 때문에 자신을 에워싼 모든 방향으로 신경을 분산시켜야 한다. 이것이 활과 다른 무술의 다른 점이다. 활의 집중력은 한량이 그렇게 하려고 하지 않아도 저절로 그렇게 된다. 이점은 다른 그 어느 무술도 활을 따라올 수 없는 장점이다. 여기에 제대로 된 호흡법이 더해지면 몸은 그야말로 시시각각 양생의 넓은 바다로 진입한다.

호흡의 첫 단계는 엄지발가락을 누르는 것이다. 그런데 이것이 호흡과 관련이 있다는 것은 그렇게 할 때 나타나는 기의 작용 때문이다. 사람이 손에서 기감을 느끼기 시작하면 그것은 단전으로 이어지고 다시 온몸으로 연결된다. 그래서 깊은 호흡을 하면서 단전의 기를 느끼다가 생각을 손으로 옮겨가면 거기서도 기가 형성되고, 손바닥에 자장처럼 형성된 기는 날숨과 들숨의 움직임에 따라 미세하게 변화한다는 것을 알게 된다. 결국 단전의 기 뭉치가 손발 끝까지 이어지면서 전신을 돈다는 뜻이다. 이런 과정을 일일이 확인하여 경락을 따라 순서대로 돌리는 것을 대주천이라고 하는 것이다.

활을 들어올리기 전에 엄지발가락을 누르라는 말은, 땅에 닿는 발바닥의 면적을 최대한 넓혀서 그것이 받치고 있는 몸의 안정과 균형을 최적화하라는 요구이기도 하지만, 호흡과 관련해서 보면 그것은 단전에 형성된 기운이 전신에 잘 운용되도록 하는 기초 작업이기도 한 것이다. 경락이론에 따르면 발가락의 비장경과 간경 발바닥의 용천혈(신경)을 자극하는 효과이기도 하다. 만약에 이 과정을 생략하면 바로 뒤이어지는 분문 조이기가 엉성해진다는 것을 알아야 한다.

그 다음으로 이어지는 동작이 분문을 조이는 일이다. 물론 이 일은 분문만을 조이는 한 행동이 아니라 온몸의 동작과 다 이어진다. 먼저 허벅지를 천천히 조이게 된다. 이때 깍짓손은 천천히 들어오며 호흡도 함께 들이쉬게 되고 줌손의 하삼지도 서서히 조여지게 된다. 이런 온몸의 조임과 짜임이 3초 내외에 걸쳐서 진행되며 만작에 이른다. 만작 상태의 몸은 완전히 주물처럼 굳어지며, 이때 분문은 호두라도 깰 만큼 꽉 다물리고, 그에 따라 불거름은 저절로 팽팽해진다.

불거름이 팽팽해진다는 것은 아랫배로 들이쉰 숨을 최대한 밑으로 끌어내린다는 뜻이 있다. 그렇게 끌어내리는 방법이 분문을 조이는 것이다. 그러면 횡격막은 최대한 아래로 내려가면서 허파로 들어온 기운은 몸의 가장 깊은 부분까지 들어간다. 어떤 때는 숨이 발가락까지 내려가는 듯한 느낌이 올 때도 있다. 진인은 발바닥으로 숨을 쉰다는 장자의 구절도 이것이다.[9]

2) 불거름숨의 원리와 특성

활쏘기의 호흡은 다른 무술과 달리 아주 독특하다. 다른 무술의 경우에는 호흡법을 두 가지로 나눌 수 있다. 씨름처럼 큰 힘을 내는 경우에는 순발력을 내기 위해 숨을 막는다. 그러나 일본검도의 경우에는 공격하는 순간에 소리를 지른다. 소리를 지른다는 것은 호흡을 내쉰다는 뜻이다. 이것은 호흡으로 단전에 충전된 기를 검의 끝으로 순간 이동시키는 것이라고 볼 수 있다. 일종의 발경이다.

이런 발상은 과격하지 않은 다른 운동에서도 마찬가지이다. 도가의 도인술이나 기공, 그것을 무술로 끌어들인 태극권의 경우에도 동작을 펼칠 때 숨을 내쉬고 동작을 거둘 때 들이쉰다.

---

9   기세춘, 『묵점 기세춘 선생과 함께 하는 장자』, 바이북스, 2007

그리고 전혀 운동을 하지 않은 상태인 명상에서도 이 점은 마찬가지이다. 불교의 수식관에서도 나가는 호흡을 최대한 천천히 하고 들어오는 숨은 자연스럽게 둔다. 그러다보면 점점 호흡이 깊어져서 생각이 가라앉는 것과 일치한다. 그러면서 몸도 마음도 새로운 단계로 나아가는 것이다.

　　그런데 활쏘기에서는 이와 달리 동작이 진행되면서 호흡을 들이쉰다. 그리고 동작을 풀면서 내쉰다. 다른 무술과는 완전히 정반대이다. 지금까지 확인한 바에 따르면 이런 호흡과 유사한 분야는 오직 태껸뿐이다.[10] 태껸에서도 동작을 밖으로 향할 때 '익크!' 하고 소리를 내는데, 이것은 호흡을 들이마시면서 내는 소리이다. 이 점은 태껸의 태두인 송덕기가 황학정에서 활을 쏜 사람이기 때문일지도 모르고, 우리 무예의 호흡이 원래 그러해서 그런지도 모른다. 어느 쪽인지는 확인할 수 없다.

　　활터에서는 다른 무술과는 다른 호흡을 하고 있다는 것은 분명하다. 이것은 장비를 이용하는 호흡법 중에서 가장 좋은 양생의 효과를 볼 수 있다는 오랜 체험에서 우러나온 것이 아닌가 추측한다.

　　명상에서 취하는 호흡은 주로 나가는 호흡을 조절한다. 이렇게 호흡을 조절하는 것은 호흡이 심리상태와 밀접하기 때문이다. 사람은 일생을 통해서 번뇌에 시달린다. 번뇌 속에서 들끓다가 번뇌 속에서 삶을 마친다고 해도 과언이 아니다. 그렇기 때문에 인체가 소모하는 대부분의 산소는 번뇌가 들끓는 머릿속에서 사

10　도기현, 『우리 무예 택견』, 동재, 2007. 72~76쪽.

용된다.

따라서 생각을 가라앉히면 산소 소모량이 눈에 띄게 줄어들고, 그에 따라서 호흡도 점차 느려진다. 생각의 안정이 곧 몸의 평온으로 연결되는 것이다. 이렇게 깊은 호흡으로 들어가기 위해서는 방법이 필요한데, 내쉬는 숨을 길게 하는 방법이 주로 쓰인다. 코끝에 깃털을 대도 흔들리지 않을 만큼 천천히 내쉬는 것이다. 이것은 허파가 공기를 담는 그릇이라는 사실 때문에 그러하다.

허파는 주변을 둘러싼 근육이 움직임에 따라서 부풀고 줄고 한다. 그런데 들이쉬는 기능은 내쉬는 기능의 반작용으로 이루어진다. 들이쉬는 것은 허파가 벌어지는데 일정한 한계를 갖기 때문이다. 그것은 용적률이 있기 때문에 마음대로 조절할 수 있는 것이 아니다. 그러나 내쉬는 숨은 들이쉬는 숨보다 조절하기가 더 쉽다. 그래서 내쉬는 숨을 조절하면 들이쉬는 숨의 크기는 저절로 결정되는 것이다.

그리고 숨에 생각을 집중하는 것은 번뇌가 일지 않게 하려는 방법이기도 하다. 이런 관점에서 본다면 들숨과 날숨 어느 쪽을 취하든 상관은 없다. 들숨과 날숨을 동시에 헤아려도 상관없다. 그러나 일부러 숨을 조절하려고 하면 날숨을 천천히 하는 것이 몸의 안정에 도달하는 데 가장 빠른 방법이다.

그렇다면 활에서는 어째서 그런 호흡을 취하는 것일까? 만약에 잘못된 것은 아닐까 하는 의문은 활터의 상황을 보면 현실성이 없는 질문이다. 실제로 활터에서는 그런 호흡으로 몸이 건강해지는 것을 얼마든지 확인할 수 있기 때문이다. 그리고 활을 쏘면서 호흡이 내려가는 것을 시시각각 스스로 확인할 수 있다. 그러니

이 호흡법의 장점은 의문의 여지가 없는 것이다. 그렇다면 이에 대한 의문을 품을 것이 아니라 이에 대해서 설명을 하려는 노력이 필요할 것이다.

이 호흡법의 비밀을 푸는 유일한 암시는 활쏘기가 활이라는 장비를 사용한다는 점이다. 그런데 장비를 사용하는 다른 무술과 달리 활쏘기는 장비를 쓰면서도 쓰는 방법이 다르다. 다른 무술은 장비를 부리는 속도가 가장 빠른 방향을 추구한다. 그러나 활쏘기는 오히려 그 반대이다. 활쏘기에서 활을 당기는 동작은 아주 느리다. 그것은 사람이 빠르게 하지 않아도 활의 복원력이 사람으로서는 상상도 할 수 없을 만큼 빠르고 힘차기 때문이다. 요컨대 활에 에너지를 실어주기만 하면 되는 것이다. 그러니 굳이 빠르게 할 필요가 없다. 다른 무술은 자신의 몸으로 직접 빠른 동작을 해야 하지만 활쏘기에서는 장비가 그것을 해주기 때문에 몸으로 그렇게 할 필요가 없는 것이다.

그렇다고 해서 장비를 전혀 사용하지 않는 명상의 방법을 따라갈 필요는 없을 것이다. 그것은 장비를 이용하는 이점을 스스로 포기하는 것이기 때문이다. 따라서 장비를 이용하면서 장비를 이용하지 않는 다른 방법보다

더 분명한 효과를 추구한다면 그보다 더 좋은 일은 없을 것이다. 그리고 그런 일은 실제로 활쏘기에서 일어난다.

들숨을 살펴보면 맨몸으로 들이쉬는 데는 한계가 분명하다. 힘을 줄 수 없기 때문이다. 그러나 활이라는 장비를 이용하면 들숨은 훨씬 더 강화시킬 수 있다. 들숨이 강해진다는 것은 몸의 내부가 확장된다는 것이다. 몸 내부의 확장이란 호흡의 깊이를 말하는 것이다. 따라서 몸에 무리를 주지 않는 상태에서 장비를 이용하여 더 확장할 수 있다면 그것은 장비를 사용하지 않는 방법보다 훨씬 더 빨리 깊은 단계까지 도달할 수 있다는 결론에 이른다. 이런 호흡의 이상형이 활쏘기에서 실현되는 것이다.

이것은 기의 작용과 연관시켜 살펴보면 더욱 분명해진다. 사람이 무예를 오래 연마하여 일정한 경지에 이르면 기를 조절하는 단계에 이른다. 이것은 무기를 휘두르는 효과를 극대화하려는 방법이다. 그리고 그런 과정을 통해서 상승무공의 경지로 나아가려는 것이다. 따라서 몸이 낼 수 있는 힘 이상의 어떤 힘을 내는 방법은 근육의 힘이 아닌 기의 흐름을 이용하는 것이다.

그런데 이런 경지는 그 운동 자체만으로는 이루어지지 않는다. 그런 세계를 아는 사람이 그런 훈련을 시켜야만 극대화 된다. 예를 들어 칼을 들고 오랜 세월 휘두른다고 해서 기를 이용할 수 있는 것이 아니라는 뜻이다. 이와 같이 자신의 내부에 있는 기의 작용을 이용하여 큰 힘을 내는 것을 중국무술에서는 발경이라고 한다.

그런데 무술에서 발경의 경지까지 가기 위해서는 기를 축적시키는 훈련을 끝없이 해야 한다. 그리고 기는 단전에서 주도하기 때문에 단전호흡 수련을 해야 한다. 물론 무술 동작을 반복하면 단전에 저절로 기가 모이는 법이지만, 훈련 없이 그렇게 자연스럽게 기가 모이기를 기대하는 것은 보를 막지 않고 물을 가두겠다는 발상과 똑같이 허무한 것이다. 그래서 기를 모으는 수련을 한다. 무술마다 축기하는 방법은 다르지만, 어쨌거나 단전에서 기가 꿈틀거리며 움직이게 한다는 목표는 다 같다. 그리고 그 움직임을 몸동작으로 확대시키는 것이다.

장비를 이용하지 않고 몸만을 움직여서 하는 축기와 장비를 이용하는 축기의 차이는, 비유하자면 멍석에 넌 벼를 양손으로 긁어모으는 것과 고무래를 이용하는 것의 차이라고 할 수 있다. 장비를 잘만 사용하면 그렇지 않을 때보다 훨씬 더 빨리 그리고 많이 축기할 수 있다. 장비가 오로지 축기의 방향으로 작용하는 무술이란 활쏘기가 거의 유일하다.

결국 축기는 단전을 이용한다는 것과, 그렇게 하기 위해서는 호흡을 중시할 수밖에 없고, 호흡은 결국 횡격막의 확장도와 관련이 많다. 이 작용을 장비를 이용해서 할 수 있는 방법은 없다고 할 수 있다. 유일하게 활쏘기만이 들숨을 장비의 힘으로 확장해서 최대의 축기를 할 수 있는 것이다. 이것이 활쏘기를 하면서 호흡이 시시각각 배꼽 밑으로 내려가는 것을 실감할 수 있는 진짜 이유이다.

활쏘기는 한 발 한 발 쏠 때마다 불거름에 축기가 되는 운동인 것이다. 다른 운동이 축적된 기운을 장비로 옮겨서 움직임을 유도하는 것과는 정반대이다. 공격력은 사람이 아닌 활이 만들기 때문에 활을 잡은 사람은 그런 공격력을 위한 예비 기운만 축적하면 되는 것이다. 그래서 쏘면 쏠수록 활은 계속하여 죽기가 된다. 그리고 그것은 발시 순간 온몸의 끝까지 발산되는 발경이 저절로 이루어진다. 깍짓손이 그 자리에 머물지 않고 발시와 동시에 엄청난 폭발력으로 터지는 것은 바로 이런 원리 때문이다. 따라서 깍짓손의 진행을 억지로 막는 반깍지 동작은 기의 작용면에서 보면 해도 되고 안 해도 되는 선택이나 취향의 차원이 아니라 자살 행위에 가까운 짓이다. 깍짓손은 터져야 한다는 구사들의 말뜻은 바로 이것이다.

3) 활터의 격언과 기

활터에는 옛날부터 내려오는 격언이나 구결이 많다. 그 중에서 우리가 쉽게 이해할 수 있는 것들이 있는 반면, 언뜻 동의하기 어려운 것들도 많다. 그런데 정말 주의해야 할 것은 선뜻 이해가 가지 않는 것들이다. 이런 것들은 오랜 세월의 경험이 쌓인 것이기 때문에 현재 우리의 논리로 명쾌하게 밝혀지지 않는다고 하더라고 함부로 버리거나 바꾸면 안 된다. 그리고 일단 기의 세계에 발을 들여놓고 보면 이런 애매모호한 구결들은 대부분 기와 연관된 부분이라는 것이 확인된다.

예를 들면 『조선의 궁술』에도 나오는 것이지만, '중구미가 업히어야 힘이 쎄다.' 는 말의 경우(성낙인), 이것은 등힘을 이용하려는 발상에서 나온 것이고, 등힘이란, 단전에서 올라온 기가 활에 잘 전달되도록 하려는 것이다. 팔등 바깥 아래쪽으로는 소장과 삼초 경락이 흐르고, 안쪽으로는 심장과 심포 경락이 흐른다.[11] 뼈마디가 바짝 펴져서 뼈로 활을 받치면 발경론에서 말하는 송개가 차단되어 기의 흐름을 끊고 만다. 그래서 굳이 처음 배우기 불편한 '업힌죽'으로 쏘게 가르치고, '활은 검게 쏘라.'(김복만)고 강조하는 것이다.

또 '발을 넓히면 살이 덜 간다.'(성낙인)는 것도 마찬가지이다. 발을 벌리면 분문을 조이기가 쉽지 않고, 분문 조이기는 단전의 긴장을 유발하는 가장 중요한 자세임을 감안하면, 발이 넓은 상태에서는 발경을 일으키기가 쉽지 않게 된다. 게다가 발경을 일으키기 어렵다는 것은 깍짓손이 맹렬하게 터지지 않는다는 뜻이다. 전통사법인 온깍지 사법에 관심을 보이는 사람 중에서도 깍짓손을 색시처럼 곱게 떼는 사람이 있는데, 이것은 발경이 제대로 안 되어서 그런 것이다. 발동작 하나에서 활쏘기 전체의 모양이 결정되는 것은 물론 내면의 원리까지도 갖춤 여부가 확인된다.

신사가 활을 막 배우고 궁체가 조금 익어서 설자리에 설 때면 이제는 '욱심을 빼라'고 한다. 낑낑거리며 활을 당기고 있는데, 힘을 빼라니! 그렇지만 활터의 구사들은 신사들에게 분명히 그렇게 주문한다. 이런 것들은 힘의 논리로만 볼 때 분명히 모순이다. 그렇지만 활터에는 그런 말들이 너무나 많다.

이처럼 활터에 전해오는 여러 가지 구결과 격언 중에서 스포츠 역학의 관점으로 모순돼 보이는 것은 거의가 기 쪽의 소식이라고 보면 된다. 따라서 함부로 버릴 것이 아니라, 기의 관점에서 재조명해보아야 하는 것이다. 이것이 활쏘기 논의에 기론(氣論)이

---

11   유태우, 『慈山子午流注針法解說』, 음양맥진출판사, 1992.

물과 뭍의 경계에 놓인 과녁

꼭 필요한 이유이다.

5 _ 불거름숨의 효과와 증상

발경이라든지 축기라든지 하는 것은 중국무술이나 기공 같은 분야에서 많이 언급하고 다루는 것이라서 그런지 활터에서는 〈불거름〉이라는 용어가 있는데도 그런 인식을 실제로 찾아보기가 어렵다. 활쏘기는 과녁을 맞힌다는 눈앞의 분명한 목표가 있기 때문에 미처 마음이 거기까지 미치지 못해서 그러는 것 같다.

그리고 기는 실제로 그것을 느끼는 사람에게는 불문가지의 분명한 실체이지만, 그것을 느껴보지 못한 사람에게는 허황된 이야깃거리에 지나지 않는다는 특징이 있다. 그리고 특별한 경우가 아니면 사람들은 그런 체험을 하지 못한 채 평생을 산다. 그런 상황에서 활터에서 기 얘기를 하면 그것 역시 황당무계한 이야기로 전락하기 쉽다. 바로 이 점이 활터에서 기와 관련된 담론이 성숙하지 못한 가장 큰 원인이 아닌가 생각된다.

그러나 앞서 보았듯이 활쏘기야말로 축기의 가장 좋은 방법임은 의문의 여지가 없다. 그래서 조금만 민감한 사람이면 그것을 이론화하거나 거론할 처지가 못 되어서 그렇지 그런 체험을 누구나 한다. 그리고 실제로 그렇게 체험하더라도 그게 그런 세계와 연결된 것인지를 자각하지 못해서 그 다음의 단계로 나아가지 못할 뿐이다. 따라서 이제부터 그런 증상을 얘기하면 활을 몇 해쏜 사람들은 누구나 아하! 그거였구나 하고 느낄 것이다. 몇 가지 사례를 보면 다음과 같다.

먼저, 활을 몇 순 내면 몸이 개운해지는 것은 누구나 느낄 것이다. 이것은 물론 육체운동에서 오는 현상만이 아니라 몸의 기가 원활히 도는 증상에서 오는 것이다. 마치 침을 맞거나 마사지를 하는 것과 같은 증상이다.

여기서 좀 더 분명해지면 느낌만이 아니라 뱃속이 시원해지는 경우도 있다. 체증이 가시고 방귀가 나오고 그런다. 소화가 잘되는 것은 말할 것도 없다. 말을 하지 않은 채로 천천히 한 두어 시간 활을 침착하게 쏘면 마치 내장을 다 꺼내서 맑은 물에 씻어서 다시 집어넣은 것 같은 개운함이 느껴지기도 한다.(최종홍)

숨이 배 밑으로 내려가는 것을 시시각각 느끼기도 한다. 마치 정수기의 물을 뽑으면 수위가 내려가는 것이 눈에 보이듯이 호흡이 걸린 위치가 가슴에서 배꼽 밑까지 한 순을 마칠 때마다 느낄 수도 있다.(정진명)

어떤 경우에는 기운이 직접 느껴지는 수도 있다. 똑같은 활인데도 어떤 날은 딱딱하게 느껴지고 또 어떤 날은 말랑말랑하게 느껴지는 수가 있다. 이것은 육체의 힘이 아닌 기운의 충실 여하에 따라서 달리 느껴지는 것이다. 활이 고무줄처럼 느껴지는 날은 축기가 잘 된 날이다. 그래서 이런 날은 만작을 하고 있으면 어깨부터 발끝까지 마치 주물을 부어서 만든 것처럼 한 기운으로 뭉친다. 분문은 꽉 조여지고 발가락은 땅을 후빌 듯이 디디고 있으며 활을 밀고 당긴 손끝에서는 자신이 힘주고 있다는 사실을 전혀 느낄 수 없다. 이런 날은 특별히 맞추고자 의식하지 않아도 화살은 저절로 맞는다. 과녁을 벗어나는 살이 거의 없다. 이런 때는 발이 땅속에 무릎까지 박혀있다는 느낌을 받는다.(이자윤)

이럴 때 자신의 상태를 잘 들여다보면 양손을 비롯하여 어깨까지 둥그스름한 어떤 기운이 에워싸고 있다는 것을 느낄 수 있다.(류근원) 그것이 바로 기운이다. 그런데 이 정도까지 되려면 그 기운은 당연히 단전에서부터 올라와서 어깨에서 형성되는 것이다. 밀고 당기는 동작에 마음이 머물렀기 때문에 어깨에서 그 기운이 느껴지는 것이다. 그때 더 밑으로 마음을 돌리면 그 기운의 뿌리가 불거름까지 뻗어있음을 확인할 수 있다. 바늘 끝만 대면 터지는 풍선처럼 둥그런 기운이 몸 전체를 감싸고 있는 것이다.

이것은 허리를 돌려서 쏘는 우리 활만이 확인할 수 있는 것이다. 우리 활은 깍짓손을 끌면서 허리를 지그시 돌리기 때문에 몸이 비틀리고, 그 과정에서 첩첩 쌓인 장기들이 움직여서 기의 흐름을 자극하는 데다가 허리둘레를 도는 대맥(帶脈)이 자극받는다. 대맥은 물론 12 정경(正經)이 아닌 기경(寄經)이다.

여기서 한 단계 더 나아가면 자신이 완전히 사라지고 과녁도

사라져, 우주와 완전히 하나가 되는 경이로운 순간도 열린다. 어떤 말로도 설명할 수 없는 우주의 본체와 맞닥뜨린다. 과녁 맞히는 잔재주가 활쏘기의 전부가 아니라면, 결국 이 경지를 맛보기 위해서 활을 쏘는 것이 아니겠는가!

말을 안 하거나 무심코 지나쳐서 그렇지 활쏘기에는 기를 느끼는 순간의 상태를 확인할 수 있다. 아래의 내용은 그것을 확인할 수 있는 경우이다. 활에서 기가 몸에 작용할 때의 느낌과 증상은 다음과 같다.

- 과녁이 유난히 또렷하거나 가깝게 보인다.
- 활이 이상하게 가볍고 말랑말랑하다.
- 줌손 안의 줌통이 살아있는 새처럼 느껴진다.
- 발이 땅바닥에 붙어있는 것 같다.
- 온몸이 청동주물처럼 한 덩어리다.
- 숨 쉴 때 아랫배가 들썩인다.
- 숨이 배를 지나 발바닥까지 내려갈 때가 있다.
- 뼈마디가 고무줄처럼 탄력 있다.
- 허리가 곧게 펴지면서 뼈마디가 늘어난다.
- 몸통이 허공에 떠있는 것 같이 가볍다.
- 양손이 저절로 움직인다.
- 엉덩이가 천천히 움직이거나 돈다.
- 만작 시 어깨와 팔에 둥근 기운이 느껴진다.
- 만작 시 자신이 전혀 느껴지지 않는다.
- 만작 시 과녁만 보인다.

- 만작 시 모든 것이 사라진다.

- 시위소리가 경쾌하거나 거의 안 난다.

- 쏜 뒤에 자신이 어떻게 쐈는지 기억이 안 난다.

- 몸 여기저기가 간질거리거나 가렵다.

- 전기를 쐬인 듯이 온몸이 짜릿하다.

- 온 세상이 멎은 듯이 고요해진다.

- 바람이 걸리지 않고 몸을 통과한다.

- 활쏘는 자신의 모습 전체가 보인다.

6 _ 전문가들의 연구를 기대하며

활쏘기의 숨은 아주 독특한 바가 있다. 그 독특함은 쉽게 설명할 수 있는 것이 아니고, 설명된 것도 없다. 그래서 함부로 말하기 어렵다. 그러나 활터에서는 분명 그렇게 하는 호흡이 있으며 그 호흡의 효과는 오랜 세월에 걸쳐 검증되었다. 그렇기에 그 호흡법 역시 검증을 거친 분명한 방법이다. 따라서 그것의 원리와 이유를 밝히는 것이 전통을 물려받은 우리가 해야 할 일이다.

다른 분야에서는 동작의 전개에 맞춰 내쉬고 수렴에 맞춰 들이쉬는데, 활쏘기의 호흡법은 그 반대이다. 깍짓손을 당길 때 들이쉬고 발시 후에 내쉰다. 이것은 분명하지는 않지만 장비를 이용하여 호흡을 깊게 하려는 의도로 보인다. 실제로 호흡이 깊어지기 때문이다. 이런 현상을 설명해줄 수 있는 것은 기의 작용이고, 그런 작용은 중국무술의 발경론을 통해서 이미 확인된 바이기도 하다. 이런 이론을 통하여 한국의 활쏘기는 오랜 경험으로 기를 축적시켜 폭발시킬 수 있는 놀라운 경지에 다다른 무술임을 확인할 수 있다.

　현재 한국의 전통사법에 대한 논의는 겨우 걸음마를 뗀 수준이다. 그리고 그것은 앞으로 진행될수록 이미 과학화된 서양이론에 의지하여 많은 비밀을 밝혀낼 수 있으리라고 기대한다. 그러나 전통사법에는 그런 이론으로는 밝혀지지 않는 비밀이 많이 있다. 앞서 말한 강궁은 백해무익이라든가 붕어죽을 경계하는 것들이 다 그런 것들이다.

　이런 비밀들은 그것들이 그렇게 된 사연이 있고, 대부분 기와 관련된 것들이라고 보면 틀림없다. 활을 쏠 때 우리가 언뜻 생각하기에 그 효과를 확인하기 어려운 지침이나 구결들이 적지 않은데, 이런 것들은 틀림없이 기(氣) 쪽에서 온 사연들이다. 따라서 기의 관점으로 재조명해보면 틀림없이 어떤 분명한 효과를 확인할 수 있다. 이 글에서 살펴본 것은 빙산의 일각에 지나지 않는다.

　이 글은 활쏘기의 숨을 확인하는 데 그 목적이 있다. 지금껏 어느 누구도 그런 것을 확인하여 글로 정리하지 않았기 때문이다. 따라서 활쏘기의 숨이 이렇게 된 이유와 좀 더 분명한 원리, 그리고 그에 따른 효과와 반응에 대해서는 좀 더 능력 있는 전문가들이 나서서 밝혀야 할 부분으로 남겨둔다.